Siz Kimi Kandırıyorsunuz!

SİZ KİMİ KANDIRIYORSUNUZ!

Yazan: Soner Yalçın

Yayın hakları: © Doğan Egmont Yayıncılık ve Yapımcılık Tic. A.Ş.

1. baskı / nisan 2008 / ISBN 978-975-991-709-8

Kapak tasarımı: Yavuz Korkut
Baskı: Mega Basım, Çobançeşme Mah.
Kalender Sok. No: 9 Yenibosna - İSTANBUL

Doğan Egmont Yayıncılık ve Yapımcılık Tic. A.Ş.
19 Mayıs Cad. Golden Plaza No. 1 Kat 10, 34360 Şişli - İSTANBUL
Tel. (212) 246 52 07 / 542 Faks (212) 246 44 44
www.dogankitap.com.tr / editor@dogankitap.com.tr / satis@dogankitap.com.tr

Siz Kimi Kandırıyorsunuz!

Soner Yalçın

DK
DOĞAN
KİTAP

İki gazeteciye ithaf edilmiştir;
Hrant Dink
ve
Ufuk Güldemir'e...

İçindekiler

Giriş

Ayşe Denizdalan, Sadife Düdüş, Gülden Çiçek, Necla Özveren ve Sevgi Sesli; bu isimleri tanıyor musunuz?

Bu adları duyanınız var mı?

Hiç sanmam....

Tarih 29 aralık 2005.

Yer Bursa.

Saat, gece 02.00 suları.

Tekstil fabrikasında çıkan yangında bu beş işçi kadın, fabrika kapısı üzerlerine kilitli olduğu için yaşamlarını kaybetti.

Ayşe Denizdalan 15, Sadife Düdüş 16 yaşındaydı.

32 yaşındaki Sevgi Sesli üç aylık hamileydi.

Günde 16 saat çalışıyorlardı. Hiçbirinin sigortası yoktu.

Bursa'daki bu can yakıcı durum Türkiye'deki diğer fabrikalardan pek farksızdı...

Türkiye'de tekstil sektöründe 3 milyon çalışan var. Bunun yarısı kadın işçi. İstatistik rakamlarıyla sizi boğmak istemiyorum. Ama şu can yakıcı durumu da bilmeniz gerekiyor: 18 yaşın altındaki 1 milyon çocuk işçi, sendikasız, sigortasız kölelik koşullarında karın tokluğuna çalışıyor.

Ve gerek Bursa'daki yangından canlarını kaybeden, gerekse Türkiye'nin çeşitli bölgelerinde aynı koşullarda çalışan kadın emekçilerin büyük çoğunluğu başörtülü.

Şimdi gelin bu sorunun üzerine cesaretle gidelim: Neden türbanlı emekçi kadınların sorununu değil de; üniversitedeki türban meselesini sürekli konuşup, tartışıyoruz?

Üniversitelerde ilk türban meselesini, Dışişleri Bakanı Ali Babacan'ın halası Hatice Babacan'ın Ankara Üniversitesi İlahiyat Fakültesi'nde 1967 yılında gündeme getirdiğini biliyoruz!

Peki: Bursa'da can veren başörtülü beş emekçi kadını neden bilmiyoruz, tanımıyoruz?

Türkiye'de türban neden hep üniversiteyle özdeş tartışılıyor?

Geliniz şimdi meselenin daha acı yanını konuşalım:

Üniversitelerde türban serbest oldu.

Herkes merakla bekliyor, şimdi ne olacak?

Deniliyor ki, "mahalle baskısı" gibi üniversitelerde "türban baskısı" olacak; özellikle Anadolu'daki üniversitelerde tüm kız öğrencilere örtünme baskısı gelecek.

Bu olabilir mi? Evet olur.

Bitmedi. Meselenin bir başka yönü daha var: Türbanlı kızlarımız üniversitelere girince ne olacak?

Söyleyeyim: Çok iyi okuyacak, çok başarılı olacak ve okullarını hep dereceyle bitirecekler.

Peki sonra ne olacak?

Ne olacak biliyor musunuz; evlendirilip eve kapatılacaklar.

Bunu da nereden çıkardın demeyin.

Gelin Türkiye'yi yöneten birkaç politikacının kızlarına bakalım: Cumhurbaşkanı Abdullah Gül'ın kızı Kübra, Bilkent Üniversitesi'ni bitir bitirmez evlendirildi. Çalışacak mı, hayır!

Başbakan Recep Tayyip Erdoğan'ın kızı Esra. ABD'de Indiana Üniversitesi'nde okudu. Çalışıyor mu? Hayır.

Başbakan'ın diğer kızı Sümeyye çalışıyor mu; hayır!

Milli Görüş'ün lideri Necmettin Erbakan'ın kızları, Elif Bilkent Üniversitesi'ni bitirdi, Zeynep ise ODTÜ'yü. Çalışıyorlar mı; hayır! Evlendiler, çocuk yaptılar.

Enerji Bakanı Hilmi Güler'in kızı Ayşe Şeyma da Gazi Üniversitesi Mimarlık Bölümü'nü bitirir bitirmez, Bakan Osman Pepe'nin oğlu İsmail'le evlendirdi.

Devlet Bakanı ve Hükümet Sözcüsü Cemil Çiçek Bilkent Üniversitesi'ni bitiren kızı İclal'i hemen evlendirdi.

Ulaştırma Bakanı Binalı Yıldırım'ın kızı Büşrah...

Listeyi uzatmaya gerek var mı?

Çok merak ediyorsanız; daha yaşları küçük olan Büşra Şahin, Zişan Güler, Büşra Çelik'i medyadan takip ediniz. Onlar da ablaları gibi üniversiteyi çok iyi dereceyle bitirecekler ve sonra hemen evlendirilecekler.

Niye? Neden bu pırıltılı kızlarımız evlere hapsediyor?

Niye kimsenin sesi çıkmıyor bu duruma?
Özgürlük, demokrasi, insan hakları sözcüleri nerede?
Kızlarının başına gelenlerin benzerini annelerinin yaşamadığını mı sanıyorsunuz?..

AKP'nin tesettüre girme hikâyeleri

AKP'lilerin eşleri, ne zaman nasıl örtündü? Aile, mahalle, koca baskısı gördüler mi? Mesleklerini bırakıp "ev kadını" olmaya mecbur mu edildiler? Hepsi aynı sosyal sınıftan mı geliyor?
İşte onların, isim isim örtünme hikâyeleri...

Hayrunnisa Gül
Abdullah Gül'ün annesi Adviye Hanım, gelini olmasını istediği Hayrunnisa'yı Kayseri'de bir akraba düğününde gördü. Hayrunnisa 14 yaşındaydı. İstanbul'da Çemberlitaş Orta Okulu'nu yeni bitirmişti. Takdirname almıştı. Liseye başlayacaktı.

Abdullah Gül 29 yaşındaydı. Sakarya Üniversitesi'nde asistandı. Gül ailesi, Özyurt ailesine görücüye gidip, Hayrunnisa'yı istedi.
Aileler anlaştı. Ama ortada bir sorun vardı. Medeni Kanun, 14 yaşında bir kızın evlenmesine izin vermiyordu. Hayrunnisa'nın 15'ini doldurması beklenecekti.

18 ağustos 1980.
O gün Hayrünnisa'nın yaş günüydü.
O gün yasal engel kalktı.
O gün 30 yaşındaki Abdullah Gül ile 15 yaşındaki Hayrunnisa Özyurt evlendi.
Ve o güne kadar başı açık olan Hayrunnisa, işte o gün, evlendiği gün tesettüre girdi.
Okuldan ayrıldı. Artık ev kadınıydı.

Emine Erdoğan
Emine Gülbaran 15 yaşında intihar etmeyi düşündü...
Yıl 1970'di... Mithatpaşa Akşam Sanat Okulu'nun öğrencisiydi. Romantik bir kişiliği vardı. Cep romanları okuyor. Artistlerin kartpostallarını biriktiriyordu. Emel Sayın ve Ajda Pekkan'ı beğeniyordu.
Bir de sinemaya gitmeyi...
Ziya Amcalarının eski Amerikan otomobilinde ilk kez direksi-

yona geçti; otomobil kullanmak istiyordu.

Giyinmeyi çok seviyordu. Dikiş dergisi *Burda*'nın patronlarından kalıp çıkarıp, kendine elbiseler dikiyordu. İlk diktiği giysi ise çift taraflı bir pelerin oldu. Bir tarafı uçuk bir eflatun, diğer tarafı uçuk griydi...

Ağabeyi Hüseyin Gülbaran kendisinden bir yaş büyüktü. Kız kardeşi Emine'ye artık örtünmesi gerektiğini söyledi.

Emine Erdoğan, yıllar sonra *Nasıl Örtündüler?* kitabının yazarı Gülay Atasoy'a o günü anlattı:

> Ağabeyim bana örtünmem gerektiğini söylediği zaman intihar etmeyi bile düşünmüştüm. Nasıl olur da örtünürdüm! Çevremde bir tane örneği yoktu. Köy gibi bir yerde olsam neyse... Orada dikkati çekmezdim. Ama burada (İstanbul'da) olamazdı. Bu karışık duygular içindeyken, bir vesileyle Şule Yüksel Şenler'le tanıştım. Bu tanışma beni çok etkiledi. Böylelikle bir Müslüman hanımın hem modern hem kültürlü hem de örtülü olabileceğini gördüm.

Emine Gülbaran 15 yaşında örtündü.

Okuldan ayrıldı...

Münevver Arınç

Yıl 1978.

Ankara Kız Teknik Yüksek Öğretmen Okulu Giyim Bölümü'nden, 5 üzerinden 4,5'la mezun oldu. Okulun en başarılı öğrencisiydi.

Münevver Tay, üniversite yıllarında modern giyimiyle dikkat çeken biriydi. Bir de yardımseverliliğiyle tanınıyordu.

Kırşehir Kaman'da öğretmenlik yapmaya başladı. Manisa MSP İl Başkanı Avukat Bülent Arınç, hemşerisi Münevver Öğretmeni partisinin önde gelen isimlerinden İsmail Tay'dan istedi.

Münevver Tay öğretmenliği seviyordu. Evlenmeyi şimdilik düşünmüyordu.

Ancak.

Babasının ısrarına fazla karşı koyamadı.

Ve evlendi.

Damat Bülent Arınç 31, gelin Münevver Tay ise 22 yaşındaydı.

Öğretmen Münevver Tay evlenince ev hanımı oldu; tesettüre girdi. Öğretmenliği bıraktı...

Çok sevdiği öğretmenliği ancak bir yıl yapabilmişti...

Ahsen Unakıtan

Edirneliydi ailesi; merkeze bağlı Musabeyliği köyünden. Orta halli Eral ailesinin kızıydı.

Mandolin ve piyana çalmayı küçük yaşta öğrendi. Tenis oynamayı seviyordu.

Öğrenim hayatında hep başarılıydı. İstanbul Hukuk Fakültesi'ni bitirdi. Avukatlık yapmaya başladı.

Solcuydu.

1971 yılında Maliye Bakanlığı'nda hesap uzmanı olarak çalışan Kemal Unakıtan'la evlendi. Edirne'den çocukluk arkadaşıydılar.

Bir gün: Yolda gördüğü bir işportacıdan eşarp aldı.

Örtündü.

Avukatlığı bıraktı. Ev hanımı oldu.

Eşi bakan olunca, örtünme modelini değiştirdi; türbanı kulaklarının arkasından bağlayarak kendi tarzını yarattı.

Türban Eral ailesini böldü.

Bugün Eral ailesinin çoğu hâlâ solcu...

Mehtap Güler

CHP Muğla Milletvekili Hasan Fehmi İlter'in kızıydı. Annesi Sevilay İlter ressamdı.

DSP'li, eski Dışişleri Bakanı Sina Şükrü Gürel'le kuzendiler.

Hilmi Güler ODTÜ'den metalürji mühendisi olarak mezun oldu. Aynı üniversitede yüksek lisans, doktora yaptı. TAŞ-TUSAŞ, MKEK, ETİBANK, İGDAŞ kurumlarında üst düzey görevler aldı.

33 yaşındaydı.

Mehtap İlter'le tanıştı. Birbirlerine âşık oldular. Flört ederek, 1981 yılında evlendiler.

Babası Hasan Fehmi İlter bu mutlu olaya şahit olamadı; çünkü üç yıl önce vefat etmişti.

Mehtap Güler evlenince örtündü.

Çalışmayı bıraktı, ev hanımı oldu.

Gülten Çiçek

Ailesi Yozgatlıydı. Yozgat ile Yerköy arasındaki Saray ilçesinde öğretmenlik yapıyordu.

Cemil Çiçek ise Yozgat'ta avukattı.

Görücü usulüyle evlendiler. Gülten Hanım'ın öğretmenliği sadece beş yıl sürdü.

Örtündü, ev hanımı oldu.

Semiha Yıldırım

O da öğretmendi.

Eşi, Ulaştırma Bakanı Binali Yıldırım, Erzincan Refahiye ilçesi Kayı köyünden akrabasıydı.

Görücü usulüyle evlendiler. Evlenince o da öğretmenliği bıraktı.

Örtündü, ev hanımı oldu.

Fatma Şeyda Akdağ

Fatma Şeyda, Atatürk Üniversitesi İlahiyat Fakültesi ikinci sınıf öğrencisiydi.

Babası subaydı.

Başı açıktı.

Nesrin Akdağ müstakbel gelinini Erzurum'da bir toplantı da görüp beğendi.

Oğlu, Recep Akdağ Erzurum Üniversitesi Tıp Fakültesi'ni bitirmiş; üniversitede kariyer yapmıştı. Bekârdı.

Akdağ ailesi, Ordu'ya gidip Fatma Şeyda Hanımı ailesinden istedi.

Evlendiler. Fatma Akdağ, okulu yarım bıraktı.

Tesettüre girdi. Ev hanımı oldu.

Saniye Şahin

Mehmet Ali Şahin ile Saniye Şahin teyze çocuklarıydı.

Mehmet Ali Şahin, Başbakan Erdoğan'ın İstanbul İmam Hatip Lisesi'nden okul arkadaşıydı. Memleketi, Karabük Ovacık ilçesine bağlı Ekincik köyünde 1,5 yıl imamlık yaptı.

Teyzesinin kızı Saniye'yle evlendi.

Bu akraba evliliğinden midir bilinmez; oğulları Fatih Şahin zihinsel engelli doğdu.

Mehmet Ali Şahin sonra İstanbul Hukuk Fakültesi'ni bitirme başarısını gösterdi. Sonra siyasetin merdivenlerini hızla tırmandı.

En büyük destekçisi ise eşi, ev hanımı Saniye Şahin'di.

Meserret Ekren

Yıl 1976.

Eczacılık Fakültesi'nden o yıl mezun oldu.

Aynı yıl, Bursa İktisadi ve Ticari İlimler Fakültesi'nden mezun olan Nâzım Erken'le evlendi.

Örtündü. Mesleğini yapmadı. Ev hanımı oldu.

Zeynep Babacan

Hacettepe Üniversitesi Mütercim Tercümanlık Bölümü öğrencisiydi. İleri de eşi olacak Ali Babacan'ın üç kız kardeşi Betül, Tuğba ve Merve'yle yakın arkadaştı.

Ali Babacan öğrenimini tamamlayıp ABD'den döndü. Babası Hilmi Babacan, oğlu Ali'nin evliliğini şöyle anlattı:

> Amerika'dan dönünce Ali'nin kız kardeşleri, kendi arkadaşlarının arasından birini belirledi ve "Ağabeyciğim, şu kız (Zeynep Yurter) senin için uygundur" dediler. Biz de Allah'ın emriyle istedik. İstediğimiz gün de kabul edildi. Kız kardeşleri, Ali'nin kendi karakterini ve nasıl birini istediğini bildikleri için mevcutların içinde sana bu uygun dediler. Biz de görücü usulüyle gittik, baktık ve beğendik.

Türkiye'yi Avrupa Birliği'ne taşıyacağı söylenen genç Dışişleri Bakanı Ali Babacan'ın evliliği görücü usulüyle böyle gerçekleşti.

Evlenmesiyle birlikte Zeynep Yurter örtündü. Ev hanımı oldu.

* * *

Uzatmayayım...

Hayati Yazıcı'nın eşi Selma; Hüseyin Çelik'in eşi Şahsenem; Mehdi Eker'in eşi Yasemin; Faruk Çelik'in eşi Beyhan...

Liste uzayıp gidiyor...

Sonuç:

"Türbanlı kızlar üniversiteye gitsin, aydınlansın, toplumsal hayat içinde yerlerini alsınlar" gibi hayatın gerçekleriyle uyuşmayan/romantik sözleri bir yana bırakalım. Değerlendirmelerimizi bilgiye dayalı yapalım. Türbanlı kızlarımız üniversiteyi bitirince çalıştırılmıyor. Tekrar eve kapatılıyor.

Türkiye'de ilk türban eylemini yapan Dışişleri Bakanı Ali Babacan'ın halası Hatice Babacan çalıştı mı hiç? Hayır.

Görmüyor musunuz, bir aldatmaca yok mu bu oyunun içinde!

Hiç öyle "kamusal alanda çalıştırılmıyor" gibi meseleyi çarpıtacak tartışmalara girmeyiniz. Türkiye'de özel sektörde iş mi yok? Baksanıza yoksul başörtülüler karın tokluğuna çalışıyor.

Meselenin özü ne biliyor musunuz?

Mesele sınıfsal.

Channel, Hermes, Prada, Gucci, Christian Dior markalı çanta

taşıyıp; Christian Louboutin, Paciotti, Sergio Rossi'den ayakkabı giyen başörtülü kadınların hiçbiri çalışmamaktadır.

Ve ne yazık ki türbana bakışta körlük, sığlık vardır.

Başörtülü kızlarımızın toplumsal hayat içinde olmasını mı istiyorsanız? Güzel. O halde, kaldırın başınızı: Onlar zaten hayatın içinde; üç kuruş parayla tekstil fabrikalarında sömürülüyor, can veriyor.

Türbanlı kadınların giydiği, kullandığı Dona Garan, Marks and Spencer, H&M, Next, Zara, River Island, Abercrombie&Fitch, Liz Claiborne, Banana Republic, GAP, Mexx, DIM, Lindex, Woolrich ve Old Navy, Reebok, Esprit, Benettton, ve Tommy Hilfiger, Pierre Cardin, U.S. POLO ve Cacharel, Top Shop, Laura Ashley, Walt Disney, Puma, Debanhams, Vetir, Armand, ThieryLVMH, Benetton, Stefanel gibi dünya markalarını kötü koşullarda üretenler bizim başörtülü gençecik kızlarımız.

Peki bu başörtülü kızlarımızı sömüren kim?

Beş vakit namazını kılan, hacı işadamı; yani yeşil sermaye!

Sektördeki kadın işçilerin başta gelen sorunları arasında, sigortasız kayıtdışı çalışma, bitirici çalışma saatleri, düşük ücretler, ücretlerin ödenmemesi, hiçbir iş güvencesinin bulunmaması, aşağılama ve dayağın olağanlaşması ve kadın işçilere yönelik cinsel taciz yer alıyor. Köle şartlarında çalışan başörtülü kızlarımız için kimse ne kalem oynatıyor ne de Meclis'i harekete geçiriyor.

Varsa yoksa üniversitelerde türbanın serbest bırakılması...

Sizce burada büyük bir oyun yok mu?

Üstelik: Tarihsel gerçekler gün gibi ortadayken...

Bilimin olmadığı yerde kime ne anlatabilirsiniz ki?

Başörtüsünün İslam'dan çok önce olduğunu kaç kişi biliyor?..

1. bölüm

Başörtüsü İslam'dan önce de vardı!

Kadın niye örtünüyor?

Kadının örtünmesi ne zaman, nasıl oldu?

Gelin, kadının örtünme tarihine kısa bir göz atalım...

İlkel çağlarda sihir ve büyü düşüncesi hâkimdi. İnsanoğlu kadının çocuk doğurmasına akıl erdiremiyordu. Bunu gizli bir güç olarak yorumluyordu. Bu nedenle kadından hem korkuluyor, hem de kadına saygı duyuluyordu. Öte yandan İlkçağ'da birçok alanda üretimi kadınlar başlatmıştı: ip, sepet dokuma, ağla balık avlama, toprak kap, ateş yakıp yemeği pişirme, tarak, kaşık, madeni eşyalar, boncuk, besinleri birbirine katarak mutfak kültürünü geliştiren ilk hekimlik ve şifalı otlar gibi buluşlar kadının eseriydi.

Kadının el üstünde tutulduğu "anaerkil" dönem binlerce yıl sürdü. Ne zaman insanoğlu doğal olayları kavramaya başladı "büyü" bozuldu. Artık kadının nasıl çocuk sahibi olduğu anlaşılmıştı! Yetmezmiş gibi erkekler, üretim biçimini ve savaş aletlerini geliştirdi; din devleti, tapınak-saray-ordu biçimindeki erkek egemen örgütlenmesine yöneldi; kadının "saltanatına" son verdi!

Peki ama niye saça düşmandı?

Ne vardı bu saçta?

Kadının saçı ve kadının gövdesi; kadının doğaüstü güçlere sahip olduğunun simgesiydi.

Kadının binlerce yıl olağanüstü güçlere sahip olduğuna inanılması ve binlerce yıl büyülerde kullanılması sonucu, kadın saçı bir karabasan gibi erkeklerin üzerinde baskı oluşturdu.

Ve erkekler de bu baskıdan kurtulmak için kadınların saçlarına yöneldi. Erkek zihni, erkek erkini oluştururken, bütün engelleri yıkmak, kendini üstün cins olduğuna inandırmak istedi.

Eski anaerkil dünya görüşünün yeniden hortlamaması için kadını her alanda yadsıma yoluna gitti.

Örtülü kadın başıyla, "bakın bir zamanlar sizi büyülü bağlarıyla, saçlarıyla korkutan tanrıça ya da saçlarının kötü etkisi olan kadın artık yok, kadınları ve saçlarını denetlediğimize göre sizin denetimimiz de bizim elimizde" görüşüne inandırmak istedi.

Müzelerdeki MÖ eserlerine baktığınızda görürsünüz; tanrıçalar tarih boyunca hep başlarında simgeler vardır; gökcisimlerini, bitkiler, yılan, kuş gibi hayvan simgeleri...

Ama türbana benzeyen ilk örtü Sümer kalıntılarında ortaya çıktı. Soğan biçimli sarık/ külah gibi başa takılan nesnelerdi bunlar.

Tanrıça kültünde –ilahilerden anlaşıldığına göre– bir tören nesnesiydi türban. Bir Sümer ilahisinde Şugurra, önemli bir buluşma için bozkıra giderken başına taktığı türbana benzeyen bir örtüydü!

Sümer'de tanrıçalar, tamamiyle çıplak oldukları erken dönemde de, saçları serbestçe salınmış ve başlarının tepesinde bir türban taşırken betimlenmişlerdi. Örneğin Lilith olduğu sanılan MÖ 2000 tarihine ait rölyefte tanrıçanın başında türbana benzeyen örtü vardı. Ve o dönem için bu tür örtünme, tanrıçanın güçlü büyüsünü ve egemenliğinin kanıtıydı. Ama bu diğer kadınlar için geçerli değildi artık!

Babil İmparatoru Hammurabi'nin kanunlarında kadının sosyal statüsü ilk kez yazılı yasa haline getirildi:

"Kadınlar sokağa çıkarlarken başlarını açmamış olacaklardır."

Bu kanun yeniydi ama uygulama eskiydi. Sümer, Asur, Hitit, Urartu, Akad gibi site devletlerinde de benzer uygulamalar vardı.

Kadını örtüye sokmanın temel nedeni, hür kadınla köle kadınların birbirinden ayrılmasını sağlamaktı. Yani, hangi kadının bir erkeğin koruması altında, hangisinin ise "kolay av" olduğunu göstermekti!

Eski Anadolu kültüründe olan bu örtünme anlayışı dünyanın çeşitli topluluklarında da vardı. Onlar genellikle meseleyi mitolojik öykülere dayandırıyorlardı.

Örneğin: Japon mitolojisinin kutsal kahraman Okikurumi, Aynular'a kültür ve uygarlığı öğretmek üzere, tanrıların cennetinden yeryüzüne inmişti. Cennete dönmeden önce Aynular'dan bir kadınla evlendi. Karısına, yiyecekleri kabile halkına dağıtma görevi verdi. Ancak bunun için de bir koşulu vardı; hiç kimse karısının yüzüne bakmayacaktı. Yani örtünecekti!

Örtü önce Hititler'de ortaya çıktı.

Ankara Anadolu Medeniyetleri Müzesi'nde pişmiş toprak bir kabın üzerindeki resim bize önemli bilgi veriyor. Kutsal evlilik töreninde, tanrıçayla, tanrı adına kralın evlenmesi için yapılan ayini anlatan resimde tören sırasında gelin tanrıça, günümüzdeki çarşafın birebir aynısı giyiyordu.

Ve ne yazık ki, kendine güvenli, rahat, buyurgan tavırlı kralın karşısında, edilgen, teslimiyetçi duran bu kara çarşaflı tanrıça gelin, Sümer'deki kendine güvenli tanrıça karakterinden hayli uzaktı.

Kadınlar artık örtüye sokulmuştu. Önceleri görünen saçlar zamanla görünmez olmuştu.

Şimdi burada bir dakika duralım:

Türkiye'nin tek Sümerolog bilim insanı kim? Muazzez İlmiye Çığ. 92 yaşındaki bu bilim insanımız ömrünü Sümer tabletlerini okumaya adamıştır. 40 yıl bu tabletler üzerine çalışmıştır.

Bir gün bir kitap yazdı ve dedi ki, "Sümerler fahişeleri diğer kadınlardan ayırmak için örtüye sokarlardı."

Bunu yazan Sümer tableti aslında. Muazzez Ilmiye Çığ tabletten okuduğunu aktarıyor. Ne yapmasını bekliyorsunuz, görmesin mi bu gerçeği, aktarmasın mı?

Doksan küsur yaşındaki bilim kadını mahkemeye verildi!

Ne yazık ki yobazlık toplumlara işte böyle sirayet ediyor.

Hz. Muhammed dönemi Arapçasını bilen din bilgini Turan Dursun'u neden katlettiler sanıyorsunuz? Yaşarken kimse tartışmak için karşısına çıkamıyordu. Çünkü yazdıklarının hepsi belgeliydi. Sözlerinin tümü din kaynaklarına dayanıyordu.

Bir diğer bilim insanı, ilahiyat uzmanı Doçent Bahriye Üçok da aynı nedenle kalleş bir pusunun kurbanı olmadı mı?

Türkiye'nin akil adamlarını birer birer yok ettiler.

Bilim insanlarımızı susturdular.

Geriye ne kaldı?..

Herakleides, Antik Yunan ve Mısır'da yaşayan kadınların baş giyimini şöyle tarif etmişti: "Giysilerin başa gelen kısmı öyle sarılır ki, yüzün tümü peçeyle örtülmüş gibi görünür. Zira sadece gözler ortada kalır, yüzün diğer bölümleri ise giysinin bir parçasıyla tamamen örtülür. Bütün kadınlar bu şekilde beyaz renkli giysiler giyerler."

Antik Yunan'da başörtüsü, Bereket Tanrıçası Demeter ve Zeus'un karısı Hera'nın da özel simgesiydi!

Zamanla kadınlar bu durumu bile arayacak hale gelecekti. Antik Yunan'da kadın "erkeğin başının belası" olarak görülmeye başlanacaktı. Pis kadınların domuzdan, zeki kadınların tilkiden, meraklı kadınların köpekten meydana geldiğine inananlar bile vardı!

Kadınların tek başına sokağa çıkmaları ise artık hayaldi...

Roma döneminde de erkeklerin tartışılmaz egemenliği iyice perçinlendi. Erkek asker, politikacı, tüccar; kadın ise evde oturup çocuk büyüten ve sadece kocasına hizmet edendi.

Kadının en büyük onuru bakire olmaktı. Bir de doğurgan olmak. Hiçbir sosyal hakkı yoktu. Hatta, kadın başı açık dışarıya çıkarsa kocası onu boşayabilirdi bile.

Tektanrılı dinler kadının sosyal hayatını pek değiştirmedi: Talmud'a göre, Yahudi kadınların başı açık halde toplum içinde gezmeleri günahtır. Eski Ahit'te üç farklı yerde kadının başını örtmesiyle ilgili pasaj bulunmaktadır. İşaya 3/ 19'da başa giyilen kıyafet anlamında *"fara"*, İşaya 3/23'te başörtüsü anlamında *"tsnyafaah"* ya da Tekvin 24/65-38/14.19'da yüzü örten örtü anlamında da *"tsaayafa"* kullanılmıştır. Ayrıca vücudun üst kısmını örten örtü anlamında *"radod"* kelimesi kullanılmıştır.

Hıristiyanlığın temel ilkelerini belirleyen Tarsuslu Aziz Pavlus, "kadının örtüsüz Tanrı'ya dua etmesi doğru değildir. Kadın örtünmüyorsa saçı kesilmelidir" demiştir. Korintoslulara Mektup'ta bakın ne diyordu:

"Buna karşılık kadının başında örtü olmaksızın ibadet etmesi onun başını kirletir. Çünkü böyle bir kadın saçları kökünden kazınmış bir kadının kendisidir. Bir kadın başını örtmüyorsa saçını kestirsin. Ama saçlarını kısa kestirmek veya kazıtmak bir kadın için aynı şekilde utanç verici bir şeydir. Kadın (saçı uzun olmakla kalmamalı) başını örtmelidir. Erkek tanrının kopyası ve onun yansımış ışığı olduğu için, başını örtmez. Ama kadın (örtünmeli çünkü o) erkeğin yansımış ışığıdır. Çünkü uzun saç, kadına örtünmesi için verilmiştir." (Birinci Mektup, 11/ 5–9.)

Erkek eli değmemişliğin, erdemliğin sembolü Hz. Meryem hep başı bağlı tasvir edilmiştir.

Bizans'ta Kutsal İncil'i anlatan duvar mozaiklerinde Meryem kara çarşaflı olarak karşımıza çıkar. Halen Avrupa müzelerinde Meryem'in kara çarşaflı yağlıboyaları sergilenmektedir.

Sadece Hz. Meryem mi? Londra National Gallery'de sergilenen Juan Bautista Martinez Del Mazo'nun resminde İspanya Kraliçesi Marina (1666) siyah bir çarşaf içindedir. Çarşafın altında yalnızca yüzünü dışarıda bırakan beyaz tülbentten bir örtü dışarı taşar.

Örneğin Jacques-Louis David'in 1793'te yaptığı ünlü *Marat'nın Ölümü* tablosunda, banyoda Charlotte Corday tarafından öldürülen ünlü devrimcinin başı türbanlıdır. Keza aynı Fransız Devrimi'nin idama mahkûm ettiği Kral XVI. Louis, 1793'te giyotine giderken, hücresinde hep taktığı türbanını başka bir mahkûma vermiştir. Bu türban, 2004 yılında açık artırmayla 88 000 dolara satılmıştır.

Bilindiği gibi Hıristiyan rahibelerin başları örtülüdür.

Batı'da kadın, "erkeğin cennetten kovulmasına sebep olduğuna inanıldığı için hor görüldü. Rönesans'tan sonra bu görüş değişti.

Bu arada, konumuzla direkt ilişkisi olmadığı için kısaca yazayım: Gerek Hıristiyanlık gerekse Yahudilik'te örtünmeyle ilgili tıpkı İslamiyet'te olduğu gibi tartışma vardır. Tartışma ayetlerin yorumlanmasından kaynaklanmaktadır.

Örneğin, bahsi geçen İşaya 3/19-23 arasındaki ayetlerde anlatılmak istenenin başörtüyle ilgisi olmadığı şeklinde yorumlar vardır.

Bu ayetlerde Sion kızlarının kibirlerinden bahsedilir. Başörtüsü namus ve/veya saç örtmek anlamında değildi. Burada bahsi gecen başörtüsü süs olarak kullanılmaktadır. Bu ayette Tanrı'nın süsten ve kibirden nefret ettiği anlatılmaktadır.

Pavlus'a gelince, Birinci Mektubu'nda kadınların giyimi hakkında şunu söyler: "Kadınların saç örtüleri ile altınlarla, incilerle ya da pahalı giysilerle değil sade giyimle edepli ve ölçülü tutumla Tanrı yolunda yürümeleridir." (Timoteos'a Birinci Mektup, 2/9-10.)

Yani toparlarsak, saçların sadece ibadet sırasında örtülmesi emrediliyordu. Diğer yanda Hıristiyan ve Yahudilikte günlük yaşamda gösteriş ve kibir yasaklanmıştı. Saçların örtünmesi değil!

Bir de biz de sosyetik merkezlerde alışveriş yapan türbanlı kadınları gözünüzün önüne getirin lütfen! Neyse...

Gelelim bizim İslam dinine:

İlk İslami buyruklardan 17 yıl sonra kadının örtünmesiyle ilgili ayet gelmiştir. Ahzâb Suresi 59. ayet: "Ey Peygamber hanımlarına, kızlarına, müminlerin kadınlarına söyle, dış esvapların üzerlerini sıkıca örtsünler! Bu, onların tanınmalarına, tanınıp da eziyet edilmelerine en elverişli olandır" der.

Görüldüğü gibi, köle ve cariyelere örtünme zorunluluğu getirilmemişti. Örtünme statü göstergesiydi ve bunun cinsellikle filan hiç ilgisi yoktu.

Tartışmalar hâlâ sürüyor.

Kimi din bilgini Hz. Muhammed dönemi Arapçısıyla bugün kullanılan Arapça arasındaki farklara dikkat çekiyor.

Yani zaman içinde örtünmeye ilişkin farklı görüşler ortaya çıktı.

Örneğin Mevlana da kadının başörtüsü konusunda şunları söyledi:

"Kadına her ne kadar gizlenme, örtünme emir edersen onda kendini gösterme isteği artar. Eğer kadının tabiatında kötülüğe yönelik bir eğilim yoksa yasak etsen de etmesen de o kişiliği doğrultusunda hareket edecektir." *(Fih Mafih.)*

Mevlana'nın bu sözleri söylemesinde geldiği Orta Asya kültürünün etkisi vardı kuşkusuz...

Ayrıca meselenin coğrafi boyutu da vardı: Çölde yasayanlar yüzlerini örter, bu onları hem güneşten hem de kumdan korur. Hele eski zamanlardaki çöllerdeki su kıtlığını göz önüne alırsanız saçınıza giren bu pudra kadar ince kumun ne kadar rahatsız edici olduğunu tahayyül edebilirsiniz.

Peki Orta Asya'da Müslümanlığı kabul eden Türkler ne zaman örtündü?

Orta Asya'daki göçebe Türkmen kadınların sosyal hayat içindeki statüsü Hıristiyan ve Yahudi kadınlardan farklıydı. Müslümanlığı kabul ettikleri IX. ve XI. yüzyıllardaki yaşam biçimleri de geleneksel Müslüman yaşamına uymuyordu.

Osmanlı döneminde, Bizans alınana kadar örtünme kurumsal olarak yerleşmedi. Bizans'ta olan; cinsiyetlerin birbirinden tecrit edilmesi, haremlerin haremağaları tarafından korunmaları, özellikle yüksek sınıftan kadınların ev dışına çıkarken örtünmeleri ve peçe takmaları henüz Osmanlı'da yoktu!

Tarihçi Şikari İstanbul'un fethinden önce başkent olan Bursa'da kadınların yüzlerini örtmediğini yazıyor: "Yüz örtmek sonradan âdet oldu. Karamanoğlu Alaüddin'in Hamidoğlu İlyas diyarını katliam ettiğinde üç kabile Diyar-ı Osaman'a firar etmişlerdi. O vakit bunları Murad Han görüp pek temiz ve uslu âdem olduklarından kendi şehrinde (Bursa'da) yerleştirilmiş. İşte bu kabile kadınları pek güzel olduklarından herkes bunları temaşa etmeye (seyretmeye) başlayınca ulema tarafından bu kabilenin hatunlarının yüzleri siper edilmesi (yüzlerinin saklanması) emredilmiş. İşte ne vakit taşra çıksalar, o kabile hatunları yüzlerini siper ederlerdi. Fakat bu hal sonradan diğer kadın ve kızlarında pek hoşuna geldiğinden herkes daima güzelce her tarafını örtmeye başladı."

Burada dikkati çeken nokta örtünmeye inançtan çok, toplumsal bir tedbir gereği başvurulmasıydı.

Göçebe toplumun izlerini taşıyan Osmanlı'da kadın erkekle birlikte hareket etmekte, törenlere katılmaktaydı. Bu dönemde kadınların yüzleri de açıktı.

Örtünme yıllar sonra, Osmanlı Devleti'nin "halifelik" makamına sahip olmasıyla yaygınlaştı.

Anadolu'da Asur'dan Antik Yunan'a, Roma'dan Bizans'a uzanan kadının eve kapatılma süreci Türk kadınını da etkiledi.

Osmanlı'da kadının kapanması XVI. yy.da başladı ve Cumhuriyet Türkiyesi'ne kadar sürdü sürdü.

Osmanlı'da kadınlar üzerine çıkarılan bütün yasalar kadının kapanması ya da kıyafetlerinin denetlenmesi yönünde oldu. Çıkarılan bu ferman ve yasalarda kadının giyimi ayrıntılı olarak tanımlanmıştı. Feracelerin yaka boyları, üzerlerindeki nakışlar, yaşmakların biçimleri, kumaşların kalınlığı inceliği gibi detaylar bu fermanlara konu olmuştu. Bu fermanlarla gelen yasaklar kadına üç alanda müdahale etti.

1. Giyimleri.
2. Sokaktaki davranışları.
3. Erkeklerle olan ilişkileri.

Aslında Osmanlı gerileme dönemine girmesiyle kadınlara yönelik kıyafet yasakları konusunda sertleşti. Örneğin, ilk yasak 1725'te çıkarıldı.

"Günlük kıyafetlerinin şeriata uygun olması devlet namusu gereğindedir. Fakat savaşlar yüzünden çok önemli işlerle uğraşılırken bu husus ihmal edilmiştir. Bazı yaramaz kadınlar bunu fırsat bilip sokaklarda halkı baştan çıkarmak için aşırı süslenmeye başlamışlardır. Yeni biçimlerde çeşitli esvaplar yaptırmışlardır. Hıristiyan kadınlarını taklit ederek başlarına acayip serpuşlar geçirmişlerdir.

Bundan böyle kadınlar bir karıştan ziyade büyük yakalı ferace ve üç değirmiden fazla baş yemenisiyle sokağa çıkamayacaklardır. Feracelerde süs olarak bir parmaktan enli şerit kullanılmayacaktır.

Bu yasakları dinlemeyecek olan kadınların sokakta yakaları kesileceği ve esvaplarının yırtılacağı ilan olunsun. Dinlememekte ısrar edenler yakalanıp başka şehirlere sürüleceklerdir."

Bu yasak Müslüman Osmanlı kadınlarının, Hıristiyan kadınlara benzememeleri için koyu renkli giysiler yerine renkli giysiler giymelerini de tavsiye ediyordu. Ama bazen de Müslüman kadına yakışan tek giysi olduğu iddiasıyla renkli giysiler yasaklanıp çarşaf giymeleri istenmekteydi!

Osmanlı'da kadınların kıyafeti hep tartışma konusu oldu. Neredeyse her padişah bir ferman çıkardı. Örneğin: Sultan II. Mahmud da, bir fermanla Hıristiyan kadınların başlarını Müslüman, Müslüman kadınların ise Hıristiyan kadınları taklit eder şekilde örtmelerini yasakladı.

Örnekleri çoğaltabiliriz ama uzatmamak için hızla günümüze gelelim:

XIX. yy'ın ortalarında kadınlar İstanbul'da çarşaf giymeye başladı.

1850'lerde Suriye Vilayeti'nden dönen Suphi Paşa'nın karısı İstanbul'da ilk çarşaf giyen kadın oldu. Daha çok Yunanlılarda görülen bu giysi, Meşrutiyet dönemine değin baştan yere kadar uzanan kolsuz tek parçalı bir sokak kıyafetiydi.

1876-1908 arasında ise, başı ve omuzları örterek bele kadar uzanan bir pelerin ve belden ayak bileklerine inen bir etek olmak üzere iki parçalı sokak üst giysisi olarak kullanıldı.

1880'li yıllar çarşafın hızla yayıldığı yıllar oldu. Ancak, Sultan II. Abdülhamid öldürülme korkusuyla çarşafı yasakladı.27 ekim 1883'te Paris'te yayımlanan *Le Courier d'Orient* isimli gazetede çarşaf yasağından etkilenen kumaş tüccarlarının yakınmalarına yer verildi.

İstanbul da bu tür yasaklar söz konusu iken Anadolu kadınları için ferace ya da çarşaf güncel bir tartışma olmadı. Hatta 1882'de çıkarılan bir fermanla ferace giymeleri istenen kadınlar bu buyruğa isyan ettiler. Konuyla ilgili olarak 27 temmuz 1882'de *Levant Herald* gazetesinde şu haber yer aldı:

> Yeni İzmit valisi civar köylerden pazarda satmak için pazara mal getiren ferace giymemiş ve ayağında pabuç olmayan Türk kadınlarının 5 gün hapis ve bir mecidiye para cezasına çarptırılacağı konusunda bir yasak çıkardı. Bu yasağa karşılık köylü kadınlar, atalarından kalmış gelenek ve göreneklerini hiçe sayıp baskı altına alan bu yeni kanuna uymaktansa, köylerinde kalmayı yeğlediler.

Burada aslında şöyle bir durum ortaya çıkıyor. Türkiye'nin bugün tartıştığı kamusal alan tartışması o zaman da yaşanıyor. Osmanlı pazaryeri gibi kamusal alanlarda örtünmeyi zorunlu kılıyordu.

Müslüman kadınlar Anadolu'da peçe takmadığı gibi İstanbul'un Kadıköy, Tarabya gibi semtlerinde de bu serbestliğe sahipti. Oysa Beyoğlu'na giden bir kadın peçe takmak zorundaydı.

Buradan şöyle bir sonuç çıkıyor: İktidarın merkezinde duyarlılıklar fazlayken çevrede bu duyarlılığın azaldığını görüyoruz.

Osmanlının son dönemde türban aydınlar tarafından çok tartışılan bir konu oldu. Birçok kesim bu konuda kendi görüşünü belirtti. Kimi gerekliliğini, kimi gereksizliğini savundu.

Ziya Gökalp gibi aydınlar İslamiyet öncesi Türk kadını konusunda araştırmalar yaparak, o modelin benimsenmesi gerektiğini savundu.

Görünen o ki, Osmanlı'da başlayan bu tartışmalar günümüzde henüz sonuçlanmadı.

Başörtüsü, demokrasi mi yoksa uygarlık meselesi midir? Bu soruyu tartışmıyoruz bile artık.

Bugün sık sık tartıştığımız türbanın Türkiye'ye nereden nasıl geldiğini bile bilmiyoruz.

Türban Anadolu'da kullanılan "tülbent" sözcüğünün değişime uğramasından türetildiği iddia ediliyor.

Britannica World Language Dictionary'de türban şöyle açıklanıyor:

"Doğulu birinin başındaki kepin etrafında kuşağın ya da şalın çevrilmesiyle oluşur. Türkçede kullanılan 'tülbent' sözcüğünün Fransızcaya 'turban' olarak geçti. 'Tülbent' kelimesiyse Farsça 'dulbent' kelimesinden geliyor. Turban kelimesinin kökeniyse hızlı dönüş anlamına gelen 'turb' ya da karışıklık anlamına gelen 'turbati' veya kışkırtıcı anlamına gelen 'turbat' olduğu ileri sürülüyor. Ayrıca Fransızcadaki lale kelimesi de bu çiceğin türbana benzemesinden (tulibe) dolayı bu kökenden geldiği de ek bir bilgi."

Türban Fransa'ya, Sultan III. Ahmed tarafından gönderilen elçi Yirmisekiz Mehmet Çelebi'yle gitti. Paris'te kadınlar, Osmanlı elçisinin sarığından etkilenmişti. O yıllarda başta Paris olmak üzere Avrupa'da oryantalizm rüzgârı esiyordu. Özetle, türbanı ilk kullanan XVIII. yüzyılda Fransız kadınlar oldu.

İlginçtir, Batı'da doğan türban İslam dünyasında önce Filistin'de doğdu. Ardından, İran İslam Devrimi'nin simgelerinden biri oldu. Bilindiği gibi 1980 yılından sonra da Türkiye'de yaygınlaştı.

Ama öncesi vardı...

"Şulebaş türban" tasarımından kara çarşafa uzanan sıradışı bir hayat: Şule Yüksel Şenler

Hayrünnisa Gül'den Emine Erdoğan'a kadar birçok kadının başlarını bağlama şekline "Şulebaş" deniyor.

Bu başörtüsüne adını veren Şule Yüksel Şenler kimdi?

Nasıl ve neden örtündü?

Bu türban modelini nasıl buldu?

Terzilik öğrendiği Ermeni ustasının etkisi oldu mu?

Türbandan sonra neden kara çarşafa büründü?

Recep Tayyip Erdoğan ile Emine Hanım birlikteliğinin arabulucusu Şule Yüksel Şenler, neden iki kez evlenip boşandı?

Neden akıl sağlığını kaybetti?

İşte türban konusunda Türkiye'de "çığır açan" bir gazeteci-yazarın yaşam hikâyesi...

Kıbrıslıydılar.

Babası Hasan Tahsin ile annesi Mihriban Ümran Hanım teyze çocuklarıydı.

Altı kardeştiler: Özer, Örsel, Şule Yüksel, Gonca Gülsel, Tuncer ve Çiğdem.

Tarih 29 Mayıs 1938. Kayseri.

Şule Yüksel dünyaya geldi.

Babası Sümer Fabrikası'nda görevliydi. 6 yıl sonra görevinden ayrıldı. İstanbul'a yerleştiler. Bütün aile; annaanneler, babaanneler tüm akraba kadınları modern kıyafetler içinde, zarif ve şık giyiniyorlardı.

Şule Yüksel Koca Ragıp Paşa İlkokulu'na giderken ailenin ekonomik düzeni bozuldu. Şenler çiftinin çocuklarına okul aile birlikleri yardım etti. Şule Yüksel ortaokula kadar okuyabildi. Annesi kalp krizi geçirip yatağa bağlanınca okuldan alındı.

Artık evden çıkmıyor; temizlik yapıyor; yemek pişiriyordu. Arta kalan zamanlarında hep kitap okudu; ne bulursa onu okudu.

Öyküler yazmaya başladı. Bunları Safa Önal'ın çıkardığı *Yelpaze* dergisine gönderdi. İlk yazarlığa burada adım attı. Sonra Gökhan Evliyaoğlu, Peyami Safa gibi devrin ünlü isimlerinin bulunduğu *Yeni İstanbul* gazetesinin gençlik köşesinde yazmaya başladı. Bu arada gazetenin ilanlarını hazırlayan Yüksel Bey'den resim dersi aldı. Resim derslerini müzik dersleri takip etti. Ney ve kanun çalmayı öğrendi.

Ağabeyi Özer Şenler, Said-i Nursi'nin yakın çevresine girmişti. Ailesinin modern yaşamına; annesi ve kızkardeşlerinin örtünmemesine ve hele hele evde bile olsa kız kardeşlerinin erkek musiki hocalarından ders almasına çok kızıyordu. Bir gün evi terk etti.

Artık ağabeyi Özer'in yeni bir hayatı vardı. Dizinin dibinden ayrılmadığı Said-i Nursi, "Özer" adını da değiştirip "Üzeyir" koymuştu!

Ağabey Özer Şenler'i, Said-i Nursi'yle tanıştıran kişi ise, "Milliyetçiler Derneği"nden arkadaşı Nevzat Yalçıntaş'tı.

Şule Yüksel o günlerde âşık oldu. Lise öğrencisi mahalleli bir gence tutuldu. Aşk karşılıklıydı. Dört yıl flört ettiler.18 yaşına bastığı gün iki aile yan yana geldi. Ancak bu söz kesme merasimi tatsızlıkla sonuçlandı. Müstakbel kaynanasının, oğlu ve geliniyle aynı evde yaşamak istemesi bu birlikteliğin sonunu getirdi. Baba Hasan Tahsin Şenler bu teklifi kabul etmedi. Bu acı sonucu mutfakta öğrenen Şule Yüksel bayılıp kaldı.

Ve yıllar geçse de bu acı dünür olayını hiç unutamadı. Hatta çocuk sahibi olamamasını da bu olaya bağladı...

Annesi aşkını unutması için Şule Yüksel'i Bakırköy'de bir Ermeni terzinin yanına çırak verdi. Gencecik yaşında her türlü elbiseyi dikebilecek düzeye geldi. Zamanla kalfalığa kadar yükseldi. Ermeni ustasının Avrupa'dan getierdiği moda dergilerini elinden düşürmedi. Bu dergilerde gördüklerinden etkilenip ileride "Şulebaş Türban" tasarımı ortaya çıkaracağını kuşkusuz tahmin bile edemezdi...

Moda magazin dergilerini elinden hiç düşürmedi ama siyasi olaylara da ilgisiz kalmadı. 1950'li yıllarda başlayan Kıbrıs mitinglerine katıldı. Ata yurdunu unutmamıştı. Mitinglerde kürsüye çıkıp ağlayarak şiirler okudu.

27 Mayıs 1960 ihtilalinden sonra kurulan Adalet Partisi'ne katıldı. AP Bakırköy Gençlik Kolları, Edebiyat ve Kültür Kolu başkanı oldu.

Faruk Nafiz Çamlıbel'in çıkardığı *Kadın Gazetesi*'nde köşe yazmaya başladı. Asıl adı "Yüksel "di. Ama kadın olduğunun anlaşılması için adının önüne "Şule" ekledi. O artık "Şule Yüksel Şenler"di.

O dönem siyasal görüş olarak aşırı milliyetçi Nihat Atsız'a yakınlaştı. Ama ağabeyi Özer'in (Uzeyir) hastalığı yaşamını değiştirdi...

Ağabeyi sarılıktı. Annesi, kızkardeşleri hastanede başında beklediler günlerce. Ağabeyi kendine gelince onlardan son bir istekte bulundu: "Örtünün!"

Şule Yüksel sinirlendi: "Ağabey neden bizden yapamayacağımız şeyler istiyorsun?"

Ağabeyi, "O halde Risale-i Nur toplantılarına katılın" dedi.

Ağabeyin ölüm döşeğinde morale ihtiyacı vardı. Kabul ettiler. Risale-i Nur toplantılarına aileden ilk olarak Şule Yüksel Şenler gitti.

Bir evde beyaz örtüler içindeki on kadın, karşılarında başı açık, modern kıyafetli ve üstelik kendilerine göre hayli dekolte bir elbise içinde onu görünce çok şaşırdı. Şule Yüksel eteğini çekiştirip, manikürlü ojeli parmaklarını saklayarak bir köşeye çekilip oturdu. Risaleleri dinlemeye başladı. Hiçbir şey anlamadı. Sıkıldı.

Birkaç toplantıdan sonra kadınlardan biri, ojeli tırnaklarını "orangutan maymunlarına" benzetince çok utandı.

Kendini "düzeltmeye" önce tırnaklarından başladı, artık oje yoktu.

Sonra kadınlar başını örtmesini istedi. O da, "ayıp olmasın" diye başını yarım örtmeye başladı.

"Ağabeyin çok iyi okuyor bakalım sen nasıl okuyacaksın" diye eline *Risaleler*'i verdiler.

Çok güzel okudu; kadınlar hayran kaldı. Takdir edilmek, kabul görmek çok hoşuna gitti.

O günden sonra namaza başladı.

Yıl 1965.

Bir gün aynanın karşısına geçti: Besmele çekip örtündü.

İçinden "ne kadar çirkin oldum" dedi. Bu kez saçının ön tarafı görenecek şekilde başörtüsünü bağladı. "Ne kadar iradesizim" diye kızdı.

Aynanın karşısında başörtüsünü tekrar tekrar çeşitli şekillerde bağladı:

"Besleme kızlara benzedim!"

"Hizmetçi kız oldum!"

"Herkes bana gerici, yobaz gözüyle bakacak!"

Ve sonunda...

Bugün moda olan "Şulebaş tipi türban" o gün, o aynanın karşısında ortaya çıktı. "Öyle şık bir tarz da örtünmeliyim ki herkes çok beğensin!"

Beklediği olmadı.

En büyük tepki annaannesi İkbal Hanım'dan geldi. İlk sözü, "Kürt karılarına benzemişsin" oldu!

Ağabeyi dışında tüm ailesi örtünmesine karşı çıktı. Ne olduğunu soranlara "başı ağrıyor" dediler.

Yolundan dönmedi. Kadınlara başörtüsünü sevdirmek için çok uğraş verdi; farklı şık eşarplar dikti; biyeli, atkılı, tokalı özel başörtüler taktı.

Çevresi tepki gösterdikçe o örtüsüne sarındı. Örtüsü bayrağı oldu.

Ne yazık ki başörtüsü Şenler ailesini böldü; kardeşler bile zamanla birbiriyle görüşmez oldu...

Şule Yüksel Şenler, örtünmesiyle birlikte çalıştığı yayın organını da değiştirdi. Yeni yayın organıyla birlikte artık davalar süreci de başlayacaktı. 26 ocak 1967 tarihinde Mehmet Şevket Eygi'nin çıkardığı *Yeni İstiklal* gazetesi, Pakistan'da üniversiteye, ellerinde kitapları kara çarşaf içinde giden üç genç kızın fotoğrafını basıp, yanına da Şule Yüksel Şenler'in "Müslüman Kadınların Örtünmesi Şarttır" diyen yazısını koyunca, Türk Kadınlar Birliği dava açtı.

Şule Yüksel Şenler ilk kez mahkemeyle tanıştı. Ama bu son olmayacak; iki kez de cezaevine girecekti...

Anadolu'nun her yanında seminerler vermeye başladı. Şule Yüksel gibi İstanbul'da yaşayan modern bir kadının örtünmesi "itilmişlik duygusu" içindeki çevrelerde memnuniyet yarattı. Her gün bir yerde panele katıldı: "Başı açık kadınlara laf atılıyor; oysa kapalı kadınlara ana bacı gözüyle bakılıyor" diyordu.

Laf atan Müslüman erkeği değil de, laf yiyen Müslüman kadını düzeltmeye çalışıyordu!

Said-i Nursi hayranıydı. *Bugün* gazetesinde Necip Fazıl Kısakürek, Said-i Nursi'nin evlenmeyişini ve sakal bırakmayışını eleştirince en sert tepkiyi o gösterdi. Giderek radikalleşti. 1967 yılında Papa'nın Türkiye'ye gelmesine karşı çıkıp, "Ağlayın Ey Müslüman Kardeşlerim Ağlayın" diye makale yazdı.

Ankara'da imam hatiplere ve ilahiyat fakültelerine kız yetiştirme kursu açılmasını sağlayıp, müdür oldu. Öğrencileri onun gibi "Şulebaş" türban takmaya başladı. Bu kurstan yetişen öğrencilerden biri de ünlü gazeteci Abdurrahman Dilipak'ın eşi Asiye Hanım'dı.

Yaşadığı ilk aşk ve ilk hayal kırıklığının da etkisiyle yıllar sonra *Huzur Sokağı* adlı romanını yazdı. Bestseller oldu. Ünlendi. Roman, *Birleşen Yollar* adıyla 1970'de sinemaya uyarlandı; Yönetmen Yücel Çakmaklı'nın İslami içerikli ilk filmi oldu. Başrolde Türkân Şoray ve İzzet Günay vardı.

Başörtüsü sinemaya girmişti...

32 yaşındaki Şule Yüksel Şenler o yıl evlendi. Eşi, ilahiyat mezunu tiyatrocu Abdullah Kars'tı. Şehir şehir dolaşıp İslami tiyatro yapıyordu. Yani aynı zamanda dava arkadaşıydılar. Evlenmelerine Risale-i Nur talebelerinden Sait Özdemir vesile olmuştu.

Gelinlik modelini de Şule Yüksel Şenler çizdi.

Kadın-erkek ayrı ayrı yapılan düğün, müziksiz ve danssız oldu. Davetiyelere ilk kez ayet ve hadis konmuştu. Konukların tesettüre uygun giyinmesi istenmişti.

Fakat:Bu İslami düğün mutluluk getirmedi.

Eşi, Şule Yüksel'i hep dövdü. Toplantılarda, "eziyet gören kadın sabrettiği takdirde Allah katında büyük derecelere ulaşacağını" söyleyen Şule Yüksel'in dayanacak gücü kalmadı.

Beş yıllık evlilik hüsranla bitti; boşandılar.

Hayat devam ediyordu.

Koca baskısından kurtulmuştu. Tekrar panellere gitmeye; gazetelere, dergilere yazmaya başladı.

"İdealist Hanımlar Derneği"ni kurdu. Manevi başkanı oldu. Derneğe gelen genç kızlar arasında, Emine Gülbaran (Erdoğan) da vardı. Recep Tayyip Erdoğan ile Emine Hanım'ın evliliklerinde arabulucu olan isim de Şule Yüksel Şenler'di.

Bu arada ikinci evliliğini yaptı.
Eşi Kanada'da yaşamış bir maden mühendisiydi. Daha önce evlenmiş ama eşini kaybetmişti. Bir kızı vardı. (Şule Yüksel Şenler, üvey kızının yaşamına saygısından dolayı, eşinin adının yazılmasını istemedi.) Şule Yüksel Şenler için damat adayının en önemli özelliği namazında niyazında olmasıydı.
Evlendiler. Bakırköy'de dubleks bir apartman katına yerleştiler.
Eşi dolasıyla yeni çevre edindi.
Yeni çevre Nakşibendi İsmailağa Cemaati'ydi.
Burada tanıştığı kadınlardan, simsiyah çarşaf giyen Dr. Sevim Asımgil, yaşamında ikinci radikal değişime neden oldu.
"İslamiyet'ten soğutuyor", "mümkün değil çarşaf giymem" diyen Şule Yüksel Şenler bir gün kara çarşafa giriverdi.
Modern başörtüsüyle başlayan süreç kara çarşafa gelip dayanıvermişti.

Tercih kendinindi kuşkusuz.
Ama ortada reel bir durum da yok muydu?
Ağabeyinin istediğiyle Nurcu olup türban takan Şule Yüksel Şenler, bu kez eşinin isteğiyle Nakşibendi olup kara çarşafa girivermişti!
Türban takarak modern hayat sürdüren çevresini şaşırtan Şule Yüksel Şenler, bu kez kara çarşafa girerek, türbanlı arkadaşlarını hayretler içinde bıraktı. Türbanlı arkadaşlarından koptu. Eşiyle ve üvey kızıyla Fatih Çarşamba'ya yerleşti. *Milli Gazete*'deki yazılarına son verdi.
Bir gün Başbakan Erdoğan'ın dünürü, gazetenin başyazarı Sadık Albayrak İsmailağa Cemaati Şeyhi Mahmut Hoca'ya gelerek, Şenler'in tekrar *Milli Gazete*'de yazması için izin istedi.
Şeyh Mahmut Hoca, istiharede olan Şenler'in durumuna göre, belli konularda yazmamak üzere izin verebileceğini söyledi.
İki erkek Şule Yüksel Şenler hakkında karar verirken; o dönemde Şule Yüksel Şenler'in derdi başkaydı.
İkinci kocası da fiziki şiddet uyguluyordu. Her seferinde Şeyhine koşuyor ama Mahmut Hoca "hele sabret" diyordu.
11 yıl sabretti. Boşandı. Boşanmasıyla birlikte, İsmailağa Cemaati kendisiyle tüm ilişkisini kesti!
Yapayalnız kaldı.

Annesi Ümran Hanım vefat etmişti. Babasının yanına taşındı. *Zaman* gazetesinde köşe yazarlığına başladı. Sorunlar yakasını bırakmadı. Babası Hasan Tahsin ağır psikolojik hastaydı; hafızasını kaybetmişti.

Bir gün evden çıktı ve geri dönmedi.

Akıl hastası Hasan Tahsin'i vatandaşlar Bakırköy Akıl Hastanesi'ne götürdü. Hastanede diğer hastalardan dayak yiyen Hasan Tahsin vefat etti.

Aynı hastalık Şule Yüksel Şenler'e de bela oldu. Hafızasını kaybetti. Kimseyi bilemedi ve tanıyamadı. Kıblenin nerede olduğunu, namazda hangi duaları hangi sırayla okuyacağını soruyordu hep. Aynı zamanda uyuyamıyor; sabaha kadar ağlıyordu.

Doktorlar sürekli uyuttular.

Bu ağır yorucu hayat beynini, vücudunu yıpratmıştı.

Kim bilir belki de akraba evliliği sonucuydu çektiği bu ıstıraplar?

Tedavisi bugün hâlâ sürüyor...

Allah şifa ve uzun ömür versin...

Sonuç

Şule Yüksel Şenler'in yaşamı aslında toplumsal hayatımızın dönüşümüyle paralellik gösteriyor; yani Türkiye bugünlerde "ağabey" baskısı altında örtünüp örtünmemeyi tartışıyor.

Bundan sonra nelerin yaşanacağını Şule Yüksel Şenler'in yaşam hikâyesi anlatıyor zaten...

Mehmed Âkif yalanı

Örtünme konusunda nedense ülkemizde hep bir kandırmaca vardır. Bunun en bilineni şudur: "Mehmed Âkif şapka devrimine karşı çıktığı için Mısır'a gitti!"

Yalan.

Ama yalanı bilmek için önce şairin yaşam hikâyesinden satırbaşları verelim:

1873 İstanbul Fatih doğdu. İlk adı Rakıf'tı.

Babası Tahir Efendi Fatih Medresesi'nde hocaydı. Ama oğlunu medreseye değil mahalle mektebine verdi.

Mehmed Âkif'in din hocası Bezmenler'in büyük dayısı Sabetayist kökenli Selanikli Esad Efendi'ydi.

Annesi Buharalı Şerife Hanım, Nakşibendi Gümüşhanevi Dergâhı Şeyhi Ahmed Ziyaüddin Efendi'nin müridiydi.

Mülkiye'yi bırakıp Baytar Mektebi'ne geçti; okulu birincilikle bitirdi.

Güreş yapmayı seviyordu; hem de kıspet giyip, yağlanarak.

Gençlik yıllarında dostu Neyzen Tevfik'ti. O yıllar da çok içki içiyordu.

1898'de İsmet Hanım'la evlendi. Altı çocuğu oldu: Cemile, Feride, Suat, Naim, Emin, Tahir.

Sultan II. Abdülhamid'e muhalifti. İttihatçıydı.

Victor Hugo, Zola, Lamartine gibi klasikleri elinden düşürmüyordu. Fuzuli, İbnü'l–Fariz ve Sadi-i Şirazi'yi çok beğeniyordu.

Tevfik Fikret'i sevmezdi. Şiirlerinde karşılıklı atışırlardı.

Hiç aşk manzumesi yazmadı.

Birinci Dünya Savaşı'nda Teşkilat-ı Mahsusa görevlisi olarak Arabistan çöllerinde ve Lübnan'da görev yaptı.

Berlin'e gönderildi. Görevi, Fransız ordusundaki Müslüman askerlerin bulunduğu bölgelere uçaklarla atılacak Arapça bildirilerin hazırlanmasına yardımcı olmaktı.

Almanları öven şiirler yazdı:

> Değil mi ki Almansın
> O halde fikr ile vicdana sahip insansın!

Finansörlüğünü Mısırlı Abbas Halim Paşa'nın yaptığı *Sebilü'r–Reşad*'ı çıkardı. Batılılaşmaya karşı çıkmayan ama geleneği de yok saymayan bir İslamcılığı savunuyordu.

Mehmed Âkif'in masonlarla bir ilgisi yoktu. Ama hamisi Mısırlı Abbas Halim'nin babası Prens Muhammed Abdülhalim Osmanlı'ya masonluğu getiren kişiydi. Ayrıca fikri önderi, ideoloğu Cemaleddin Afgani de masondu.

Şeyhülislamın Ulusal Kurtuluş Savaşı'na katılanlar hakkında ölüm fetvası çıkardığını öğrenince dayanışma için hemen Ankara'ya gitti. Anadolu'yu dolaşıp ulusal mücadeleye destek istedi. Kastamonu Nasrullah Camii'nde yaptığı konuşmayı, Adnan Menderes'in eniştesi Nihad Paşa çoğaltıp elden ele dağıttırdı.

Birinci mecliste Burdur milletvekili olarak görev yaptı.

Türk Ordusu'na ithaf ettiği İstiklal Marşı'nı Taceddin Dergâhı'ndaki odasına kapanarak on günde yazdı.

Aralarında Kastamonu Ortaokulu öğrencisi Rıfat Ilgaz'ın da bulunduğu 724 başvuru arasında birinci oldu. Millet Meclisi kendisini ayakta alkışlayınca, utanıp genel kurul salonundan çıktı.

Sırtında giyecek paltosu bile yokken para ödülünü kabul etmedi.

Başta Ruşen Eşref, Aka Gündüz olmak üzere çok kişi Mehmed Âkif'i cezalandırmak için İstiklal Marşı'nın değiştirilmesini teklif ettiler. Atatürk bu önerileri hep reddetti.

Yazdığım gibi dinciler, Mısır'a gitmesine "şapka devrimine karşı çıktığını" gerekçe gösteriyor.

Bu doğru değil.

Aslında Milli Mücadele'den önce Mısır'a gitme düşüncesi vardı. Ulusal güçlere destek için Ankara'ya gidince programını değiştirmişti. Ekim 1923'de hamisi Abbas Halim Paşa'yla Mısır'a gitti. 7 ay kaldı.

1924'de Mısır'dan döndü! İkinci gidişi aynı yılın sonu oldu. Beş ay kaldı. 1925 mayısında döndü.

Ve üçüncü gidişi 1925 eylülünde oldu. En uzun süre bu gidişiyle oldu. Şapka Devrimi aynı yılın ağustos ayında olduğundan, şapkaya muhalif olduğu için gittiği söylentisi çıkarıldı! Aslında ne fesi sevdi, ne de şapkayı; ve sarık giymedi hayatı boyunca. Düşünsenize saltanat lağvediliyor; Cumhuriyet ilan ediliyor; halife kovuluyor Mehmed Âkif sesini çıkarmıyor!

Şapka devrimi oluyor, ülkeyi terk ediyor!

O, ülkeyi terk ediyor; hayatı boyunca birlikte olduğu Abbas Halim Paşa Türk vatandaşı olabilmek için CHP'ye dokuz yüz bin lira bağışta bulunuyor!

O, ülkeyi terk ediyor ama din reformunun en önemli adımı Kuranıkerim'in tercüme görevini kabul ediyor!

Mısır'da din bilgisi öğretmenliği yapmıyor; Türkoloji kürsüsü başkanlığını yapıyor.

Ve hamisi Abbas Halim Paşa 1935'te vefat edince; hamisinin kızı Emine Abbas'ın isteğiyle Lübnan'a gidiyor.

Bakınız Mehmed Âkif Ersoy'un aslında ne kadar modernizm yanlısı olduğuna bir örnek vereyim.

1936 yılında Emine Abbas Hanım'a yazdığı mektupta ne diyor:

> Paris'teyken dünyanın en büyük sanatkârlarını dinlediniz. Ne mutlu size. Bendeniz son zamanlarda hanende musikisinden âdeta iğrenir gibi oldum.

Yani Mehmed Âkif, bizim alaturka müziğe mesafeliydi; tıpkı Mustafa Kemal gibi. "Uyuşturucu negamat" diye bahseder alaturka musikiden.

Ne musikinize girmiş uyuşturur negamat;
Ne şiirinizden olur tarumar fikr-i hayat.

Sadece müzik konusunda mı?

Mehmed Âkif Ersoy'un kızı Suat'a, Nâzım Hikmet'in annesi Celile Hanım'dan resim dersleri aldırdığını biliyor muydunuz?

Tarihçi Taha Toros'un iddiasına göre, Mehmed Âkif Ersoy sadece Rus Yahudisi Feldman'a değil, Celile Hanım'a da portresini yaptırdı!

Mehmed Âkif çok eşliliğe karşıydı.

Kızların eğitiminden yanaydı.

Toparlarsak; Mehmed Âkif, 16 haziran 1936'da Türkiye'ye döndü. Yani Mısır'a gidişi ve dönüşüyle Abbas Halim Paşa arasında direkt bir ilişki vardı. Yurda döndüğünde hastaydı; sirozdu. Aynı yıl 27 aralıkta, Abbas Halim Paşa'nın sahibi olduğu Beyoğlu'ndaki Mısır Apartmanı'nda öldü. Saat 19:45'ti.

Dincilerin sadece ismi üzerinde polemik yaptığı Milli Şair Mehmed Âkif değildi.

Aynı yalanı içki konusunda da yapıyorlar...

Güya Osmanlı padişahları içki içmezmiş!

TBMM Plan ve Bütçe Komisyonu'nda, 2008 yılı Ulaştırma Bakanlığı bütçesi görüşülürken, şaraptan alınan yüksek vergi tartışma konusu oldu. Bakan Binali Yıldırım, "insanların ayık gezmesi lazım" diyerek yeni bir içki tartışması başlattı.

Bugün devletin üst sivil kadrolarında cumhurbaşkanından başbakanına kadar içki içen kimse yok; herkes ayık! "Ayık olmak" bir devlet politikası haline geldi. Bu nedenle devlet seremonilerinde bile kadeh kaldırılmıyor.

Bazı çevreler, "Osmanlı Devleti de böyleydi" diyor. Öyle miydi değil miydi; gelin bir göz atalım...

Adı: Osmanzade Taib Ahmed (1660-1724).

Şairliği, padişah özel kâtipliği ve tarihçiliği vardı.11 kitap yazdı: *Hadikatü'l-müluk* adlı eserinde, Sultan I. Osman'dan II. Mustafa'ya kadar 22 padişahın hayatını kaleme aldı. *Hadikatü'l-vüzera* adlı kitabındaysa, ilk Osmanlı Veziri Alaaddin Paşa'dan, Rami Mehmed Paşa'ya kadar 108 sadrazamının hal tercümelerini yazdı. Bizim yararlanacağımız kitabının adı ise, *Telhisü Mehasini'l-adab*. Kitabın adından da anlaşıldığı gibi Taib Ahmed Efendi'nin bu eseri; meşhur Arap ilahiyatçı/edebiyatçı Cahiz'ın (776-868) *Minhacü's-süluk* ile tarihçi Mustafa Ali Efendi'nin (1541-1600) *Mehasinü'l-adab* isimli kitaplarının sadeleştirilmiş bir özetiydi.

Sadrazam Damat İbrahim Paşa'ya takdim edilen bu eser on beş bölümden oluşuyordu. üçüncü bölümde, İslam halifeleri ve Osmanlı padişahlarının özel hayatlarına ilişkin bilgiler mevcuttu.

Telhisü Mehasini'l-adab adlı esere göre, Osmanlı'nın ilk sultanları ağızlarına içki koymamışlardı. İlk padişah Osman Gazi, dini bütün Şeyh Edebâli'nin damadı olduğundan "kadehin gül rengine rağbet etmemişti." Ancak bu eserin aksine, bazı tarihçilere göre, Osman Gazi Bizanslı beylerle (tekfur) şarap içmişti.

Taib Ahmed'e göre, Osman Gazi'nin oğlu Orhan da içkiden uzaktı. Her iki padişah da içmiyordu ama toplantılarında komutanlarına iltifat etmek maksadıyla içki/"dolu" sunmuşlardı. Bu âdet, Yıldırım Beyazıd, Çelebi Sultan Mehmed ve Sultan I. ve II. Murad döneminde de devam etmişti.

Taib Ahmed'e göre, "Fatih Sultan Mehmed Han ve Sultan Bayezid-i Veli, komutanları ve vezirleriyle arada sırada iyşü nuş (içki âlemi) ederlerdi. Hatta Bayezid-i Veli, Sadrazam Gedik Ahmed Paşa'yı işret (içki) sırasında katletmişti."

Yine kitabın aksine, bir iddiaya göre, Yıldırım Beyazıd içki içiyordu. Padişahın içki ve bezm (içki meclisi) düşkünlüğünün sebebi, eşi Sırp Prensesi Olivera'ydı.

Dönelim tekrar Taib Ahmed Efendi'nin kitabına:

Yavuz Sultan Selim içki kadehine fazla iltifat etmezdi, ancak ara sıra içerdi. Heyhat, çabuk sarhoş olup şiir okurdu. Bir gün bir eğlence sırasında yine sarhoş oldu, ayağa kalktı, elindeki kadehi öne doğru uzattı ve üzümden ilk şarabı çıkardığı iddia edilen İran şahını anımsayıp şiir okudu:

"Bint-ül inebin bikrini Cem etti izale"
(Üzümün kızının bekâretini Cem yok etti!)

Kanuni Sultan Süleyman, ilk zamanlarında musiki dinlerken içki içmişliği vardı. Ancak daha sonra içkiyi yasakladı.

"Osmanlı'nın yasağı üç gün sürer" deyimi doğruydu. Kısa bir zaman sonra içki yasağı unutuldu, meyhaneler yeniden açıldı.

Padişahlar arasında içkiye en düşkün isim II. Selim'di. Lakabı "Sarhoş"tu. Bu dönemde sınırsız içki serbestliği vardı. İlginçtir II. Selim içkiye düşkün olmasına rağmen, beş vakit namazını da kaçırmazdı. Ve sonra, Halvetiyye Şeyhi Süleyman Efendi'nin telkiniyle içki içmeye tövbe etti. Hatta bir gün hastalandığında hekimlerin iyileşmesi için verdiği ilacı, "içinde içki vardır" diye içmedi.

İçkiye karşı padişahlardan biri de, III. Murad'dı. İçki içmediği gibi huzurunda lafının edilmesinden bile hoşlanmazdı. Bunun altında yatan sebep ise şuydu: Şehzadeliği sırasında babası II. Selim bir gün kendisini içki sofrasına çağırdı. İçki içmesine izin verdi. Ama Padişah daha önce Harem Kethudası Hekimbaşı Kurdoğlu'na, şarap kadehinin içine baş ağrısına neden olacak bazı maddeler koymasını istemişti. Şehzade bu oyundan habersiz şarap kadehini ardı ardına içince birkaç gün baş ağrısından duramadı ve içkiye tövbe etti.

Bir diğer padişah, III. Mehmed de babasının yolundan gitti; içki içmedi. Ama onun döneminde Osmanlı kötü bir alışkanlıkla tanıştı: Tütün.

Allah'tan tütün günah değildi!

Osmanlı padişahlarının içkiyle ilişkileri hep inişli çıkışlı oldu. İçki yasağı bazen şiddetle uygulandı bazen ise görmezden gelindi. Bu uygulamalarda, padişahların kişisel yaşamlarının etkisi vardı: Örneğin I. Ahmed çok dindardı ve onun döneminde içki yasağı çok etkiliydi.

Osmanlı Devleti için XVII. yüzyıl, "duraklama" dönemiydi. Osmanlı savaş kaybettikçe gericileşti. İçki yasakları bu dönemde arttı. Tüm kötülüklerin sebebi bu uğursuz içkiydi!

IV. Murad kendisi içmesine rağmen halka alkol, sigara ve kahve kullanılmasını yasakladı. İçki içenler darağaçlarında sallandırılırken IV. Murad'ın Şeyhülislamı Zekeriyazade Yahya Efendi bakın şiirinde ne diyordu:

Mescitte riyamişler etsin ko riyayı
Meyhaneye gel kim ne riya var ne mürai...
(Bırak mescitte ikiyüzlüler devam etsin riyakârlığa
Sen meyhaneye gel ki orada ne riya var ne riyakâr.)

Eee, şimdi bu şiiri nasıl değerlendireceğiz?

Tasavvufta "meyhane" tekke-dergâh anlamına geliyordu. Şarap ise ilahi aşkı sembolize ediyordu.

Hadi diyelim ki, Şeyhülislam Efendi, tasavvufi anlamda kullandı meyhaneyi. Fakat buradan da şu sonuç çıkmıyor mu? Meyhane, şarap tasavvufta kullanılacak kadar değerliydi!

Neyse devam edelim...

Sultan İbrahim döneminde yeni keyif verici maddeler ortaya çıktı: Bunların başında, burundan çekilen enfiye (burunotu) vardı. Bir tür uyuşturucu olan enfiyeyi zamanla padişahlar ve sadrazamlar kullanacaktı.

Bir sonraki padişah IV. Mehmed, avcılığa ve eğlenceye çok düşkün olmasına rağmen içkiden uzak durdu. Hatta yasakları katılaştırdı.

Ve XVII. yüzyıldaki içki yasağı Osmanlı'yı yeni bir alkol çeşidiyle tanıştırdı: Rakı.

Rakı, –görünürde sudan farklı olmadığı için–, içki yasağını delmek maksadıyla Osmanlı'ya giriverdi.

Görüldüğü gibi, bize ait zannettiğimiz rakı maalesef "milli içkimiz" değildi. "Rakı" sözcüğü Türkçe değil Arapçaydı. Arap ülkelerinde "arak" denilmekteydi.

Rakıyı Osmanlı Sarayı da pek sevdi. III. Ahmed, çoğunlukla geceleri hünkâr sofasında, balkonda yumuşak yastıklar içinde yarı yatmış bir halde oturur, sadrazamı, şairleri ve dalkavuklarıyla rakı içerdi.

Bir sonraki padişah I. Mahmud da içkiyi seviyordu.

İçkinin seyri XVIII. yüzyılda da değişmedi. Bazen yasaklandı, bazen serbest bırakıldı. Ne zaman paraya ihtiyaç duyuldu içki içimi serbest bırakıldı. Çünkü alkolün alım satımından alınan "Zecriye Vergisi" hayli yüklüceydi!

Fındıklı Mehmed Ağa bu durumu *Silahdar Tarihi* adlı eserinde şöyle yazdı:

> Hazine çok sıkıntı içindeydi, içki yasağı kaldırıldı. Meyhanelere ve tütün içmeğe izin verildi. Tütüne de ayrıca gümrük kondu.

Aynen bugün gibi, ithal edilen içkiden alınan fon getirisi hayli yüksekti. Türkiye içkiden alınan özel vergilerde dünya şampiyonuydu; ve bu "rekor" AKP döneminde kırılmıştı!

Osmanlı Sarayı tarih boyunca ne trajedilere tanıklık etti: Sultan III. Mustafa, yemeğine zehir konularak öldürüleceği korkusu nedeniyle hep panzehirler kullandı ve bunun sonucu uyuşturucu bağımlısı oldu!

Osmanlı'da içkiye savaş açan son padişah, Sultan III. Selim oldu. Musikiye olan ilgisiyle bilinen bestekâr padişah, ne kadar meyhane varsa hepsini kapattı. Yasağa rağmen içki içmekte ısrar edenleri astırdı.

Sonra ne oldu?

Son dönem Osmanlı padişahları arasında içkiye en düşkün kişi Sultan II. Mahmud, yasakları deliverdi.

Tarihçi Necdet Sakaoğlu'na göre, Sultan Abdülmecid içki bağımlısıydı; bazı geceler kör kütük sarhoş halde mabeyinciler tarafından arabasına konulup saraya götürülürdü.

Sultan II. Abdülhamid anılarına göre, kardeşi Padişah V. Murad'ı içkiye alıştıran, geceleri sık sık buluştuğu şair Namık Kemal'di.

Sultan II. Abdülhamid'in de içtiği biliniyor. Ama o ne rakı ne şarap içiyordu. O, "şeker suyu" rom içiyordu!

"Batıcı İttihatçılar'ın Padişahı" Sultan V. Mehmed Reşad ağzına içki koymazdı...

"Hain olup olmadığına" henüz karar verilemeyen son padişah Sultan Vahideddin de içki kullanmayanlar arasındaydı.

Gelelim sonuca: Şimdi biz meseleyi "ayık kafa" sorununa indirgeyip, padişahların, şehzadelerin içki içmelerindeki temel meselelere gözümüzü kapatıp, "Osmanlı'yı büyütenler, ayık kafayla gezmiyordu, batıranlar ise hep ayıktı" gibi absürd bir değerlendirme yapabilir miyiz?

Ama ne yazık ki yapanlar var!

İçki içen halifeler bile vardı!

Osmanzade Taib Ahmed'in *Telhisü Mehasini'l-adab* kitabında İslam halifelerinin içkiyle ilişkileri de yer alıyor.

Halifeler fethettikleri topraklarda içkiyle tanışmışlardı. Oysa İslam'ın ilk yıllarında sert bir yasak vardı. Hz. Ömer, hamamda vücudunu şaraplı suyla yıkayan Halid bin Velid'e, "şarabın içilmesi kadar vücuda sürülmesi de yasak" demişti.

Gelelim halifelere...

Tarihçi Taib Ahmed Efendi, halifeler hakkındaki bilgileri, İslam dünyasının önemli ilim adamları arasında gösterilen Cahiz'in (776–868) *Minhacü's-süluk* adlı kitabından almıştı. Bu kitapta, içki içen Emevi ve Abbasi hükümdarlar şunlardı:

> Müslümanlar arasında içkinin yayılmasının nedenlerinden biri de, Emevi halifelerinden Yezid Bin Muaviye, Abdülmülk Bin Mervan, Ye-

zid Bin Abdülmülk, Velid Bin Yezid gibi kimselerin içki düşkünü olmalarıydı. Arap hükümdarlarından Numan ve Hişşam ve küçük emirliklerden çoğu haftada bir gün işret ederlerdi (içerlerdi).

Emevi hükümdarlarından Yezid bin Velid ayyaş idi; vaktini sarhoş olup ayılmakla geçirirdi. Abdülmelik ayda bir kere; Velid bin Abdülmelik haftada bir kere; Sülayman ve Merdan bin Mehmed üç günde bir kere içerlerdi.

(...)

Abbasiler'den zevkusefa sofralarına en ziyade rağbet eden halifeler; Hadi, Reşid, Emin, Me'mun, Mu'tasam, Vasık, Mütevekkil idi. Abbasi halifelerinden Ebul Abbas haftada bir kere salı gecesi içerdi. Hadi ve Mehdi iki günde bir kere; Harun ve Me'mun haftada iki kere içerdi. Bunlar nihayet giderek ayyaş olmuşlardır. Mu'tasım, perşembe ve cuma günlerinde ve toplantılarda içerdi. Ama Vasık, cuma gecesi ve toplantı günlerinde içmez, diğer geceler içmezse uyuyamaz, rahat edemezdi...

Emevi ve Abbasiler'den içki düşkünleri olduğu gibi içkiye karşı hükümdarlar da vardı. Örneğin, Emeviler'den Ömer Bin Abdülaziz ve Abbasiler'den Muhtedi ile Mansur gibi birçok halife de içkiye karşı mücadele vermişti. Fatimiler'den Mustansır içki sofraları kurdurmasıyla bilinirken, Hakim Biemrillah tam tersine içkiye düşmandı.

İslam içkiye izin vermiyordu. (Maide Suresi 90-91 ve Bakara Suresi 219). İslam inancına göre içkinin bir damlası bile haramdı. İçki murdardı. Bu nedenle içenlerin cezaya çaptırılması gerekiyordu.

Bin Harep, Velid Bin Akabe, Yezid Bin Muaviye, Ömer Bin Hattab vb İslam'da içki cezası alan ilk isimlerdi. Aslında mazeretleri vardı: "Biraz ferahlamak" ve "türlü düşüncelerden kafalarını kurtarmak!" gibi.

Nedeni ne olursa olsun, yasağa, cezaya rağmen, bazı halifeler hem de konumlarını bile göz ardı ederek, haram olduğunu bile bile içki içmişlerdi.

Eh ne diyelim; günahları boyunlarına!

Bunları biliyor muydunuz?

– Osmanlılar şaraba "hardaliye" diyordu! Şarabın içine hardal dalı koyarak dinin yasağından kurtulduklarını düşünürlerdi! Kimi de hurma, kuru üzüm, elma, kayısı gibi meyvelerden "nebiz" adı verilen içki yapıyor ve bunun günah olmadığını iddia ediyordu! II. Abdülhamid de romu "şeker suyu" niyetine içiyordu!

– "Akşamcı" deyimi ne zaman nasıl dilimize girdi? XVI. yüzyılda Şeyhülislam Ebussuud Efendi'nin, cuma namazı kılınan bir şehre gündüz içki girmesini yasaklayan fetvası üzerine, İstanbul'a içki akşamları girmeye başladı. Bu yasak Müslümanlara da kapı araladı ve gecenin karanlığında içki içmenin adı "Akşamcılık" oldu.

– Türklerin milli içkisi kısrak sütünden mayalanma yoluyla yapılan kımızdır. 1960'lı yıllarda bazı Türkçü/Bozkurtçu gençler rakı, şarap değil, "milli içki" diye kımız içerlerdi. Ülkücülüğe ne zaman "Türk-İslam Sentezi" yerleşti bu hareket içinde kımız içme geleneği son buldu.

– İçki yasağı hiçbir dönemde hiçbir ülkede tam olarak uygulanamaz. Ayrıca bazı İslam düşünürleri, kimi hadislere dayanarak İslam'ın içkiye izin verdiğini ispat etmeye çalışırlar. Bunlardan biri de Milli Şair Mehmed Âkif Ersoy'un damadı, ilahiyatçı Ömer Rıza Doğrul'dur. İslamiyet ve dinler tarihi üzerine eserler vermiş Doğrul, iyi bir içiciydi. Sirkeci'deki Konyalı Lokantası'nda hem içkisini içer, hem de yazılarını kaleme alırdı.

Kuranıkerim'i *Tanrının Buyruğu* adıyla Türkçeye çevirdi. "Çeviri parasını içkiye yatırdı" diye çok eleştirildi.

– Milli Şair Mehmed Âkif Ersoy, 24 yaşına kadar içti sonra bıraktı. Yakın arkadaşı Neyzen, Mehmed Âkif'i içkiye başlatmak, Mehmed Âkif ise Neyzen'e içkiyi bıraktırmak için çok uğraştı. İkisi de başarılı olamadı.

– Türk ressamları arasında en çok içki içenlerden biri de Çallı İbrahim'di. Neyzen, bir akşam elinde rakı şişesi Çallı İbrahim'e giderken, Bakırköy Hastanesi'nin başhekimi Mahzar Osman'la karşılaştı. Mahzar Osman, daha hastaneden yeni çıkan Neyzen'i elinde şişeyle görünce çok kızdı. Hemen şişeyi kendisine vermesini istedi. Neyzen, içkinin yarısının Çallı İbrahim'e ait olduğunu söyledi. Mahzar Osman, "O halde hemen yarısını boşalt" dedi. Neyzen, "Boşaltamam, üstteki bölüm Çallı'nın" yanıtını verdi!

– Türkiye'deki siyasal İslam'ın manevi lideri Necip Fazıl Kısakürek, uzun bir dönem içki içip, kumar oynadı. Ama daha sonra ikisine de tövbe etti.

– Şair Yahya Kemal, içki masasında en küçük bir münasebetsizliği bile hoş karşılamazdı. Yakın arkadaşı Yakup Kadri Karaosmanoğlu'ndan öğrendiği Bektaşilerin, "Masaya nasıl oturdunuz ise, öyle kalkınız" sözünü pek severdi.

– Bülent Ecevit içki sevmezdi. Turgut Özal, Semra Hanım'ın ısrarıyla sadece bir kadeh konyağa hayır demezdi. Süleyman Demirel ise keyifli olduğunda bir iki kadeh içerdi.

– İslami temelde gelenekten kopmayan, şeriata karşı gelmeyen ve ancak Batılı bir yaşamı savunan Şair Namık Kemal, rakıya pek düşkündü. Babası, II. Abdülhamid'in Müneccimbaşısı Mustafa Asım her mektubunda âdeta oğluna yalvarırdı; "N'olur şu içkiyi biraz azalt!"

Namık Kemal içki içtiğini hiç saklamadı. Bugünün bazı siyasileri gibi ikiyüzlülük içinde olmadı. Yani hem şeriatcıydı hem de içkici.

Gelişmemiş toplumlarda sadece "ak" ve "kara" vardır. Peki şimdi Namık Kemal'i nereye koyacağız? İnsanın bireysel yaşamında yaşadıkları kimi ilgilendirir; kul ile Tanrı arasına kim neden girmek ister? Herkesin bir dünya görüşü vardır ve insanlar inandıkları gibi yaşar.

Hayır birileri mutlaka müdahil olurlar..

Ve bu konuda APK çevreleri sürekli bir aldatmaca içindedir.

Örneğin: Başbakan Recep Tayyip Erdoğan çıkıp, "Atatürk'ün eşi Latife Hanım da başörtüsü takardı" dedi!

Siyasi terminolojideki adı, demogoji değil mi?

Şimdi buna ne yanıt vermemiz gerekiyor?

Yaşasaydı Latife Hanım, Başbakan Erdoğan'a şöyle bir mektup kaleme almaz mıydı?

Latife Hanım'dan
Başbakan Erdoğan'a mektup

Sayın Başbakan,

"Birinci Cumhurbaşkanımız Atatürk'ün eşi de türbanlıydı." şeklindeki açıklamanız üzerine bu mektubu tarihe karşı bir borç duygusuyla kaleme aldım.

Bilmenizi isterim ki, zorunluluk olmadığı dönemlerde ne ben ne de ailem hiçbir zaman başörtüsü kullanmadık.

Londra'da Chislehurst Tudor Hall School ve Paris'teki Sorbonne Üniversitesi'nde okurken başım açıktı. Pasaportumdaki fotoğrafımda bile başım açıktı.

İzmir'deki yaşamımda da örtünmedim. Sadece sokağa çıktığım zaman mecburen başıma bir örtü geçiriyordum. Bu örtünme benim kişisel isteğim değildi. Dönemin gelenekleri-âdetleri bunu emrediyordu.

Başörtüsüne ilişkin Osmanlı hukukunda zorunlu bir yasa olmamasına rağmen, başınızın, yüzünüzün açık olması kadı huzuruna çıkarılıp kınanmanıza neden olurdu. Bir kadının bu kınamaya maruz kalması ise itibarının-namusunun yok olması demekti.

Bu nedenle örtünmeye mecburdum.

25 Kasım 1925'deki Şapka Kanunu ile başlayıp, 3 Aralık 1934'te çıkan 2596 Sayılı Kanun ve 18 Şubat 1935'te çıkan 2933 Sayılı Kıyafet Yasaları'yla süren reformlar kadınların giyim konusunda tamamen özgürleşmesini sağladı.

Ve ben de örtüyü kaldırıp attım.

Sayın Başbakan,

Büyük Önder Mustafa Kemal'le evlendikten sonra mecburen, devlet görevi gereği örtündüm.

Ancak benim örtüm biraz farklıydı: Döneme göre modern giyiniyordum; çarşaf giymiyor, peçe takmıyordum.

Yüzümü tümden açık bırakan kendime özgü başörtüm, tayyörlerim, pelerinlerim, çizmelerim, elmas küpelerimle o dönem için çok farklı bir giyim tarzına sahiptim.

Bu tarz, yabancı gazetelerde haber bile oldu.

17 mart 1923 tarihli İngiltere'de yayınlanan *London Illustrated News* ile ABD'de yayınlanan 14 mart 1923 tarihli *New York Times* gazetelerine göz atarsanız, Türk kadının özgürlük simgesi olarak beni gösterdiklerini görürsünüz.

Diğer yandan, Büyük Önder Atatürk'le birlikte erkek meclislerinde bulunmam, lokantalara gitmem, toplantılarda bacak bacak üstüne atmam da yadırganıyordu.

Bu nedenle gizli bir örgüt olan "Anadolu Osmanlı İhtilal Komitesi", benim kıyafetim ve davranışlarımı kastederek, "Yarın senin de karı ve kızının bu hallere getirileceğini, ırz ve namusunun mubah kılınacağını düşün, vicdanına kulak ver, dininin namusunun ne kıratta bir Millet Reisi elinde oyuncak olduğunu anla! Ey Müslüman, fazla söze hacet yok, din ve ırk ocağımızın haremine kadar uzanan bu eli bugün kırmazsan dinine Kuran'ına, ırz ve namusuna ebediyen veda et" şeklinde bildiriler dağıttı. Ben yılmadım ve hiç korkmadım.

Sayın Başbakan,

Önemle belirtmek istiyorum: "Atatürk'ün eşi de başörtülüydü." polemiği yarın tehlikeli tartışmalara neden olabilir.

Birileri çıkıp "Atatürk'ün döneminde içki yasaktı, halifelik kurumu vardı, laiklik yoktu, kadınlara çalışma izni yoktu" diyebilir!

Oysa bunlar da tıpkı "benim başörtüm" gibi dönem şartları altında değerlendirilmesi gereken konulardır.

Sayın Başbakan,

Devlet görevi gereği, siyasal kriz çıkmaması için, kısa bir süre zorunlu olarak giydiğim başörtüsünün bu şekilde değerlendirilmesine çok üzülüyorum.

Ayrıca düşünüyorum da, bu polemiği çıkaranlar, "Cumhurbaşkanı eşinin başının açık olması gerekiyor" diyenlerle aynı safta olduklarının farkındalar mı acaba?

Unutmayınız ki bizim dönemimizde de bazı çevreler, "Cumhurbaşkanı eşinin başının kapalı olması gerekiyor" diyordu! Yazdığım gibi, bunu devlet görevi olarak kabul ettim ve örtündüm.

Madem böyle bir tartışmanın doğmasına neden oldunuz, şimdi size soruyorum: Sayın Hayrünisa Gül de tıpkı benim yaptığımı yapar, başörtü meselesini devlet görevi sayar ve başını açar mı?

Sayın Başbakan,

Bu gereksiz tartışmalarla beni siyasete "malzeme" yaptırmayınız lütfen.

Size çalışmalarınızda başarılar diler, kuracağınız 60. Hükümet'in vatanımıza, milletimize hayırlar getirmesini dilerim.

Saygılarımla,
Latife Mustafa Kemal

2. bölüm

Nakşibendi cumhuriyeti

Önce bir tespit yapalım:

Başbakan Erdoğan başta olmak üzere AKP'nin "siyasal dili" Milli İslamcılığın kökeninde Nakşibendi bir şeyh var: Şeyh Ahmed Ziyaüddin Efendi...

Nakşibendi Gümüşhanevi Dergâhı'nın kurucusu Şeyh Ahmed Ziyaüddin Efendi'nin, 1838'deki Osmanlı-İngiliz Ticaret Anlaşması'na tepki olarak hayata geçirdiği kampanyası, bugün tartıştığımız "Dindar milliyetçi olur mu?", "Türk İslamcılığı" polemiklerine biraz ışık tutuyor...

Başbakan Recep Tayyip Erdoğan ne zaman milliyetçiliği ağır basan bir demeç verse, muhalefet kendisini hemen "takiye" yapmakla itham ediyor.

İslamcılar-tarikatlar-dergâhlar ulusalcı/milliyetçi olabilir mi?

Bu soru Yeni Osmanlılar'dan günümüze, 150 yıldır sorulup duruluyor...

"İslamcılık" ve "milliyetçilik"; bu iki kavramın 150 yıllık "ilişkisi" aslında hep işbirliği şeklindedir; çoğunlukla birlikte hareket etmişlerdir. Bazen araya kısa süreli ayrılıklar girse de, iki akım hiçbir zaman "can düşmanı" olmamıştır.

Bu "ebedi dostluğun" temelinde Nakşibendi Şeyh Ahmed Ziyaüddin Efendi gibi din adamlarının da etkisi vardır.

Bu girişten sonra soru şudur: Bazen milliyetçi söylemlerde bulunan Başbakan Erdoğan "takiye" mi yapmaktadır; yoksa Gümüşhanevi Dergâhı'nın kurucusu Şeyh Ziyaüddin Efendi'nin "Milli İslamcılık" yolundan mı yürümektedir?...

Neden bunlar hiç tartışılmıyor?...

İstanbul'daki Nakşibendi Gümüşhanevi Dergâhı özellikle son 50 yılın en ünlü/bilindik tekkelerinden biridir.

Dergâh, Abdullah Gül'le ikinci kez cumhurbaşkanını çıkardı; birincisi rahmetli Turgut Özal'dı!

Tekkenin müritlerinin çoğunu siyasi hayattan tanıyorsunuz: Necmettin Erbakan, Korkut Özal, Recai Kutan, Kemal Unakıtan, Hüsnü Doğan, Hasan Aksay, Erdem Beyazıt, Temel Karamollaoğlu, Bahri Zengin, Kahraman Emmioğlu, Yahya Oğuz, Cevat Ayhan, Prof. Cevat Akşit, Prof. Osman Çataklı, Prof. Orhan Okyay, Lütfi Doğan vb.

Listeye baktığımızda şunu rahatlıkla söyleyebiliriz; son 25 yıldır –ufak kesintilere rağmen– Türkiye'yi, Gümüşhanevi Dergâhı yönetmektedir.

Bunun tesadüf olup olmadığı ayrı bir tartışma konusudur...

Bu nedenle dergâhla ilgili biraz bilgi sahibi olmamız gerekiyor:

Gümüşhanevi Tekkesi'nin kurucusu Şeyh Ahmed Ziyaüddin Efendi (1813-1893), Gümüşhaneli bir tüccarın oğluydu. Babasının tüccar olmasını istemesine rağmen, İstanbul'a gelerek önce Beyazıt, ardından da Mahmut Paşa medreselerinde okudu.

"Kürt Hoca" lakabıyla tanınan Nakşibendi Şeyhi Abdurrahman el-Harputi'nin öğrencisi oldu. 1844'te müderrislik icazeti aldı; Beyazıt Medresesi'nde dersler vermeye başladı.1848'te, Üsküdar'daki Alacaminare Tekkesi'nde Mevlânâ Halid-i Bağdadi'nin halifelerinden Abdülfettah el-Ukari'yle tanıştı. Onun aracılığıyla Trablusşam müftüsü Ahmed Ervadi'ye bağlandı.

Mecmuatül-Ahzab adlı kitabı derledi. Ömrünün 28 yılını kitap çalışmalarına verdi. İçinde on sekiz bin eser bulunan dört kütüphanesi vardı.

1859'da Cağaloğlu'ndaki Fatma Sultan Camii'nde ilk irşada başladı; ve işte burası zamanla Gümüşhanevi Dergâhı olarak ün kazandı.

Şimdi burada biraz soluklanalım... Ve Osmanlı Devleti'nin tarihsel bir dönemecine gidelim.

16 ağustos 1838.

Sadrazam Reşid Paşa, yakın arkadaşı İngiliz Elçisi Lord Stratford Canning'le –bugün İ.Ü. Sosyal Tesisi olarak kullanılan İstinye'deki– yalısında Osmanlı-İngiltere Ticaret Antlaşması'nı imzaladı.

Benzer antlaşma aynı yıl Avrupa'nın öteki devletleriyle de yapıldı.

Bu ticari antlaşmalarla, Osmanlı devleti dış ticaretteki tekel düzenini yıktı; ithalat önündeki –başta vergiler olmak üzere– tüm engelleri kaldırdı.

Özetle, Osmanlı pazarı, ucuz ithal mallar cenneti yapıldı.

Bu antlaşmalarla Osmanlı pazarına yabancı sermaye, yabancı bankalar ve borsa geldi.

Dönemin bugünden pek farkı yoktu; Midhat Paşa ve Namık Kemal gibi münevverler bile borsada oynamaya başladılar. Öyle ya bir koyup üç kazanacaklardı!

Tabii hep kaybettiler, tıpkı Osmanlı Devleti gibi...

Haklı olarak, "tüm bu olanların; –yabancı sermayenin, borsanın– Şeyh Ahmed Ziyaüddin Efendi'yle ne ilgisi var" diye soruyorsunuz?

Anlatayım: Ahmed Ziyaüddin Efendi, Osmanlı pazarının yabancı sermayenin eline geçişini engellemek; gelen yabancı bankaları fonksiyonsuz hale getirmek ve yerli sermaye birikimi oluşturmak için yardım sandıkları kurdu. Amacı, yabancı sermayeye karşı ulusal/yerli sermayeyi güçlendirmekti! Bu nedenle, iş kurmak isteyen yetenekli kişilerle ortaklık yoluyla şirketler kurdu.

İlk kez Nakşibendi bir dergâh, "Türkler Müslümanlığı sadece oruç tutup-namaz kılmak zannediyor" anlayışını yıktı! Tekkelerin sadece uhrevi dünyayla ilgilendiğini sananları yanılttı! Dinsel olan ile dünyevi olan arasında bir köprü kurmuştu dergâh.

Milli sermayeyi oluşturmayı amaçlayan bu sandıklar, aslında Nakşibendilerin tarihleri boyunca Osmanlı'ya karşı ilk "siyasal" tepkileridir...

Bir tasavvufi tekkenin –Gümüşhanevi Dergâhı'nın– dünyevi işlerle uğraşmasının çeşitli nedenleri vardı kuşkusuz.

Ama öncelikle bir sebebin üzerinde durmak istiyorum:

Yerli sermaye birikimi oluşturmayı amaçlayan sandıkların kurulma dönemi, milliyetciliğin Avrupa'da "icat olduğu" XIX. yüzyıldır. Yani, 1789 Fransız İhtilali'yle dünyaya yayılan ulusalcılık/milliyetçilik rüzgârlarının, artık Osmanlı'yı da derinden etkilediği bir dönemdir bu.

"İslamcılık" ve "milliyetcilik" kavramlarının, Osmanlı siyasal düşünce tarihinde yer almaya başladığı ve tartışıldığı bir dönemdir bu yıllar.

Dergâh bu rüzgârdan etkilenmişti...

Türkiye'de her siyasal çevrenin kendi milliyetçilik tanımı vardır; doktrin sanki bukalemunvaridir!

Oysa terminolojik anlamı nettir: "Kendi ulusal pazarını/piyasanı korumak."

O halde: Şeyh Ahmed Ziyaüddin Efendi sadece, Gümüşhanevi Dergâhı'nı kuran bir din adamı değildi. O, aynı zamanda Osmanlı piyasasını Batı sermayesine karşı koruyan bir milliyetçiydi.

Şeyh Ahmed Ziyaüddin Efendi'nin ailesinin tüccar olması, halifelerinin-müritlerinin çoğunun esnaflıktan gelmesi de, bu "milli duruşun" sebeplerinden biriydi kuşkusuz.

Evet, bu karşı gelmenin altında, dergâhın "şehirli tüccar damarı"nın olduğu gerçeği vardı.

Örnek vermek gerekirse; Eğinli Mustafa Feyzi Efendi "Kâtip"diye tanınıyordu; Lastikçi Murtaza Ticarethanesi başta olmak üzere İstanbul'daki bazı büyük şirketlerin muhasebe hizmetlerini yürütmüştü.

Yine Şeyh Ahmed Ziyaüddin'nin halifelerinden Abdülaziz Bekkine'nin babası Kazanlı tüccar Haris Efendi, Asmaaltı'nda toptan yağ ticaretiyle meşguldü.

Osmanlı ve Cumhuriyet bürokratlarının, öğretim üyelerinin, üniversite öğrencilerinin Nakşibendi Gümüşhanevi Dergâhı'na gitmelerinin nedenleri arasında bu "milli duruşun" payı yok mu sanıyorsunuz?

Ahmed Ziyaüddin Efendi'nin "milli İslamcılık" yolundan dergâhın diğer şeyhleri de gitti.

Osmanlı'da kurulan "Milli Sandıklar", Cumhuriyet'te (adını dergâhtan alan) fabrikaya dönüştü. Gümüşhanevi Dergâhı Şeyhi Mehmet Zahid Kotku'nun öncülüğünü yaptığı, tarımsal sulamada kullanılan 5-15 beygir gücünde pompa üreten "Gümüş Motor" fabrikasının kurulmasına, işte tam bu perspektiften bakmamız gerekiyor...

Yol benzerdi: Ulusal pazarı koruyan millici bir İslam...

Tarihe farklı bakmayı öğrenmeliyiz; ezberimizi bozmalıyız.

Gümüşhanevi Dergâhı'nda "uhrevi dünyanın" yanında, "dünyevi iktisatın" bu derece rol oynamasına "tesadüfi" deyip geçemeyiz...

"İslami Calvanizmi" yani Müslümanlığın kapitalizmle (serbest piyasayla) bağdaşabileceğini ilk telaffuz eden münevver kimdi: Prof. Sabri Ülgener (1911-1983).

Peki Prof. Ülgener nerede dünyaya geldi? Gümüşhanevi Dergâhı'nda! Prof. Ülgener'in anne ve babası Şeyh Ahmed Ziyaüddin Efendi'nin müridi ve Gümüşhanevi Dergâhı'nın sürekli bakıcısıydılar...

Bu örneklerden sonra Gümüşhanevi Dergâhı'nın salt "öteki dünyayla" ilgili olduğunu nasıl düşünebiliriz?..

Bir örnek daha vermeme izin verin. Bu dergâhın önemli silsilelerinden biri de Ömer Ziyaadin'dir. Kendisi daha ziyade hukuk açısından dergâha katkı yapmıştı ki, hazırladığı bir anayasa taslağı (bugün tek sureti Washington Kütüphanesi'ndedir) Atatürk tarafından görüldüğünde "Ben böyle adamlar arıyorum" deyip onu arattırdığında Hakk'ın rahmetine kavuşmuştu.

Uzatmayayım: Türkiye'de siyasal İslamcılığın gelişimi ve değişimi üzerinde milliyetciliğin ciddi etkileri hep oldu. Başbakan Erdoğan'ın dünyaya gelen torununa "Mehmed Âkif" adını vermesini de bu anlamda düşünmeliyiz.

Kısaca: AKP'nin topoğrafyasını çıkardığımızda milliyetçilik damarının olduğunu görürüz.

Bu arada: Özellikle son 25 yıldır Türkiye piyasasını yabancı sermayeye açan siyasal kararların altında, Gümüşhanevi Dergâhı müritlerinin imzalarının bulunması da, tarihin garip bir cilvesi!...

Bunun siyasal terminolojideki adı oportünizmdir! Yani döneklik siyaset bilimince söylenişi.

O soru yine karşımıza çıktı; "AKP Milli Görüş gömleğini çıkarmış mıdır?"

Yani Türkiye'ye şeriatı getirecek midir, getirmeyecek midir?

Anlaşılan bu sorudan kaçamayacağız.

O halde düşüncemi yazayım.

Milli Görüş hareketinin ilk partisi Milli Nizam Partisi'ydi. Faize, serbest piyasa ekonomisine, Avrupa Birliği'ne vb karşıydı. Ahlak ve fazilet kavramlarına çok vurgu yapılıyordu. Öyle ki, baldızıyla dans ederek büyük "günah işleyen" Samsun MNP İl başkanı görevden alındı!

Sert söylemleri vardı ve sonuçta MNP, "laik devlet niteliğinin ve Atatürk devrimciliğinin korunması prensiplerine aykırı olduğu" gerekçesiyle kapatıldı.

Milli Görüş hareketi, 11 ekim 1972'de bu kez Milli Selamet Partisi'ni kurdu. Söylemlerini biraz yumuşattı. 14 Ekim 1973 Seçimleri'nde MSP 1,2 milyon oy aldı; yüzde 11'lik bu oyla 48 milletvekiliyle Meclis'e girdi.

Artık hükümet ortağı olan MSP, doğduğu MNP'den çok farklı bir görünüm arz ediyordu. Öyle ki, 26 ocak 1974'te solcu CHP'yle koalisyon hükümeti bile kurdu. Sonra ağır eleştiriler yönelttiği sağın üç partisi AP, MHP ve CGP'yle de 31 mart 1975'de 1. MC'yi (Milliyetçi Cephe) kurdu.

6 Haziran 1977 Seçimleri'nde MSP umduğunu bulamadı. Oyla-

rı ve milletvekili sayısı çok düştü. Bu seçimden sonra MSP çok sert bir siyaset izlemeye başladı. Silahlı Akıncılar kampları; laik düzene meydan okuyan Konya Mitingi gibi toplantılar bu süreçte ortaya çıktı.

Şimdi diyeceksiniz ki, "biz AKP'yi sorduk; siz MNP ve MSP'yi anlatıyorsunuz!"

Anlatmamım nedeni şu: Türkiye'de iktisadi ve siyasi gelişmeler AKP'nin istediği gibi, bu beş yıllık süreçte olduğu gibi giderse şeriat filan gelmez. Ama önümüzdeki günlerde, dünyada ekonomik kriz çıkarsa bunun doğal sonucu olarak "bıçak sırtında" olan Türkiye ekonomisi altüst olur. Ve işte o zaman AKP gerçek yüzünü gösterir. AKP sertleşir. Söylemleri hep bir "suçlu" aramaya dönük olur.

O "suçlu" ise AKP'nin yapmak istediklerine karşı çıkan (!) laikler olur. Ve diyecektir ki, eğer şimdi istekleri yapılırsa kriz aşılabilir.

O taleplerin ne olduğunu yazmaya gerek yok sanıyorum... Türkiye Malezya mı yoksa İran mı olur o zaman görürüz! Yok siyasi ve iktisadi alanda her şey güllük gülistanlık olur; şeriat filan gelmez hiç korkmayınız!

Nâzım Hikmet'ten Bülent Ecevit'e Nakşibendi ailelerin ünlü çocukları

Bu "korkutucu" değerlendirmeleri bir kenara bırakıp, Nakşibendi dergâhını tanımaya devam edelim:

Yaşamı, Gümüşhanevi Dergâhı'yla kesişen ünlüler kimlerdi? Gümüşhanevi Dergâhı'nın müritleri arasında, Nâzım Hikmet'in büyükannesi Ayşe Sıdıka Hanım da vardı. Keza dergâhın müritlerinden Prof. Sabri Ülgener'in anneannesi Hatice Hanım, Ayşe Sıdıka Hanım'ın kız kardeşiydi. Yani, Nâzım Hikmet ile Prof. Sabri Ülgener kuzendiler. Bu akrabalık bağına Kurtuluş Savaşı'nın ünlü komutanı Ali Fuat Cebesoy'u da eklemek gerekiyor. Cebesoy da Ayşe Sıdıka Hanım'ın torunuydu.

Prof. Ülgener'in bir diğer kuzeni de yine bir ünlü komutandı: Kâzım Karabekir!

Prof. Ülgener'in dedesi Hasan Sabri ile Kâzım Karabekir'in babası Ahmed Efendi kardeşti...

Biz desek bazı çevreler inanmaz ama dinci yayınlar bu kişiler hakkında "Sabetayist" diyor! Nakşibendi dergâhı ve Sabetayistler ilginç bir ikili olmuyor mu?

Dincilerin en büyük düşmanı siyasal liderlerin başında kim gelir: Bülent Ecevit. İyi ama, Bülent Ecevit de, Gümüşhanevi Dergâhı'nın kurucusu Ahmed Ziyaüddin Efendi'nin akrabası. Şeyh Ziyaüddin Efendi 63 yaşında Havva Seher'le evlendi. Yazar Mahmut Çetin, *Teyze ile Prenses* adlı kitabında, Havva Seher Hanım'ın, Bülent Ecevit'in anneannesinin teyzesi olduğunu yazdı.

Bakınız, aslında yazmak istediğim şudur: O bildik belli kalıplar içinden çıkmadan konuşup tartışıyoruz. Resmi ideolojiye karşı olduğunu söyleyen aydınlar bile resmi ideolojinin argümanlarıyla konuşuyor. Gelin şu üzerimizdeki örtüyü kaldıralım, gerçeklerle yüzleşelim. Üçüncü dünya ülkelerine mahsus; karşındakini düşman görme huyumuzdan da vazgeçelim.

Örneğin Gümüşhaneli Dergâhı'yla solcular hiç ilgilenmemiş. Oysa bugünlerde yeniden doğan "Müslüman sol" hareketin yıllar öncesi lideri, "İslam sosyalizmi" savunucusu Paris Sorbonne mezunu Nurettin Topçu'nun (1909-1975) hidayetine vesile olan kişi Gümüşhanevi Dergâhı Şeyhi Abdülaziz Bekkine'ydi.

Şeyh Bekkine "İslam sosyalizmi"ne inanıyor muydu? Bilmiyorum. Bildiğim, Kazanlı hemşehrisi ünlü bir sosyalistti: Vladimir İliç Lenin...

Bugünün liberal aydınları da dergâhlara eleştirel bir gözle bakmayı denemelidir. Gümüşhanevi Dergâhı şeyhlerinden Mehmet Zahid Kotku'nun sohbetlerini Ersin Gürdoğan *Görünmeyen Üniversite* adlı kitabında (İz Yayıncılık) derledi. Bu kitap, ismi üzerinde tartışmalar yapılan eski Başbakanlık müsteşarı yeni AKP Milletvekili Ömer Dinçer'in, Şeyh Mehmet Zahid Kotku'nun konuşmalarından aldığı notlarla derlenmiştir.

Müsteşar Dinçer'in aldığı notlardan bir örnek:

> Misvakı kaçımız kullanır, bilmiyorum. Çoğumuz diş fırçasını tercih ediyoruz. Gerçekten efdal olanı misvaktır, Diş fırçası bizim değildir. (s. 65.)

Hadi gelin bununla yüzleşin. Ama kimsede o cesaret yok ne yazık ki.

Ve ne yazık ki, Türkiye'deki tarikatlar konusunda yeterli araştırma yoktur.

Oysa o kadar çok soru var ki:

Örneğin Kürd-i Nursi hareketinden doğan Fethullah Gülen cematinin milliyetçiliğe bakışı nedir? Sık sık vurgu yaptıkları "Türk müslümanlığı" deyiminin kapsamı nedir?

Balkanlar ve Orta Asya ülkelerinde okulları bulunmasına rağmen, Müslüman Arap ülkelerinde neden hiç okul açmamaktadırlar? Araplara soğukluğunun sebebi nedir?

Soru çok: Bizde din reformlarının pozitivizm etkisiyle hep Batı'dan geldiği söylenmektedir. Peki, Yusuf Akçura'ya *Üç Tarz-ı Siyaset*'i yazdıracak teorik altyapıyı veren Kazan'daki Muhammediye Medresesi neden göz ardı edilmektedir?

Tatar uyanışının başlıca mimarları Şehabettin Mercani, Kayyum el Nasıri, Alimcan Barudi'ler İslam'da reform yapmak gerektiğini söylemiyorlar mıydı? Kafkaslar'ın "Türk İslamı"na etkileri nedir?

Ahmed Ziyaüddin, Abdülaziz Bekkine, Mehmet Zahid Kotku gibi Kafkas göçmeni Nakşibendiler ile Ortadoğulu Mevlânâ Halid-i Bağdadi gibi Nakşibendi şeyhlerin bakış açıları arasındaki fark var mıdır?

Dönüp dolaşıp geldik mi yine Nakşibendi tarikatına...

"Nakşibendi Kardeşliği"nin zorlu sınavı

Mesud Barzani, Nakşibendi tarikatına bağlı Sünni Müslüman bir Kürt politikacı. PKK ise Marksist kökenden gelen milliyetçi/Kürtçü bir terör örgütü.

Peki, Barzani nasıl oluyor da, iktidarında Nakşibendilerin olduğu, büyük çoğunluğu Sünni Müslüman Türkiye'nin değil de PKK'nın yanında duruyor? Barzani'nin safı belli, duruşu net; peki Türkiye'deki Nakşibendilerin tavrı nedir?

Önce tespitlerimizi sıralayalım:

1) 2007 yılında şehit Mehmetçikleri anma ve terörü lanetleme yürüyüşlerinde, tarikatların "resmi kıyafeti" türbanlı-pardesülü kadın sayısının azlığı medyada tartışma konusu oldu.

Türkiye'deki çoğu kişi gibi ben de "absürd bir tartışma" deyip üzerinde durmadım.

2) Bu şehit yürüyüşlerini/cenazelerini tüm gazeteler birinci sayfalarından verdi. Bir İslami gazete *(Yeni Şafak)* ise yayın politikasına hiç uymayacak şekilde, bu haberleri verirken ana sayfasında görsel malzeme olarak hep kocaman başı açık kadın fotoğrafları kullandı. Şaşırdım.

3) Ertuğrul Özkök, *Hürriyet* gazetesinde Mesud Barzani'ye bir çağrıda bulundu: Ya komşumuz ol, ya hedefimiz! Genelkurmay Başkanı Orgeneral Yaşar Büyükanıt'tan CHP lideri Deniz Baykal'a kadar birçok çevre, bu tepkinin haklılığından bahsederken, bazı İslamcı köşe yazarları gazeteci Özkök'e ağır eleştiriler yöneltti. "Ya komşumuz ol, ya hedefimiz" uyarısının tepki almasına anlam veremedim.

4) Türkiye tek vücut olmuş Mehmetçik operasyonlarını eli yüreğinde beklerken, bazı dinci gazeteler, "Asker 'Allah Allah' sesleriyle savaşıyor; Genelkurmay onların türbanıyla uğraşıyor" gibi döneme hiç uygun olmayan, insanı hayretler içinde bulunduran yorumlar yazmaya başladı. "Ne oluyor?" demeye başladım.

5) Ve sonunda bu dinci gazetelerin bazı köşe yazarları, sanki aynı kalemden çıkmış gibi benzer yorumlarda bulundu:

Bunlara göre, Mehmetçik yürüyüşleri ile Cumhuriyet mitingleri benzerdi ve bunun nedeni Mehmetçik mitinglerini ulusalcıların organize etmeleriydi! Amaçları ise Türk Ordusu'nu Kuzey Irak'a sokarak AKP iktidarını zayıflatmaktı! Önce böyle bir komplo teorisi olamaz dedim. Sonra diğer olguları da alt alta sıralayınca "manzarayı" net görmeye başladım.

Bunların derdi başkaydı...

Bunlar Türk Ordusu'nun Kuzey Irak'a operasyon yapmasını istemiyordu!

Meselenin AKP Hükümeti'nin yıpratılmasıyla filan pek ilgisi yoktu: Bunlar Mesud Barzani'yi koruyorlardı!

Peki, ama neden?

Nedeni tarihin derinliklerindeydi...

Bugün Türkiye'nin en büyük sorunu olan Kürt isyanlarının başlangıç tarihi XIX. yüzyıldır. Osmanlı Devleti'nin zayıflığını fark eder hale gelen tebaa halklar, birer birer isyan ettiler. Ancak Osmanlı yüzlerce yıllık askeri ve siyasi geleneğe sahip bir miras üzerinde oturuyordu. Kendisini imparator yapan özelliklerini/ faziletlerini tamamen kaybetmemişti. Tanzimat'la önce sivil-askeri reformları gerçekleştirdi. Ardından, giderek güvenilmez olan ve çıkardığı isyanlarla tehlike oluşturan, yarı-otonom Kürt derebeylerinin (ayan) ortadan kaldırılmasına karar verdi.

Kuzey Irak'taki, Soran Emirliği'ni (1834), Bahdinan Emirliği'ni (1839), Botan Emirliği'ni (1847) ve Baban Emirliği'ni (1850) sindirdi.

Osmanlı, yarı-otonom Kürt beyliklerini dağıtıp bölgenin siyasi yapısını değiştirirken, aynı dönemde bölgede dinsel açıdan bir başka değişim daha yaşandı.

Bu değişimin öncüsü bir din adamıydı: Şeyh Halid-i Bağdadi.

Şeyh Halid-i Bağdadi, 1779'da Kuzey Irak-Süleymaniye'de doğdu. Babası Pir Mikail bölgenin en büyük Kürt aşireti Caf'a mensuptu. Bağdadi'nin soyunun baba tarafından Hz. Osman'a ulaştığı rivayet ediliyordu. (İlginçtir; bölgedeki Kürt şeyhler "kutsal soy aristokrasisine" girebilmek için soylarını hep Hz. Muhammed'in ailesi Ehl-i Beyt'e dayandırmaya çalışırlar. Ama diğer yandan Kürt olduklarına da vurgu yaparlar! Ne yani Kürtleşmiş Araplar mı? Komik.)

Şeyh Halid-i Bağdadi, Kuzey Irak'ın en güçlü âlim ailelerinden, Kadiri Berzenci Ailesi'nden dersler aldı. Daha sonra Bağdat'a gitti. Hocası Şeyh Abdülkerim Berzenci'nin vefatı üzerine, onun Süleymaniye'deki medresesinin sorumluluğunu aldı.

1809'da Süleymaniye'yi ziyaret eden Mirza Rahimullah Azimabadi adındaki Hindistanlı bir derviş hayatını değiştirdi. Onun önerisiyle, Hindistan'a gidip Nakşibendi Şeyhi Abdullahi Dehlevi'den el aldı. Süleymaniye'ye Dehlevi'nin halifesi olarak döndü. Yani artık Kadiri değil, Nakşibendi'ydi.

Ancak başta Kadiriler olmak üzere (Örneğin, Talabani aşireti tarafından) istenmeyen adam ilan edildi.

Hatta Kadiri Şeyhi Maruf Berzenci, Bağdadi'yi, "sahtekâr, sapık, yogi" olmakla suçladı! Valiye bile şikâyet edildi. Tersine Bağdat Valisi Said'in koruması altına girdi.

Süleymaniye'de ilk Halidiye Tekkesi'ni kurdu. Sonraki yıllarda, başta Kuzey Irak olmak üzere kurduğu tüm dergâhlarda, medreselerde Kürtçeyi eğitim dili olarak kullandı.

Bu süreçte, Osmanlı, Kadiri Kürt Beyliği Berzenciler'e karşı hep Bağdadi'nin yanında oldu. Ve Osmanlı'nın da desteğiyle Bağdadi, Kuzey Irak'ta Kadiri tarikatının etkisini epey azalttı.

1826'da hac dönüşü Şam'da koleradan ölümüne kadar binlerce müride sahip oldu. Halifeleri, şeyhlerinin ölümünden sonra da irşat çalışmalarına devam ettiler. Şanslıydılar; Osmanlı, Yeniçerileri ve Bektaşileri ezerken Nakşibendiliği "resmi tarikat" olarak benimsedi.

Osmanlı, Horasan'dan Yesevilik'ten gelen Bektaşiliğin karşısına aynı koldan gelen Nakşibendiliği çıkarmıştı!

Keza, Kürt derebeylerinin de tarikatı Kadiri'ydi. Bu tarikatın yerini de, her fırsatta devlete bağımlılığını vurgulayan Nakşibendiliğin alması şaşırtıcı değildi.

Bugün Kuzey Irak ve Türkiye'de en güçlü tarikat "Nakşibendiye Halidiye" olmasının altında bu tür tarihsel olaylar vardır. Türkiye bölümüne geleceğiz; ama önce Kuzey Irak'taki "Nakşibendiye Halidiye" tarikatına bağlı bir aşiretten bahsetmeliyiz: Barzaniler!

Osmanlı, merkezi idaresini güçlendirmek amacıyla "Kürt prenslikleri"ni bertaraf edince, bölgedeki küçük aşiretlere fırsat doğdu; Kürt beyliklere ait toprakları yağmaladılar. Kürt beyliklerinden boşalan iktidar koltuklarına, garip ve bilinmeyen şeyh figürleri sahip çıkmaya başladı.

Bu küçük aşiretlerden biri de Barzaniler'di.

Barzaniler önce Baban Emirliği'ne ait Zibar yurduna el koydular. Aşirete "soyluluk" katmak için bölgenin tanınmış beyliklerinden Bahdinan ve Zibar gibi ailelerle bir dizi evlilik yaptılar. Örneğin, Mesud Barzani'nin annesi Zibar aşiretindendi. (Türkiye'deki büyük Kürt beylikleriyle de akraba olmak için –örneğin Cemilpaşazadeler"e– kız alıp verdiler.)

Barzani aşireti bölgedeki dinsel dönüşümden de yararlandı; Bağdadi'nin halifesi Barzani Şeyh Taceddin sayesinde Nakşibendiye Halidiye koluna mensup oldu.

Ancak Nakşibendilik ortodoks tarikat olmasına rağmen Barzani aşiretinde İslami olmayan pek çok töre ve uygulama vardı.

Dinsel bağnazlıkları o kadar ileri götürdüler ki, Barzani Şeyhi Abdüsselam kendini "mehdi" ilan etti!

Tek dini sapkınlığı olan Barzani o değildi. Barzani Şeyh Ahmed ise kendini "Tanrı" mertebesine çıkardı! Şeyh Ahmed'in Molla Juj adındaki ateşli bir taraftarı, tüm Barzan bölgesini dolaşarak Şeyh Ahmed'in "Tanrı", kendisinin de onun "peygamberi" olduğunu iddia etti.

Müritlerinin Barzani şeyhlerine körü körüne bağlılıkları o kadar güçlüydü ki, bu müritlere "divana" ya da "deli" ismi verildi!

Sonuçta: Uygarlığın doğduğu bölge, kültürlü "Kürt prensleri"nin ikametgâhından çıkıp, politik maceralar peşinde koşan fanatik, hırslı küçük aşiret şeyhlerinin eline kaldı.

Barzani aşireti her fırsatta Osmanlı'ya isyan etti.

Türkiye'yle ilişkileri ise inişli çıkışlı oldu.

Ancak Nakşibendi Barzaniler, başta Güneydoğu olmak üzere Türkiye'deki Nakşibendiler ile hep iyi ilişkiler içinde oldu. Halidiye.com adlı internet sitesine göre, Halid-i Bağdadi'ye bağlı Türkiye'de dört büyük Nakşibendi tekkesi vardır:

1) Gümüşhanevi Tekkesi
2) İsmet Efendi Tekkesi
3) Kelami Dergâhı
4) Kaşgari Tekkesi

Said-i Kürdi (Nursi) Van'da Nakşibendi Arvasi Tekkesi'nde eğitim almıştı.

Bu ana dört kol dışında, Erzincan'daki Abdurrahim Reyhani'den, Adıyaman'daki Mehmet Raşit Erol'a kadar onlarca şeyhin kurduğu Halidiye tekkeleri vardır.

Tamam artık uzatmayalım, soralım:

Türkiye'deki Nakşibendi Halidiye koluna mensup Türkler, Nakşibendi Barzani'nin Türkiye karşıtı tavırlarına tepkili midir?

Yazının başlangıcındaki tespitlere rastlantı diyebilir miyiz?

Kendi adıma yanılmayı çok isterim.

Bırakın yoksul Kürtleri, aydın Kürtlerin bile, dar kafalı şeyhleri, aşiret reislerini, ağaları "kurtarıcı", "saygın", "lider" olarak görmeleri çok acıdır.

Bunun nedeni, Kürt aydınlarının siyasal geçmişlerini ancak XIX. yüzyıla kadar, yani bölgenin en karanlık dönemine kadar götürebilmelerinden kaynaklanmaktadır. Orada da bula bula Barzani gibi, Şeyh Said gibi isimleri bulabilmektedirler.

Kürt aydınlarımızdan Naci Kutlay, *Kürtler* kitabında şu soruyu yöneltiyor:

> Kürt başkaldırı önderlerinin çoğunlukla Nakşibendi olmaları ilginç ve incelenmesi gereken bir noktadır. (s. 135.)

Bırakın Osmanlı'yı, Şeyh Said'den, Menemen'deki ayaklanmayı organize ettiği iddia edilen Şeyh Esad Erbili'ye kadar Cumhuriyet Türkiyesi'nde de isyana kalkışanlar hep Nakşibendi Halidiye Kürt şeyhleriydi!

Tıpkı Osmanlı'da olduğu gibi gerek "dini" gerekse "milli" nedenlerle Nakşibendi Kürt şeyhler ayaklanmalara önderlik yaptı.

Peki biz de şunu soralım:

Nakşibendi Kürtler, Osmanlı ve Türkiye merkezi hükümetine karşı isyan ederken, Türk Nakşibendiler neden hiç ayaklanmadı?

"Türk Nakşibendiler'in siyasetle ilgileri yoktu" diyebilir miyiz? Hayır. Kürt Nakşibendi gibi Türk Nakşibendi de nüfuz ve siyasal iktidar istiyordu.

Bu "hipotezi" güçlendirmek için önce akademik dünyaya hâkim olan bir anlayışı yıkmalıyız.

Sanılanın aksine Nakşibendi tarikatı, kendi dünyalarına dönük, hayattan kopuk, gönül ve ruh haliyle ilgili mistik tarikat filan değildi. Ya da en azından 200 yıldır öyle değildir.

Size günümüzden bir örnek vereyim: Irak'ta ABD'ye karşı mücadele veren dini gruplardan birinin adı ne biliyor musunuz: Nakşibendi Tarikatı Bağlıları Ordusu.

Bize dönersek: Sadece Kürt değil Türk Nakşibendiler (ve hatta Kafkas Kartalı Şeyh Şamil) sanılanın aksine hep siyasetin içinde oldular.

II. Mahmud'un yeniçerileri yok eden ve Bektaşileri sindiren kanlı hareketinin destekçisi Nakşibendilerdi.

Peki ama neden?..

Nakşibendiler, Alevi-Bektaşilere "kara çarşaf" giydirmek istiyor!

Bektaşilik ve Nakşibendilik, ilk Türk tasavvuf hareketi olan Yesevilik'ten doğdu. Nakşibendilik, zamanla Türklüğü unutup, Hint ve İran etkisine girdi. Önce Orta Asya'da, Yeseviliği Sünni öğreti içinde eriterek yok etti. Ardından, Anadolu'da kök saldığı son 400 yıldır da hedefinde, hep Bektaşiler oldu. Onları da "Sünnileştirmek" için hiçbir fırsatı kaçırmadı; ne yazık ki Bektaşilerin katledilmesine bile onay verdi.

Tarih: 2 zilhicce (1826).

Yer: İstanbul Topkapı Sarayı'ndaki Camii Şerif.

Padişah II. Mahmud, kafes arkasına geçip, camiye davet edilen şeyhlerin neler konuştuklarını dinlemeye başladı.

Osmanlı merkezi idaresi, o günlerde tarihinin en önemli kararlarından birini almak üzereydi. II. Mahmud, Sünni din adamlarının desteğine ihtiyaç duyuyordu.

Toplantıya katılan bu "kanaat önderleri" şunlardı:

– Nakşibendi tarikatı şeyhlerinden, Beşiktaşlı Yahya Efendi Türbedarı Hafız Efendi ve İdris Köşkü'nde tekkesi olan Balmumcu Mustafa Efendi;

– Üsküdar'da Nasuhizade Şeyh Semseddin Efendi, Bandırmalızade Galip Efendi, Sa'diye'den kahveci Şeyh Emin Efendi;

– Koca Mustafapaşa'da Sünbüliyye Şeyhi;

– Mevlevi şeyhlerinden, Galata Şeyhi Kudredullah Dede; Beşiktaş Şeyhi Abdulkadir Efendi; Kasımpaşa Şeyhi Ali Efendi;

– Halvetilerden Zakirbaşı Şikarizade Şeyh Ahmed Efendi, Merkezefendi Şeyhi Ahmed Efendi, Hüdayi Mahmud Efendi Şeyhi Seyid Efendi;

– Eski ve yeni şeyhülislamlar, sadrazamlar ve şûra ileri gelenleri...

İlk sözü Şeyhülislam Kadızade Mehmed Tahir Efendi aldı. Göreve birkaç hafta önce gelmişti; Şeyhülislam Mekkizade Mustafa Asım Efendi, yapılacak büyük katliama fetva vermeyeceği düşünüldüğünden görevden alınmıştı. Şeyhülislam Kadızade Tahir Efendi toplantıdaki sözlerine Hacı Bektaş Veli'yi överek başladı:

Hacı Bektaş Veli ve başkaca pirler, saygı değer kişiler, hep ehlullah (veli) olup onlara kesinlikle diyeceğimiz yoktur. Yalnız şeriatta mekruh nesne tarikatta haram sayılır. Bazı cahil kimseler Bektaşilik adıyla kendi havalarına uyarak farz olan şeyleri yerine getirmek bir yana, ibadeti bile küçümseyip kötü gözle bakmaları ve mahrumiyet tanımamaları ile kâfir oldukları herkesin ağzından duyulmaktadır. Sizler Osmanlı Devleti'nin yolunda şeyhlersiniz, bu hususta duyduğunuz ve bildiğiniz nasıldır. Bu gibileri hakkında ne dersiniz?

Toplantıda söz alan tüm şeyhler benzer sözleri tekrarladı: "Şeriata aykırı hareket ediyorlar!" "Öldürülmeleri vaciptir!"

Anadolu'da Türk kültürünün yerleştirip yaşatılmasında büyük emeği olan Bektaşilerin yok edilmesi için şeyhler tek tek onay verdi.

II. Mahmud bu sözleri duyduktan sonra camiyi terk etti. Yeniçerileri ve onların pirdaşı Bektaşileri yok etmek için tek bir engel kalmıştı sadece...

Burada bir parantez açmama izin veriniz:

Yukarıdaki bilgileri Ahmed Cevdet Paşa'nın *Tarih-i Cevdet* adlı kitabın 12. cildinin, 236-237. sayfalarından aldım.

Bilgileri aktaran Ahmed Cevdet Paşa olaya kendi duygu ve düşüncelerini de katıp bakın ne yazıyor:

Bektaşiler, karışıklığa yatkın olan halkın kalbini çelip kötülüklere sürükledi. Özellikle cahil insanlara ve Yeniçerilere sokulup, işledikleri kötülüklerle onları da baştan çıkarıp isyan edecek duruma soktular. Osmanlı topraklarının her yerinde idam edilmeleri devleti sevenlerin amacı idi. Allah'ın lütfu ile bunun zamanı gelmişti.

Osmanlı tarih yazıcılığının en önemli kaynak kitaplarını yazan Ahmed Cevdet Paşa'nın tarafgirliğini görüyor musunuz? Ama kader işte, kızı yazar Fatma Aliye'den torunu İsmet Faik, ABD'de Hıristiyan oldu!

Bektaşileri ve yeniçerileri yok etmek için "siyasi elitin" de desteği şarttı. 25 mayısta Şeyhülislam Kadızade Mehmed Tahir Efendi'nin konağında bir toplantı yapıldı. Toplantıya, Sadrazam Mehmed Selim Paşa, Rumeli kazaskeri, İstanbul müftüsü, Sadaret kethüdası, defterdar, Darphane nâzırı, Tophane nâzırı, Yeniçeri ağası ve ocağın ileri gelenleri ile din adamları katıldı.

Konuşmalardan sonra vezirler, din adamları ve ocağın ileri gelenleri, Bektaşilerin ve Yeniçerilerin katli vacip olduğuna karar verip senet imzaladılar.

Buraya bir ekleme yapmak zorundayım:
Beyaz Müslümanların Büyük Sırrı-Efendi 2 kitabında yazdım, bizim tarihimizde bu büyük kıyımın sebebi olarak; askeri modernizasyona karşı çıkan yeniçeriler, şeriata aykırı olan tarikatlar gösteriliyor. Yanlıştır. Bu meselenin özünde, Hıristiyan (Rum-Ermeni)-Yahudi cemaati arasındaki Osmanlı pazarına kimin hâkim olacağı (örneğin Osmanlı Darphanesi yönetiminin kimde kalacağı) gibi iktisadi nedenler vardır.

Yahudilerin ittifak ettiği iki güç yeniçeriler ve Bektaşilerdi; yani Türklerdi. Bu kıyımda, başta Üzeyir Garih'in akrabaları olmak üzere Yahudiler de kayıplar verdi. Önde gelen Yahudi sarraflar idam edildi.

Yani meseleye daha geniş açıdan bakmak gerekiyor.

Kıyım 15-16 haziran 1826'da başladı.

Sultanahmet Camii çevresinde yoğunlaşan çatışmalarda 3 000 yeniçeri olay sırasında öldü. 7 000–8 000 yeniçeri Atmeydanı'ndaki kışlalara sıkıştırılıp önce top ateşiyle sonra binalarıyla birlikte yakılarak yok edildi. Yakalananlar hemen idam edildi. Belgrad Ormanı'na kaçanlar ise ormanla birlikte yakıldı.

Osmanlı yönetimi, halk desteğini yanına almak için dini araç olarak kullandı. Yeniçerilerin Kuranıkerim'i parçaladıkları yalanına başvurdu. Bu arada II. Mahmud, kurduğu yeni ordunun adını açıkladı: "Asakir-i Mansure-i Muhammediye", yani Allah'ın izniyle muzaffer olacak Muhammed'in ordusu!

Sanki yeniçeriler Allah'ın ordusu değildi!

Bu dinsel aldatmacalar sonucu doğmakta olan Türk (Yeniçeri-Bektaşi) sermayesi etkisizleştirildi. Bunun yerini, yine vergisini ödemeyen ulema ve paşa gibi rantiye ayan sınıfı aldı.

Ve bize okullarda, şekilci değişimler "modernizasyon" "reform" diye yutturuldu. Eee tarihi kaynağınız Ahmed Cevdet Paşa ve "İngiliz tarih yazıcılığı" olursa bu yanılgı da kaçınılmaz olur!

Bektaşilik yasaklandı.

Başta İstanbul Ağası Zade Baba, Kıncı Baba, Salah Baba olmak üzere Bektaşilerin önde gelen dedebabaları idam edildi.

Çoğu tekke dedesi sürgüne yollandı.

Bektaşi tekkeleri yağmalandı; mezar taşları bile kırıldı.

Bektaşi tekkelerinin malvarlığı, Nakşibendi tarikatlarına nakledildi. Hacı Bektaş'taki dergâhın başına bile Nakşibendi şeyhi Kayserili Mehmed Said Efendi getirildi. Bu Nakşibendi şeyhinin ilk yaptığı icraat da, dergâha cami yaptırmak oldu!

Zamanla olaylar duruldu.

Gözaltına alınanlar, sürgüne gönderilenler "Sünni" olduklarını, "Sünni" kalacaklarını söyleyerek kurtuldu.

Fakat Dedebabalar tekkelerinin başına dönemedi. Bazıları bulabildiği Nakşibendi şeyhinden icazet alıp, bunu "icazetin meclis-i meşayihe" (şeyhler meclisine) onaylatarak tekkesinin başına geçebildi. Yani, kâğıt üzerinde Nakşibendi oldu! "Nakşibendi örtüsü" altına saklanmak zorunda kaldı.

Araştırmacı Baki Öz'ün iddiasına göre kendisi de Bektaşi olan Sultan Abdülaziz döneminde rahat nefes almaya başladı.

İttihat ve Terakki Alevi-Bektaşi üzerindeki örtüyü biraz kaldırdı.

Cumhuriyet'in laiklik politikası ise, Bektaşilere özgürleşme yolunda en büyük adımı attırdı...

Peki sonra ne oldu da, K.Maraş, Çorum, Gazi Mahallesi, Sivas Madımak gibi son 30 yılın büyük katliamların mağdurları hep Alevi-Bektaşiler oldu?

Tüm bunlara rağmen hâlâ Türkiye'nin birliği ve dirliği için uğraş veren, Alevi ve Bektaşileri el üstünde tutmalıyız...

Nakşibendiler hep iktidar istedi!

Nakşibendiler, Alevi Bektaşileri asimile etmekle kalmadı. Nihai hedefi, ya iktidarı kontrol eden bir güç olarak kalmak ya da tamamen iktidara sahip olmaktı.

Osmanlı döneminde Nakşibendi İsmet Efendi Dergâhı'na Dahiliye Nazırı Memduh Paşa, Tophane Müşiri Mustafa Zeki Paşa gibi üst düzey paşaların gitmesi rastlantı mı?

Osmanlı'daki iktidar hevesi, Cumhuriyet'te de devam etti.

Gümüşhaneli Dergâhı'nın, iki cumhurbaşkanı, Turgut Özal ve Abdullah Gül; iki başbakan, Necmettin Erbakan ve Recep Tayyip Erdoğan ve onlarca bakan, bürokrat yetiştirmesi tesadüf mü?

Aynı dergâhın parti (Milli Nizam Partisi vd.) ya da şirketler

(Gümüş Motor vb) kurmasının bir açıklaması olmalı?

Sanki sufi bir tekke değil de, siyasal tarihimize damgasını vurmuş güçlü politik bir merkezden bahsediyoruz!

Evet, Nakşibendilik zaman içinde siyasal bir harekete dönüştü.

Ve benzer örnekleri diğer Halidiye dergâhları için de verebiliriz. Yani: Kürt Nakşibendiler gibi Türk Nakşibendiler de hep iktidar istedi. Sadece "yöntemleri" farklıydı!

Burada da bir soru karşımıza çıkıyor:

İktidara gelme araçları farklı olsa da, ikisi de iktidarda olan, Kuzey Irak'taki Kürt ve Türkiye'deki Türk Nakşibendiler, PKK terörünü bitirmek için neden işbirliği yapmıyor?

Türkiye'deki Nakşibendiler hemen yanı başımızda bir Kürt Nakşibendi devletinin kurulmasına nasıl bakıyor?

Soruyu bir de tersten soralım:

Mesud Barzani, Şeyh Said Ayaklanması konusunda ne düşünüyor? Kuşkusuz yürekten desteklerdi.

Peki bilir mi acaba, kendisini bugün destekleyen uluslarası güçlerin, bölgede benzer oyunu yıllar önce de sahneye koyduğunu... Anlatalım:

Filmin sadece "yapımcısı" değişti "senaryo" hep aynı kaldı

Tarih:13 şubat 1925.

Dinsel ve milliyetçi Şeyh Said İsyanı başladı.

Ayaklanma iki ayda bastırıldı. İç savaşın Türkiye'ye bedeli ağır oldu; Musul-Kerkük kaybedildi.

Hikâye bilindik, bilinmeyen dünün bugüne benziyor olduğu...

Filmi, Şeyh Said Ayaklanması'ndan iki yıl önceye giderek başlatalım.

Lozan Konferansı'na katılan Türk Heyeti'nin elinde üç sayfalık 14 maddeden oluşan talimat vardı.

Birinci madde, Irak sınırıydı; Süleymaniye, Kerkük ve Musul mutlaka geri alınacaktı.

Çünkü Birinci Dünya Savaşı'nı sona erdiren Mondros Antlaşması'na (30 Ekim 1918) göre, bu sancaklar Osmanlı Devleti'ne bırakılmıştı. Ancak iki hafta geçmiş, İngiltere bir oldu bittiyle buraları işgal edivermişti!

Lozan Konferansı'nda İngilizlerin tüm staretejisi petrol üzerineydi... Daha konferans başlamadan, İngiliz, Fransız ve Amerikan petrol şirketleri, Londra'da Mezopotomya petrollerini müzakere etmişlerdi. Bu toplantının başkanlığın ise Irak Hükümeti adına Osmanlı Mebusan Meclisi eski üyesi Sason Haskail Efendi yapmıştı!

Lozan Konferansı bu havada başladı.

Türk Heyeti Başkanı Dışişleri Bakanı İsmet (İnönü) Paşa, önce duygusal konuşmalarla İngilizleri iknaya çalıştı:

> Türkiye yoksul bir ülkedir, petrole ihtiyacı vardır...

Bu sözler, bir petrol şirketine ortak olan İngiliz Dışişleri Bakanı Lord Curzon'u nasıl etkileyebilirdi ki? Zaten, Bonar Law Hükümeti, İngiliz Heyeti'ne kesin talimat vermişti; Musul-Kerkük konusunda tartışmaya bile girmeyeceksiniz!

Türk heyeti toplantılarda, "Bu topraklar XI. yüzyıldan beri bizimdir" gibi tarihi gerçekleri anlatarak İngilizleri iknaya çalıştı.

Bölgenin nüfus sayım sonuçlarını sundu: 263 000 Kürt, 146 000 Türk, 43 000 Arap, 18 000 Yezidi, 13 000 gayrimüslim...

İngilizleri, kendi belgeleriyle, kaynaklarıyla vurmaya çalıştı. Öyle ya, onların *Britannica Ansiklopedisi* bile, Türkler ile Kürtlerin Turani iki kardeş kavim olduğunu yazmıyor muydu?

Türk heyeti iyi niyetini hep korudu; her iki halkın bir arada yaşamak istediklerini; inanmıyorlarsa referandum yapılabileceğini ileri sürdü.

Türkiye ne kadar tarihten, kardeşlikten, istatistiklerden bahsetse de İngilizlerin kafasında sadece tek bir düşünce vardı; petrol! Bu nedenle, konuyla hiç ilgisi olmamasına rağmen, bir gün birden bire Türklerin Ermenilere çok eziyetler yaptıklarını gündeme getiriverdiler!

Lozan'da toplam 8 ay süren görüşmeler sonucunda, Türkiye ve İngiltere uzlaşamadı. Konferans, sınır meselesini iki ülkenin kendi arasında halletmesine karar verdi. Eğer her iki ülke, öngörülen 9 aylık sürede, anlaşma yoluna gitmezse, mesele, Milletler Cemiyeti Meclisi, –bugünkü adıyla Birleşmiş Milletler'e– götürelecekti.

Lozan Konferansı'ndan sonra Türkiye ve İngiltere arasında ikili görüşmeler İstanbul'da başladı. İngiliz heyetinin başında bu kez, Irak Yüksek Komiseri Sir Percy Cox vardı.

İngilizler bu konferansta da, çözümsüzlüğü derinleştirmek için, yeni bir diplomasi taktiğini uyguladılar: Türkiye'den, –Musul'un komşusu– Hakkari'yi istediler!

Ve... Hay aksi, tam o günlerde Hakkari'de Nasturi Ayaklanması (12-28 Eylül 1924) başlamasın mı? Bakın şu kör talihe!

Şaka bir yana, bırakın kışkırtmayı İngilizler isyanı havadan bile destekledi...

İngilizlerin oyunu hep benzerdi: böl ve yönet!

Petrol için önce Araplar'ı ayaklandırmışlardı.

Şimdi sırada Kürtler vardı...

İngiliz istihbaratcıları, Albay T.E. Lawrence Araplar'ı, Binbaşı E.W.C. Noel ise Kürtleri kışkırtıyordu...

Bu arada İngilizlerin, Araplar ile Kürtleri de birbirlerine düşürdüklerini eklemeliyim...

İstanbul'daki Türkiye-İngiltere ikili görüşmelerinden de sonuç çıkmadı. Dolasıyla, Irak sınırı meselesi Milletler Cemiyeti Meclisi'ne gitti...

İşin garip yanı, bu Meclis'te İngilizlerin büyük ağırlığı vardı ve aksiliğe bakın ki, Türkiye Cemiyet'e üye bile değildi...

MC Meclisi İngilizlerin isteği doğrultusunda üç kişilik bir komisyon kurma kararı aldı. İsveçli T. Wirsen, Macar Kont Teleki, Belçikalı Albay Poulis'ten oluşan bu heyet, her türlü yazışma ve soruşturma yapma yetkisine sahipti.

Bu komisyonun yaptığı ilk çalışma, Musul ile Hakkari arasına geçici bir çizgi çekmek oldu. Daha Türkiye'yi dinlememişlerdi bile.

Batı'nın bu kibirli, Türkiye'yi hor gören anlayışı Ankara Hükümeti'ni çileden çıkardı.

İngiliz istihbarat raporlarına göre, Mustafa Kemal asker çizmelerini tekrar ayağına geçiriyordu.

Atatürk, Irak'a müdahale etmeye kararlıydı...

Ve yine bir aksilik çıktı; ne oldu dersiniz?

Bu kez 14 ili kapsayan Şeyh Said İsyanı başladı!..

Türkiye, Kuzey Irak'a askeri operasyon yapamadı; içe döndü; binlerce asker ayaklanmayı bastırmakla görevlendirildi...

Ankara'nın, Türkler ile Kürtlerin kader birliği içinde bulunduğunu söylediği bir dönemde, bu ayaklanma İngilizlerin elini güçlendirdi. "Hani siz kardeştiniz, bakın şu anda bile savaştasınız" dediler...

Ve Milletler Cemiyeti Meclisi Musul, Kerkük ve Süleymaniye'yi İngilizlere verdi...

İngilizler askeri işgalle birlikte bölgeye hızla petrol boru hattı döşediler. Bunun sadece Musul'daki uzunluğu 300 km'yi bulmuştu.

Türkler, Kürtler, Araplar, ortak tarihten, kardeşlikten, din birliğinden ne kadar bahsederse bahsetsin, o petrol Mezopotamya'da olduğu sürece "böl-yönet" politikaları hep olacaktır!...

The End. (Son.)

Çünkü yukarıdaki tarihi film bir İngiliz yapımıdır...

Vizyondaki yeni filmin yapımcısı ve oyuncuları kim acaba?..

Mesud Barzani gibi kurt bir politikacının bunu bilmemesine olanak yok: ABD!

Tekrar bize dönüp aynı soruyu bıkmadan soracağız:

Türkiye'deki Kürt ayaklanmalarında neden hep "Halidiye ekolü" etkisi vardı!

Nakşibendiliği Kürtler arasında yaygınlaştıran din adamının, Halid-i Bağdadi olduğunu artık biliyoruz.

O halde: Araştırılması gerekiyor; Mevlânâ Bağdadi'nin halifeleri ve müritlerinin bir kısmı neden hep dinsel-milliyetçi hareketlerin içinde oldu?

Sorumuzu birkaç örnek olayla açalım:

Şeyh Said'in dedesi Şeyh Ali Septi, Halid-i Bağdadi'nin halifelerindendi.

Şeyh Ali Septi'nin torunu Şeyh Said, Kürt Azadi Cemiyeti'nin başkanıydı. Adıyla bilinen ayaklanmanın lideriydi. "Emirülmücahidin Mehmed Said'in Nakşibendi El-Halidi" imzasını kullanması dikkat çekici.

Halid-i Bağdadi'nin bir diğer halifesi Nehrili Seyid Taha'nın torunu Seyid Abdulkadir ise, Kürt Teali Cemiyeti'nin başkanıydı.

Mustafa Kemal'in *Nutuk*'ta yazdığına göre, Koçgiri İsyanı'nın elebaşısıydı.

Her iki torun da idam edildi.

Bitmedi...

Menemen ayaklanmasını organize ettiği için idam cezası alan Musul-Erbil doğumlu Şeyh Muhammed Esad Erbili'nin dedesi Şeyh Hidayetullah da, Halid-i Bağdadi'nin halifelerindendi.

Kurtuluş Savaşı'nda millicilere karşı İngilizler tarafından kullanılan Konyalı Zeynelabidin ve kardeşinin düzenlediği Delibaş Mehmed İsyanı da Nakşibendi kökenliydi.

Bugünden de bir örnek vermek gerekiyor:

Halife Seyid Taha'nın icazet verdiği Taceddin Efendi, Musul'a bağlı Barzan köyünde yaşıyordu ve bugünkü KDP'nin başındaki Mesud Barzani'nin büyük dedesiydi.

Nakşibendi Barzaniler'in hep ayaklandığını biliyoruz.

Araştırılması gereken bir soru: Mesud Barzani Güneydoğu'daki hangi Nakşibendilerle yakın ilişki içindedir? AKP'nin son dönemdeki başta Diyarbakır olmak üzere yerel seçimi kazanma stratejisi neye dayanmaktadır?

Konu gelmişken bir parantez :

Beyaz Müslümanlar'ın Büyük Sırrı Efendi-2 kitabında Said-i Nursi'nin, 12 temmuz 1960'da Şanlıurfa Halilürrahman Camii'ndeki mezarından, "mezarı siyasi sembol olmasın" diye askerler tarafından çıkarılıp Kıbrıs açıklarında denize atıldığını yazdım. Bu bilgi üzerine dinci gazeteler saldırıya geçti; yazmadıklarını bırakmadılar. Said-i Nursi'nin mezarını bulabilmek için seferber oldular. Bulamadılar.

Bulamazlar; çünkü yazdım: Said-i Nursi denize atıldı!

Ama parantez açma nedenim Said-i Nursi değildi. İdam edilen Şeyh Said'in de mezarı kayıp...

83 yıllık derin sır: Nakşibendi Şeyh Said'in mezarı nerede?

Şeyh Said ve 46 arkadaşı, 28 haziran 1925'te geceyarısı Diyarbakır'da "İngiliz ipiyle" idam edildi.

Cenazeler ailelere teslim edilmedi. Sadece, Eşref Cengiz'in (CHP-AP milletvekilillği yaptı) dedesi Şeyh Şemseddin'in naaşı ailesine verildi. Diğerleri bilinmeyen bir yere gömüldü.

Bu yer hâlâ bilinmiyor...

İddiaya göre, Diyarbakır'da şehri boydan boya kaplayan surların dört ana kapısından biri olan Dağkapı'daki devlete ait boş araziye gömülmüşlerdi.

Cenazelerin bulunduğu bu arazinin bir bölümüne önce halkevi yapıldı. DP döneminde halkevi kapatıldı, sinema yapıldı.

Yenişehir Sineması'nın iki bölümü vardı: yazlık-kışlık.

Yazlık sinemanın arkasında makine dairesinin yanındaki bir tür çitlembik ağacı olan dağdağan vardı. Sinemaya gelenler Şeyh Said'in bu ağacın altında yattığını söylüyorlardı.

Yeşil alan olarak gösterilen bu araziye bugünlerde Alman Hastanesi inşa ediliyor.

İnşaatı yapan DYP Diyarbakır İl Başkanı, müteahhit Galip Ensarioğlu. Ensarioğlu, cenazelerin bu arazide olmadığını söylüyor. "Olsa harfiyat sırasında kemikler çıkardı" diyor.

Onun iddiası, mezarlar kendi inşaatları ile Astsubay Orduevi arasındaki küçük ara bölgede.

Gelen bilgilere göre, Şeyh Said ve arkadaşlarının mezarları, Astsubay Orduevi duvarının tam dibinde.

Ne ilginç:

İki Said: Said-i Nursi (Kürdi) ve Şeyh Said. İkisi de Kürt, ikisi de din adamı, ikisinin binlerce müridi var ve ikisinin de mezarı yok.

Eklemeliyim: Menemen'de idam edilen Nakşibendilerin de mezarı yoktur!

Bu arada Said-i Nursi'nin (Kürdi), Şeyh Said Ayaklanması'na karşı olduğunun altını da çizelim (bkz. *Tarihce-i Hayat*). Hep soruyorum Fettullah Gülen ve çevresinin "Türk milliyetçisi" olmasının temelleri iyi araştırılmalıdır.

Neyse...

Türkiye gerçeğini bilmemiz için Şeyh Said'in akrabaları hakkında da size bilgiler verip bu konuyu kapatayım..

Nakşibendi Şeyh Said'in solcu torunları

Şeyh Said'in torunları-akrabaları arasında Türk siyasi hayatının yakından tanıdığı, genellikle sağ partilerde bulunmuş politik isimler var: Abdülmelik Fırat (DP-DYP), Fuat Fırat (MSP-RP), Ali Rıza Septioğlu (AP-CHP-DYP), Mahmut Sönmez (ANAP), Aldulillah Fırat (RP), Muhammed Akar (AKP)...

1925 Ayaklanması kararı, Şeyh Said'in kardeşi Şeyh Abdurrahim'in Piran'daki evinde alındı. Şeyh Abdurrahim, ayaklanmadan sonra Suriye'ye kaçtı. 12 yıl sonra Türkiye'ye döndü. Bismil Salat köyünde güvenlik güçleriyle girdiği çatışmada 11 arkadaşıyla birlikte öldü.

Şeyh Abdurrahim Piran'ın varlıklı ailelerinden Hasan Ağa'nın kızı Medine'yle evliydi; üç oğlu vardı: Zülküf, Fevzi, Şahabettin.

Zülküf Bilgin, 1950-1960 yılları arasında önce Demokrat Parti'den sonra Hürriyet Partisi'nden Diyarbakır Belediye başkanı oldu. Zülküf Bilgin'in iki oğlu oldu: Abdurrahim ve Behram. Yılmaz Erdoğan'ın eşi Belçim, inşaat mühendisi Abdurrahim Bilgin'in kızıdır...

Behram Bilgin ise elektrik mühendisi oldu. Her iki kardeş de Ankara'da, Abdullah Öcalan'ın da içinde bulunduğu sosyalist hareketler içindeydi.

Şeyh Abdurrahim'in ikinci oğlu öğretmen Fevzi Bilgin de sosyalistti, Diyarbakır TİP listesinden aday oldu.

Fevzi Bilgin'in oğlu Samet, 12 Eylül döneminde TKP-ML davasından yargılandı, hüküm giydi. Samet Bilgin bir ara, Barış Partisi yönetimindeydi.

Diyarbakır TİP İl Başkanı Tahsin Ekinci, Şeyh Said'in kardeşi Şeyh Tahir'in kızıyla evliydi.

Şeyh Said'in "Mehdi" diye bilinen kardeşi Muhyettin Aygören, Elazığ'da TİP'i destekledi. Oğlu Hüsamettin ve torunu Behrun Aygören uzun yıllar Dicle Belediye başkanlığı yaptılar.

Şeyh Said'in torunu Kasım Fırat, Murat Karayalçın'ın başında olduğu SHP'nin kurucusudur.

Torunların Felat Özsoy DTP kurucusudur. Bedri Fırat ise DTP Erzurum İl başkanıdır.

3. bölüm

Akıncı gençler

AKP çevrelerinin başta cumhurbaşkanlığı seçimi ve türban olmak üzere toplumsal mutabakatı zedeleyen tartışmalar yaratması laik çevrelerin, Cumhurbaşkanı Abdullah Gül ve Başbakan Recep Tayyip Erdoğan gibi, bir dönem Milli Görüş "gömleği" giymiş siyasilerin "gizli maksatlar" peşinde oldukları şeklindeki şüphelerini sürekli artırıyor.

Gül ve Erdoğan her ne kadar değiştiklerini söyleseler de bu çevrelerin kuşkuları giderilemiyor. Kimin haklı çıkacağını elbet zaman gösterecek.

Ama gelin sizi, 1980 öncesi, Milli Görüşçü Akıncı Gençler Derneği'nin Kayseri'deki silahlı bir kampına götüreyim; o kampta yaşananların dününü ve bugününü yazayım.

Belki "kuşku tartışmalarına" bir nebze katkımız olur!...

Tarih: 23 ağustos 1980.

Yer: Kayseri, Yahyalı ilçesi Aladağ Aksuderesi bölgesi.

Tan yeri yeni ağarıyordu...

Kampın gece nöbetçisi, 17 yaşındaki Kâmil Dağaslan'dı; belinde tabancası, elinde av tüfeğiyle çevreyi gözetliyordu. Kamptaki 16 kişi, gelişigüzel yapılmış çadırlarda uyuyordu.

Yaşları 15 ile 18 arasında değişen kamptaki bu gençler, gün boyu beden eğitimi yapıyor; silah atmayı ve patlayıcı madde yapımını öğreniyordu. Kamptaki genç Akıncılar, Kayseri, Nevşehir, Niğde ve Kırşehir'den gelmişlerdi. Çoğunluğu imam hatip öğrencisiydi.

Liderleri Kayseri Akıncılar Derneği Başkanı Osman Yapar'dı...

Akıncı Gençler Derneği (AK-GENÇ) 1 mart 1980 tarihinde kuruldu. Genel Başkanlığı'nı Necmettin Erbakan'ın yaptığı Milli Selamet Partisi'nin gençlik örgütüydü AK-GENÇ.

Derneğin amacı, "sınırsız ve sınıfsız bir İslam devleti kurmaktı."

Süvari müfrezesi anlamına gelen *Seriyye* adlı bir yayın organları vardı.

Akıncılar'ın silahlı kampı sadece Kayseri Yahyalı'da değildi. Türkiye'nin çeşitli yerlerinde 30 kampları vardı.

Kampların amacı, "ilerideki çetin mücadelede görev alma kabiliyetinde olan din kardeşleri" gerilla olarak eğitmekti.

Çevredeki köylülerin ihbarını değerlendiren Kayseri Jandarma Alay Komutanlığı askerleri, sabaha karşı Akıncılar kampını kuşattı.

Askerler, "teslim olun" çağrısını yapmaya fırsat bulamadan silahlı direnişle karşılaştı.

Kamp nöbetçisi Kamil Dağaslan, birden karşısında askerleri görünce heyecanlanıp silahını ateşlemişti.

Askerler ateşe karşılık verince Kamil Dağaslan, oracıkta can verdi.

Silah seslerine uyanan kamptaki diğer Akıncı gençler, ne olduğunu anlamadan çatışmanın ortasında kalakaldılar.

Çatışma kısa sürdü. Kampın lideri Osman Yapar, Türkay Gürlek ve Sami Öztürk yaralandı. Kaçamayacaklarını anlayan Akıncı gençler teslim oldu.

Kampta yapılan aramada, 5 adet tabanca, 14 adet dinamit lokumu ve fitili, 4 av tüfeği, havalı tabanca ve çok sayıda mermi bulundu.

Kampta ele geçirilen afiş ve pankartlarda, "Ya Şeriat, Ya Ölüm", "Her Akıncı Bir Mermi, Kuracağız İslam Devletini" gibi sloganlar yazılıydı.

Kayseri Akıncılar kampında yakalananlar çıkarıldıkları mahkemece tutuklandılar. 20 gün sonra 12 Eylül 1980 askeri darbesi oldu.

Kayseri'dekiler de dahil, Türkiye'nin çeşitli yerlerindeki kamplarda yakalanan Akıncılar, Ankara Mamak Askeri Cezaevi'ne kondu.

Tekrar işkenceli sorgulamadan geçirildiler.

Mahkemeleri bir yılı aşkın sürdü. Nihayetinde hepsi tek tek tahliye oldu.

Ve yaşamlarını devam ettirmek için hayat mücadelesine girdiler...

Şimdi nerede ne yapıyorlar?

– Çatışmada yaralanan Türkay Gürlek, o dönemde Nevşehir İmam Hatip Lisesi 4. sınıf öğrencisiydi. Bugün Nevşehir'de "Gür Vigo Tekstil" adlı şirketin sahibi. Şiir yazıyor. Siyasetle ilgilenmiyor.

– Kayseri İmam Hatip Lisesi 5. sınıf öğrencisi Faruk Hasetçi, aynı zamanda boksördü. Cezaevinden çıktıktan sonra boksu bırakmadı. Milli Takım'a kadar yükseldi. Türkiye'yi yurt dışında temsil etti. Halen Türkiye Boks Federasyonu Yönetim Kurulu Üyesi. Kayseri'deki "FEM Çorapları"nın üç ortağından biri. Hasetçi, Refah Partisi Kayseri İl Yönetim Kurulu üyesiydi; 24 ocak 1997 tarihinde Kayseri'ye gelen Necmettin Erbakan'ın korumalığını yaptı. Ancak koruma görevi sırasında bazı partililerle birlikte, tek tip güvenlik üniforması giydiği için yargılandı. Bunun üzerine siyasetten soğudu.

– Kayseri Pınarbaşı doğumlu Erdoğan Akan, Akıncılar kampına okuduğu Niğde İmam Hatip Lisesi'nden gelip katılmıştı. Cezaevinden çıktıktan sonra Ankara Üniversitesi İktisat Fakültesi'ni bitirdi. Halen Türkiye İstatistik Kurumu Başkanlığı Destek Hizmetleri Daire Başkanı. 2004-2005 yılları Milli Güvenlik Akademisi 57. dönem müdavimiydi; yani askerler tarafından "güvenirlik" belgesi almıştı. Aynı zamanda taekwondo milli hakemi. Bu arada Türkiye Taekwondo Federasyonu'na adaylığını koydu; az bir oyla kaçırdı.

– Ali Aydemir, Nevşehir İmam Hatip Lisesi 5. sınıf öğrencisiydi. Bugün memleketi Nevşehir'de imamlık yapıyor. Ayrıca Diyanet Sendikası Nevşehir Şube Başkanı. Sendikada yardımcısı ise, yıllar önce Kayseri Akıncı kampında birlikte olduğu arkadaşı Baki Öncel.

Baki Öncel de, cezaevinden çıktıktan sonra okulunu bitirdi; Nevşehir'de imamlık yapıyor.

– Mustafa Çakır, kampa katıldığında Nevşehir İmam Hatip Lisesi 3. sınıf öğrencisiydi. Şimdi aynı okulda öğretmenlik yapıyor. İslamcı *İlkadım* dergisine makaleler yazıyor.

– Hamza Süs, o dönemde Kayseri Yüksek İslam Enstitüsü öğrencisiydi. Cezaevinden çıktıktan sonra okula devam etmedi. İstanbul'da Çelebiler Tekstil ve Turizm Şirketi var.

– Çatışmada yaralanan Sami Öztürk ise bugün halı ticaretiyle uğraşıyor...

23 ağustos 1980'de Kayseri Akıncılar kampında olanlardan sadece bu isimlere ulaşabildim. Diğerleri nerede ne yapıyor bilemiyorum. Bildiğim, zamanın, insan hayatlarını bambaşka yerlere savurduğu... Görünen o ki, zaman, silahlı Akıncıları düzenin içine çekip ılımlılaştırdı. "Sınıfsız ve sınırsız bir İslam devleti" peşinde koşan eli silahlı Akıncılar, zamanla sınırlı bir hayatın içinde sınıf atlama peşine düştü!

Artık sloganları bile değişmişti: "Yaşasın Yeşil Kapitalizm!"

Akıncılar'ın bir bölümü siyasetten kopmadı.

Ancak siyasi hayat yıllar, içinde onları bambaşka mecralara yönlendirdi:

Akıncıların büyük lideri, Milli Görüş'ün efsanevi dava adamı Tevfik Rıza Çavuş bile zamanla değişti; 1991 yılında DYP'ye katıldı!

Akıncılar'ın dergisi *Seriyye*'ye makale yazan Erdem Beyazıt ANAP listesinden TBMM'ye girdi.

Akıncılar Derneği Ankara Başkanı Ersönmez Yarbay, RP-AKP milletvekilliği yaptı. Son seçimlerde veto edildi, listeye alınmadı.

Akıncılar bugün, merkezi Ankara'da olan Server Vakfı çatısı altında sosyal faaliyetler peşinde koşuyor. Vakfın başkanlığını ise AKP K.Maraş eski milletvekili M. Ali Bulut yürütüyor. Son seçimlerde Bulut da veto edildi, milletvekili yapılmadı.

"Kuşku duyulan" Başbakan Erdoğan, Akıncılar'ı listesine almamıştı!

Burada da bir kez daha karşımıza çıkıyor ki, tartışmalarımızı bilgiye dayalı olgularla yapmalıyız.

Çünkü insan tanımadığından korkar...

O gün, silahlı çatışmanın olduğu Kayseri Akıncılar kampında Cumhurbaşkanı Abdullah Gül'ün kardeşi Macit var mıydı?

Ağabeyi Abdullah Gül 18 ağustosta yani Kayseri'deki Akıncılar kampından beş gün önce evlenmişti. İddiaya göre, Macit, düğünleri olduğu için bu kampa katılamamıştı!

Ama 12 Eylül 1980 askeri darbesinden sonra ağabeyi gibi Macit de gözaltına alındı.

Gül ailesinde siyasetle sadece iki kardeş ilgili değildi...

Cumhurbaşkanı Gül'ün 600 yıllık soyağacı

O halde Gül ailesini tanımaya çalışalım.

Cumhurbaşkanı Abdullah Gül aslen nereli?

Sivaslı Sarrafzade Ailesi'yle ne tür akrabalık bağları var?

Siirt'ten 1915'te mi göç ettiler?

Fatih Sultan Mehmed'in hocası Akşemseddin ile Gül Ailesi'nin nasıl bir bağlantısı var?

Büyük büyükdedesi Şeyh Tennuri kim? Gül'ün akrabaları arasında hangi ünlü isimler var?

Kayınvalide Adeviye Gül ile gelini Hayrünnisa Gül'ün benzer yazgıları nedir?

Anne tarafı

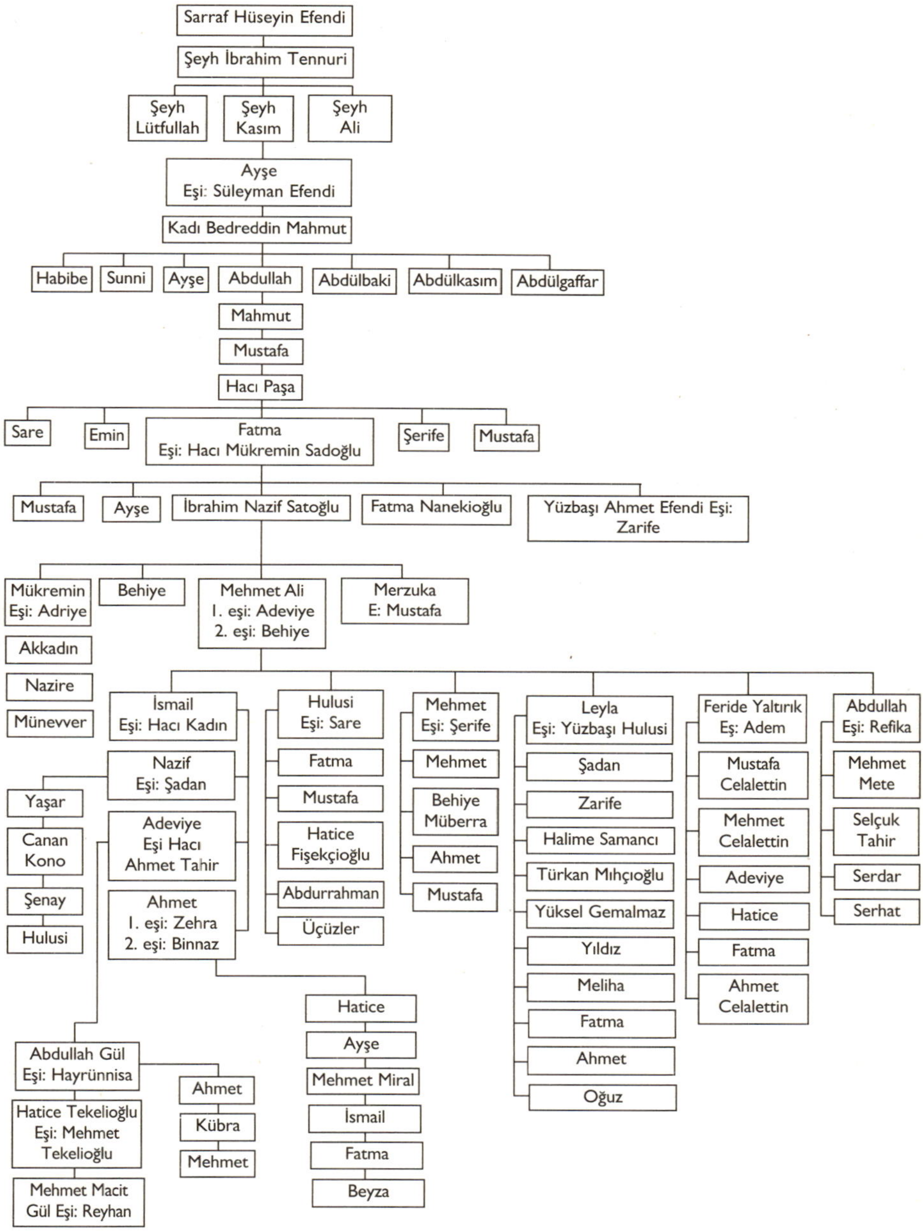

Not: Tüm soyağacı verilmemiştir, diğer soylar uzatılmamıştır.

Baba tarafı

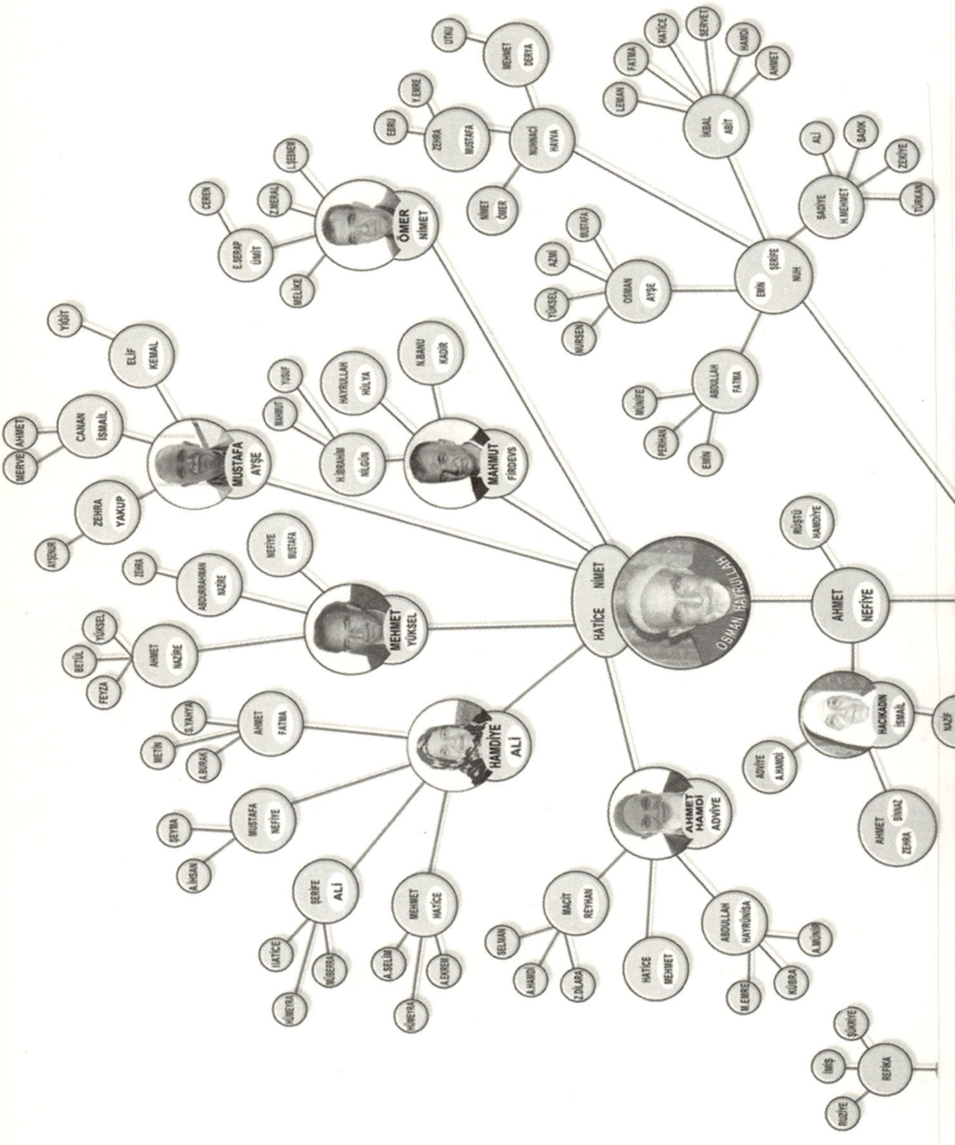
OSMAN HAYRULLAH
HATİCE NİMET
ÖMER NİMET
MUSTAFA AYŞE
MAHMUT FİRDEVS
MEHMET YÜKSEL
HAMDİYE ALİ
AHMET HAMDİ ADVİYE
AHMET NEFİYE
HACIKADIN İSMAİL

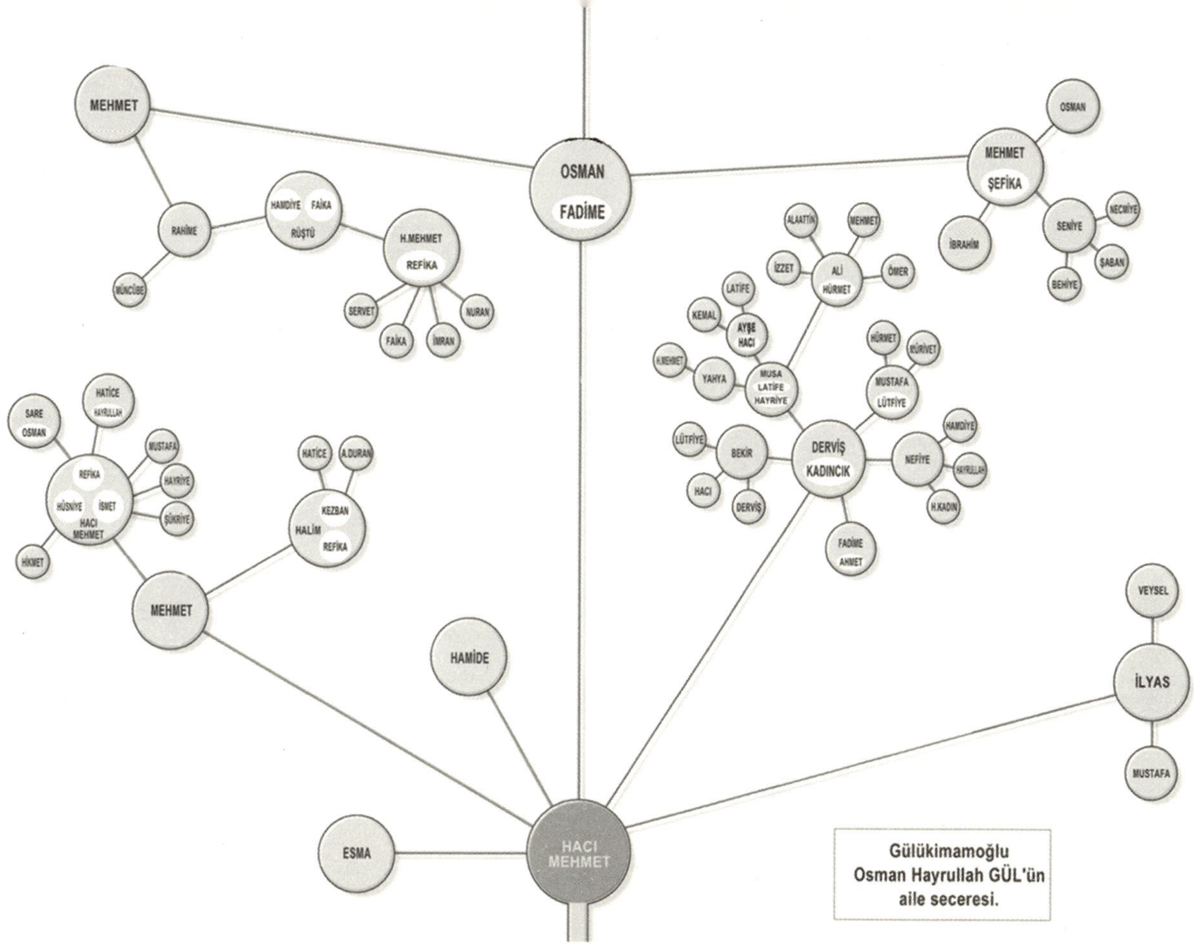

Gülükimamoğlu
Osman Hayrullah GÜL'ün
aile seceresi.

Abdullah Gül'ün anne tarafının soyağacı yaklaşık 600 yıl öncesine gidiyor. Bu iddianın sahibi, Gül'ün annesinin amcası *Kayseri Ansiklopedisi* yazarı Abdullah Satoğlu; ve büyük bir azimle ailenin soyağacını çıkarmış olan Gül'ün kuzeni Mehmet Celalettin Satoğlu'dur. Ailede soyağacı konusunda çalışan ilk kişi ise Gül'ün annesinin dedesi Mehmet Ali Satoğlu'ydu!

Soyağacını incelemeye başlamadan önce, ailelerin kendileri tarafından hazırlanan secerelerine ihtiyatlı yaklaşılması gerektiğinin altını çizmek istiyorum.

Bu notlardan sonra gelelim soyağacına:

Soyağacının en başında Sivaslı kuyumcu Hüseyin Efendi var.

Aile, Sivas'ta "Sarrafzadeler" olarak tanınıyor.

Hüseyin Efendi'nin bilinen tek oğlu ise Şeyh İbrahim Tennuri.

Şeyhin doğum tarihi bilinmiyor; ölüm tarihi: 1482.

Ailenin en tanınmış, adı tarih ansiklopedilerine geçmiş üyesi Şeyh İbrahim Tennuri'yi kısaca tanımakta yarar var:

Şeyh Tennuri, Sivas'taki ilköğrenimi ardından Konya'ya gitti; Mevlana Sarı Yakup'un öğrencisi oldu. Sarı Yakup'un 1438'deki ölümününü ardından Hunad Hatun Medresesi'ne müderris olması sebebiyle Kayseri'ye geçti.

Ancak birkaç yıl sonra medresenin vakfiyesinde, sadece Hanefi müderrislerin görev alabileceği şartı üzerine Şeyh Tennuri görevi bıraktı. Çünkü kendisi Şafii mezhebindendi.

Fatih Sultan Mehmed'in hocası Akşemseddin'in ününü duyunca, Beypazarı'na gidip ona intisap ederek Bayramiye tarikatına girdi.

Üç ay dünya nimetlerinden uzak durup inzivaya çekildi. Ardından tasavvuf eğitimi tamamladı.

Akşemseddin'den icazet ve hilafet alarak tekrar Kayseri'ye döndü. Bu kez kendi tekkesini kurup, öğrenci kabul etmeye başladı.

Bu arada, kendi geliştirdiği kabızlık hastalığını tedavi şekli, "İbnü's Sarraf" olan lakabının değişmesine neden oldu! Kabız olan müritlerini, sıcak fırın (tennur) üzerine oturtup, su içirip terleterek tedavi etmesi üzerine, "Tennuri" lakabını aldı!

Bir gün, Kayseri'de irşad faaliyetlerini sürdürürken, aldığı haber üzerine alelacele hocası Akşemseddin'in yanına gitti. Telaşının sebebi sonra ortaya çıktı: Hocasıyla birlikte İstanbul'un fethinde bulunmuştu.

Fetih'ten üç ay sonra tamamladığı, 5 140 beyitlik mesnevi tarzındaki manzum eseri *Gülzar-ı Manevi*'yi, Fatih Sultan Mehmed'e ithaf etti. (Bu eser Süleymaniye Kütüphanesi'ndedir.)

Bu jest karşısında Fatih Sultan Mehmed, Şeyh Tennuri ve oğullarının vergiden muaf olduklarına dair ferman çıkardı.

Şiirlerinde "Âşık" mahlasını kullanan Şeyh İbrahim Tennuri'nin mezarı ve oğulları Şeyh Lütfullah ve Şeyh Ali'nin sandukaları da, Kiçikapı'dan Talas Caddesi'ne çıkılan ve kendi adını taşıyan sokakta, kendi yaptırdığı Şeyh Camii haziresindedir.

Abdullah Gül'ün anne tarafının soyağacı Şeyh İbrahim Tennuri'nin oğlu Şeyh Kasım'dan yürümektedir.

Şeyh Kasım'ın kızı Ayşe, Kayseri ulemasından tanınmış Süleyman Efendi'yle evlendi.

Süleyman Efendi-Ayşe Kadın evliliğinden doğan Kadı Bedreddin Mahmud aileyi zenginliğe kavuşturdu.

"El-hac Bedreddin Mahmud" Kayseri'nin en zengin adamıydı.

Mal varlığı gayrimenkulleri hakkında 966/M.1558 tarihini taşıyan "Vâkifname"ye göz atarsanız Kayseri'nin yarısının Kadı Bedreddin Mahmud'a ait olduğunu görürsünüz

Uzatmayayım: Abdullah Gül'ün anne soyağacı Abdülhay, Mahmud Paşa, Mustafa Efendi, Hacı Paşa olarak sürüp gidiyor...

Soyağacı Cumhuriyet'ten sonra netleşiyor. Sarrafzadeler Ailesi'nden gelen Fatma Hanım, eşi Hacı Mükremin'in soyadını alıyor: "Satoğlu!"

Fatma-Hacı Mükremin Satoğlu'nun beş çocuğu oluyor: Mustafa, Ayşe, İbrahim Nafiz, Fatma (Nanekioğlu) ve Yüzbaşı Ahmed Efendi.

Artık yavaş yavaş Abdullah Gül'e yaklaşıyoruz.

Abdullah Gül'ün büyük büyükdedesi (annesinin babasının dedesi) İbrahim Nafiz.

İbrahim Nafiz'in kimle evli olduğu bilinmiyor. Dört çocuğu vardı: Mükremin, Behiye, Mehmed Ali ve Merzuka.

Behiye ve Merzuka hakkında soyağacında bilgi yok; ya erken öldüler ya evlenmediler.

Soyağacı erkeklerden yürüyor:

Abdullah Gül'ün dedesinin babası Mehmet Ali Satoğlu (1876-1968) Kadiri tarikatına mensup bir din adamıydı. Yukarıda yazdığım gibi, ailenin seceresini çıkaran da oydu.

Mehmet Ali Satoğlu iki kez evlendi.

Birinci karısı Adeviye'den Abdullah Gül'ün dedesi İsmail doğdu.

Abdullah Gül'ün annesinin "Adeviye" adı da buradan geliyor; İsmail Satoğlu kızına annesinin adını vermişti.

İlkokul öğretmeni İsmail Satoğlu Hacı Kadın'la evlendi ve üç çocuğu oldu: Ahmet, Nazif ve Abdullah Gül'ün annesi Adeviye.

Abdullah Gül'ün anne seceresine burada bir virgül koyup babasının soyağacına göz atalım...

Gül'ün baba soyuna ait fazla bilgi yok.

Gül'ün biyografisini yazan kitaplara (Örneğin *Köşke Gül Harekâtı* H. Tecimen-B. Bengisu-Akış Yayınları) ve bazı yayın organlarına (Örneğin 23.08.07 tarihli *Hürriyet*) göre, Gül Ailesi 1915 yılında Siirt'ten Kayseri Develi'ye göç etmişlerdi.

Burada biraz durmak gerekiyor:

1915 yılı, Anadolu'nun altüst olduğu bir dönemdi.

Kafkas Cephesi'nde Ruslara yardım edip, ayaklanma çıkardıkları için Ermeni Tehciri'nin yapıldığı bir yıldı 1915.

Gül Ailesi Siirt'ten neden ayrıldı? Göçün sebebi nedir?

Karışıklık ve iç çatışmalardan kaçıp, daha sakin olduğu için Kayseri'yi tercih etmiş olabilirler mi? Ama, Kayseri'de de benzer olaylar vardı.

Abdullah Gül'ün babası Ahmet Hamdi 1927 doğumlu. Yani göçten 12 yıl sonra doğmuş, bu nedenle Kayseri'ye geliş sebebini bilemeyebilir.

Aileyi Kayseri'ye getiren muhtemelen Abdullah Gül'ün büyükdedesi Hacı Abdullah Efendi.

Batı'da yaygın olup bizde nedense hep küçümsenen "adbilim" (onomastik) burada karşımıza çıkıyor. "Abdullah" Allah'ın kulu demek. Osmanlı'da savaş dönemlerinde evsiz barksız, ailesiz kalan öksüz çocuklara genellikle "Abdullah" adı veriliyordu. Abdullah Gül'ün büyükdedesi Abdullah da Birinci Dünya Savaşı döneminde kimsesiz mi kalmıştı acaba? Bilinmiyor.

Bu konuyu çok da uzatmak istemiyorum. Çünkü "1915'te Siirt'ten Kayseri Develi'ye gittiler" bilgisinin doğru olmadığını (C. Kalyoncu, 30.04.07 tarihli *Aksiyon* dergisi ve S. Kurt, 14.08.07 tarihli *Zaman* gazetesi) iddia eden bilgiler de var.

Demek ki daha fazla araştırma yapılması gerekiyor!

Ama...

Burada bir parantez açmak gerekiyor.

Abdullah Gül'ün soyağacına ilişkin *Hürriyet* gazetesinde 26 ağustos 2007 tarihinde kaleme aldığım yazıma ilişkin, Cumhurbaşkanı Gül'ün hem eniştesi hem de halasının oğlu olan AKP Milletvekili Prof. Mehmet Tekelioğlu bir mektup gönderdi. Bazı yanlışlıkları düzeltti.

1915 tarihli Siirt'ten göçe ait hiçbir açıklamada bulunmadı.

Acaba bu, bilginin doğru olduğu anlamına mı geliyordu? Bunun üzerine *Hürriyet*'te "Çankaya Köşkü'nün 1915 Sırrı" başlıklı bir yazı kaleme aldım.

1915 Ermeni Tehciri'ne ilişkin dünyaya en güzel yanıtı artık Cumhurbaşkanı Abdullah Gül verebilir.

Şöyle ki:

Çankaya Köşkü'nün ilk hali olan bağ evinin sahibi Ermeni bir tüccar olan Ohannes Kasapyan'dı (1857-1944).

Ankara keçisi yetiştiricisi ve 1500'e yakın dokuma tezgâhında ürettiklerini Manchester'a ihraç eden Ohannes Kasapyan, 1915 yılında büyük Ermeni göçünde Ankara'yı terk etti. Ohannes Kasapyan'ın bağ evi, zamanla Çankaya Köşkü'ne dönüştürüldü.

Şimdi Çankaya Köşkü'nde, 1915 yılında Siirt'ten ayrılıp Kayseri'ye göç etmiş bir ailenin torunu olan Abdullah Gül oturuyor.

Bu nedenle, Cumhurbaşkanı Gül dünyaya şu mesajı vermelidir:

"1915 yılında Anadolu'da büyük olaylar yaşandı. Bu olaylardan sadece Ermeniler değil, tüm Osmanlı tebaası etkilendi. Benim ailem de göç etmek zorunda kaldı. Ermeni kardeşlerimize yapılan soykırım değildir; sadece Birinci Dünya Savaşı koşullarının dayatmalarıdır. Ve bu büyük altüstten, benim ailem de etkilenmiştir."

Bu yazıya da Gül ailesinden bir yalanlama gelmedi.

Demek Cumhurbaşkanı Gül'ün baba tarafı Siirtli'ydi..

Bu bilgilerden sonra tekrar dönelim Cumhurbaşkanı Abdullah Gül'ün soyağacına...

Abdullah Gül'ün anne tarafından dedesi İsmail Satoğlu, İzmir Torba Yeniköy'de ilkokul öğretmenliği yapıyordu. Üç çocuğunu da okutuyordu.

Adeviye Satoğlu daha kız sanat okulunu bitirmemişti ki, Kayseri'de Tayyare Fabrikası'nda çalışan Ahmet Hamdi'yle görücü usulüyle evlendirildi.

İlginç olan şuydu:

Satoğlu Ailesi okumuş-yazmış, zengin bir aileydi; Güller ise yoksuldular.

Ahmet Hamdi-Adeviye çifti, Düvenönü semtindeki evde yaşadı.

Daha sonra Eski Sanayi semtindeki bir eve taşındılar.

Sahabiye Mahallesi'ndeki Satoğlu Apartmanı'na ise sanırım Abdullah Gül lise 2'deyken yerleştiler.

Yazdım; Hayrünnisa Özyurt öğrenciyken, Çemberlitaş Kız Lisesi'nde okurken, okulu yarım bıraktırılarak Abdullah Gül'le evlendirildi.

Yani Hayrinnüsa Hanım da tıpkı kayınvalidesi gibi genç yaşında okulu bırakıp, başörtüsü bağlayıp evinin kadını oluverdi.

Aynı kaderi Abdullah Gül'ün kız kardeşi Hatice de yaşadı!

Bitmedi.

Okulunu daha yeni bitiren Abdullah Gül'ün kızı Kübra da hemen evlendi!

Hatice'nin kızı Hümeyra da okulu bitirdi ve hemen zevlendirildi!

Tesadüf mü?

Daha önce sordum: Cumhurbaşkanı Abdullah Gül, Başbakan Recep Tayyip Erdoğan ve diğer AKP'liler neden kız çocuklarını en iyi okullarda okutuyor ve sonra da çalıştırmayıp hemen evlendiriyor?

Türkiye'yi büyütüp kalkındırmak için kadın erkek elbirliğiyle çalışmamız gerekmiyor mu?

Cumhurbaşkanı, başbakan çocuklarının topluma örnek olması gerekmiyor mu?

Ve aslında başörtüsünden önce bunu tartışmamız gerekmiyor mu?..

Adeviye, Hayrinnüsa, Kübra, Hatice, Reyhan, Hümeyra vb, ailelerinin soyağaçlarında isim olarak varlar, ama ne yazık ki hayatın içinde yoklar..

Gül ailesinin ünlüleri kimler?

– Cumhurbaşkanı Gül'ün akrabalar arasında "Milli Görüşçü" olan ilk kişi, Gül'ün dedesinin kardeşi Harita Mühendisi Mehmet Satoğlu'ydu; Necmettin Erbakan'la birlikte Milli Nizam Partisi'nin 18 kurucusundan biriydi. Yani basında yazılanın aksine, Gül ailesini Milli Görüşçü yapan baba Ahmet Hamdi Gül değil, Mehmet Satoğlu'ydu!

– Babası Ahmet Hamdi Gül, 1973 seçimlerinde MSP'den aday oldu; Kayseri 8. sıraya konuldu; seçilemedi.

– Akrabalardan (Gül'ün annesinin amcaoğlu) Abdurrahman Satoğlu, 1973 yılında Türkiye'de Selamet adında Milli Selamet Partisi'ni (MSP) öven kitap yazdı.

– Gül'ün akrabalarından Göbülük ve Fişekçioğlu aileleri Kayseri'de kuyumculuk yapıyor. Yani, "ata mesleği" kuyumculuk sürdürülüyor.

– Akrabalar arasında genç yaşlarında özel sektörün en tepe noktasına çıkmış isimler var: Sony Ericsson Genel Müdürü Fatih Gemalmaz; Ankara Sigorta Genel Müdürü Cemil Satoğlu gibi.

– Akrabalar arasında, Şeyh İbrahim Tennuri'nin "Âşık" mahlasını sürdürenler de yok değil: Başta Gül'ün büyük amcası Abdullah Satoğlu, kuzenleri Emine Beyza Satoğlu, Yüksel Gemalmaz, Hulusi Satoğlu...

– Aynı zamanda gazetecilik de yapan Abdullah Satoğlu, Kültür Bakanlığı'na Kayseri Ansiklopedisi hazırladı. Ailede bir başka şair Hulusi Satoğlu ise yerel gazetelere Kayseri basın tarihini yazmıştır.

– Kuzen Betül Gemalmaz, Nancy Buther'ın Akıllı Kadınlar Metroseksüel Erkekler adlı kitabını Türkçe'ye çevirdi.

– Akrabalar arasında sinema yazarı da var: Murat Mıhçıoğlu. Esquire-Antrak-Altyazı gibi dergilere sinema eleştirileri yazıyor. Halen Bilgi Üniversitesi'nde yüksek lisans yapıyor.

– Gül'ün kız kardeşi Hatice'nin kızı Hümeyra Tekelioğlu da Turuncu dergisinde ve Patika'da denemeler yazıyor.

– Ailede, başta Gül'ün dayısı Prof. Dr. Ahmet Satoğlu olmak üzere akademisyen çok. Dr. Fehime Benli, Dr. Bilal Eryılmaz, Dr. Yüksel Gemalmaz, Mehmet Mirat Satoğlu...

– Akrabalar arasında başta Gül'ün eniştesi AKP Milletvekili Mehmet Tekelioğlu olmak üzere siyasetle uğraşanların sayısı da fazla: Ahmet Göbülük Kayseri Büyükşehir İl Genel Meclisi üyesi, Mehmet Göze, İstanbul Büyükşehir İl Genel Meclisi üyesi...

– İzmir AKP Kadın Kolları Başkanı Gülsüm Satoğlu son seçimlerde milletvekili aday adayı oldu ama listeye giremedi

– Macit Gül'ün eşi Reyhan'ın babası Şaban Bayrak, Kayseri RP milletvekilliydi.

– AKP Kayseri milletvekili, uçak mühendisi Prof. Dr. Mehmet Tekelioğlu, Abdullah Gül'ün hem eniştesi hem de halası Hamdiye Hanım'ın oğlu.

– Abdullah Gül'ün iki dayısı vardır; Prof. Ahmet Satoğlu doktordur. Diğer dayısı Nazmi Satoğlu ise tütün eksperliğinden emeklidir..

Gül'ün kız kardeşi Hatice'nin kızı Hümeyra da kuzeni Kübra gibi nişanlıydı. Gül Cumhurbaşkanı seçilip Çankaya Köşkü'ne çıkınca Hümeyra da evlendi. Ne diyelim, Allah mutlu mesut etsin.

Ama bizim tartışmamız gereken sorular var.

Örneğin bir soru hâlâ yanıtını bulamamıştır:

Türkiye'yi siyasal krizlere sokmasına; toplumu ikiye bölünmesine rağmen Abdullah Gül neden Cumhurbaşkanlığı'nda ısrar etti?

Bu konuda yorumdan çok, olguları ortaya koyarak sonuca gitmek en iyisi!

Abdullah Gül'ün yaşamında en etkili isimlerden biri Prof. Dr. Sabahattin Zaim'di. Cumhurbaşkanı Gül'ü yetiştiren Prof. Zaim'in kim olduğuna bakarak belki bu sorunun yanıtlanmasına yarayacak bilgiler bulabiliriz...

Bir "Beyaz Müslüman"ın portresi: Sabahattin Zaimoğlu

Cumhurbaşkanı Abdullah Gül, Başbakan Recep Tayyip Erdoğan, bakanlar ve üst düzey bürokratların cenazesine katıldığı Profesör Sabahattin Zaim kimdi?

Yıl: 1934.

Türkiye'ye o yıl göç etmişlerdi.

Dayısı İbrahim Vardar (gazeteci Ahmet Vardar'ın babasıdır) bir gün onu, Fatih Zeyrek'teki Nakşibendi Şeyhi Hacı Hasip Efendi'ye götürdü.

Sekiz yaşındaydı...

Ölene kadar Nakşibendi Gümüşhanevi Tekkesine bağlı kaldı...

Tarih: 15 mayıs 1926.

Bugün Makedonya sınırları içindeki İştip'te doğdu.

Medrese mahallesinde oturuyordu.

Annesi Saime ev kadınıydı.

Babası Mustafa Efendi esnaftı. Bir Yahudi'yle ortak kerestecilik yapıyordu.

O zor günlerde Türkler ve Yahudiler birbirlerine yakındı. İki halk da hedefti. Bu güç dönemde, iki halk arasında birbiriyle evlilik yapan bile oldu. Örneğin bugün İzmir'de yaşayan İştipli İbrahim Beyka ailesi gibi.

Sabahattin Zaim ilkokula, Yeniköy Kilisesi'nin bahçesindeki mektepte başladı. Makedonya'nın ilk Cumhurbaşkanı Kiro Gligorov okul arkadaşıydı. Okulda öğrenciler "Cita Tursi Azia" Türkler Asya'ya şarkılarını söylüyordu sürekli. Sabahattin'in kendinden dört yaş büyük ağabeyi Burhanettin, bu ırkçı şarkılara, konuşmalara dayanamayıp, "gâvurlarla birlikte okumayacağım" diyerek İstanbul'a gitti.

Müslümanların, Yahudilerin, Hıristiyanların ortak çıktıkları yağmur duaları çok eskilerde kalmıştı artık...

İki yıl sonra, yıl 1934.

Oğulları Burhanettin gibi, Zaim ailesi de baskılara dayanamadı. Paraya çevrilebilen tüm malları sattılar. Paranın dışarıya çıkarılması yasaktı. İmdada Yahudi tüccarlar yetişti, para İstanbul'a gönderildi.

Ve Zaim ailesi, Selanik'te Atatürk'ün doğduğu evi ziyaret edip, limandaki İtalyan bandıralı gemiye binip Türkiye'nin yolunu tuttu...

Sabahattin Zaim, yaşamı boyunca hiç unutmadı; Kadıderesi'nde Türk ailelerinin kadınlı erkekli tef çalıp oynadıkları; kahkahalar eşliğinde yemek yedikleri piknikleri...

İstanbul Fatih'te dedeleri (annelerinin babası) Ali Vardar'ın (şimdiki Fatih Kız Lisesi'nin olduğu) konağına yerleştiler. Sabahattin, Fatih Çarşamba'daki Fethiye 16'ıncı Mektebi'nin üçüncü sınıfına kaydedildi. İlkokulu 1937 yılında bitirdi. Üç yıllık Fatih Ortaokulu'ndan sonra 1940 yılında Vefa Lisesi'ne başladı.

Lisedeki öğretmenlerinden, "İslamcı-sosyalist" Nurettin Topçu'nun etkisinde kaldı. Zaten, her ikisi de Zeyrek'teki Nakşibendi Dergâhı'nın müridiydi. Öğretmeni gibi o da, insanlığın kurtuluşunu ahlaki ve manevi değerlerin yükselişinde görüyordu.

Sabahattin Zaim, 1943 yılında Ankara'ya Mülkiye Mektebi'ne gitti. Mayıs 1947'de okulu bitirip, temmuz ayında İstanbul Maiyet Memurluğu'na tayin oldu. Fatih Merkez Bucağı Müdürlüğü'nde ve Eyüp Kaymakam Vekilliği'nde staj yaptı. Kaymakamlık kursunu bitirdikten sonra, 30 mart 1950 tarihinde Kâhta Kaymakamlığı'na atandı. Mayıs 1951-nisan 1952 tarihleri arasında yedek subay olarak askerlik yaptı. Mayıs 1952 Ayancık, ağustos 1952'de Abana kaymakamlıklarına getirildi.

Fakat: Kaymakamlığı sevmedi.

Bir üst düzey bürokratın beş vakit namaz kılması, sık sık camiye gitmesi o günlerde pek görülen olay değildi. Temmuz 1953'te istifa etti. Aynı yıl açılan sınavı kazanarak İstanbul Üniversitesi İktisat Bölümü'nde asistan oldu.

1955 yılında, "İstanbul Mensucat Sanayi'nin Bünyesi ve Ücretler" konulu tezini savunarak "iktisat doktoru" oldu. Bu süreçte İktisat Fakültesi'nin dekanı kimdi biliyor musunuz; Prof. Sabri Ülgener!

Prof. Ülgener, İslam'ın kapitalizmle uyuşabileceğini yani, "İslam Kalvenciliği"ni ilk telaffuz eden akademisyendi.

İşin teorik yanından ziyade, başka bir ilişkiye dikkat çekmek istiyorum: Prof. Ülgener'in babası Mehmed Fehmi Efendi, Nakşibendi Gümüşhanevi Dergâhı'nın kurucusu Ahmed Ziyaüddin

Efendi'nin sağ koluydu! Sabri Ülgener, 1911 yılında bu dergâhta dünyaya gelmişti.

Sabahattin Zaim'e, Prof. Ülgener ve dolasıyla Gümüşhanevi Dergâhı sahip çıkmasın da kim çıksın?

Gümüşhanevi Dergâhı'nın üniversitelerde "örgütlenme" süreci Soğuk Savaş Dönemi'nde hız kazandı.

Necmettin Erbakan, Turgut Özal, Recai Kutan, Korkut Özal gibi üniversiteliler dergâhın müritleriydi.

Dergâh salt, akademik dünyayla ilgili değildi; iş dünyasına da el attı.

23 ocak 1956'da genel müdürlüğünü Necmettin Erbakan'ın yaptığı "Gümüş Motor" adlı ilk özel teşebbüsü faaliyete geçirdi. Ortaklar arasında Sabahattin Zaim de vardı."Gümüş Motor" iflas edip yerine "Pancar Motor" kurulduğunda Sabahattin Zaim, şirketin yönetim kuruluna alındı.

1950'ler, Soğuk Savaş Dönemi'nin başladığı yıllardı. İktidarda Demokrat Parti vardı. ABD'den kredi almak için, Türkiye'de komünist tehlikesi varmış havası yaratıldı. Bu nedenle yakalanan bir avuç demokrat aydın, dünya kamuoyuna "tehlikeli komünist" olarak gösterildi.

Kurucuları arasında Sabahattin Zaim gibi "Nakşibendi münevverlerin" olduğu, Komünizmle Mücadele Derneği, İlim Yayma Cemiyeti gibi antikomünist örgütler faaliyete geçirildi.

ABD, komünizmle mücadele verenlere ödüller yağdırıyordu...

Sabahattin Zaim, 1955 yılında misafir öğretim üyesi olarak, ABD'nin en iyi üniversitelerinden Cornell Üniversitesi'ne gitti. İki yıl kaldı. Döndükten sonra 1957'de doçent, 1960'da profesörlüğe yükseldi.

Aynı yıl: 27 Mayıs 1960 askeri ihtilalini yapanlardan bakanlık teklifi aldı! Teklif getirenler, 14'ler olarak bilinen ihtilalin radikalleriydi ve Prof. Zaim yanıt vermeden tasfiye edildiler. Ancak Prof. Zaim, ihtilalci askerlere yardım etmekten geri durmadı; Milli Birlik Komitesi Sosyal İlişkiler Sivil İşler Komitesi Başkanlığı görevinde bulundu.

10 Eylül 1959'da dünyaevine girdi. Eşi Ulya, Kayserili Galip Cıngıllıoğlu'nun kızıydı.

"Demirbank'ı sahibi" Cıngıllıoğlu ailesi, Kayseri'de demir, halı ve deri ticaretiyle uğraşırdı. Galip Cıngıllıoğlu'nun dedesi Cıngıllızade Ömer Fevzi, İngilizce bilen, Avrupa'yla ticari ilişkileri olan bir tüccardı. 1923-1925 yılları arasında Londra'da yaşamıştı.

Sabahattin Zaim zengin bir aileye damat olmuştu. Ama o akademik hayatı sevdi. 1963-1964 öğrenim yılında Almanya'daki Münih Üniversitesi'ne misafir öğretim üyesi olarak gitti.

Akademisyenliğin yanında, Türkiye'nin önde gelen şirketlerinde de çalıştı. 1966-1967 yıllarında Koç Holding'de Sosyal Yardım Vakfı'nda görev aldı. İşçi-işveren ilişkilerinde aktif rol oynadı.

Bu ilişkiler bugün çok kişiye şaşırtıcı gelebilir ama dün öyle değildi: 1958 yılında Vehbi Koç hacca giderken yanında Gümüşhanevi Dergâhı'nın Şeyhi Mehmet Zahid Kotku vardı.

Başbakan Recep Tayyip Erdoğan'ın danışmanı Cüneyt Zabsu'nun dedesi İbrahim Uzel'in sahibi olduğu Uzel Makine'de danışmanlık yaptı. Devletin KİT'lerinde, Anadolu Cam Sanayii A.Ş. ve TÜMOSAN'da yönetici olarak bulundu. Milli Prodüktivite Merkezi Yönetim Kurulu üyeliği yaptı.

Çok çalışkandı. Üniversitelerde ek akademik görevler aldı: 1967 yılından 1980 yılına kadar, Işık Mühendislik Akademisi ve Galatasaray Y. İktisat ve Ticaret Akademisi'nde görev yaptı.1977-1979 yılları arasında Orta Doğu Teknik Üniversitesi Mütevelli Heyeti Üyeliği'nde bulundu.

12 Eylül 1980 askeri darbesinden sonra Suudi Arabistan'a gitti. Cidde'de Melik Abdülaziz Üniversitesi Mühendislik Fakültesi'nde konuk öğretim üyesi olarak çalıştı. Bu ülkeyle kişisel ilişkileri hep iyi oldu. İslam Kalkınma Bankası'nda Yöneticileri Seçme ve Değerlendirme Komitesi'nde müşavirlik yaptı. 1981-1982 yıllarında İslam Konferansı, İslam Bankacılığı Temsilciliği'nde bulundu. Görevi Prof. Nevzat Yalçıntaş'a teslim edip Türkiye'ye döndü.

Faisal Finans Kurumu Yönetim Kurulu başkan vekilliği (1998-2002) ve son olarak da Kuveyt Türk'te murakıplık yaptı.

Ömrü çalışmakla geçti.

Bel ağrısı şikâyetiyle gittiği hastanede "lenf kanseri" teşhisi kondu. Kurtarılamadı.

"Parlamenter sisteme geçtiğimiz 1876'dan beri en iyi hükümet AKP Hükümetidir" diyen Prof. Zaim'in cenazesine, Cumhurbaşkanı Gül'den, Başbakan Erdoğan'a, bakanlardan üst düzey bürokratlara, belediye başkanlarına kadar binlerce insan geldi.

Edirnekapı Sakızağacı Kabristanı'nda toprağa verildi. Burada "aile mezarlığı"nın olduğu söylendi. Doğruydu; beş yıl önce kaybettiği eşi Ulya, ağabeyi Burhanettin ve kardeşi Mustafa'nın mezarı oradaydı.

Ama... Prof. Zaim'in Türkiye'de ilk bağlandığı Hacı Hasip Efendi ve daha sonra dergâhın postnişine oturan Abdülaziz Bekine gibi Gümüşhanevi Dergâhı'nın Nakşibendi şeyhlerinin de mezarı oradaydı.

Şeyhlerinden hiç ayrı düşmek istemedi...

Sabahattin Zaim'in evlatları kimler?

– Mehveç Tarım: 1960 doğumlu. 1983 İ.Ü Tıp Fakültesi mezunu. Marmara Üniversitesi'nde doçent. 1988'de göz doktoru Mesut Tarım'la evlendi. Merve ve Safa adında iki çocuğu var.

– Selim Zaim: 1962 doğumlu. İTÜ Makine mezunu. Babası gibi Cornell Üniversitesi'nde doktora yaptı. Fatih Üniversitesi İşletme Bölüm başkanıdır. Anne tarafından akraba, BEKO Dış Ticaret ve Pazarlama Müdürü Funda Gökçin'le evli. Zeynep ve Ulya Elif adında iki çocuğu var.

– Kerim Zaim: 1963 doğumlu. İTÜ Sakarya Mühendislik mezunu. Gün Sazak şirketlerinde çalıştı. Sonra kendi şirketini kurdu. Saadet Partisi'nden İstanbul Büyükşehir Belediyesi Meclis üyeliğine seçildi. Akrabadan, Kayserili İclal Arslan'la evlendi.

– Abdülhalim Zaim: 1969 doğumlu. Yıldız Teknik Üniversitesi Bilgisayar mezunu. Boğaziçi Üniversitesi'nde yüksek lisans yaptı. YÖK tarafından doktora yapmak için ABD'ye gönderildi. İstanbul Üniversitesi'nde doçent olarak çalışmaktadır. Özlem Kaya'yla evli. Kerem Can, Ekrem ve Ediz adında üç çocuğu var.

– Halil Zaim: 1974 doğumlu. İstanbul Üniversitesi İktisat mezunu. Aynı fakültede araştırma görevlisi olarak görev yapmaktadır. Malezyalı Nur Hasimah'la evli. Nur Hatice ve Sabahattin adında iki çocuğu var.

Ünlü akrabalar kimler?

– Sabahattin Zaim'in anne soyu iki koldan ilerliyor. Büyük dedesi Köprülü Ali Ağa'nın iki oğlu vardı. Ahmed Ağa ve Emin Ağa. Emin Ağa kolundan gelen ünlüler arasında, Orgeneral Teoman Koman, Prof. Macit Gökberk, Şükrü Naili Paşa, Prof. Demir Başar, Vali Bedri Oskay, Vali Rıfat Vardar, Yazar Ayten Aygen, Gazeteci Emre Aygen gibi isimler var.

– Sabahattin Zaim'in teyze oğlu Profesör Cevat Babuna'nın, dört kızı, bir oğlu var: Büyük kızı Ceyda, Prof. Zaim'in yanına asistan olarak aldığı Prof. Tevfik Ertüzün'ün eşiydi. Ertüzün, DYP milletvekilliği yaptı; trafik kazasında hayatını kaybetti. Prof. Babuna'nın tüm çocukları, "Adnan Hoca" olarak bilinen Adnan Oktar'ın arkadaşları oldukları gerekçesiyle sık sık medyada yer alıyor.

Burada biraz soluklanmamız gerekiyor:

Adnan Oktar'la birlikte çalışan Babuna ailesine mensup olan dört kardeş, 19 ocak 2008 tarihinde yayın organlarına kendi hazırladıkları bir CD'yi gönderdiler.

Bu CD'de Tuba Babuna ailesinin Sabetayist olduğunu açıkladı:

> Ben Ehli Sünnet inancına bağlı Müslüman bir insanım ama ailem Sabetayist insanlar. Benim annem de babam da üç büyük dönme cemaatinden biri olan Karakaşiler kolundandır. Annemin ailesi Selanik dönmesidir.
>
> Babam anne tarafından Selanik dönmesidir. Baba tarafından Köprülü dönmesidir. Annem hatta Ataman ailesine mensuptur ve bu aileyle ilgili Dönmeler ve Dönmelik adlı kitapta da uzun uzun bahsi geçer bu ailenin.
>
> Babamın ailesiyle ilgili konular da bu tarz kitaplarda bahsi geçer. Sabetay Sevi'nin sünnetine uygun yaşıyorlar, annem de babam da.

Benzer konuları *Beyaz Müslümanlar'ın Büyük Sırrı/Efendi 2* kitabında açıkladığımız için geçiyoruz.

Prof. Zaim'in akrabalarını tanımayı sürdürelim:

– Prof. Zaim'in diğer teyze oğlu Prof. Cavit Babuna, uzun yıllar İ.Ü. Tıp Fakültesi'nde görev yaptı. Oğlu Aydın Babuna Boğaziçi Üniversitesi'nde profesör. Diğer oğlu Adnan Babuna Boğaziçi Üniversitesi Makine mezunu. Mekke ve Libya'da çalıştı. Halen Erdemir Şirketi'nin İstanbul temsilcisi.

– Bilgi Üniversitesi rektörlüğünü de yapmış olan Lale Duruiz, Sabahattin Zaim'in babaanne tarafından akrabası.

– Bilgi Üniversitesi İktisat Fakültesi dekanı Prof. Burhan Şenatalar, Sabahattin Zaim'in hem öğrencisi, hem akrabası. İ.Ü. İktisat Fakültesi'nin dekanlığını da yapan Şenatalar YÖK üyeliği de yaptı.

– Anneanne tarafından akraba iki de üst düzey general var: 1960 İhtilali'ne katılmış, Hava Kuvvetleri Komutanlığı yapmış Orgeneral Ahmet Dural ve halen Kara Kuvvetleri Eğitim ve Doktrin Komutanı Orgeneral Orhan Yöney...

– Ailede ünlü futbolcular da var: Hüseyin Amcalarının küçük oğlu Selahattin Aytaç'ın damadı Galatasaray'ın Ankaraspor'a kiralık verdiği Necati.

– Bir diğer futbolcu ise, Babaanneleri Akile Hanım'ın yeğeni Galatasaray'ın eski kaptanı Cüneyt Tanman.

– Ağabey Burhanettin Zaim, eski Bakan Ali Çoşkun'la dünür. Oğlu Mehmet Zaim, Çoşkun'un kızı Işıl'la evliydi. Sina adında oğulları vardı. 1992'deki bir trafik kazasında Ali Çoşkun eşini ve kızı Işıl'ı kaybetti. Mehmet Zaim, yeniden evlendi. Ülker Gıda'da üst düzey yöneticisi.

– Burhanettin Zaim'in bir diğer oğlu Halit, Siemens'te Türkiye bilgisayar bölümü müdürü. Kızı Yeşim ise uluslararası bir gözetim şirketinde yönetici olarak çalışıyor.

– Sabahattin Zaim'in küçük kardeşi Mustafa iş hayatına Eczacıbaşı'da başladı. Uzel Traktör Sanayii'nde devam etti. Amcasının kızı Mahture'yle evlendi. İki çocuğu da sakat doğdu. Banu 13, Hakan 16 yaşında hayata gözlerini yumdu. Çocuklarının üzüntülerine dayanamayan Mustafa Zaim 47 yaşında vefat etti.

"Taha Kıvanç" ya da Fehmi Koru...

İzin veriniz burada bir parantez açayım:

Yeni Şafak gazetesinde "Taha Kıvanç" takma ismiyle komplo teorileri kaleme alan Fehmi Koru, bu kez "kalemine", *Hürriyet* gazetesinde, "Bir Beyaz Müslüman'ın Portresi: Sabahattin Zaim" başlıklı yazımı konu etti.

Her daim söylediğim yazdığım gibi eleştiriye açık biriyim. Ama son dönemlerde bazı dinci yazarlar eleştiriden çok, "küçümseme" "küfür etme" "bulandırma" ve en acısı yalanlarla dolu güya eleştiri yazıyor.

Ben genelde bu tür kişilerle pek tartışmam; çünkü önemsemem. Ancak bu zatın yalanlarla dolu makalesini, "büyük bir hazine bulmuş" gibi internet sitelerine koyan meslektaşlarımı aydınlatmak için mecburiyetten bir açıklama yapma zorunda hissettim.

Ve dedim ki: Sevgili meslekdaşlarım, siz bu dinci yazarları tanımıyorsunuz, onların nasıl yalanla beslendiklerinin farkında değilsiniz. Gelin ben size bu olaydan yola çıkarak bakın nasıl kafa bulandırdıklarını anlatayım:

Sözde dinci yazar Fehmi Koru diyor ki, Prof. Zaim'le ilgili yazımdaki bilgileri, tüm Türkiye'nin nüfus kayıtlarının tutulduğu, gizli MERNİS sisteminden alıyormuşum. Orada çalışanlar bana yardım ediyormuş.

Bakın ne diyor:

> Artık yazarlık kolaylaştı. Yeter ki bütün nüfus kayıtlarının tutulduğu MERNİS biriminde istediğin bilgileri temin edeceğin biri olsun. Aslında ileride herkesin istifadesine açılacağı söylenen MERNİS sisteminin kayıtlı olduğu bilgisayara erişmenizi sağlayacak şifreye sahip olmanız da yeterli. Yapacağınız bütün iş, verilere çapraz sorgulama yapmaktan ibaret. Bir kişinin anne-baba, kardeş, eş ve çocuklarının adlarını veritabanına verip soyadları çapraz sorguladığınızda elinize bir şema çıkıyor zaten. Birden fazla isim birden fazla şema demek. Alın bunu vurun ötekine, işte size 'karıştırmacı gazetecilik ürünü' bir yazı...
>
> Bu türün en gözde yazarı kendisine *Hürriyet*'te de köşe verilmiş olan Soner Yalçın. 5N1K programı ve bazı CNNTürk programlarının yapımcısı olan Soner Yalçın bir internet sitesini de yönlendiriyor.
>
> Pazar günü koca bir *Hürriyet* sayfasını işgal ederek 'Sabahattin Zaim' tablosunu okurlarının dikkatine sundu; "Bir beyaz Müslüman'ın Portresi" başlığıyla... MERNİS'teki asistanı kendisine isimleri sağlamış, o da onları alt alta getirerek müthiş bir 'kolaj' yapmış...
>
> (19 aralık 2007 *Yeni Şafak.*)

Bakınız ben teknoloji özürlü biriyimdir. Öyle MERNİS filan da bilmem; asistan da tanımam. Ama sözde yazar iyi biliyor ki sistemin nasıl çalıştığını bir bir anlatıyor!

Hayatları boyunca hep birilerinin verdiği bilgileri, dosyaları haber yapan Fehmi Koru gibi sözde gazetecilerin gazeteciliği bilmedikleri de aslında kendiliğinde böyle güzel ortaya çıkıveriyor işte.

Bakınız, Sabahattin Zaim'le ilgili bilgiler sanki çok gizliymiş de ben onu ancak devletin gizli birimlerimden alıyormuşum havası vermeye çalışıyor.

Uzatmayayım. İlgili yazımdaki bilgileri ben hangi kaynaklardan buldum size onu yazayım:

1. *İştip ve Köprülü Hatıraları*, Burhanettin Zaim.
2. *Rumeli Benimdi*, Ayten Aygen

3. *Mülkiye Tarihi* (I. Cilt), Ali Çetinkaya
4. *Sabri Ülgener ve İktisat Tarihi*, Ahmet Güner Sayar
5. *Modern Türkiye'de Siyasi Düşünce/İslamcılık* (Cilt 6), İletişim Yayınları
6. *Saklı Hayatlar-2*, Cemal A. Kalyoncu
7. *Beyaz Müslümanların Büyük Sırrı /Efendi-2*, Soner Yalçın
8. Ayrıca Sabahattin Zaim'in vefatından sonra çıkan haberler, makaleler.

Hadi şimdi soralım bakalım; kim karıştırıcı?

Ayrıca, devlet elinizin altında; benim devletin gizli ya da açık bir kurumu, örgütü ya da ne bileyim neyse bir tek ilişkimi gösteren bilgi/belge ortaya koymazsanız; sizi bu mesleğin yüzkarası olarak tarihe havale edeceğim.

Hodri meydan...

Bu yazıyı odatv.com'da yazdığımdan beri bu sözde gazetecinin sesi kesildi. Utandığını hiç sanmıyorum.

Paranoyak kimdir?

Aslında meselenin özü ne biliyor musunuz? Gazeteci, yazar, siyasetçi, akademisyen vb kimliklerde gördüğünüz bazı insanların ruh sağlığı hiç yerinde değil. Aşağıda yazacaklarımı bazı isimleri gözünüzün önüne getirerek okumanızı rica ediyorum.

O zaman bu kişilerin davranışlarını, söylemlerini ve yazdıklarını daha iyi anlayacağınızı umuyorum.

Önce bir tanım.

Paranoya: Sistemleştirilmiş sanrılarla (gerçekte var olmayan şeyleri görmek, işitmek gibi dayanıksız algılama) ve kişisel çatışmaların başkalarında olduğu varsayılan düşmanlığa yüklenerek yansıtılmasıyla tanımlanan ruhsal bozukluk. Mantık dizgesine oturtulmuş ısrarlı, değiştirilemez, çoğunlukla büyüklük ve zulme uğrama sanrılarıyla tanımlanan, sinsice gelişen kronik, işlevsel psikoz.

Yaşamları boyunca hafif kuşkulu olan bazı insanlar yaşlılıklarında paranoitleşirler.

Paranoit kişilik bozukluğu başkalarından kuşkulanmak ve onlara karşı giderek artan güvensizlikle tanımlanır; başkalarının amaçları daima kötü niyetli olarak yorumlanır...

Şüphecilik paranoyağın en belirgin ve ayrılmaz özelliğidir. Paranoyak için hiçbir şey göründüğü gibi değildir. Paranoit kişilikli insan, masum görünüşlü gerçeklerin kendisini şaşırtmasına izin vermez; onların içyüzünü görebildiğini iddia eder.

Sürekli gizli anlamlar çıkarmaya çalışır; oralarda bir yerde olduğunu bildiği düşmanları hakkında ipuçları arar. Algılamalarını, eskiden beri var olan düşüncelerinin ve önyargılı kararlarının ışığında yorumlar; yukarıdan aşağıya doğru giden bir mantık izler ve gizli düşmanlık tezini destekleyen en ufak bir ipucuna bile dört elle sarılır!

En güçlü kanıtları bile kendisini sahte bir rahatlığa yönlendirecek düzmece olgular gibi görerek bir kenara atar. Paranoyak bunlara kanmayacak kadar akıllıdır; yüzeyde çelişkili görünen gerçekler olsa olsa düşmanlarının ne denli akıllı ve kötü niyetli olduğunu kanıtlamaktadır. O tehlikenin orada olduğunu bilir! Yüzeyde rastlantı gibi görünen olaylara anlamlar yüklemek sabit bir fikir haline gelir...

İnanılmaz bir koleksiyoncudur, ama sadece kendi tasarladığı mantık sistemine uygun gerçekleri toplar. Bu anlamda paranoya ruhsal bozuklukların en entellektüelidir...

Paranoyakların muhalifleri, rakipleri ya da hasımları yoktur sadece düşmanları vardır. Düşmanlar ise yok edilmelidir...

Hiçbir itiraza tahammül göstermez. O gerçeği bilmektedir. Kendisinden farklı düşünecek kadar "aptal olanları" küçümser...

Mücadeleci, sinirli, huysuz, aşırı alıngan, kavgacı, tartışmacı, kolay incinen ve aşırı şekilde savunmacıdır...

Paranoyak sürekli tehdit altında ve tehlikede olduğu konusundaki sabit fikirlerini sorgulamayı göze alamaz. Çünkü bu onun kendini duygusal açıdan iyi hissetmesi için psikolojik olarak gereklidir.

Önemsizliğinin, sıradanlığının utancıyla yüzleşemez, bir komplonun merkezinde olduğunu "kanıtlamak" onu güçlü kılar.

Düşmanlar topluluğunun odak noktası olmak, paranoyağa büyük önem kazandırır.

Paranoyakların düşmanlarına gereksinimleri vardır...

Her zaman üstün bir güçten ya da dışarıdaki kişinin dileğini yaptırabileceğinden korkar ve abartılmış bir bağımsızlık tavrı sergiler... Onu denetim altına almak isteyen ve özerkliğini yok etmeye çalışan hayali düşmanlarla sürekli savaşır...

Kendini Kaf Dağı'nda gören hırslı bir kişi sürekli başarısız oluyor ve başkaları tarafından önemsenmiyorsa, bunu kötü niyetli insanlara bağlar...

Bu bilimsel tespitlerden sonra parantezi kapatıyorum.

Dönelim konumuza...

Abdullah Gül'ün Çankaya Köşkü'ne çıkışını kimlerin desteklediği konusunda herkesin bilgisi var. Ya da var mı?

Modacı Cemil İpekçi'nin AKP'yi hararetle savunmasın size şaşırtıcı geliyor mu? Meseleyi sadece hükümetten ihale almak olarak görüyorsanız yanılıyorsunuz. Sabetayistler AKP'yi destekliyor mu; destekliyorsa neden destekliyor?

Bu sorunun yanıtı bir kitaptır: *Beyaz Müslümanlar'ın Büyük Sırrı/Efendi 2*'yi okumanızı tavsiye ederim. Bugün Türkiye'yi yöneten AKP kadrolarını yetiştirenler konusunda bilgi sahibi olmak istiyorsanız ilgili kitaba mutlaka göz atmalısınız...

4. bölüm

Madımak vahşetinden İran'a uzanan tehlikeli yol

Sıvas Madımak'ta vahşice öldürülen, Hollandalı Carina Thuijs'in yanmış cesedi, Türkiye'den doğduğu kasaba Doetinchem'e götürüldü ve orada defnedildi. Annesi, toprağa verilmesine rağmen biricik kızının öldüğüne inanmadı. "Kızım söylediği tarihte mutlaka gelecek" diyordu herkese.

Carina'nın dönüş bileti tarihinde havaalanına gitti. Uçak havaalanına indi. Ama Carina yoktu. Anne Thuijs kızının öldüğünü o an anladı ve olduğu yere yığılıp kaldı.

Sıvas'ta neler olduğunu bilmeniz için size, 22 yaşındaki Carina Thuijs'in Madımak Oteli'ndeki son saatleri...

Tarih: 2 Temmuz 1993.
Yer: Madımak Oteli, Sivas.
Saat: 13.30.

Madımak Oteli'nin lobisi kalabalık. Lobidekiler, yarım saat sonra Pir Sultan Abdal Şenlikleri kapsamında Kültür Merkezi'nde başlayacak Arif Sağ'ın konserine gitmek için son hazırlıklarını yapıyor.

Carina Thuijs, aynı odada kaldığı Yasemin ve Asuman Sivri kardeşleri bekliyor. Bu arada lobidekileri izliyor.

Arif Sağ, sazının akordunu yapıyor.

Bir köşede Türk edebiyatının "ulu çınarı" 65 yaşındaki Yazar Asım Bezirci, iki büyük halk ozanı Muhlis Akarsu ve Nesimi Çimen'le muhabbet ediyor.

Bir başka grupta ise şairler bulunuyor: Metin Altıok, Dr. Behçet Aysan, Uğur Kaynar. Ekibin espri kaynağı karikatürist Asaf Koçak da orada.

Semah ekibi bir köşede hocaları Kamber Çakır'la sohbet edip

gülüyorlar. Carina, tek tük bildiği Türkçe sözcüklerle bu neşeli grubu anlamaya çalışıyor.

Herkesin kendisine gülümseyerek bakması çok hoşuna gidiyor. Hollanda'daki çekingenliği üzerinden atmasına, insanlarla rahat diyalog kurmasına kendisi de şaşırıyor.

Oda arkadaşları Yasemin ve Asuman'ın merdivenlerden inişini görüyor; el sallıyor onlara.

Carina, Türkiye'ye 11 gün önce 21 haziranda gelmişti. Leiden Üniversitesi Kültürel Antropoloji Bölümü son sınıf öğrencisiydi. Bitirme tezini, sınıf arkadaşı Maryze Schoneveld'le birlikte hazırlayacaklardı. Tezlerinin konusu: Türk kadınlarının aralarındaki ilişkilerin nasıl yapılandığı; nelerle uğraştıkları ve aile içindeki rolleriydi.

Maryze, Hollanda'da yaşayan Türk kadınlarını; Carina ise Türkiye'deki kadınları araştıracak, sonra birlikte karşılaştırma yapacaklardı.

Bu konuda kendilerine yardım edecek kişi ise aynı şehirde, Doetinchem'de yaşayan bir Türk, Rahmi Sivri'ydi.

Rahmi Sivri, Carina'yı Ankara Dikmen'de yaşayan akrabaları Sivri Ailesi'nin yanına gönderdi.

Oteldeki Yasemin ve Asuman bu ailenin kızlarıydı.

Yasemin Sivri, 18 yaşındaydı ve Hacettepe Üniversitesi Felsefe Bölümü'nde okuyordu.

Asuman Sivri ise 16 yaşındaydı; lise ikinci sınıfta öğrenciydi. İkisi de Pir Sultan Abdal Derneği'nde görevliydi. Yasemin, derneğin kütüphane sorumlusu, Asuman ise semah ekibindendi.

Carina, bir ay konuk olacağı Sivri ailesini çok sevmişti. Bu arada, Ankara Üniversitesi TÖMER Dil Merkezi'nde bir ay sürecek Türkçe kursuna başlamıştı. Ardından Çorum'un Mollahasan köyünde çalışmalar yapacaktı.

Bir yandan dil kursuna giden Carina, arta kalan zamanlarında Yasemin ve Asuman Sivri ile birlikte Pir Sultan Abdal Derneği'ne gidiyordu. Sivas'taki şenliğe gitmeyi çok istiyordu.

Yasemin ve Asuman: "Sivas'ta su bulamazsın, aç kalırsın, yatacak, kalacak yer bulamazsın" diyorlardı.

Carina, "Siz ne yerseniz ben de onu yerim, siz nerede kalırsanız ben de orada kalırım" diyordu sürekli.

30 haziran günü otobüs Ankara'dan hareket ettiğinde, yolcular arasında en mutlu kişilerden biriydi Carina...

Saat 14:00.

Carina'nın el salladığını gören Yasemin ve Asuman ona doğru yürüyor. Asuman telaşlı; Carina'ya "Telefon geldi mi?" diye soruyor. Hayır. Halbuki ağabeyi Yalçın Sivri saat tam 14.00'te arayacağını söylemişti. Yoksa haber tatsız mıydı, ondan mı aramıyordu? Yasemin kardeşini sakinleştiriyor: "Arar merak etme."

O sırada lobiye Aziz Nesin geliyor.

Herkes hazır; konsere gidilmek üzere otelin kapısına yöneliyorlar. Dışarıdan slogan sesleri gelmeye başlıyor: "Müslüman Türkiye"... "Kahrolsun Laikler"...

Ne oluyordu?

Öğreniyorlar:

Cuma namazından çıkan 500 kişilik grup, taşlar ve sopalarla konserin yapılacağı Kültür Merkezi'ne saldırmaya başlamıştı. Konseri izlemek için gelenler karşılık verince, çatışma çıkmış; polis grupları zor dağıtmıştı.

Ancak, konsere gelenler dağıtılırken, saldırganların hedefinde Madımak Oteli vardı.

Oteldekiler dışarı çıkmıyor. Ortalığın sakinleşmesini bekliyor.

Konserin iptal edilmesi canlarını sıkıyor. Basın bildirisi hazırlayarak yasaklamayı kınamak istiyorlar.

O sırada polis otelin önünü kuşatmaya alıyor.

Azgın kalabalık otelin önüne kadar geliyor...

Saat 15:30.

Carina ilk kez tedirgin oluyor. Çünkü sürekli gülen insanların yüzü ilk kez asılmaya başlıyor. Salonda gerginlik var.

Sorduğunda, "Türkiye'de olur böyle şeyler, aldırma" diyor arkadaşları. "Birazdan biter."

Biteceğe pek benzemiyor. Saldırganlar otele girmeye çalışıyor. Yönetmen Erdal Ayrancı, Ozan Hasret Gültekin, Şehir Planlamacısı Muammer Çiçek, üniversite öğrencileri Serkan Doğan, Murat Gündüz, Ahmet Özyurt otelin giriş kapısına masa ve sandalyelerden barikat kurmaya başlıyor.

"Yaşlılar, çocuklar yukarıya çıksın!" deniliyor.

Carina, Yasemin ve Asuman'la birlikte odasına çıkıyor.

O sırada otele ilk taş atılıyor. Arkasından yüzlercesi mermi gibi yağıyor. Odadan kaçıyorlar. Otelin tüm camları birkaç saniye içinde kırılıyor.

Carina herkes gibi koridorda taşların durmasını bekliyor, sessizce.

Saat 16:30.

400 yıl önce Pir Sultan'ı taşlayanlar o gün dirilmişti sanki...

Kalabalığa katılımlar artıyor. Bağırıyorlar: "Kanımız aksa da zafer İslam'ın"...

Arif Sağ sürekli telefonla Ankara'yı arıyor; yetkilileri haberdar ediyor. Yanıt hep aynı: Korkmayın askerler geliyor!

Bir avuç polis kalabalığı otele sokmamak için var gücüyle çabalıyor.

Otelde bulunanlar çaresiz.

Barikatların arkasında bekleyenler, saldırırlarsa ne yapacaklarını konuşuyor. Herkesin elinde fırça sapı, süpürge sapı, sandalye ayağı var. Kimsenin aklından yangın geçmiyor...

Saat 17:30.

Carina, ekipteki kızlarla birlikte koridorda oturmayı sürdürüyor.16 yaşındaki lise öğrencisi Özlem ve 17 yaşındaki üniversite öğrencisi Nurcan Şahin kardeşlerle sohbet ediyor.

Aynı anda Özlem çantasından çıkardığı rengârenk iplerle üniversite öğrencisi 19 yaşındaki arkadaşı Handan Metin'in saçını örmeye başlıyor.

12 yaşındaki Koray Kaya, başını ablası 17 yaşındaki Menekşe Kaya'nın dizine koymuş hiç sesini çıkarmadan yatıyor.

O sırada yanlarına karikatürist Asaf Koçak geliyor; mızıka çalıyor.

Saat 18:30.

Kalabalık yedi saattir otelinde önünde. Gitmiyorlar. Bir anlık öfke olamaz bu. Kime, neden bu kin?

Kültür Merkezi önündeki Ozanlar Anıtı yıkılarak otel önüne getiriliyor; parçalara ayrılıp otele fırlatılıyor.

Mustafa Kemal'in "Cumhuriyeti biz burada kurduk" dediği Kongre Binası'nın önündeki büstü tahrip ediliyor.

Saat 19:30.

Kalabalık içeridekilerin kellesini istiyor! Eşit olmayan bir savaş bu.

Otelin lobisindeki telefon susmuyor. Olayların çıktığını öğrenen bazı aileler çocuklarını merak ediyor, çırpınıyor yavruları için.

Yalçın Sivri, saatlerdir aradığı otelin telefonunu nihayet düşürebiliyor. Kız kardeşi Asuman'la konuşmak istediğini söylüyor. Asuman'ın telefona gelmesi zor. "Biz aradığınızı söyleriz" diyor oteldekiler. Ağabey Yalçın, "Söyleyin kardeşime karnesini aldım; takdir almış" diyor.

Asuman'ın bütün gün beklediği haber nihayet gelmişti işte; sınıfını takdirle geçmişti.

Sevinçli haberi aldı mı, bilinmiyor.

Çünkü...

Saat tam 19:50'de otelin elektrikleri kesiliyor...

Sonra... Duman kokusu...

Ardından... Kavurucu bir sıcaklık...

Ve alevler...

Gençlerin, çocukların çığlıkları yeri göğü inletiyor. Karanlığın içinde herkes bir yana savruluyor.

Carina, terasa ulaşmak isteyen semah grubunun arasında.

Ulaşamıyorlar...

Carina'yla birlikte o koridorda oturan semah grubunun gencecik kızları: Yasemin, Asuman, Belkıs, Handan, Gülsüm, Gülender, Huriye, İnci, Menekşe, Nurcan, Özlem, Sehergül, Serpil, Yeşim... Hiçbiri kurtulamıyor.

Eminim, Carina ve o dünyalar güzeli kızlarımız, ozanlarımız, yazarlarımız, aydınlarımız bizi çoktan affettiler.

Peki, biz kendimizi affedebilecek miyiz?

Okuma yazmayı unutan yazar: Lütfiye Aydın

Madımak Oteli'nin 109 ve 110 numaralı odaların pencerelerinden karşı binaya geçiş vardı. Buradan kaçan 31 kişi kurtuldu.

Kendini eşiyle birlikte otelin boşluğuna atan Yazar Lütfiye Aydın'ın trajik hikâyesi bugün hâlâ sürüyor...

Alevler giderek yükseliyor.

Herkes çığlık çığlığa can derdinde.

Lütfiye Aydın yangından kurtulmak için, eşi avukat Cafer Can Aydın'la birlikte kendini otelin apartman boşluğuna bırakıyor.

Dumandan göz gözü görmüyor. Bağırıyorlar. Bağırıyorlar.

Güçleri bitiyor. Dumandan zehirlenip bayılıyorlar...

İtfaiye araçları otele ulaşmak istiyor. Göstericiler, araçların tekerleklerinin önüne yatarak engellemek istiyor.

Polis havaya ateş açıyor.

Yangın söndürme çalışmaları nihayet başlayabiliyor. İtfaiye yangını söndürürken, otel boşluğunun üzerindeki camlar patlıyor; kızgın camlar, yerde baygın yatan Lütfiye Aydın'ın üzerine yağmur gibi yağıyor...

Gece 01:00.

Yangın tamamen söndürülüyor.

Otelden 35 ölü çıkarılıyor.

Duvar dibinde olduğu için camların pek değmediği Cafer Can Aydın kendine gelir gibi oluyor. Güçlükle dışarı çıkıyor. Bir polis onu görüyor, şaşırıyor, "Başka yaşayanlar var mı?" diyor.

Eşi Lütfiye Aydın'ın adını söylüyor, bayılıyor.

Otel hâlâ tütüyor.

Ve otelden en son Lütfiye Aydın çıkarılıyor...

Polis Lütfiye Aydın'ın öldüğünü düşünüyor. Bir kamyonetin arkasına koyup, hastane morguna kaldırıyor.

Cafer Can eşinin öldüğüne inanamıyor.

Sabaha karşı morga gidiyor güç bela.

Doktordan rica ediyor; son kez bakması için. Doktor "sivri bir şey var mı" diye soruyor. Kalemini veriyor. Kalem Lütfiye Aydın'ın ayağına batırılıyor. Tepki veriyor; yaşıyor...

Aradan birkaç saniye geçiyor, Lütfiye Aydın sayıklıyor: "Ce... ce"

Eşi tamamlıyor: "Ceren... Ceren..."

Ceren kızlarının adı.

Cafer Can hem kızının adını "Ceren, Ceren" diye tekrarlıyor, hem de haykıra haykıra ağlıyor.

Lütfiye Aydın kurtulmuştu. Ama bu kurtuluş hiç de kolay olmayacaktı...

Lütfiye Aydın'ın vücudu ağır derecede yanıktı. Önce Sivas Cumhuriyet Üniversitesi Tıp Fakültesi Hastanesi Yanık Bölümü'nde tedavi gördü. Sonra Ankara'daki Gülhane Askeri Akademisi (GATA) Yanık Merkezi'ne götürüldü.

Olaydan üç gün sonra 5 temmuz günü gözünü GATA Yanık Merkezi'nde açıyor. Ne güzel tesadüf; 5 temmuz kızları Ceren'in doğum günüydü; 17'yi dolduruyordu.

O gün, 35 gün sürecek zorlu tedavi sürecine başlıyor doktorlar. Ölü derileri tek tek soyuluyor. Yatağı bir küvet oluyor.

Konuşmakta zorlanıyor. En yakınlarını dahi tanıyamıyor.

Cumhuriyet Pazar bulmacası çözme alışkanlığı vardı. Hastanedeyken sürekli "Bana bulmacamı getirin" diyor. Nedense bir türlü getirilmiyor bulmaca. Sonunda bir gün getiriyorlar. Dünyalar onun oluyor. Kalemi eline alıyor ve öylece kala kalıyor. O da ne; harfler birbirine giriyor. Zorluyor zorluyor olmuyor. Okuyamıyor.

Gazeteyi neden getirmediklerini anlıyor...

Aylar sonra hastaneden taburcu oluyor.

Evine gelir gelmez, odasının perdelerini kapattırıyor. Günlerce çıkmadan o karanlık odada tek başına yaşıyor.

Eşi ve kızının büyük çabasıyla, günlerce verdikleri mücadele sonunda hayata dönüyor.

Edebiyat öğretmeni, yazar Lütfiye Aydın, okuma yazmayı yeniden öğreniyor.

Zamanla, odasından, evinden çıkmaya başlıyor. Sokakta, haline bakıp soranlara, "trafik kazası geçirdim" diyor. Yalan söylemiyor aslında; çünkü öyle biliyor. Ne Sivas'ı ne Madımak Oteli'ni ne de yangını hatırlıyor.

Bir gün odasından katıla katıla ağlama sesi geliyor.

Anımsıyor, tüm olup biteni...

Hemen bir daktilo istiyor; yazmak istiyor. Yazarsa belki arkadaşlarını, gencecik çocukları geri getireceğini düşünüyor. Oturup yazmaya başlıyor. Sekiz saat sürüyor yazması; yarım sayfa ancak yazabiliyor.

Pes etmiyor. Yazmayı bırakmıyor.

Lütfiye Aydın, bugün zor yazıyor ve güçlükle konuşuyor

Onun için Madımak yangını hâlâ sürüyor.

Ya sizin için...

Duyarlı ve uyanık olmak zorundayız.

Bakınız: Köktendinci *Taraf* dergisi 1 ağustos 1993 tarihli sayısında olayları, "Şanlı Sivas Kıyımı" başlığıyla verdi:

> Artık TC'de hayat yalnız Müslümanlar için zor olmayacak, işgalci laikler için de zor olacak! Sivas sadece küçük bir haber! Herkes safını doğru seçmekle mükellef! Bizden söylemesi!

Bazı çevreler köktendincilerin bu tür yayınlarını pek önemsemiyor.

İfade etmiyorlar ama, Sıvas, Madımak onlar için spontane ve plansız gelişmiş bir adli vakaydı. Galeyana gelmiş, gözü dönmüş bir güruhun yaptığı bir olaydı. Bu olaydan büyük sonuçlar çıkarmaya gerek yoktu. "Türkiye, İran Olmayacak" gibi benzer sloganları abartılı bulup küçümsüyorlardı.

İşin özünde; aslında onlar İran'a İslam Devrimi'nin nasıl geldiğini bilmiyorlardı. okumamışlar, araştırma yapmamışlardı. Cahildiler. Ya da, Türkiye'nin gün gelip İran olabiliceği gerçeğiyle yüzleşmek istemiyorlardı.

Evet bilmiyorlardı; İran'a şeriatın, "demokrasi" ve "özgürlük" vaatleriyle geldiğini...

Türkiye İran olur mu? İran nasıl "dincileşti"?

Son dönemlerde Türkiye'nin bir saklı gündemi var:

"Darbe mi? Şeriat mı?"

Herkes bunu tartışıyor.

Ne rastlantı: 30 yıl önce, İslam Devrimi'nden önce benzer soru İran'ın da gündemindeydi.

İranlı solcular, demokratlar, liberaller ve milliyetçiler bu soruyu tartışıyor, darbeye karşı çıkıyorlardı.

Gelin İran'ın İslam devrimi öncesi ve sonrası günlerine gidelim. İran'da İslam Devrimi öncesi "mahalle baskısı" var mıymış görelim.

"Merhaba.

Benim adım Bahman Nirumand. İranlı bir gazeteci-yazarım. Şah'ın devrilmesinde aktif rol oynayanlardanım. Ve aynı zamanda mollaların, demokrasi ve özgürlük getireceğine inanan milyonlarca solcu, demokrat, liberal ve milliyetçi insandan biriyim.

Evet, Humeyni yeryüzünde cenneti vaat etti bize. Demokrasi gelecek, kimse fikirleri ve siyasal görüşleri yüzünden tutuklanmayacak, işkence yapılmayacak, kadınlara eşit haklar verilecek, giyim serbest olacaktı.

Şah'ı devirdikten sonra mollaların camiye geri döneceklerinden emindik. Devleti yönetecek durumda olduklarına inanmıyorduk. Yanıldık. Kitaplardan ezberlediğimiz cümleleri, içi boş kavramları birbirimize söyleyip duruyorduk.

Her şey 14 ocak 1979 tarihinde değişti. Şah, İran'ı terk etti. Ardından İran tarihinin en büyük yürüyüşü Tahran'da yapıldı. Sansür, yasak yoktu, istediğimiz gibi bağırıyorduk.

Fakat mitingde ilk dikkatimi çeken, kim liberal Musaddık ya da solcu şehitlerin resimlerini taşıyorsa mollalarca dövülüyordu.

Pek üzerinde durmadık bu olayın, 'Hele bir kurtlarını döksünler, sonra sakinleşirler' diye düşündük.

Ertesi gün gazetede, bir hırsızın genç mollalar tarafından yakalanıp, adına "İslam Mahkemesi" denilen bir mahalli heyet tarafından 35 kamçı cezasına çaptırıldığı haberini okuduk. Haberi ciddiye almadık;

'Üç beş sapsızın işi' dedik.

Bu arada bira-şarap fabrikalarının yakılması, sinemaların tahrip edilip filmlerin sokaklara atılması gibi olayların üzerinde hiç durmadık. 'Ufak tefek şeylerin' toplumun demokrasi ve ulusal bağımsızlık yolundaki çabaları etkilemesini istemiyorduk.

Biz bunları söylerken, mollalar tarafından, kadın ve erkeklerin yan yana yüzemeyecekleri, okullarda aynı sınıflarda olamayacakları, birlikte spor yapamayacakları gibi gerici kararlar ardı ardına alınmaya başlandı.

'Müslüman kadınların yanında orospuların yeri yoktur' denilerek kadınlara örtünme zorunluluğu getirildi. Özellikle üniversitelerde bu yüzden çatışmalar çıktı.

Bu çatışmalardan rahatsız olduk; kadın sorununun güncelleşip ön plana geçmesini istemiyorduk! 'Asıl mücadele, emperyalizme ve kapitalizme karşı verilmelidir' diyorduk. Kadın sorunu bir yan çelişkiydi, ana çelişki sömürüydü. Kadının giyim sorunu, emperyalizme karşı verilen mücadeleyi baltalamamalıydı!

Peçesiz, başörtüsüz sokağa çıkan kadınlar artık açıkça, gözümüzün önünde dövülüyordu. Bazı kadınların yüzüne kezzap atılıyordu.

Biz ise hâlâ büyük laflar ediyorduk; bu tür olayları devrimin kaçınılmaz sancıları olarak görüp umursamıyorduk! 'İttifak' 'Eylem Birliği' gibi terimlerin peşinden koşup duruyorduk.

Humeyni, 'Bütün sorunlarımızın sebebi, cemiyetimizdeki ahlaksızlıklardır. Bunların kökünü kazımalıyız' diyor; genç mollalar terör estiriyordu.

Kitabevleri yağmalanıyor; gazete bayileri ateşe veriliyordu.

Şiraz'da 'İslam Mahkemesi' eşcinsel ve fahişe olduğu gerekçesiyle dört kişiyi idam ediyordu. Benzer olay Tahran'da da gerçekleşiyor, üç fahişe ve üç eşcinsel kurşuna diziliyordu.

Sesleri ve görüntüleriyle erkekleri tahrik ettikleri için kadın spikerler televizyondan kovuluyor; uyuşturucu olarak görülen müzik yasaklanıyordu. Alkol içen, kırbaç cezasına çaptırılıyordu.

Şimdi düşünüyorum da, insan zamanla her türlü aşağılanmaya alışıyor galiba. Hiçbirini görmüyorduk; basmakalıp analizlerimizin doğru olduğuna o kadar inanıyorduk ki!..

Oysa toplum hızla dincileştiriliyordu. Alınan her kararda 'Tamam bu sonuncusu' diyorduk. Ama arkası hep geliyordu.

Kızların evlenme yaşı 18'den 13'e düşürüldü. Parfüm, ruj, saç boyası, mücevher gibi kadın malzemelerinin yurda girişi yasaklandı. Kadın çamaşırı satan mağazaların vitrinlerine sutyen, kombinezon vb koymasına bile izin yoktu.

Kamu dairelerinde kadın memurlara tesettüre girme emri çıkarıldı.

Aslında birçok aydın kadının üye olduğu kadın dernekleri vardı. Onlar kendi küçük çevrelerinde 'hamilelik tatilinin uzatılması', 'eşit işe eşit ücret' gibi talepleri tartışıyorlardı

Biz aydınlar hep aynı düşüncedeydik: Demokrasi ve özgürlüğe geçiş sancılarıydı bu tür vakalar! Abartmaya gerek yoktu.

Hepimiz 'ana çelişki' üzerinde duruyorduk; öncelikle dışa bağımlılık ve ekonomik krizden kurtulmalıydık.

Üç ay önce Humeyni, Paris'te komünistler de dahil olmak üzere her görüşün rahatça örgütleneceği bir demokrasiden, özgürlükten bahsederken, şimdi tüm solcu, milliyetçi ve liberalleri İslam düşmanı ilan etmişti.

Bu sözler üzerine ilk protestomuzu yaptık. Mitingimize bir milyonu aşkın insan geldi.

Mollaların en iyi siyasi stratejileriydi; işlerine gelmediği zaman hemen gündemi değiştiriyorlardı.

Referandum meselesini gündeme getirdiler. Halka soracaklardı: 'İslam Cumhuriyeti'ni istiyor musunuz, istemiyor musunuz?'

Kuşkusuz bu bir oyundu; halkın yüzde 65'inin okuryazar olmadığı bir ülkede kim ne anlardı cumhuriyetten?

Yapılan propaganda belliydi; dediler ki: 'İslam'a evet mi, hayır mı diyorsunuz?

Biz bu oyunu biliyorduk ama şöyle düşünüyorduk: 'Önemli olan cumhuriyettir; serbest seçimlerdir; demokratik haklardır; özgürlüklerdir. İslam Cumhuriyeti bunu sağlayacaksa neden karşı çıkalım?'

Ancak bazı küçük kesimler bu oyuna gelmemek için referandumu boykot ettiler.

Sonuçta, 'evet' diyen 20 milyon, 'hayır' diyen ise sadece 140 000'di.

Mollalar bu referandum sonucunu çok iyi kullandılar. Güya

tüm ülke yaptıklarını onaylıyordu. Artık televizyondan sonra basın da ellerine geçmişti. Sanki tüm muhaliflerin sayısı 140 000 kişi gibi gösterdiler. Halbuki 20 milyon içinde bizim oyumuz da vardı. Ama artık bizim sesimizin çıkmasına izin verilmiyordu.

Mollalar güçlendikçe saldırganlaştılar.

Örneğin, tirajı bir milyon olan liberal Ayendegan gazetesini kapattırdılar. Sıra sonra Keyhan gazetesine geldi; muhalif yazarların işten çıkarılmasını sağladılar.

Tüm bu olanları protesto etmek için mitingler düzenlemeye başladık. Ama iş işten geçmişti artık; insanlar yılmıştı, korkuyordu.

Özgürlük, demokrasi ve bağımsızlık için ayaklanan halkın, bu kadar kısa sürede değişeceğini düşünememiştik.

Sanmıştık ki, mollaların gerici yasalarına/kurallarına halk karşı çıkacak. Halbuki tersi oldu; mollalar yasak, sansür getirdikçe arkalarından gidenlerin sayısı arttı.

Örtünmek moda oldu!

Tüm bunlara 'gelip geçici bir fırtına' diye bakmak ne büyük yanılgıydı.

Komünistlerden, solculardan, demokratlardan, milliyetçilerden sonra liberal İslamcılar da zamanla mollaların hedefi oldu.

Şah döneminden daha çok insan cezaevlerine konuldu; idam edildi. Milyonlarca insan canını kurtarmak için yurtdışına kaçtı.

Kaçanlardan biri de bendim.

Umarım bizim hatalarımızdan birileri ders çıkarır."

Böyle bir mektup yoktu. Ama yazılanlar kelimesi kelimesine doğruydu. Bu metni, İranlı Gazeteci-Yazar Bahman Nirumand'ın İran kitabından derledim

İranlı Nirumand'ın kitabını okuduğunuzda, Türkiye'nin İran'la benzerliğine çok şaşıracaksınız.

Hani diyorlar ya, "Türkiye, İran'a benzemez!
Yanılıyorlar.
Bu nedenle gelin önce kısa bir tarih yolculuğu yapalım:
Benzeyip benzemediğe bakalım...

İran ile Türkiye'nin şaşırtan tarihsel benzerliği

XIX. yüzyılda İngiltere'nin, Osmanlı Devleti gibi İran üzerinde de nüfuzu vardı.

İki ülke de tarım ülkesiydi.

XX. yüzyıl başında, –İran 1906; Osmanlı 1908– askerlerin bastırmasıyla iki ülkede de meşrutiyet ilan edildi.

Her iki ülke 1920'lerde yeni liderleriyle yönetildi.

İran'da subay Rıza Han (Pehlevi), "ormancılar ayaklanmasını" bastırıp yönetimi devirerek kendini "Şah" ilan etti.

Türkiye'nin lideri ise iç ve dış düşmanları yenen Mustafa Kemal Atatürk'tü.

Her iki lider de ülkelerinin tarihlerinde görülmedik boyutlarda, modernleşme ve reform politikalarını uygulamaya koydu. Ülkelerini eğitim sisteminden hukuk sistemine kadar laikleştirmeye çalıştılar. Kılıf kıyafet devrimi yaptılar.

Bu reformlara her iki ülkede de karşı çıkan pek olmadı; sayıları az olmakla birlikte muhalif olanlar da çok ağır cezalara çaptırıldı.

İran 1940'ta, Türkiye 1946 yılında parlamenter demokrasiye geçti.

İran'da 1951'de, Türkiye'de 1960'ta "milliyetçi/ulusalcı solcu" askerler darbe yaptı.

İran'da başta petrol olmak üzere millileştirmeler yaşanırken, Türkiye de dışa açıldı, yabancı sermayeyi kabul etti.

CIA, İran'daki darbeci Musaddık'ı yıktı. Yerine tekrar Şah Rıza Pehlevi'yi getirdi. Şah bütün partileri kapattı, liderlerini hapsetti.

Türkiye, 1961'de demokrasiye döndü, seçimler yapıldı.

1960'lı yıllar, her iki ülkede de sol, milliyetçi ve İslamcı hareketin ivme kazandığı dönem oldu.

Aynı dönemde her iki ülkenin siyasi ve iktisadi olarak dışa bağımlılığı arttı. ABD "abi" rolündeydi. Düşman ise komünizmdi.

Her iki ülke de solcularını ezmek, yok etmek için her yola başvurdu. Devlet güçleri, sola karşı diğer güçlerle ittifak yaptı.

Sol muhalefetin ezildiği dönemde İslamcı hareketler güçlendi.

Burada biraz durup, 1970'li yılların son dönemini bir hatırlayalım.

Sovyetler Birliği, Afganistan'a girmişti.

ABD'nin kontrolündeki Şah, İran'ı terk etmişti. Türkiye'de büyük bir sol dalga vardı.

Soğuk Savaş döneminde ABD'nin yerinde olsanız ne yaparsınız? İran'da Sovyetler Birliği yanlısı solculara karşı mollaları destekledi.

Türkiye'de ise, "bizim oğlanlar" dediklerine, 12 Eylül 1980 askeri darbesini yaptırıp, İslamcıları kuvvetlendirip solu ezdirdiler.

ABD, Şah'tan umudunu kesince mollaları destekledi. İran'da

mollaları yok etmek isteyen askerlerin elini kolunu bağladı.

Şah Rıza Pehlevi, ölmeden birkaç hafta önce, "Amerika ve İngiltere yerine muhalefeti yok etmek isteyen askerleri dinleseydim, ülkeyi terk etmek zorunda kalmazdım" diye açıklama yaptı.

ABD'nin ise kafası netti: Sovyetler Birliği'ni, İslam ülkeleriyle kuşatıp; içindeki İslamcı halkları ayaklandırarak yıkmayı hesaplıyordu.

Bu nedenle mollalara karşı darbe yapmak isteyen İranlı subaylara hep engel oldu. Örneğin: Şah gittikten sonra, ülkenin başında kalan sosyal demokrat Başbakan Bahtiyar "İslam Cumhuriyeti'ne izin vermeyeceğim" diyordu.

Genelkurmay Başkanı Karabagi, Bahtiyar'ı destekliyordu.

Bahtiyar, ABD ve İngiltere'ye danıştı. Tabii ki destek alamadı.

Mollalar şanslıydı; dünya siyasal konjonktürü onların lehineydi.

Sonunda Humeyni, Tahran'a geldi. Yerleştiği "Refah Okulu"nda, liberal-İslamcı Mehdi Bazargan'ı başbakan ilan etti. ABD ve Avrupa bu "ılımlı İslamcı" atamadan mutlu oldu.

Ancak mollalar güçlendikçe iktidara yerleşti. Son hedefleri, halkın oylarıyla Cumhurbaşkanı olan liberal Müslüman Beni Sadr'dı.

Askerler bu kez Beni Sadr'ın imdadına yetişti; darbe yapabileceklerini söylediler. Sadr darbe istemedi. Ama kısa bir süre sonra istemediğine pişman oldu; yurtdışına kaçmak zorunda kaldı.

Mollalar iktidara yerleşti. "Ilımlı İslam" istemiyorlardı!

İran tarihine bakıldığında, mollaların devlete karşı ayaklandığı görülmemişti. Sadece 1963'te Şah, mali kaynaklarını yok ettiği için ilk protesto eylemini gerçekleştirmişlerdi. Bu nedenle Humeyni, Türkiye'ye sürgüne gönderilmişti.

Durum aslında bizim Nakşibendiler'e benzemiyor mu; onlar da hep devletin yanında olmuşlardı.

Peki: Türkiye'deki İslami hareketler ile İran'daki mollaları destekleyen güçler arasında benzerlikler var mı?

Yapısal farklılıklar olsa da taban aynıydı:Mollaların ülke içinde en büyük destekçisi, iç ticaretin üçte ikisini, ihracatın üçte birini elinde tutan ve geleneksel değerlerin savunucusu Bazar esnafıydı.

Mollalar ayrıca liberal-burjuva çevrelerinden de destek gördü. Bunun sebebi, özerklik için harekete geçen Azeri, Kürt, Beluciler gibi etnik unsurların başlarının hemen ezilmesi talebiydi.

Ve tabii, din adamlarının siyasal örgütlenme gücünün en büyük dayanağı ise, cami komiteleriyle girdikleri yoksul mahallelerdi.

Camiler cihat birliklerinin hücre evleriydi. Kısa bir süre öncesinin solcu varoş mahallelerinin yoksulları akın akın mollaların arkasından yürüyordu artık.

Ve sonunda İran'da İslam Devrimi oldu.

Herkes bilgi sahibi olmadan, papatya falına bakar gibi "Türkiye İran olur mu olmaz mı" diye tartışıyor.

İşte tarihsel gerçekler yukarıda. Benzerlik var mı yok mu, bir kez daha okuyunuz.

Medeni hayata ilişkin yapılan tüm müdahaleleri görmemezlikten geliyoruz.

Dinci gelişmelerden rahatsız olduğuna belirten dünyaca ünlü piyanistimiz Fazıl Say, "ülkemden gidebilirim" demesiyle cumhurbaşkanından başbakanına kadar herkesin hedefi oldu.

O "mahalle baskısı" hemen harekete geçti; Fazıl Say ülkeden kovulur oldu. AKP çevresi, "giderse gitsin çok üzülmeyiz" dedi.

Gelin size ben yine bu konuda da İran'dan örnekler vereyim. Meseleyi daha iyi anlayacağınızdan eminim...

İran İslam Devrimi kendi "Fazıl Say"larına ne yaptı?

Türkiye dincileşiyor diyen piyanist Fazıl Say'ın ortaya attığı iddiaları magazinleştirip üzerini kapattık. Ünlü piyanistin, "Milli Eğitim Bakanlığı müzik derslerine önem vermiyor" sözünü bile yeterince tartışmadık. Ve her zaman yaptığımız gibi asıl konuyla yüzleşmedik; İslam dini musikiye karşı mı? Müzik haram mı? Ya da hangi müzik türü günah?

İran'da, İslam Devrimi olduğunda bu soruların yanıtları bulunana kadar sanatçılar çok acı çekti. Yanıtlar bulunduğunda da bu acılar sona ermedi!

İşte İranlı "Fazıl Say"ların yaşadıkları...

Akira Kurosava adını duydunuz mu?

Dünyaca ünlü Japon yönetmen ve senaryo yazarı.1954 yılı yapımı *Yedi Samuray* filmi dünya sinema klasikleri arasındadır.

Anımsarsınız belki; yoksul köylüler her yıl hasat zamanı köylerini basan haydutlardan bıkmıştır. Köyün güvenliği için yaşlı bir Samuray'la anlaşırlar.

Ancak haydutlara karşı bir Samuray ne yapabilir ki?

Yaşlı Samuray Kambai, ülkenin çeşitli yerlerine dağılmış eski

Samuray arkadaşlarının peşine düşer. Onları tek tek bulup ikna eder.

Sonunda yedi Samuray, haydutlara büyük bir ders verir.

Ve film mutlu sonla biter...

İran'ın gelmiş geçmiş en büyük klasik Batı müziği üstadı; besteci, maestro Ali Aleander Rahbari'yi ben Samuray Kambai'ye benzetirim.

1948 Tahran doğumlu Rahbari, daha dokuz yaşında beste yapmaya başladı. Viyana'ya gönderildi. Tahran Müzik Konservatuarı'na yönetici olarak atandı. Şef olarak kariyerinin başlangıcında, İran'ı terk etmek zorunda kalan ilk sanatçılarından biri oldu. Çalışmalarını ülkesinden uzakta sürdürmek zorunda kaldı.

Herbert von Karajan'ın dikkatini çekti; Berlin Filarmoni Orkestrası'nı yönetti. 1985 yılında, Çek Filarmoni Orkestrası'nın daimi konuk şefi oldu.

1996'da Virtuosi di Praga'nın müzik direktörü oldu.

Ve gelelim; İranlı Rahbari'nin "Samuray Kambai" olmasının öyküsüne...

1997'de Amerika, Avusturya, Belçika, Fransa, Almanya, Hollanda, İspanya, İsveç ve İsviçre'de yaşayan 60 İranlı müzisyeni, tek tek bulup, Bregenz'de toplayan Rahbari, İran Uluslararası Filarmoni Orkestrası'nı kurdu.

Orkestradaki tüm sanatçılar İran İslam Devrimi'nden kaçanlardı...

Evet "filmimiz" başlıyor...

Yıl 1979.

Ferhad Fahreddini, İranlı ünlü bir piyanistti.

İran milli/ulusal müziğini klasik Batı müziği formatına sokarak çağdaşlaştıran sanatçıların başında geliyordu. (Tıpkı Fazıl Say'ın; İsmail Dede Efendi'nin "Gülnihal"ı, Aşık Veysel'in "Kara Toprak"ı, Nasrettin Hoca'nın Dansları" ve Nâzım Hikmet, Metin Altıok oratoryosunu yaptığı gibi...)

Piyanist Ferhad Fahreddini, İran Şahı aleyhine gösterilerin yoğunlaştığı o sıcak günlerde Azerbaycan Cumhuriyeti'ne gitti. Bakü Radyo Televizyonu Senfoni Orkestrası'yla bir dizi konserler verdi.

O günlerde İran'da büyük değişim yaşandı. Şah İran'dan kaçtı, Humeyni Tahran'a döndü.

Piyanist Fahreddini konserlerini bitirip ülkesine dönerken yaşamının en büyük süpriziyle karşılaştı.

Pasaport kontrolü yapan İranlı görevli Fahreddine sordu:

"Musiki helal mıdır?"

Fahreddini yanıt veremedi. Bilmiyordu.

Güvenlik görevlileri piyanoyu İran'a sokamayacaklarını söyledi!..

İslam Devrimi İran'ı değişiyordu...

İlk yasaklanan müzik oldu.

Kuranıkerim'de müziği haram sayan bir ayet var mıydı? Yoktu. Ama yine de Nisâ 140, En'âm 68, Furkan 72 gibi ayetlere göndermeler yapıldı.

Önyargılar ve bilgisizlik sonucu bu ayetler musikiyi yasaklamak maktasıyla farklı yorumlandı.

Artık İran'da müziğin her türü yasaktı; hepsi müptezeldi; haramdı. Kültür emperyalizminin de aracıydı musiki.

Müzik eğitim merkezleri kapatıldı. Sanatla uğraşmak "batıl" sayıldı. Yabancı müzisyenler ülkelerine geri döndü. Kaçabilen İranlı sanatçı yurtdışına kaçtı. Kaçamayanlar müziği bıraktı.

Bestekâr Ali Tecvidi gibi sanatçılar müzik aletlerini sakladılar; toprağa gömdüler. Evinin bodrum katında, gece yarıları gizli gizli çalmayı sürdürenler oldu. Yakalananlar devrim bekçileri tarafından falakaya yatırıldı.

Müzisyenlere artık hiç iyi gözle bakılmıyordu; "şeytan"dı onlar!

Müzik, İran düğünlerinde bile yasaktı. Radyo ve televizyon programları müzik olmadan yayın yapmakta zorlanıyorlardı, ama elden ne gelirdi?

Mollalar, Emevi ve Abbasi dönemlerinde, kadın şarkıcıların bulunduğu müzikli, danslı, içkili toplantıları, İslam saltanatının yıkılmasına sebep olarak gösterdi.

Koskoca bir ülke müzik dinlemeden yaşayacaktı...

Toplum ilk şaşkınlığı üzerinden attıktan sonra el altından kaset satışı başladı. İran'dan kaçıp Los Angeles'a yerleşen ya da Arap ve Türk ses sanatçıların kasetleriydi bunlar. Kaçak yollardan İran'a sokulan bu kasetler arasında en çok rağbet gören İbrahim Tatlıses'ti.

Zamanla bir yumuşama oldu.

Çünkü tartışmalar başlamıştı: Müzik toptan mı yasaklanmalıydı; yoksa müziğin eğlence türü mü yasaklanmalıydı?

Devrim marşlarının, askeri musikinin ve dinlendirici/ ruhu

güçlendirici müziğin çalınabileceği söylenmeye başlandı.

Tartışmaya noktayı Humeyni 1988'de koydu:

Marş okunurken kullanmak gibi genel fayda için müzik aletlerinin alımı ve satımı yapılabilirdi.

Önce tanbur, ut ve neye izin çıktı!

Belli ölçüler içinde musiki ile uğraşmak caiz sayıldı.

Ama öyle müziğin her türü de serbest değildi. İslam Devrimi marşları ve askeri marşlar ile dinlendirici müzik olacaktı!

Tahran'daki büyükelçiliklerin resmi davetlerde İran geleneksel müziğini çalmalarına engel olamayan İran yönetimi zamanla geleneksel müziğe de izin vermek zorunda kaldı. Ancak yine şart vardı; sanatçılar musikiye teknoloji sokmayacaktı! Örneğin, yaptıkları müzikte teknoloji kullandığı ortaya çıkan dönemin sanatçıları; Huşenk Zarif, Hüseyin Alizade, Celil Şehnaz, Feramez Payver vb şarkıları yasak kapsamındaydı.

Belli sınırlar dahilinde izin verilen müzik, öyle her ortam da çalınmayacaktı. Bir kere öncelikle, kadın, içki ve dans olmayacaktı. Erkekler sadece erkek topluluklara çalıp söyleyebilecekti. Ancak sazlar öyle insanı kendinden geçirir gibi hızlı ve fesada sürükleyici olmayacaktı. Sözler günah içermeyecekti. Şarkıcının görünüşü/kıyafeti ve davranışları da önemliydi. Harama yöneltmeyecekti. El çırpılmayacaktı.

Zamanla kadınların şarkı söylemelerine de izin verildi. Tabii sadece kadınların bulunduğu ortamda söyleyeceklerdi.

Radyoda klasik Batı müziğinin çalınmasına da bir ara sözlü izin çıktı. Ancak yine şart vardı: Hızlı tempolu olanlar çalınmayacaktı. Erkek ya da kadın sesiyle arya söylemenin mümkünü yoktu tabii.

Klasik Batı müziğine göreceli izin çıkmasının nedeni, marşların ancak bu müziğin enstrümanlarıyla çalınıyor olmasındandı.

Bu arada müzik aletlerinin televizyonda gösterilmesine izin yoktu.

Radyo ve TV'de belli müziklere izin vardı ama bunların kaset yapılmasına izin yoktu! Sonra bu yasak da kalktı. İran sanat musikisinin önde gelen bazı şarkıcılarına, (örneğin M. Rıza Seceryan, Hüsemaddin Saraç, Sıddık Tarif, M. Rıza Lütfi'ye) kaset yapma izni çıktı. Fakat, kasetlerini satma ya da dağıtma özgürlükleri yoktu!

Zamanla bu yasak da aşıldı. Ama yine de zorluklar vardı; sansür kurulundan geçmeniz gerekiyordu. Her engele rağmen kaset satışlarında patlama yaşandı.

Uzatmayayım: Bugün İran'da rap gibi bazı müzikler hâlâ yasak. Klasik Batı müziği ise bazen yasaklanıyor bazen serbest bırakılıyor.

"Samuray Kambai" Ali Rahbari ve diger "Samuraylar" kısılmış İran sesini dünyaya duyurmak için mücadeleye devam ediyor...

Tekrar herkesin kafasındaki soruya dönmek istiyorum; Türkiye İran olur mu?

Süreci en iyi anlatmanın yolu örnekleme metodudur...

Laik Türkiye kendi Osman Yağmurdereli'sine ne yaptı?

İran İslam Devrimi müziği yasakladı; "Fazıl Say"larına izin vermedi. Peki son 30 yılda müzik konusunda laik Türkiye ne yaptı? Osman Yağmurdereli gibi isimleri hangi koşullar ortaya çıkardı? Neden onlar hep el üstünde tutuldu? Bu kültürel yozlaşma Türkiye'nin "İranlaşma sürecini" hızlandırmıyor mu?..

Tarih: 6 şubat 1953.

Yer: Trabzon

Osman Gazi Yağmurdereli dünyaya geldi...

Selma-Zeki çiftinin üçüncü çocuğuydu. Faik Levent, Nesime Yasemen'den sonra doğmuştu.

Yağmurdereliler soyadlarını Gümüşhane'nin Yağmurdere ilçesinden almışlardı.

Kökleri oralıydı çünkü. Sonra Erzurum Tortul ve Trabzon'a dağılmıştı aile.

Baba Zeki Bey, Sorgu Yargıcı Ahmet Kâşif'in oğluydu.

Kayınpederi Salih Bey kaymakamdı. Teyzesi, Türkiye'nin ilk kadın sendika başkanı Nevber Yağmurdereli'ydi.

Ailede Eşber Yağmurdereli gibi solcular; Nazmi Bilgin gibi gazeteciler; Lemi Bilgin gibi tiyatrocular vardı..

Osman Yağmurdereli'nin babası Zeki Bey memurdu. Trabzon'un zengin armatör ailelerinden Deteoğlu'ların kızı Selma'yla evlendi. Aileye içgüveysi oldu.

Zeki Bey zamanla memurluğu bıraktı; Trabzon'da yerel gazetesi ve matbaası olan bir işadamı oldu. Siyasete atıldı. Demokrat Parti Trabzon İl Başkanı oldu. 27 Mayıs 1960 askeri müdahalesi gelince Zeki Bey gözaltına alındı. Yine de siyasetten kopmadı;

Adalet Partisi Trabzon İl başkanı oldu.

TBMM'ye 12. dönem milletvekili olarak girdi. Aynı dönemde, halasının eşi Turan Bilgin de YTP'den milletvekili oldu.

Osman Yağmurdereli'nin çocukluğu ve gençliği siyasetin merkezi Ankara'da geçti. O, müziği seçti. Ankara Gazi Eğitim Enstitüsü Müzik Bölümü'ne girdi. Siyasetten kopmadı. MHP'ye yakındı. Ülkücüydü. Olaylara karıştı.

Osman Yağmurdereli 1973 yılında Gazi Eğitim Enstitüsü'nü bitirdi ve müzik öğretmenliği yapmaya başladı. Aynı zamanda gece kulüplerinde sahneye çıktı. Yeraltı dünyasıyla o dönemde tanıştı. Dündar Kılıç, Hüseyin Cevahir, İnci Baba gibi isimler artık onun "ağabeyi"ydi.

Ankara gazinolarında uzun süre kalamadı.

Arkadaşı şarkıcı Faruk Tınaz'ın ısrarlarıyla İstanbul'un yolunu tuttu

Şişli'de tek odalı bir evde türkücü Kâmil Sönmez ve Faruk Tınaz'la yaşamaya başladı Bir süre sonra onlara Asım Ekren de katıldı. Hepsi de eğlence dünyasında çalışıyordu. Apolitiktiler.

Osman Yağmurdereli'nin eski kabadayı ağabeylerine İstanbul'da yeni bir isim eklendi: Alaaddin Çakıcı.

Yeraltı dünyasının pek çok ünlü ismi, Osman Yağmurdereli'yi destekledi, kolladı, onun sahne aldığı gazinolardaki masaları doldurdu. Bu ilişkileri sayesinde, gazinolarda iş yapabilen az sayıdaki insandan biri oldu. Sesinin çok güzel olmadığı, diksiyon sorunları bulunduğu hatta sık sık detone olduğu biliniyordu. Buna rağmen sık sık televizyonda boy gösteriyordu!

Yeraltı dünyası onu bir yere taşıdı ama siyasal ilişkileri yıldızını parlattı. Arkadaşı Asım Erken, Turgut Özal'ın kızı Zeynep Özal'la evlenmesinin ardından o da dönemin bakanlarından Veysel Atasoy'un kızkardeşi Esin Atasoy'la evlendi. Bu evliliğin çöpçatanı Özal çiftiydi.

"Baba oğul gibi olduk" dediği Turgut Özal'ın iktidarı döneminde, yaşamının en parlak günlerini yaşadı. "110 kiloluk bir adam olarak tek başıma sahneye çıkıyorum ve alkışlanıyorum. Üstelik erkek şarkıcılardan hiçbirinin almadığı yevmiyeyi alıyorum" diyordu.

Arkasına ANAP'ın siyasal gücünü alan Osman Yağmurdereli oyunculuğa adım attı. *İz Peşinde* adlı televizyon dizisinde "Komiser Esat" oldu. Oyunculuktan yapımcılığa atladı. Yağmur Ajans'ı kurdu. Kerime Nadir'in *Samanyolu* adlı eserini bir dizi haline getirip TRT'ye sattı.

ANAP gitti DYP geldi, Yağmurdereli "baba ocağına" döndü.

DYP gitti MHP geldi, Yağmurdereli "gençlik ülküsüne" döndü.

Sonra AKP'den milletvekili oldu.

TBMM İnsan Haklarını İnceleme Komisyonu üyesi olarak 12 Eylül 1980 askeri darbe döneminde işkence yapılmadığını savundu:

"İşkence 'var' diyen de vardı, 'yok' diyen de var. 'Var' diyene inanmak istiyorsun da, 'yok' diyene neden inanmak istemiyorsun? Birisi görmüş mü? 'Ben oradaydım, Mehmet'i aldılar, yere yatırdılar, falakadan geçirdiler, hayalarını sıktılar' diyen var mı?"

Osman Yağmurdereli çevresinde hep sevildi.

Zeki değildi; kurnazdı.

Son yıllarda yakalandığı kanser hastalığını yendi.

Magazinin popülerleştirdiği Osman Yağmurdereli gün geldi magazini eleştirmeye başladı. Ve en acıklısı: İçkisini içen, kâğıt oyunları ve at yarışı gibi hobilerini olan Osman Yağmurdereli bir gün tutup, "Eşimin türbanlı olmasını isterdim" deyiverdi.

Bu "kültürel yozlaşma" sizce Türkiye'yi nereye götürüyor?..

İki kuzenden; siz solcu avukat Eşber Yağmurdereli'yi yıllarca dövüp işkence yapıp cezaevlerinde çürütür ve şarkıcı Osman Yağmurdereli'yi el üstünde tutarsanız bu son işte böyle kaçınılmaz olur...

Arayın bakalım bulabilecek misiniz bir "Samuray Kambai"?

5. bölüm

Irkçı-dinci tehlike

Şarkıcı İsmail Türüt, sürekli medyaya çıkıp Türk milliyetçisi olduğunu söylüyor. Şarkıcı Türüt'ün, yolundan yürüdüğü ırkçı ağabeyleri de öyle sözlere filan inanmazlardı. Ellerine cetvel, pergel alıp kafatası ölçümü yaparlardı. Kimin kafatası dolikosefallik ya da brakisefallik ona göre Türk olduğuna karar verirlerdi.

"Kim Türk? tartışması" zamanında ünlü edebiyatçılarını bile bölmüştü. Namık Kemal'den Mehmed Âkif Ersoy'a kadar birçok edebiyatçının Türk olmadığı iddia edildi.

Bu gerçekleri bilmeyen Şarkıcı Türüt'e oturup bir mektup yazdım.

İşte o mektup...

Sayın İsmail Türüt,

Mektubumu size biraz gecikmeli yazıyorum.

İstedim ki biraz sakinleşiniz, aklı selim sahibi adam olunuz. Çünkü sizi kızdıracağım!

Sayın Türüt,

Türk milliyetçisi olduğunuzu söylüyorsunuz; peki siz Türk müsünüz?

Dedim ya sizi sinirlendireceğim...

Yok, hayır kabalaşmayacağım, sadece anlayacağınız dilden konuşmaya çalışacağım. Ben sizi kaybetmek değil, kazanmak istiyorum. Bu nedenle, meselelere daha geniş açıdan bakmanız için, mektubuma yakın tarihimizden bir "Türkçü" hikâye anlatarak başlamak istiyorum...

Bundan yıllar yıllar evvel Türkiye'de iki Türk milliyetçisi yoldaş vardı. Durun hemen heyecanlanmayın "komünist" sanmayın onları; bundan 70 yıl önce Türkçüler birbirine "yoldaş" diyordu.

"Yoldaş" sözcüğünü en çok kullanan da şarkıcı Tarkan'ın büyük amcası ünlü milliyetçilerimizden Fethi Tevetoğlu'ydu. Neyse konuyu karıştırmayalım.

Dönelim bu iki milliyetçi yoldaşa; bunlardan birinin ismi Nihal Atsız, diğerinin adı ise Reha Oğuz Türkkan'dı.

Aralarında zamanla ayrılıklar çıktı. Birinin görüşleri Gustave Le Bon'a, diğerininki ise, Arthur de Gobineau'nun ırkçı teorilerine dayanıyordu. Bu teorilerin ne olduğuna girip, kafanı karıştırmayayım.

Bu bizim iki milliyetçi yoldaş, ellerine cetvel, gönye alıp fotoğrafları ölçerek kimin Türk olup olmadığına karar veriyorlardı. Hatta öyle ki, bunu devletin de yaptığına inanıyorlardı; Türk çıkmadığı için, İsmet İnönü'nün bu raporları "utanıp" yok ettiğini bile söylüyorlardı! Yani atıp tutuyorlardı.

Uzatmayayım, sonuçta bizim bu iki yoldaş, o kadar milliyetçi, o kadar Türkçüydüler ki, zamanla aralarında liderlik mücadelesi çıkınca, birbirlerinin ırksal açıdan, safkan olup olmadıklarından şüphe eder hale geldiler.

Yaşı daha genç olan Türkan, Atsız'ın kafatasının, Türk ırkına benzemediğini söyledi.

Nihal Atsız yanıt vermekte gecikmedi: "Türkkan'ın ataları Ermeni'dir. O Türkkan değil Ermenikan'dır."

Aman sakın siz de kaset satmayınca, şarkıyı birlikte yazdığınız Arif Şirin'le birbirinize düşüp soy-sop araştırmasına filan girmeyiniz. Neyse...

Atsız ile Oğuz'un tartışması, 1943 yazında başladı ve kırgınlık yıllarca sürdü.

Irkçı söylemler o yıllarda herkesi o kadar etkiledi ki, bu iki yoldaşı da yargılayan Sıkıyönetim Mahkemesi, raporunda Nihal Atsız'ın atalarının Gümüşhane Midi Köyü'nden olduklarını ve "dönme" olarak bilindiklerini yazdı!

Gördünüz mü, bu "ırkçılık virüsü" buluşmaya görsün, nasıl her tarafa sirayet ediyor.

Sayın Türüt,

Konuyu şimdi size getireceğim.

Hani size sordum ya "Türk müsünüz?" diye. Gelin bir ölçüm yapalım!

Sizin kafatasınız dolikosefalik mi yoksa brakisefallik mi? Çünkü ona göre Türk olduğunuza karar vereceğiz.

Ya burnunuzun ucundan kafanızın arkasına kadar olan bölüm

ya da bir kulaktan öteki kulağa (kafanın üstünden) ölçeceğiz; sonuca göre saf Türk olduğunuzu anlayacağız!

Bir de bunun pergelli olanı var!

Boş verin...

Zaten sadece kafatası bulguları yeterli olmuyor, kanına, saç rengine, gözüne. Burnuna ve –belki de sizin için en önemlisi– boyun uzunluğuna bakılıyor.

Bak boy dedim de aklıma geldi. Hititler'in, Türkiye Türkleri'nin ataları olarak gösterilmesine Türkçüler karşı çıktı. "Kısa boylu, kısa boyunlu biçimsiz Hititler nasıl bizim atamız olurmuş" dediler.

Bakınız, ayrıca bizim ırkçılar öyle "ben Türküm" diyeni de hemen kabul etmiyorlardı. Nihal Atsız'a göre, Türk milletinin esası dil değil, ırk ve kandı.

Siz bir şarkıyla "Türk milliyetçisi" olacağınızı mı sanıyorsunuz; büyük şair Mehmed Âkif Ersoy, İstiklal Marşı'nı, Çanakkale Destanı'nı yazmış da, kendini kabul ettirememiş bu çevrelere, siz ne diyorsunuz?

Sayın Türüt,

Bunlar, İstiklal Marşı'mızın yazarı Mehmed Âkif Ersoy'u bile canından bezdirdi.

Nihal Atsız ve Reha Oğuz Türkkan'ın bir dava arkadaşları vardı: İsmet Rasin Tümtürk. 1939'da Türkçü *Yücel* dergisinde ne yazdı biliyor musunuz?

> Mehmed Âkif, Türk değildir. Bir kimse hüviyet cüzdanında Türk yazıyor diye Türk olamaz; onun Türk olabilmesi için iki şartın aynı zamanda onda bulunması gerekir. Birincisi, o adamın damarlarındaki kanın Türk olması gerekir. İkincisi, o adamın kafasının içindeki bütün duyguların en gizli, en ince taraflarına kadar Türk olmasıdır. Âkif, Türklük'ten tamamen uzaktır. Âkif, Çanakkale şehitlerine yazdığı mersiyede bile, anayurdu koruyan Türkler değil hilafeti koruyan Müslümanlar diye bakmıştır.

Evet; Mehmed Âkif Arnavut'tu.

Peki, İsmet Rasin Tümtürk kimdi? Cenap Şehabeddin'in oğluydu. Cenap Şehabeddin kimdi; bir iddiaya göre Arnavut, diğer iddiaya göre ise Kürt. Annesi ise, Kürt Bedirhan Abdürrezzak torunu Naciye Hanım'dır.

Abdürrezzak Bedirhan'ın Osmanlı'dan kaçıp –bugün Ermenistan'ın başşehri– Erivan'a sığınması; Polonyalı Henriette'yle evlenmesini filan yazıp konuyu uzatmayayım.

Reha Oğuz Türkkan, can yoldaşı İsmet Rasin Tümtürk'ü desteklemek için hemen bir makale kaleme aldı: *"İsmet, Plevne şehitlerinden birinin torunudur. Bundan başka, İsmet'in yüzüne bakmak da ırkı hakkında bir hüküm vermek için kâfidir. Çünkü İsmet'in yüzü, Türk yüzüdür."*

Arkadaş olunca kafatası ölçümü filan yok!

İşin garip yanı İsmet Rasin Tümtürk'ün kız kardeşi Reşika'nın kayınpederi Süleyman Nazif'in de Kürt olduğu gerekçesiyle milliyetçilerin hışmına uğramış olmasıydı.

Süleyman Nazif'in Kürt olduğunu iddia eden kimdi dersiniz; kendisi de Kürt olan Abdullah Cevdet.

Peki ırkçıların kitaplarından feyzaldıkları Gustave Le Bon'un kitaplarını Türkçeye kim çevirmişti: Abdullah Cevdet!

Sayın Türüt,

Umarım kafanız karışmamıştır.

Ama meselelere o dar çerçeveli pencereden bakmaya devam ederseniz, daha da karışacaktır.

Biliyor musunuz, "Turan" sözcüğünü ilk kullanan, büyük Türk milliyetçisi Ziya Gökalp, kimine göre Kürt, kimine göre ise Yahudi dönmesiydi!

Oysa Ziya Gökalp, hep Türk olduğunu söyledi.

Fark eder mi *Türkçülüğün Esasları*'nı kaleme alan Gökalp'in ne olduğu? Ya da Türk milliyetçiliğine derinden bağlı Moiz Kohen'in (namı diğer Munis Tekinalp'in) Yahudi olup olmaması, Türk yurtseveri olmasına engel midir?

Sizler televizyon ekranlarındaki konuşmalarınızla güzelim Türkçeyi yok ederken, Moiz Kohen yıllarca o dilin yaşaması için ter akıttı, Türk Dil Kurumu'nda çalıştı.

"AB, Türk düşmanı Ermeni yetiştiriyor" diyen MHP'li Levon Panos Dabağyan'ı "ölçüp biçip hangi kalıba" sokacağız?

Biliyor musunuz, *Vatan Yahut Silistre*'yi yazmış Namık Kemal'in vatanseverliğine bile dil uzatıldı bu ülkede. Namık Kemal'in birlik temeli olarak İslam'ı, siyasal yapı olarak Osmanlı monarşisini savunması yıllar sonra onun Türk milliyetçisi olamayacağına yorumlandı.

Tevfik Fikret de bu güruhun boy hedefi oldu. Ahmet Haşim küçük görüldü, Arap olduğu için!

Ömer Seyfettin... Hamdullah Suphi Tanrıöver...

Listeyi uzatmak istemiyorum, insanın canı yanıyor.

Bakınız Ziya Gökalp ne diyor:

> Yalnız iyi günlerimizde değil, kötü günlerimizde de bizden ayrılmayanları nasıl milliyetimizin dışında sayabiliriz? Milletimize karşı büyük fedakârlıklar yapmış, Türklüğe büyük hizmetler vermiş olan bu fedakâr insanlara, nasıl 'Siz Türk değilsiniz' diyebiliriz?

Sayın Türüt,

Bakmayın size "Türk müsünüz?" diye sorduğuma, şaka yaptım, siz kendinizi ne hissediyorsanız benim için osunuzdur.

İnsanların kanı, boyu, saçı, gözü, burnunda "bir şeyler" aramak ilkelliktir. Eğer insan olan da "bir şey" aranacaksa omurga aranmalıdır, omurga!

Dün şeriatçıya, bugün ırkçı tetikçilere, peki yarın kime övgü düzeceksiniz?

Ama bakınız.

Ülkemizi sevmeniz, sorunlarına karşı duyarlı olmanız, politikayla ilgilenmeniz güzel şeyler. Bunları yapınız, bilmediğimiz bir plan varsa bize de anlatınız. Ama tutup insan öldürmeyi yüceltmeyiniz. Yazıktır. Günahtır.

Kilisesinde Tanrı'ya yakaran rahibi, elinde sadece kalemi olan gazeteciyi, insanları inançlı olmaya çağıran misyonerleri öldürmek yiğitliğe sığmaz.

Bize yakışmaz.

Hani şarkınızda "plan kuruyorlar plan" diyorsunuz ya; eğer o planları bozmak istiyorsanız; kardeşlik türküleri söyleyiniz Sayın İsmail Türüt, kardeşlik türküleri...

Bizim ihtiyacımız olan, o türküler...

Yok, eğer planın bir parçası değilseniz!

Çalışmalarınızda başarılar dilerim...

Şarkıcı İsmail Türük konusunu burada kapatalım.

Ama... Bu heyezanın gün gelip nerelere yol açtığını tarihten bir örnekle açıklamak isterim.

Türk futbolunun "siyah" imtihanı

Fercani Bey adını, hiç duydunuz mu?

Fercani Bey siyah renkli Türk vatandaşıydı.

Futbolcuydu; Harbiye ve Beşiktaş'ta oynadı. Forvetti. 1922'de attığı gollerle Beşiktaş'a, İstanbul Pazar Ligi şampiyonluğunu kazandırdı.

O yıllarda Türkiye spor çevrelerinde, 1924 Paris Olimpiyatları heyecanı vardı. Hükümet üyeleri, bütçede yeterli paranın olmaması nedeniyle olimpiyatlara sporcu gönderip göndermemeyi tartıştı.

Atatürk'ün, örtülü ödenekten 17 bin lira vereceğini söylemesiyle Paris'e gitme kararı çıktı...

Olimpiyatlarda yarışılacak branşlardan biri de futboldu.

Rakibimizde belliydi: Çekoslovakya.

Olimpiyat Komitesi, Türkiye'yi temsil edecek futbolcuları seçmek için İstanbul Lig şampiyonluğu müsabakası düzenledi. Şampiyon Beşiktaş oldu; en iyi futbolcu forvet Fercani Bey'di.

Milli Takım kadrosu, açıklandı.

Kadroda Beşiktaşlı Fercani Bey de vardı.

Ancak... Ne olduysa nasıl olduysa kadrodan Fercani Bey çıkarıldı!

Sözü burada futbol tarihiyle ilgili kitaplar yazan Vâlâ Somalı'ya bırakalım.

> Yıllar sonra kendisine sordum; "Rengim siyah olduğu için beni kadrodan çıkardılar" dedi. "Olur mu canım böyle bir şey" dedim. O da, "bana böyle açıkladılar" diye konuştu. Sordum, soruşturdum, doğruymuş!

İddianın sahibi Vâlâ Somalı yaşıyor ve sözlerinin arkasında duruyor.

O dönem Avrupa'sı farklıydı; 1924 Olimpiyatları'nın yıldız futbolcusu Uruguaylı Andrede'nin, yarışmalar sonucu Avrupa'da oynayacak takım bulamamasının nedeni de aynıydı!..

İddiaya göre Fercani Bey'in rengi siyahtı ve bu nedenle Milli Takım'dan çıkarılmıştı.

İşin garip yanı Fercani Bey aynı zamanda subaydı! Milli Takım'a girememişti ama Türk Silahlı Kuvvetleri'nde rütbe almayı hep sürdürdü; Albaylığa kadar yükseldi.

Siyah renkli vatandaşına askeri üniformayı verenlerin, Ay Yıldızlı formayı vermemeleri garipti!

Peki, Fercani Bey'in, TSK'da yıllarca görev yapması, bu iddiayı çürütüyor mu?

Aslında tam değil...

Adı Vahap'tı.

Onun rengi de siyahtı.

İzmir'in efsanevi takımı Altay'ın kurucu futbolcusuydu. Altay sevgisi o kadar yoğundu ki, 1934 yılında soyadı kanunu çıktığında "Özaltay" soyadını aldı.

Altay takımı onun hayatının bir parçasıydı. Altay kulübüne o kadar bağlıydı ki, yıllar sonra kulüp kongresinde konuşma yaparken kürsüde vefat etti...

Evet, Vahap, Altay'ın yıldız futbolcusuydu. Gazeteler Milli Takım'a çağrılacağını yazdı hep; ama o, hiç davet almadı.

"Milli Takım'a çağrılırım" umuduyla, kurucusu olduğu Altay'ı bırakıp Beşiktaş'a transfer oldu.

Olmadı, yine kadroya alınmadı.

Şansını yurt dışında denemeye karar verdi; Fransızların transfer teklifine "evet" dedi.

Bugün adı Paris Saint–Germain olan Racing takımına transfer oldu.

Başarılı oldu.

Paris karmasına seçildi. 2-2 biten Madris-Paris karması maçının son dakikasında gol attı.

Vahap yıllarca beklediği teklifi 1932 yılında aldı.

Türkiye'nin ilk siyah Milli Takım futbolcusu oldu.

4 kasım 1932'de, 2-2 biten Bulgaristan maçında 90 dakika görev yaptı.

Fakat, parlak futbol kariyerine rağmen, sadece bir kez milli formayı giyebildi.

Neden?

Futbol tarihi konusunda çeşitli kitapları bulunan Gazeteci-Yazar Vâlâ Somalı, Avrupa'nın sayılı futbolcuları arasında gösterilen Vahap'ın da, renginden dolayı Milli Takım'a çağrılmadığını iddia ediyor.

Futbol tarihine ilişkin çalışmaları bulunan Gazeteci-Yazar Ergün Hiçyılmaz, o yıllarda futbolcuların renginden dolayı Milli Takım'a çağrılmadığı iddiasını kabul etmiyor.

Hiçyılmaz'a göre, siyah futbolcuların Milli Takım'a girememesinin nedeni, bazı yöneticilerin aşırı milliyetçi tutumundan kaynaklanıyordu! Yani, bu konuda karar alınmış genel bir devlet politikası yoktu; sadece bazı yöneticilerin ırkçı tavırları söz konusuydu!..

Göğsünde Ay Yıldızlı bayrağı bulunan, beyazlar içindeki Milli Takım formasını, siyah renkli futbolcuların giymesini kim istememişti acaba?..

1923-1930 yılları arasında Türkiye Milli Olimpiyat Komitesi Başkanlığı görevini yürüten Selim Sırrı (Tarcan) Bey olabilir mi?

Selim Sırrı, İttihat ve Terakki Cemiyeti'nin radikal milliyetçi kanadına mensuptu...

Selim Sırrı Beyin'in komiteden ayrılmasından sonra Vahap'ın kadroya çağrılması sadece tesadüf müydü? Bilinmiyor.

Üçüncü iddia, Beşiktaş'ın usta kalecisi Sadri Usuoğlu için ortaya atılıyor.

Adı Sadri Usuoğlu.

Namı diğer Arap Sadri.

Onun rengi de siyahtı...

1924-1930 yılları arasında Beşiktaş'ın kalesini koruyan, Robert Kolej mezunu Sadri, defalarca İstanbul Karması'na seçilmesine rağmen, Milli Takım'a bir türlü girememişti. Nedeni, Fercani ve Vahap gibi "çikolata renkli" olması mıydı?

Sorunuzu duyuyor gibiyim:

"Milli Takım'a, Garbis (Gugin) İstanbulluoğlu, Lefter Küçükandonyanis, Niko Kovi, Rober Eryon, Yorgo Kasapoğlu, Aleko Yordan, Aleko Sofyanidis, Garbis Bakloğlu, Dimitri Pandazi gibi azınlıklara mensup futbolcular çağırılırken; sadece, siyah derili olduğu için bazı Türk futbolcuların alınmaması söz konusu olabilir mi?"

Burada bir ekleme yapmak zorundayım:Yukarıda isimlerini saydığınız futbolcular hangi tarihte Milli Takım'a davet edildi?

1923-1949 yılları arasında Türk Milli Futbol Takımı formasını giyen azınlıklara mensup hiç futbolcu var mı?

Kadrolara baktım bulamadım...

Üstelik o yıllarda hayli çok azınlık futbolcu olmasına rağmen neden hiçbiri başarılı bulunmamıştı acaba?

Sonuç: Dünü, bugünün değer yargılarıyla değerlendiremeyiz...

Şöyle ki:Yıl 1916. Güney Amerika Kupası için Uruguay ve Şili karşı karşıya geldi. Uruguay maçı 4-0 kazandı. Şili milli takım heyeti itiraz etti: "Maç ertelenmelidir, çünkü Uruguay iki zenci futbolcu oynatmıştır; zenciler futbol oynayamaz!"

20 yıl sonra Adolf Hitler'in, Berlin Olimpiyatları'na siyahi sporcularla katıldığı için ABD'yi ağır eleştirdiği dönemdi o yıllar.

Evet, dün başkaydı...

Yoksa, bugün Milli Takım'da, Fenerbahçe'nin siyahi futbolcusu Marco Aurello oynayabilir miydi?..

Doğrudur, her olayı kendi tarihsel süreci içinde değerlendirmemiz gerekiyor.

Fakat ne yazık ki dün dünde kaldı diyemiyoruz...

Ve hergün kandırılmış çocuklarımız ellerini kana bulamaktan çekinmiyor...

En iyisi bu gençlerimiz için basit bir anlama klavuzu kaleme almalıyım.

Milliyetçiliği anlama kılavuzu

Milliyetçilik:

1789 Fransız ihtilali ile dünyaya yayılmıştır.

Türkiye'de her siyasal çevrenin kendi milliyetçilik tanımı olsa da, terminolojik anlamı aslında nettir: "Kendi ulusal pazarını/piyasanı korumak." Bunu aşırılığa götürüp kendi ulusunu bütün başka ırklara üstün görüp, onları egemenliği altına almayı istemeye kadar götürülürse faşizm olgusu ortaya çıkar.

Turan:

Bütün Türki halkları kapsayan bu kavram, önce Macaristan'da XIX. yüzyılda ortaya çıktı. Kendilerini Türk asıllı gören Macar Turancıları, Budapeşte–Tokyo doğrultusunda Türk asıllı halklardan büyük bir siyasal birlik kurmak istiyorlardı. Çok da güçlüydüler, liderleri Kont Pal Teleki Macaristan başbakanı bile oldu.

"Turan" da aslında İran efsanesi *Avesta*'da adı geçen, Farsça bir sözcüktür. "Turan"ı dünyaya tanıtan ise, bu efsaneye dayanarak *Şehname*'yi yazan Firdevsi'dir.

Türk Derneği:

Dünyada ilk Türk Derneği Macaristan/Budapeşte'de 1908 yılında açıldı. Onursal başkanı Yahudi Armin Hermann Vambery'dir. Üniversitelerde ilk Türkoloji kürsünü de 1870 yılında Budapeşte'de Vambery kurmuştur. Vambery aynı zamanda 1910 yılında kurulan Turan Cemiyeti'nin de onursal başkanıdır.

Osmanlı'da Türkçülük:
Bu siyasal teorinin Osmanlı topraklarında doğmasına yol açanlar, 1848 devrimlerinden sonra ülkelerinden kaçıp İstanbul'a gelen Macar ve Polonyalı sürgünler ile Rusya'dan gelen Türk kökenli aydınlardır.

Türkçü kitap:
Nâzım Hikmet'in dedesi Mustafa Celaleddin Paşa (Kont Constantin Borzecki), 1869 yılında, Türklerin ve Avrupalıların "Turo-Arienne" adını taşıyan aynı ırktan geldiğini yazan ilk kişiydi. (*Les Turcs Anciens et Modernes* –Eski ve Yeni Türkler–) İkinci kitabı Sultan Abdülaziz'i devirenlerden Harp Okulu Komutanı Süleyman Paşa yazdı. Türklerin İslamiyet öncesi çağlarını inceleyen kitabın adı *Tarih-i Âlem*'di. Her iki kitap da, Türkleri, Moğollar, Hunlar, Tatarlar ve Bulgarların atası olarak gösteren Fransız Joseph de Guignes'in 1758'de kaleme aldığı kitaptan alıntılarla doluydu. Kemalist "Güneş Dil Teorileri"nin dayanakları bu kitaplardır.

Osmanlı Türk müydü?:
Osmanlı'nın en büyük tebaası Türk'tü. Osmanlı Sarayı kendisine "Türk" denilmesini istemiyor; bunu "aşağılama" sayıyordu. Bu durum XIX. yüzyılın son çeyreğinde Osmanlı'da Türkçülük akımının doğmasıyla son buldu.

Şiir:
İlk milli şiiri Mehmet Emin Yurdakul, 1897'de yazdı. Fakat en bilineni Ziya Gökalp'ın bu şiiri oldu:

> "Vatan ne Türkiya'dır Türklere, ne Türkistan
> Vatan büyük ve müebbet bir ülkedir: Turan"

Türkçülerin ilk ayrılığı:
Türkçü hareket içinde yer alan Rusya göçmeni Türkçüler ile Osmanlı Türkçüleri arasında bazı farklılıklar vardı. Rus göçmeni Türkçüleri'n ana gayesi, Rusya'daki Türklerin bağımsızlıklarını

sağlamaktı. Osmanlı Türkçüleri'nin temel amacı ise Osmanlı Devleti'ni batmaktan kurtarmaktı. Bir diğer fark ise, İslam dinine yaklaşımdır.

Zencilere bakış:

1941 yılında, 19 Mayıs Bayramı'na katılmak için gelenler hakkında Reha Oğuz Türkkan, *Bozkurt* dergisinde bakın ne yazıyordu:

> İkinci feci nokta, saflar arasında birer kara leke teşkil eden Zenci Habeş ve Afgan talebeleriydi. Güneş altında parlayan bu karalar, kutlu güne hiç yakışmayan bir zihniyeti ifade ediyordu.
>
> "Bozkurtçu'nun Amentüsü":
> – Biz kimiz?
> – Bozkurtçularız.
>
> – İdeolojimiz nedir?
> – Bozkurt Türkçülüğü.
>
> – Bozkurtçular neye inanır?
> – Türk ırkının ve Türk milletinin, her ırktan ve her milletten üstün olduğuna!
>
> – Bu üstünlüğün kaynağı nedir?
> – Türk kanıdır.
>
> – Türk doğuştan mı üstündür?
> – Türk, doğuştan üstün ve kabiliyetlidir. Türk, zekâsını, yiğitliğini, askeri dehasını ve her hususta büyük kabiliyet ve istidadını kanından alır.
>
> – Bu üstünlük kaybolabilir mi?
> – Kötü idare ve kötü muhitin tesiriyle azalırsa da bu muvakkattir. Türk kendi gelişmesini tekin edecek iyi bir idare ve iyi bir muhit yaratır yaratmaz bu üstünlüğü yeniden parlar.
>
> – Bu üstünlük ne vakit büsbütün kaybolur?
> – Eğer Türk'ün kanı yabancı kanlarla bulanırsa. Bu takdirde melez ve karışık kanlı olarak doğacak nesiller, Türk'ün maddi manevi hususiyetlerini taşımazlar ve öz bir Türk gibi üstün soydan olamazlar.

– Bozkurtlar niçin ırkçıdır?

– Bozkurtçuların ırkçı olmalarının diğer bir sebebi de içtimaidir; Bozkurçular biliyor ki Türk'e ancak Türk'ten fayda gelir. Türk olmayanlar ve her çeşit dönmeler, ne kadar Türk terbiyesiyle büyürlerse büyüsünler hiçbir zaman bir öz Türk'e benzemeyecekleri gibi bir öz Türk gibi de bu millete hizmet edemeyeceklerdir.

– Türk derken, 9 göbeği Türk olanları mı kastediyorsun?

– Gönül öyle isterdi. Fakat realiteleri gören Bozkurtçular, atalarının dörtte üçü Türk olan veya 4 göbekten beri kanca Türkleşmiş olanları da Türk saymaktadırlar.

– Bozkurçular pantürkist midir?

– Evet...

"Bozkurtçu'nun Amentüsü"nü kaleme alan isim Reha Oğuz Türkkan'dı.

(*Bozkurt* dergisi, sayı 1, 5 mart 1942.)

Turancılık Davası:

Irkçı Turancı oldukları nedeniyle İstanbul Sıkıyönetim Komutanlığı tarafından 57 kişi gözaltına alındı. 23'ü, 18 mayıs 1944'te başlayıp 31 mayıs 1947'te biten sıkıyönetim mahkemesince yargılandı.

Yargılananlarından bazıları şunlardı: Nihal Atsız, Alparslan Türkeş, Fethi Tevetoğlu, Zeki Velidi Togan, Said Bilgiç, Hasan Ferit Cansever, Reha Oğuz Türkan, İsmet Rasin Tümtürk, Hikmet Tanyu, Orhan Şaik Gökyay, Muzaffer Eriş vb...

İslam:

Türkçüler'in hemen tamamı İslamiyet'i benimsemiştir. Ancak Nihal Atsız gibi bir iki isim ihtiyatlı yaklaşmışlardır. Atsız *Çanakkale Yürüyüş*'te, Hz. Muhammed'den "Arap Muhammed" diye bahsetmektedir. Bu söylem Alparslan Türkeş'le ayrılıklara neden olmuştur.

MHP'nin 40 yıldır bitmeyen derdi!

Türban serbestisinin önünü açan Anayasa değişikliğine MHP'nin destek vermesi bazı çevreleri şaşırttı.

Görünen o ki, bu kesimler MHP'nin tarihini, düşünsel dünyasının oluşumunu pek bilmiyor.

Alparslan Türkeş ile Nihal Atsız'ın yollarının neden ayrıştığını; katıksız bir Türkçü olan Ali Balseven'in dava arkadaşı ülkücüler tarafından neden öldürüldüğünü bilmeyenler; MHP'nin bugününü anlayamazlar.

İşte 40 yıl önceki o yol ayırımının hikâyesi...

Tarih: 25 mayıs 1973
Yer: Ankara

Ali Balseven 25 yaşındaydı.
Kahramanmaraşlıydı.
Ankara Üniversitesi Ziraat Fakültesi son sınıf öğrencisiydi.
MHP'liydi.
Ama...

O gün akşam üzeri Kurtuluş Parkı'nda bir grup MHP'li tarafından önü kesildi.

Ali Balseven karşısına çıkanların hepsini tanıyordu. Dava arkadaşlarıydı. Hepsi ülkücüydü.

Ancak... Bozkurtlar birbirine düşmüştü.

Başbuğ o günlerde söylemişti o ünlü sözünü: "Davadan döneni vurun!"

O gün ülküdaşları Ali Balseven'i bıçaklayarak öldürdü....
Peki neden?
Ali Balseven davadan mı dönmüştü? Hayır!
Birini mi ihbar etmişti? Hayır!
Peki suçu neydi?
Suçu...

MHP'de her şey dört yıl önce bir kongrede başlamıştı...

Tarih: 8 şubat 1969.
Yer: Adana

O gün şehir merkezi çok hareketliydi.

Mavi gömlek giyen dokuz genç motosikletlerle kente tur atıyordu.

Dokuz motosiklet; Alparslan Türkeş'in doktrini "dokuz ışık"ı temsil ediyordu.

Mavi gömlek neyin simgesiydi? Bilinmiyor.

Bilinen, Mussolini'nin yarı askeri gençlik örgütü militanlarının kara gömlek giydiğiydi.

Motosikletli gençler gerekli ilgili topladıktan sonra kent merkezine geldiler.

Burada, 16 bağımsız Türk devletinin bayraklarını taşıyan 16 gençle buluştular.

Alana gelen mehter takımı ara vermeden büyük bir coşkuyla çalmaya başladı.

Kalabalık giderek artıyordu.

Alparslan Türkeş ve parti yöneticilerinin gelmesiyle yürüyüşe geçildi.

Askeri bir disiplin altında yürüyenlerin istikameti, milliyetçi hareketin en büyük tarihsel dönüşümünün yaşanacağı kurultay salonuydu...

Şehir merkezinden gelenleri kongre salonunda bir o kadar daha kişi karşıladı. Bu grup Türkeş'e mesafeliydi; liderleri ırkçı-Turancı Nihal Atsız'dı.

"Tanrı Türk'ü Korusun" pankartı altında toplanmışlardı.

Orta Asya nostaljisi canlandırmak isteyen bu gençler arasında paganist simgeler modaydı. Bu nedenle hemen hepsi kalpak giyiyordu. Sarkık bıyıklıydılar. Yakalarında bozkurt rozetleri vardı. Esir Türklerin kurtarılıp, yeniden inşa edilecek "Büyük Türkiye"ye inanıyorlardı. Turancıydılar.

"Adsız" dılar; Göktürkler'de henüz kamusal bir görevi yerine getirmemiş gençler özel isim taşıyamazlardı. Kendilerini kanıtlayana kadar bu gençlere "adsız" denirdi.

Aşırı milliyetçi Nihal Atsız bu nedenle kendine "Atsız" soyadını seçmişti...

Karşılıklı sloganlar altında kongre başladı...

27 Mayıs 1960 Askeri Müdahalesi'ne katılan dokuz subay, 22 şubat 1964 tarihinde Cumhuriyetçi Köylü Millet Partisi'ne katıldı.

Liderleri Alparslan Türkeş'ti.

Bu ekip kısa bir süre sonra partiyi ele geçirdi. Alparslan Türkeş partinin genel başkanı oldu.

İhtilalci subayların parti yönetimine gelmesiyle CKMP'de büyük dönüşümler yaşandı. Örneğin, partinin o tarihe kadar ülkenin yarısında teşkilatı varken, bu sayı hemen 61 il ve 435 ilçeye yayıldı.

Türkiye ilk kez, partili gençlerin kendilerine verdikleri isimle, "komando yürüşü"yle tanıştı.

Genel Başbakan Türkeş'e, "Başbuğ" deniliyordu.

CKMP Türkçü bir partiydi.

Bu siyasal çizgi geniş kitlelerle buluşamıyor, oy alamıyordu.

Türkeş ve arkadaşları "ayakları yere basmayan romantik Türkçü" parti çizgisini değiştirmeye karar verdi.

Türkeş ve subay arkadaşları her ne kadar cumhuriyetçi, laik ve Türkçü olsalar da, oy alabilmek için İslam motiflerinden yararlanmaya karar verdiler!

Siyaset dünyasında İslam'ın ne kadar önemli olduğunu sosyolojik olarak kavradılar.

Bu değişim/dönüşüm sadece parti programıyla sınırlı olmayacaktı, hareketin simgeleri/sembolleri bile değiştirilecekti

İşte Adana Kongresi bu amaçla toplanmıştı.

Adana'da toplanılmıştı; çünkü biliyorlardı ki Ankara, İstanbul gibi kentlerde parti çizgisinin değişmesine karşı çıkan güçlü bir "Türkçü" grup vardı.

Ve iki gün süren Adana kongresinde büyük tartışmalar, kavgalar ve ayrışmalar yaşandı...

Kongre iki gün boyunca hayli hareketli geçti. Kongre başkanı Orhan Kaleli bile divandan istifa etmek zorunda kaldı.

Türkçülerin simgesi "Tanrıdağ"ın yanına, İslamiyet'in simgesi "Hiradağ" eklenip yeni bir slogan üretilmişti: "Tanrıdağ kadar Türk, Hiradağ kadar Müslüman."

Zamanla, "Tanrı Türk'ü Korusun" pankartının yerini de "Kanımız Aksa da Zafer İslam'ın" alacaktı!

Benzeri İslami simgeler, Türkçü gruptan "Türkler Araplaştırılmak isteniyor" şeklinde tepki aldı.

Nihal Atsız ekibi kongrede direk Türkeş'i hedef aldı.

Aslında Nihal Atsız ile Türkeş'in dava arkadaşlığı çok eski yıllara dayanıyordu. Türkeş daha Kuleli Askeri Lisesi'nde öğrenciyken Nihal Atsız'la tanışmıştı. Onu öğretmeni bilmişti!

1944 Türkçüler Davası'nda birlikte yargılanıp hüküm giymişlerdi. Şimdi ise karşı gruptaydılar.

Nihal Atsız ekibi kongrede hep benzer sözleri söylediler Türkeş'e:

"Sen git güvendiğin Araplara biat et!"

"Oy toplamak için Arap develere bin!"

Sonuçta, Nihal Atsız grubu kongreyi kaybetti.

Türkçüler ellerindeki parti kimliklerini kürsüye doğru fırlatarak salondan ayrıldılar.

Nihal Atsız gazetecilere şu açıklamayı yaptı: "MHP'de Allah, Tanrı'yı kovdu!"

Türkçülük, Osmanlı Devleti'nin son döneminde doğmuş, Cumhuriyet'le birlikte dirilmiş, 1969 Kongresi'nde öldürülmüştü!

Türkçü grubun Kongre'yi terk etmesinin ardından Türkeş ve arkadaşları önergeleri tek tek kabul ettiler.

Parti adından başlayarak hareketin her şeyini değiştirdiler:

Cumhuriyetçi Köylü Millet Partisi (CKMP) adı, Milliyetçi Hareket Partisi (MHP) oldu.

"Bozkurt"sembolü, amblemi yerini "Üç Hilal"e bıraktı.

"Bozkurtlar" "Ülkücüler"e dönüştürüldü!

"Türkçü" yerine "milliyetçi" sıfatı tercih edildi.

"Türkçüler Derneği" lağvedildi; "Milliyetçiler Derneği" kuruldu.

Sadece "Başbuğ"a dokunulmamıştı...

27 Mayıs'ın "kudretli albayı" Türkeş, kısa bir süre sonra Kâbe'ye gidip hacı oldu...

MHP artık kendine yeni bir yol çizmişti. Ve bu yolda "Şamanist" saydığı "Bozkurtlara" ihtiyacı yoktu.

Çünkü Bozkurtlar, şamanist gelenekleri canlı tutmak, unutturmamak istiyordu.

O kadar Türkçüydüler ki, Sakarya, Adapazarı'na gidip Orta Asya'dan getirilen kımızı içiyorlardı.

Hatta 1960'lı yılların sonunda üniversitelerde siyasal kavgaların başladığı o günlerde, Ankara Siyasal Bilgiler Fakültesi öğrencisi Fehmi Yücesoy okulda solcu öğrencilerden dayak yeyip yere düşünce, "bana yardım et gök tanrısı" diye dua etmişti!

Niyazi Adıgüzel gibi isimler İstanbul Şamanistler Derneği'ni kurmuştu!

Alparslan Türkeş, sadece Türkçülerle yollarını ayırmadı.

O artık utangaç bir Kemalist'ti.

Parti binalarından Atatürk resimleri indiriliyordu artık.

1960'lı yılların sonu, 1970'li yılların başı aynı zamanda Türkiye'deki partilerin yeniden saflaşmaya başladığı bir dönemdi.

MHP bu dönemde ideolojikleşme ve radikalleşme konusunda mevcut partilerden daha aktifti...

Propaganda konuşmalarında, laikliğin yerini oy avcılığına dönük İslami söylemler aldı. Politikada mistik/dinsel bir yaklaşımı benimsedi. Kırsal alanlar ve varoşlar için bu söyleminin önemli olduğunun farkındaydı.

Bu nedenledir ki, ülkücüler otobüslere bindirilip Adıyaman'daki Nakşibendi Menzil Şeyhi'nin elini öptürülmeye götürülmesine ses çıkarmıyordu.

Tarikatlar Türkeş'i ziyarete ediyor, ona tüfek hediye ediyorlardı!

Türkeş artık pragmatikti: Türkçü söylemlerle sadece üniversitedeki öğrencilerin dikkatini çekeceğini biliyordu. İsteği, İslamcı söylemlerle "köksüzlük sorunu" yaşayan köylü gençleri toplumsal harekete çekmekti.

Laik Türkeş, tarikatlara yakınlaştı. Öncelikli ilk hedefi Orta Anadolu'daki Sünni Müslümanlar'ın oylarını almaktı...

Başarılı da oldu...

Sonuç:

Dün çok acı olaylar yaşadık. Bugün de din ve milliyetçiliği kullanıp, insanların duygularına hitap ederek çok acı olayların yaşanmasına neden olabilirsiniz.

Bizim vatan-millet-din sevgisiyle dolu gencecik çocuklarımızı duygusal birkaç sözle, şarkıyla türküyle kandırıversiniz.

Bu çocuklarımızdan çok rahat katiller çıkarabilirsiniz.

Kimi bunu Türk milliyetciliği adına yapar; kimi Ermeni "kutsal davası" adına cinayet işler...

Aslında milliyetleri ne olursa olsun, katillerin birbirlerinden hiç farkı yoktur...

İşte size ispatı...

İki teröristin şaşırtan benzerlikleri

Adı ister Gazeteci-Yazar Hrant Dink'in katili Türk Ogün Samast, ister Sadrazam Said Halim Paşa'nın katili Ermeni Arşavir Şıracıyan olsun, terörist teröristtir ve benzerlikleri hep şaşırtıcıdır...

Arşavir Şıracıyan XX. yüzyılın başında (1900) İstanbul'da doğdu.

Ogün Samast yüzyılın sonunda (1990) Trabzon'da...

İkisinde de "baba figürü" yoktu; her ikisi de babalarını küçükken kaybetmişlerdi; Arşavir'in babası ölmüştü, Ogün'ün babası ise evi terk etmişti...

Fazla okuyamadılar. İş bulamadılar; işsizdiler.

İkisi de futbolu seviyordu, futbol oynuyordu; başarısız oldular.

Siyasi "bilinçlerini", kitap-gazete-dergi okuyarak değil, arkadaşlarıyla yaptıkları toplu sohbetlerde edindiler.

İkisi de milliyetci birer örgütün mensubuydu:

Evlerinin tavan arasında kurulduğu için birinin örgüt adı "Tavan Taburu"; diğeri mahalle kahvesinde kurulduğu için "Abiler Örgütü"ydü!...

İlk cinayetlerini genç yaşlarında işlediler; Arşavir 20, Ogün ise 17 yaşındaydı...

Her iki suikast de İstanbul'da gerçekleşti; biri Osmanbey Halaskargazi Caddesi'nde diğeri Taksim Tarlabaşı Bulvarı'nda...

Cinayetten önce biri camiye gidip cuma namazı kıldı; diğeri haç çıkarıp dua etti...

Her ikisi de uğura inanıyordu; suikast sırasında birinin uğuru beyaz şapkası; diğerinin ise beyaz yakasız gömleğiydi...

Her iki cinayet sebebi de siyasiydi; gerekçeleri aynıydı: "hain"!..

Ogün Samast, Ermeni gazetesi *Agos*'tan çıkan gazetenin genel yayın yönetmeni Hrant Dink'i vurdu; Arşavir Şıracıyan ise tabancasını aldığı Ermeni gazetesi *Djagadamard*'dan çıkıp –Hıristiyanken Müslümanlığa geçen– Ermeni polis memuru Vahe Essayan'ı...

Suikast silahı her ikisinde de tabancaydı; Ogün üç kurşun sıktı, Arşavir altı kurşun...

Ve her ikisi de cinayetten sonra ara sokaklara koşarak kaçtılar...

Kısa sürede teşhis edildiler; biri hemen yakalandı, diğeri Ermenistan'a kaçtı...

Terörist Arşavir Şıracıyan cinayetlerini sürdürmeye devam etti: Yüzünü tüm detaylarıyla öğrenmek için geceleri yatmadan önce fotoğrafına uzun uzun baktığı Sadrazam Said Halim Paşa'yı 5 aralık 1921'de Roma'da vurdu...

Ogün Samast da, gazeteden kestiği fotoğrafta Hrank Dink'in yüzünü ezberlemişti...

Tıpkı Ogün Samast gibi, Şıracıyan da, Roma'daki suikast için yeni kıyafet almıştı; geniş kenarlı, siyah renkli şapkası ve o dönemde özellikle öğrenciler arasında moda olan siyah renkli boyun bağıyla birlikte...

Ve tarih 17 nisan 1922. Berlin.

Terörist Arşavir Şıracıyan toplu katliam yaptı.

Terörist arkadaşlarıyla birlikte günlerdir peşinde oldukları, Teşkilat-ı Mahsusa'nın iki kurucusu Dr. Bahaeddin Şakir ve Emniyet Müdürü Cemal Azmi'nin izini buldular.

Gece misafirliğinden dönen İttihat ve Terakki'nin önde gelen isimlerinden Resuhi Bey, Cemal Azmi, karısı, annesi, kızı, büyük oğlunun nişanlısı, Dr. Bahaeddin Şakir, eşi ve 13 ay önce eşi Sadrazam Talat Paşa'yı yine Berlin'de Ermeni terörüne kurban veren Hayriye Hanım olmak üzere dokuz kişi kurşun yağmuruna tutuldu.

Hayriye Hanım katil Şıracıyan'ın üzerine atılıp yüzünü tırmaladı ama yine de Dr. Bahaeddin Şakir ve Cemal Azmi'nin şehit olmasını engelleyemedi...

Arşavir Şıracıyan yine yakalanmadı; dört ay sonra Viyana ve Sofya üzerinden İstanbul'a geldi. Ancak fazla kalamadı; Mustafa Kemal ve askerlerinin İstanbul'a gelmesinin ardından terörist arkadaşlarıyla birlikte Fransa'ya kaçtı.

Ve bir daha Türkiye'ye dönemedi...

Arşavir Şıracıyan yıllar sonra anılarını-cinayetlerini *The Legacy* adıyla kaleme aldı. Kitabı Boston'daki Ermeni Hairenik Cemiyeti yayımladı.

1982'de Paris'te *La dette de Sàn*" adıyla Fransızcası çıkartıldı.

Dr. Kadri Mustafa Orağlı, *Bir Ermeni Teröristin İtirafları* adıyla, orijinalliğini koruyarak tercüme etti. (Kastaş Yayınları-mayıs 1997.)

Ogün Samast cezaevinden çıktıktan sonra ne yapar; cinayetini kaleme alır mı gibi soruların yanıtını zamanla göreceğiz...

Sonuç: Adı Arşavir Şıracıyan ya da Ogün Samast olsun; terörün dini, milliyeti ve bir "kutsal amacı" yoktur...

"Hepimiz Ermeniyiz" pankartı ve işte bizim Ermenilerimiz

Hrant Dink'in cenazesindeki "Hepimiz Ermeniyiz" pankartı ve sloganı bazı çevreler tarafından abartılı bulundu, eleştirildi, olay tribünlerde pankart açmaya kadar vardırıldı.

Bazı çevreler "Hepimiz Ermeniyiz" pankartı ve sloganını "hıyanet" olarak değerlendirdi.

Ne acı değil mi? Açılan bir pankartla, atılan bir sloganla "Türklüğümüzü kaybediyoruz" vehimine kapılıverdik!..

Bizim Türklüğümüz ne zamandan beri "pamuk ipliğine" bağlı algılanır oldu. Ve, biz ne zamandan beri "kendimize benzemeyen" "bizden olmayana" karşı hoşgörümüzü kaybettik?

Ne oldu bize?

"Onları" tiyatroda, beyazperdede, televizyonda seyrederken; "onlarla" ağlayıp, "onlarla" gülerken, biz hiç ayrımcılık yapmazdık; aklımıza bile gelmezdi; "biz" kimiz ve "ötekiler" kim sorusu?...

"Hıyanet" gibi ağır bir sözcüğü kullananların, Türk tiyatrosu deyince gururla adını andığımız Naşid Özcan'a ve çocukları Adile Naşit-Selim Naşit'e bir özür borcu yok mu?

Peki ya "diğerlerine"?

Siyah beyaz filmlerin "Horoz Nuri'si" Vahi Öz'ü;Türk sinemasının sevimli, iyiliksever tonton amcası Nubar Terziyan'ı;Yeşilçam'ın en sıcak bakan garsonu/hizmetcisi Sami Hazinses'i; bir dönemin jönü Turgut Özatay'ı;güldüren, kantolarıyla herkesi eğlendiren Toto Karaca'yı bizim hayatımızdan kim çıkarabilir?

Kırkor Cezveciyan'sız yani Kenan Pars'sız bir Türk sineması düşünülebilir mi?

Bu topraklarda kardeşlik lafta değildir; kardeşlik notalara dizilmiştir.

"Sen Ağlama" "Haydi Gel benimle Ol" "Kavaklar" gibi onlarca şarkımızın bestecisi Onno Tunç bizden değil midir şimdi?

Sezen Aksu bizden, Onno Tunç "onlardan" öyle mi?

Şebnem Ferah bizden, Karin Karakaşlı "onlardan"?

Peki Garo Mafyan? O da mı "onlardan"?

Varyan Zilciyan, Serupe Efendi, Bimen Şen, Nubar Efendi, Arşak Çömlekçiyan, Garbis Uzunyan, Hırant Kenkiloğlu, Karnik Garmiryan, Kirkor Çulhayan, Levon Hancıyan, Osep Ağa, Âmâ Sebuh, Tatyos Ekserciyan ve Hamparsum Limoncuyan gibi besteciler olmadan Türk Sanat Müziği düşünülebilir mi?

Zeki Müren'i Zeki Müren yapan biraz da hocası Agapos Alyanak değil midir?

Bu topraklara bunu yapmayın lütfen.

Sünnetli Rober Hatemo, neşeli Hayko ve sivri dilli Arto bizim evladımız değil mi? Silviya N. Bursalıoğlu (Asu Maralman), Mine

Koşan bizim bacımız değil mi? Kıpırdamadan saatlerce duran manken-şair Vahe Kılıçarslan popüler kültürel hayatımızın rengi değil mi?

"Onlarsız" öksüz kalmaz mıyız?..

Bu "hıyanet" lafı bize hiç yakışmıyor.

Dil sürçmesi diyelim.

Geçmişte çok hata yapmadık mı? Hani Nâzım Hikmet vatan hainiydi. Rahmetli Alparslan Türkeş MHP kongresinde Nâzım Hikmet'in şiirini okuyarak büyük ozana hakkını teslim etmedi mi? Kim bugün Alparslan Türkeş'i "hıyanetle" suçlayabilir?

Levon Panos Dabağyan adını duydunuz mu?

İstanbullu'dur, yazardır. CKMP ve MHP'lidir; 1969 Senato seçimlerinde aday olmuştur. Türkeş'in isteğiyle yıllarca *Ortadoğu* gazetesinde makale yazmıştır.

"Hıyanet" sözcüğünü kullananlar, yıllarca Ermeni diasporasının tepkisini alan, "AB Türk düşmanı Ermeni yetiştiriyor" diyen Dabağyan'a ayıp etmiyor mu?

Sadece MHP'lisi değil, TKP'li Vartan-Jak İhmalyan kardeşler, Aram Pehlivanyan (Ahmet Saydan) da bizimdir.

İyisiyle kötüsüyle "onlar" bizimdir; ilk hayali ihraatcımız DP milletvekili Mıgırdiç Şellefyan bile bizimdir!

Bu ağır sözü kullananlar, ASALA terörünü kınamak için 1982'de Taksim'de kendini yakan Ermeni Artin Penik'e özür borçludur...

"Hıyanet" öyle mi?

Tarihimiz, dilimiz yok olmasın diye yıllarca didinen Prof. Pars Tuğlacı'nın yüzüne nasıl bakacağız şimdi?

Yarım asırdır *Kulis* adlı tiyatro dergisini çıkaran 97 yaşındaki tiyatrocu Agop Ayvaz'a bu ağır mı ağır lafı nasıl açıklayacağız?..

Kırkor Zohrap'tan Mıgırdiç Magrasyon'a uzanan edebiyatcılar Anadolu'yu, bizim hikâyemizi anlatmadılar mı, yazmadılar mı?

Soyadını Atatürk'ün verdiği, Türk Dil Kurumu Başkanı Agop (Martayan) Dilaçar değil midir, Türkçemizin yaşamasını sağlayan?

Yapmayın. "Onlar" biziz; biz ise onlar...

"Onların" mantıyı, suböreğini, cacığı, baklavayı sevmediğini mi sanıyorsunuz?

Ulusal bir zafer sonrası Türk bayrağı göklere çekilirken ağlayan Ermeni bir arkadaşınız olmadı mı sizin hiç?

"Onlar" olarak gördükleriniz, Fenerbahçeli, Galatasaraylı, –amigoluğunu yapacak kadar– Beşiktaşlı.

Sevgili çocuklar, arkadaşlar, maçlarda "Ermeni değiliz" diye pankart açıyorsunuz!

Peki: kendi paralarıyla 1912 Stockholm Olimpiyatları'na giden ve Ay Yıldızlı bayrağımızı uluslararası turnuvada ilk dalgalandıranlar Vahram Papazyan ve Mıgırdiç Mıgıryan adını hiç duydunuz mu?

Ya milli olan diğer "bizim" sporcularımız; Harutyan Artan, Zareh Kalpakcıyan, Hagop Yavruyan, Varujan Köseoğlu, Vahriç Melkonyan, Sarkis Güllap'ı kim unutabilir?

"Onlarsız" Türk spor tarihi yazılabilir mi?

"Demir yumruk" Garbis Zakaryan boksta ilk İstiklal Marşı'mızı çaldıran, bayrağımızı göklere çektiren sporcumuzdu.

Zakaryan'ın aynı zamanda Cemal Kamacı gibi –ilk Balkan şampiyonumuzu– yetiştirdi. Garbis Zakaryan ile Cemal Kamacı'nın birbirlerini "öteki" olarak mı gördü?

Osmanlı mimarlığından –yedi kuşak hizmet vermiş– Balyan Ailesi'ni çıkarabilir miyiz? Bırakalım Balyanların yaptığı Çırağan Sarayı, Dolmabahçe Sarayı gibi onlarca (Kuleli Askeri Mektebi, Selimiye Kışlası, Gümüşsuyu Asker Hastanesi, Malta Köşkü vb) övünç duyduğumuz tarihi yapıtı; Bezmiâlem Valide Sultan Camii, Ortaköy Camii, Hamidiye Camii, Pertevniyal Valide Sultan Camii gibi İstanbul'un en güzel camilerini yapan Balyan Ailesi değil midir?

Camiler bizim ise, her tuğlasında, kirecinde, çimentosunda emeği olan Balyanlar da bizimdir. Aksi düşünülebilir mi?

En güzel cami fotoğraflarını Ara Güler çekmedi mi?

Fotoğraflarını çektiği Picasso'ya, Salvodar Dali'ye sorsaydınız keşke; Ara Güler'i kim olarak biliyorlardı? Ben söyleyeyim, "bizden" biri!...

Peki, Osmanlı'dan Türkiye'ye uzanan fotoğrafcılığımızın kurucuları Kevork ve Viçen "Abdullah Biraderler" i kim bizden saymaz?..

Sadece fotoğraf mı? Resim tarihimizden Manas Ailesi'ni çıkarabilir miyiz?

Batı tarzında ilk Osmanlı tiyatrosunun kurucusu Agop Vartovyan (Güllü Agop); ilk opera topluluğunu kuran, ilk Türk opereti *Arif'in Hilesi*'ni besteleyen –Doğu'nun Verdi'si denen– Dikran Çuhacıyan'ı minnetle/övgüyle anmıyor muyuz?

Bugün Devlet Opera Balesi'nin sahnelediği *Carmen*'in, başrol oyuncusu Aylin Ateş'le gurur duymuyor muyuz? Çuhacıyan'dan Aylin Ateş'e uzanan bu tarihsel miras bizim değil midir?

Büyük kurtarıcı Mustafa Kemal, dans öğretmeni Prof. Ardeş Panosyan'ı, diş doktoru Sürenyan'ı "onlardan" mı saydı sanıyorsunuz? Çok yanılırsınız...

Sultan Abdülaziz'in davetlisi olarak İstanbul'a gelen ressam Rus Ermenisi İvan Konstantinoviç Ayvazovski'yi bizden biri olarak bağrımıza basmadık mı? Misafir Ayvazovski'yi bile bağrına basan Anadolu, kendi evlatlarını "onlar" diye nasıl görür?

Yıldız Porselen Fabrikası'nın ilk başdesinatörü Garabed (Şarll) Atamyan'ın "Bende-i Atam" imzalı porselenler en değerli hazinelerimiz arasında değil midir? Binlerce öğrenciyi yetiştiren Prof. Yorgo (Demir) Demirgil gibi öğretmenlerimizi minnetle nasıl anmayız?

Ne zaman "onlar" oldu bizim sevdiklerimiz...

Hz. Muhammed'den, Fatih Sultan Mehmed'den öğrendiğimiz hoşgörüyü ne zaman kaybettik biz?...

Ve biz "hıyanet" gibi ağır sözleri ne kadar kolay telaffuz etmeye başladık... Bu ağır sözcük bu kadar kolay kullanılıp söylenince cinayetlerinde arka arkaya gelmesi sanıyorum kimseyi şaşırtmıyor!

Hrant Dink'ten sonra cinayetler bitti mi?

Misyoner cinayeti

"Tanrı'nın İşçileri" misyonerler 200 yıldır Anadolu'da.

Ama ilk cinayet 2007 yılında işlendi!...

Oysa geçen yıla kadar Anadolu'da misyonerlere doğru dürüst bir saldırı bile yoktu.

Tek saldırı örneği yaklaşık 150 yıl önce olmuştu...

Yıl 1863.

Yer Bitlis.

Kürt Xoyti Aşireti lideri Musa Ağa ve adamları, Heresan mahallesinin çıkışındaki ağaçların arkasına saklanmışlar, gözlerini yola dikmiş, misyonerleri bekliyorlar. Ellerinde sopa var. Hepsi öfkeli...

Öfkeleri Amerikalı misyonerlere...

Kimdi bu Amerikalılar?

Amerikalı misyonerler, merkezi Boston'da olan ve 1810 yılında kurulan "American Board of Commissioners for Foreing Missions" (kısaca ABCFM ya da BOARD) diye bilinen misyoner teşkilatının üyeleriydi.

Bu kuruluş Kalvenci geleneği temsil eden Protestan mezhebine inanan misyoner örgüttü.

Anadolu'yla tanışmalarının tarihi eskiydi.

Anadolu'ya ilk gelen Protestan misyonerler Pliny Fisk ve Levi Parsons adlı iki Amerikalı'ydı.

Tarih 15 ocak 1820. Yer İzmir'di.

Osmanlı Devleti'ne gelen ilk misyoner ise, İngiliz "Church of Missionary Society" adlı kuruluşa bağlı çalışan bir papazdı. Yıl 1815'ti. Yer Kahire'ydi.

Bu öncü misyonerleri zamanla diğerleri takip etti.

Doğu'da misyonerlik faaliyetlerinin başlama tarihi 1850'li yıllardı. İki önemli şube Sıvas ve Harput'ta kuruldu. Sonra diğer bölgelere yayıldılar.

Misyonerlerin amacı neydi?

Misyonerlerin Anadolu'ya akın etmesinin sebebi Hz. İsa'nın Havarilerine söylediği şu buyruğunda gizliydi:"Gidiniz! Gerçeği (İncili) onlara anlatınız."

Soruyla devam edelim:

Niye özellikle XIX. yüzyıldan sonra Anadolu'ya akın etmeye başladılar.

Sorunun yanıtını vermeden önce, misyonerlik tarihi beş döneme ayrılır, ona bakalım:

1. Havariler Dönemi (33-100)
2. Kilise Kurucuları Dönemi (100-800)
3. Ortaçağ Dönemi (800-1500)
4. Reformasyon Dönemi (1500-1650)
5. Reformasyon Sonrası Dönem (1650-1800).

Modern misyonerler dönemi 1793 yılında Misyoner William Carey'ın Hindistan'a gitmesiyle başladı.

Soruya dönersek, evet XIX. yüzyıl ile XX. yüzyıl misyonerliğin altın çağıdır. Çünkü bundan önceki dönemler Avrupa'da din/mezhep savaşlarıyla geçmiştir. Ancak XVII. ve XVIII. yüzyıl aydınlanma/ din reformlarıyla barış sağlanabilmişti. Yani artık, Hz. İsa'nın buyruğu yerine getirecek zemin sağlanabilmişti.

İşin dinsel yönü kadar siyasi yönünün de olduğunun altını çizmemiz gerekiyor. "Altın çağın" bir diğer nedeni de kapitalizmin emperyalizme dönüştürdüğü bir dönem olmasıydı.

Anadolu'da sadece Amerikalı misyonerler yoktu. Her ülkeye mensup misyonerler vardı.

Protestanlar, Katolikler, Ortodokslar'ın ayrı ayrı misyonerleri Anadolu'daydı.

Osmanlı'da misyonerlik faaliyetini daha çok yürütenler Protestanlardı. Katolik Kilisesi ve Rus Ortodoks Kilisesi'nin de faaliyetleri vardı ama bunlar sınırlıydı.

Anadolu'da bunların kendi aralarında birbirleriyle hiç geçinemediklerini de eklemeliyiz.

Bitlis'teki gergin bekleyişi unutmayalım...

Musa Ağa ve adamları dövmek için Amerikalı misyonerleri bekliyorlardı. Böylece başlarındaki "büyük beladan" kurtulacaklardı!

Bu "bela" neydi ki?

Misyoner George C. Knapp 1856 yılında Anadolu'ya gelmişti. O tarihte misyoner sayısı 24'tü. Bütün misyonerler gibi o da Amerikalı yoksul bir ailenin çocuğuydu. İyi eğitimliydi. Misyonerlerin 21 merkezinden biri olan, Bitlis İstasyonu sorumlusuydu. Misyoner katliamının yapıldığı Malatya o yıllar Bitlis'e bağlı, uç istasyondu.

George C. Knapp, 1860'dan itibaren Bitlis'te inşaat çalışmalarını başlatmıştı. İnşaatlardan biri okul inşaatıydı. Aynı yıl inşaatı bitirdiler. Bitlis'e Kız Mektebi açtılar. Okulun müdiresi Matmazel Mishery'ydi.

Okulun 50 öğrencisi, dört öğretmeni vardı; üçü Osmanlı biri Amerikalı.

İki yıl sonra aynı mahalleye erkek okulu açtılar. Bu okulun da 64 öğrencisi, dördü Osmanlı biri Amerikalı beş öğretmeni vardı. Okulları yetimhane binası takip etti.

Bitlis Amerikalı misyonerlerin "egemenliğindeydi!"

Keza Siirt Fransızlarındı; sadece onların okulları vardı!

Bir misyoner kuruluşunun olduğu yerde diğeri bulunmuyordu.

Amerikalı misyonerler, niye Bitlis'te olduklarını soranlara hep aynı yanıtı veriyorlardı: Yoksullara eğitim ve sağlık hizmetleri götürmek için.

Musa Ağa ve adamları bu okullara mı kızmışlardı?

Hem evet hem hayır. Çünkü elimizde bilgi yok.

Bilinen şu: Misyonerler geldikleri Anadolu halkının kültürüne yabancıydılar. Geldikleri topraklarda medrese dışında öğrenim kurumu yoktu. Onlar okul açtılar. Açtıkları okullardan bazıları kızlar içindi.

Amerikalı misyonerler Bitlis bölgesindeki okul sayısını zamanla beşe çıkardılar. Bunlar arasında Rahipler Mektebi ve Sanayi Mektebi de vardı.

Müslümanlar bu "gâvur" okullara çocuklarını göndermiyorlardı; ama başlı başına okul düşüncesi bile tepki alıyordu.

Sadece okul açılması değildi tepkilere neden olan. Yaptıkları binaların tarzı bile sevilmiyordu! Kadın misyonerlerin giysileri, şapka takmaları ve ata binmeleri hayretle karşılanıyordu. Misyonerlerin kendi ülke bayraklarını binalarına asmaları yerel halk tarafından hoş görülmüyordu.

Misyonerlerin yerel insanlarla diyaloglarında, geleneksel davranış kalıplarına uymamaları da sorun çıkarıyordu. Bölgenin feodal hiyerarşik ilişkilerini umursamıyorlar; herkese eşit davranıyorlardı.

Halk merak içinde ama uzaktan misyonerleri izliyordu. Aile olarak hep birlikte, üstelik masada yemek yiyorlardı. Masalarında Anadolu'da olmayan yiyecekler vardı; patates gibi...

Geceleri gaz ocağı yakıyorlardı. Bu aydınlanma cihazıyla da ilk kez tanışıyorlardı.

Misyonerlerin müzik aletleri de farklıydı. Piyano, akordeon çalıyorlardı. Ellerinde dürbün, fotoğraf makinesi vardı.

Ellerinde kısa zamanda yazdıkları ve bugün hâlâ kullanılan İngilizce–Türkçe–İngilizce sözlük kitabı *Redhouse* vardı.

Ve çok çalışkandılar.

Misyonerler, Anadolu halkına "uzaylı" gibi görünüyordu.

Hatta öyle ki, Harput'un ileri gelen üç müftüsü ziyaret ettikleri misyoner Henry Riggs'e depremin ne zaman olacağını sormuşlardı!

Ve klasik insan davranışıdır; insan anlamadığına düşman olur!..

Musa Ağa ve adamları da misyonerlere düşman olmuştu...

Musa Ağa ve eli sopalı adamlarını çok bekletmeyelim...

BOARD'nın Bitlis bölgesi sorumlusu George C. Knapp ve misyoner arkadaşı Dr. George C. Raynolds okuldan çıkıp atlarıyla Musa Ağa ve adamlarının olduğu yere doğru ilerlemeye başladılar.

Misyoner Knapp tanıdığı şehrin ileri gelenlerinden Musa Ağa'yı görünce, elini kaldırıp selam verdi: "Hello!"

Sonrası malum...

Musa Ağa ve diğer saldırganlar, kendilerine saygısızlık yapıldığı için misyonerleri dövdüklerini söylediler. Tahrik edilmişlerdi! Sonra da eklediler; "Onlar zaten İngiliz ajanı!"

Dünden bugüne Anadolu'daki "gerekçelerin" hep aynı olması rastlantı mı?

Devlet, Musa Ağa ve adamlarına pek bir şey yapmadı. Zaten devlette, misyonerlere yönelik derin bir güvensizlik vardı. Devlet katında misyoner, yabancı güçlerin ajanıydı.

XIX. yüzyıl sonu ve XX. yüzyıl başında, başta Ermeni sorunu olmak üzere devlet, Anadolu'daki her olayın günah keçisi olarak misyonerleri görmeyi tercih etti!

Bu toprakların yazgısıydı bu kolaycılık anlayışı: Olayların sebebi olarak iç çelişkiler yerine, yabancı etkileri temel sorun olarak görmek!

Ermeni ayaklanmalarında bazı misyonerlerin rolü yok mudur; vardır elbet!

Ama tek neden bu mudur?

Malatya'daki katliamın bir tek sebebi bu olabilir mi?

Rahibeye ağlayan Müslüman Türkler

Misyonerler Anadolu'da anlaşılmamıştır; hep şüpheyle karşılanmıştır; yer yer dayak da yemiştir gibi, genel düz bir yorumun çıkarılmasını istemem.

Bir başka örnek olay anlatmalıyım:

Misyonerler 1850'lili yıllardan beri Sıvas ve Divriğ'de görev yapıyorlardı. Ama yaşanılan bir olay misyonerlerle yerel halk arasında büyük bir dostluk kurdu.

Yıl 1891. Yer Sıvas.

Orta Anadolu'nun bu büyük şehrinin insanları kolera salgınıyla kırılıyor.

Nüfusu 40 000. Salgın bin beş yüz insanın hayatını kaybetmesine neden oldu. Beş bin kişi de hasta.

Salgına karşı en büyük mücadeleyi Cizvit misyonerleri yürüttü.

Çünkü: Misyonerler, Hz. İsa'nın Tanrısal gücünün bir kısmını hastaları iyileştirmekte kullandığına inandıkları için tıbbi yardımları başlıca faaliyetleri arasına almışlardı.

Bu nedenle kolera tedavisi konusunda uzman misyoner Peder Rougier ile Saint Joseph rahibeleri aylarca Sıvas'ta çalıştılar. Sonunda kolerayı yendiler.

Bu arada bu salgın hastalık Tokat ve Kayseri misyonerleri arasında da birer can aldı. Çalışmaları nedeniyle Başrahibe Marie Therese'e Fransız hükümeti tarafından şeref madalyası verildi. Rahibe Marie Therese yıllarca Sıvas'ta sağlık hizmetleri çalışmaları yaptı.

Vefat ettiğinde binlerce Müslüman Sıvaslı rahibenin cenazesine katıldı. Gözyaşı döktü...

"Ya futbolcu ya imam!"

Mesele ne misyonerlik ne İncil ne de yabancı düşmanlığı aslında.

Görünür gerekçe o sadece.

Kimse televizyonlardaki pop star yarışmalarına binlerce gencin katılmak için neden başvurduğunu tartışmıyor.

Kimse futbol maçlarındaki bıçaklama olaylarını konuşmuyor.

Kimse yoksulluğun, işsizliğin, lümpenliğin nedenlerini analiz etmiyor.

Kimse gelir dağılımı adaletsizliğinin nelere yol açacağını değerlendirmiyor.

Kimse 30 yıldır süren iç savaşın nelere yol açtığını söylemiyor.

Bakın. Bu cinayetler sonuç değil, başlangıçtır.

Kâğıt üzerinde milli gelir 7 500 dolar diye göstererek sorunları çözemeyiz; kendimizi kandırıyoruz.

Sorunu polis-adliye önlemleriyle de engelleyemeyiz. Cezaevlerindeki ranzalarda ikişer üçer kişinin yattığını biliyor musunuz?

Ne "teşhis" koyabiliyoruz ne de "tedavi" yöntemini tartışıyoruz. Oyalanıyoruz.

Çözümü cezada arıyoruz- bilmiyoruz ki, ne kadar çok ceza verirseniz o kadar çok suç üretilir.

Ya da sorunu hep görünürde, elle tuttuklarımızda arıyoruz.

Polis beceriksiz... TV dizileri yönlendiriyor... Milliyetçilik dalgası...

Bir de her taşın altında aradığımız yabancı devletler şüphesi var elbet!

Nedenleri, sorumlulukları başkalarının üzerine atarak sorunlarımızdan kurtulacağımızı sanıyoruz.

Şark aklı budur işte!

Yine öyle yapacağız.

Bulacağız görevini yapmayan bir iki emniyet görevlisi! Rahatlayacağız.

Ya da yine "derine" dalıp, "derin ilişkiler" peşinde koşacağız. Aydınlatalım derken bulandıracağız.

Unutmayın, en çok zarar verenler en yararlı olmak isteyenlerdir!

Bir de, her siyasal grubun diğerini suçlamasını izleyeceğiz.

Aslında tüm bu olanların nedenini, 10 yaşındaki bir yoksul çocuk, "büyüyünce ne olacaksın" diye soran TV muhabirine söylemişti: Ya Futbolcu! Ya İmam!

Burada söylenen ne bildiğimiz futbolcu ne de imamdır.

Burada söylenen şudur: Ya zengin olurum, ünlenirim ya da din düşmanlarıyla savaşırım!

Malatya vahşetini, ünlü olamamış bu çocuklar gerçekleştirmiştir.

İyi hayat sunamadığımız çocuklarımızın sayısı her geçen gün artmaktadır.

Mesele iktisadidir, kültüreldir. Siyaset bunlardan çok sonra gelir...

Ve anlatmalıyız çocuklarımıza, insanın doğruluğuna kesinlikle inandığı şeyler, asla doğru olmayan şeylerdir!...

Bu topraklar hoşgörünün kâbesiydi.

Bunu bilmeliyiz.

Bilmeyenlere anlatmalıyız...

Biz size ırkçılık yapmadık Bayan Merkel

Başbakan Angela Merkel'in hazırlattığı göç yasası Almanya'daki 2,5 milyon Türk'e yönelik etnik ayrımcılık yaptığı için yoğun eleştirilere uğradı.

Türk işçilerinin Almanya'ya ne zaman, neden gittiğini hemen hepimiz biliyoruz. Peki, Almanlar'ın bir dilim ekmek için Osmanlı'ya göç ettiğini bilir misiniz? Ya da Osmanlı'nın göç yasasından haberdar mısınız?

İşte Alman göçmenlerin Osmanlı serüvenleri...

XIX. yüzyılın başı...

Almanya'nın birliğini sağlamasına daha on yıllar vardı. Yani Prusya, Bavyera, Saksonya gibi düklükler, krallıklar, beylikler birleşmemişti.

Bu topraklardan ilk göç dalgası 1815'de başladı. Sebebi kuraklığın getirdiği yoksulluktu. Alman yoksulları bu tarihte özellikle iki ülkeye akın ettiler; Amerika ve Rusya.

İkinci göç dalgası 1830'da başladı. Sebep aynıydı; ekonomik kriz, siyasi bunalımlar, salgın hastalıklar...

Başta Hamburg Limanı olmak üzere bölgedeki tüm limanlardan binlerce yoksul, aç, hasta Almanya, Amerika ve Rusya'ya göç ediyordu. Göçmen sayısının fazlılığı üzerine –ki sayı yaklaşık 5 milyondu– Amerikan Kongresi, Almanların gelmemesi için kısıtlayıcı kararlar aldı. O tarihlerde "Almanlar Dışarı" sloganı doğdu Amerika'da. Rusya da parasız pulsuz göçmen istemiyordu! Zaten vize uyguluyordu.

Rusya ve Amerika'nın katı tutumu yüzünden Almanlar yeni yerleşim yerleri aramaya başladılar. Osmanlı toprakları; Balkanlar ve Anadolu çok cazipti Alman için.

Balkanlar'da ilk, Kuzey Dobruca'daki Türk köyü Akpunar'a yerleştiler. Osmanlı yönetimi Almanlar'a karşı hoşgörülüydü. 1848'de Babadağ Kaymakamlığı yerleşmeleri için Almanlara bölge tahsis etti. Toprakların tapusunu verdi. Kilise açmalarına izin verdi. Almanların kurdukları bu yerleşim yerinin adı "Atmagea"ydı. Bunu "Malkoci", ve "Kataloi" gibi Alman yerleşim yerleri takip etti.

Balkanlar'a fazla sayıda Alman gelmedi. Bunun nedeni bölgedeki milliyet ve din çatışmalarının yoğun olmasıydı. Göçmen Almanlar, Rumeli'ndeki varolan devlet düzeninin sürekli olarak korunamayacağını düşünüyorlardı.

Almanlar için yeni hedef Anadolu'ydu...

Alman Arkeolog Ludwig Ross "vatandaşlarına" Akdeniz kıyılarına yerleşmelerini öneriyordu.

Almanlar özellikle XIX. yüzyılın ikinci yarısından sonra Anadolu'ya gelmeye başladılar.

Alman Türkolog Dr. Robert Anhegger'e (-Bedri Rahmi ve Sabahattin Eyuboğlu'nun eniştesidir-) göre, 1860'larda İzmir bölgesinde Alsaslı ve Bademli'de Alman kolonileri kuruldu.

Bazı Alman göçmenler ise Burgaz'a yerleşmişlerdi.

Osmanlı yönetimi Alman göçmenlerin gelmesinden memnundu. Çünkü Anadolu'daki taşra nüfusu giderek azalmaktaydı. Özellikle 1839'taki veba salgını binlerce insanın canını almıştı. Anadolu'nun acil nitelikli işgücüne ihtiyacı vardı. Bakir topraklarının işletilmesi gerekiyordu.

Osmanlı yönetimi çok sayıda göçmenin Anadolu'ya gelmesi için göç yasası çıkardı.

9 mart 1857'de *Journal de Constantinople* adlı gazetede Osmanlı yönetiminin göçmenlerle ilgili çıkardığı yasa yayınlandı.

Habere göre, yasa göçmenlere her türlü kolaylığı sağlıyordu.

İşte Osmanlı'nın göç yasasından bazı başlıklar:

- Göçmenler çiftçi ve zanaatçı olacak,
- Göçmenler isterlerse Osmanlı uyruğuna geçebilecek,
- Tam bir din özgürlüğü olacak,
- Devlete ait topraklardan uygun olanlar göçmenlere verilecek,
- Rumeli'nde 6, Anadolu'da 12 yıl vergi alınmayacak,
- Rumeli'nde 6, Anadolu'da 12 yıl askerlik yükümlülüğü olmayacak,
- Devlet tarafından verilen araziler 20 yıl sonra göçmenler tarafından satılabilecek,
- Göçmenler sabıkasız olacak,
- Başlangıç sermayesi için 1 300 Fransız Frangı getirilecek,
- Ülke içi taşıma masraflarını Osmanlı yönetimi karşılayacak.

Aynı gazetede, Sadrazam Mustafa Reşid Paşa'nın başta Polonyalı olmak üzere Avrupalı göçmenlere kendi çiftliklerinde yerleşmeleri için çağrı yaptığının haberi vardı. Sadrazam'ın sadece Tesalya bölgesinde 17 çiftliği vardı!

Osmanlı Devleti'nin göçmen yasası Avrupa'nın diğer ülkeleri gibi Almanya'da da hayli yankı buldu.

Bu arada, 12 nisan 1857'de *Allgemeine Augsburger Zeutung* gazetesinde Osmanlı topraklarına göç etmek isteyen Almanlara öğütler veren makale çıktı. Ama makale biraz alaycı bir üslupla yazılmıştı:

Osmanlı'ya göç edecek Alman, gecelik takkesi ile içki şişesini Almanya'da bıraksın. Tütünü de bıraksa iyi olur.

Her türlü taassuptan kaçınsın, ancak hem kendi hem de diğer insanların dini inançlarına saygı göstersin.

Göçecek olanlar aralarındaki anlaşmazlıkları toprağa gömsün.

Komünistler, ateistler Osmanlı'dan uzak dursun; onların öğretilerine kimse kulak asmaz.

Koşullar ne olursa olsun, yerli kadınlarla uygunsuzluğa kalkışmasın.

Ermenilerle asla para ilişkisine girişmesin.

Ölçülü olmayı ve temiz yaşamayı kendine alışkanlık edinsin.

Osmanlı'nın çıkardığı göçmen yasası her ne kadar iyi niyetle çıkarılmışsa da Anadolu'ya gelen Alman sayısı beklendiği gibi çok olmadı. Ama sayıları az olsa da gelenler de oldu. Bursa'daki bir iplik fabrikasında çalışan Alman işçiler; Ankara'da hekim olarak çalışan Alman doktorlar gibi...

Anadolu'ya gelen Almanlar'ın en başarılısı, Hıristiyan sosyalizminin öncü savaşçısı olarak bilinen Karl Mez'di...

Alman Karl Mez, 1840 yılında geldi Amasya'ya. İyi cins ipek sağlamak amacıyla bir işletme kurdu. Şirketi kısa sürede çok büyüdü. Almanya'dan işçi getirmeye başladı. Sayıları zamanla o kadar çoğaldı ki, Mez 1858'de Almanya'dan Protestan bir papazla, bir öğretmeni de Amasya'ya getirdi.

Şirketin müdürü Georg Krug'un evi "misyon evine" dönüştürüldü. Mez aynı zamanda misyonerlik çalışması yapıyordu. Hıristiyan sosyalist Kral Mez'in amacı, bu küçük Alman kolonisi örnek yaşam tarzıyla yerli halkın takdirini kazanmaktı.

Mez'in öngördüğü "Tanrının buyrukları doğrultusunda uygun davranışta" bulunmayan Alman işçiler geri gönderildi.

Mez'in misyonerliği şirketi kadar başarılı olamadı. Özellikle Mez ölünce oğulları ve kolonideki diğer ikinci kuşak heyecanını yitirmişti. Koloni dışarıdan evlenmeler, Almanya'ya geri dönmelerle zamanla çok küçüldü.

Amasya'daki papazın ölümüyle buradaki Protestanların dini işleri İstanbul Alman Protestan cemaatinin papazınca yürütüldü.

Amasya'daki Alman kolonisi Birinci Dünya Savaşı'nın sonuna kadar varlığını sürdürdü. Savaş sonrasında Müttefikler'in talimatıyla Mihver Devletler'in yurttaşı olan herkesin Türkiye'den ayrılması istenince Amasya'daki kolonının varlığı son buldu.

Dün, Osmanlı Alman göçmenlere kapılarını sonuna kadar açarken; bugün Almanya'nın geçmişi hafızalardan silen yeni göç yasası tarihe karşı vicdansızlık değil midir?..

Almanya'daki bu yeni göç yasası, Alman vatandaşı Alman ile Alman vatandaşı Türk'ün eşit olmadığını, olamayacağını gözler önüne seriyor! Almanya'nın bu "etnik ayrımcılığı" Alman Cumhurbaşkanı'ndan veto yer mi bilinmez.

Bilinen, ırkçı Adolf Hitler iktidara geldiğinde Alman vatandaşlarını Ari olup olmamasına bakarak korkunç bir elemeye tabi tutmasıydı.

Türkiye o yıllarda, solcu, Yahudi, liberal kim olursa olsun, Hitler rejiminin gazabına uğrayan Alman vatandaşlarına kapısını açan bir ülke oldu. Türkiye kaçanlardan (ve daha sonra 1948 ve 1951'de Berlin Belediye başkanlığına seçilen) Ernst Reuter kimlik konusunda şöyle diyordu: "Kimlik belgeleri kim olduğumuzu bilmemiz için değil, –çünkü kim olduğumuzu biliyoruz– bize yasallık veren bir kimliğe sahip olmamız için vardır.

Biz kim olduğumuzu biliyoruz. Peki Avrupalı bizim kim olduğumuzu biliyor mu? Avrupa'daki Türk imajı nasıl doğdu? Türk imgesi zaman içinde nasıl şekillendi? Ve bugün Avrupa'da Türk saplantısı var mı?

Peki Avrupalı'ya göre biz kimiz?

Tarih: 1 nisan 2004.

Yer: Strasbourg.

Avrupa Parlamentosu (AP) olağan toplantılarından birini yapıyor. Türkiye Raporu'nu görüşüyor.

Ve kurul, o güne kadar AP'nin pek görmediği uzunlukta bir toplantıyla sonuçlandı.

40 milletvekili söz almıştı! Kimi ekonomik ve siyasi reformlardan, kimi yeni bir anayasaya ihtiyacıdan, kimi insan haklarından kimi de demokratikleşmeden bahsetti.

Sık değinilen konu ise ordunun ülke politikası üzerindeki etkisiydi!..

Sonuçta rapor oylandı:

Olumlu: 211 Olumsuz: 84 Çekimser: 46.

13 milletvekili de rapora şerh düşmüştü.

AP tarihinde ilk kez bir oylamada bu kadar çekimser oy çıkmıştı.

Ve ilk kez bir rapora bu kadar çok şerh konmuştu!

AP Genel Kurulu'nda olanların bir "alt metni" vardı kuşkusuz ve bu yüzyıllardır Avrupa'da oluşturulan "Türk imgesi"yle yakından ilgiliydi...

İspanya'da "Türk" adı, "*coco*" yani umacıyla eşanlamlı kullanılmaktadır. İtalyanların korku deyimi, "*Mama, i Turchi*", yani "Anneciğim, Türkler"dir!

"Türk" adı sadece Osmanlı'yı değil, tüm Müslümanları kapsıyordu. Ve Avrupalılar adlarını duydukları ama görmedikleri Türkler konusunda hep efsaneler üretti. Bu efsanelerde Türk tipi, muzaffer, korkak, disiplinli, acımasız, hükmedici, kibirli, aşırı gururlu, kaba, miskin, cahil ve Hıristiyanları yok etmek isteyen zalimdi.

Avrupalı'nın kafası hep karışıktı aslında.

Ama bir noktada anlaşıyorlardı: Ortak düşman!

1453'te İstanbul'un fethi dönüm noktası oldu.

Haçlı Seferleri dönemlerinde Türkler Doğu'da yaşıyordu ve kötü bir masal kahramanıydı.

Ama şimdi artık Avrupa sınırlarına dayanmıştı.

Ve Türk ordusu gerçekti!

Korkuyorlardı.

Korkularını abartıyorlardı; Türkler, İstanbul'da büyük zalimlikler yapmıştı!

Türkler kötüydü, Türkler zalimdi, Türkler hırsızdı...

Bu korkuları Kilise provoke ediyordu.

"*Torxuere*" (işkence) Türk kelimesinden türetilmişti!

XVI. yüzyılda korktukları başlarına geldi.

Türk ordusu Avrupa'yı fethe çıktı:

Belgrad, Budapeşte ve Viyana Kapıları...

Türkler ile Avrupalılar arasında, nefret ve küçümsemeyle ama aynı zamanda merak ve gizlenilemeyen hayranlıkla yoğrulmuş sancılı bir ilişki dönemi başladı.

Zamanla korku yerini meraka ve cazibeye bıraktı.

Sahi kimdi bu Türkler?

Türk ordusu Batı'ya doğru ilerlerken, Avrupalılar o tarif edilemez korkularının yanında; ordunun ihtişamına, yeniçerilerin görkemine, mehter müziğinin estetiğine içten içe hayranlık duymaya başladılar.

Padişahın adı "Soliman el Magnifico" yani "Muhteşem Süleyman"dı artık!...

Avrupa'nın Türk'e bakış açısı Avrupa'nın laikleşmesiyle değişti. Kilise ve dinin devlet katından ayrılması, başlıca çatışma nedeni olarak görülen dinin, sahneden çekilmesine neden oldu.

Tehdit algılaması yerini anlamaya bıraktı.

Kuşkusuz bu olumlu havanın doğmasında Avrupalı seyyahların izlenimlerinin de katkıları vardı.

Bakış açısının değişmesinde etkisi var mıydı, bilinmez; bu yüzyılda Türk ordusunun ilerlemesi duraksamıştı.

XVIII. yüzyıl Avrupa'nın Türk'e bakışını olumlu anlamda geliştirdi.

Türk ordusu geri çekiliyordu. Korku dönemi bitmişti. Üstelik o yıllar Avrupa'da "Turqueire" modası canlandı. Soylular Türk kıyafeti giyerek resimler yaptırmaya başladı.

Türk modası zamanla oryantalizmin doğmasına neden oldu...

XVIII. yüzyılda Viyana'da yapılan bir yağlıboya tabloda Avrupa'da yaşayan halklar tasvir edilmişti. İlginçtir Türkler ile Yunanlılara, ayırt edilmeden aynı grup içinde yer verilmişti. Bu iki halkın özellikleri benzerdi ve şöyleydi:

İsimler: Türk veya Yunanlı.
Hali tavrı: Değişken nisan havası gibi.
Karakteri ve özellikleri: Genç bir şeytan.
Zekâsı: Üstün zekâlı.
Özelliklerin kazanılması: Şefkatli ve yumuşak.
Bilimi: Ucuz politikacı.
Giyimi: Karı gibi.
Kötü özellikleri: Daha da hain.
Sevdiği şey: Kendini sever.
Hastalıkları: Zafiyet, güçsüzlük.
Ülkesi: Dünya güzeli.
Savaş yeteneği: İşe yaramaz, tembel.
Allah'a inancı ve ibadeti: Onun gibi bir şey.
Yöneticilerini nasıl tanırlar: Bir despot.
Fazlasıyla mevcut olan: Yumuşak ve zarif şeyler.

Vakit geçirme biçimleri: Hastalanmakla.
Hangi hayvana benzediği: Kedi.
Hayatı nasıl biter: Dolandırıcılıkta.

XIX. yüzyıl Osmanlılar'ın çözülme sürecinin başladığı dönemdi. Avrupalı artık, medeniyetin temeli olarak gördükleri Antik Yunan'la ilgilenmeye başlamıştı. Türkler, Avrupa medeniyetinin kurulduğu topraklarda Hıristiyanları idare eden despotlar olmuştu yine. Yeni imaj, Ortaçağ'da yaratılandan farklı değildi.

Türk barbardı... Türk külhanbeydi... Türk kan emiciydi... Türk hilebazdı... Gran Turco yeniden Le Turc'e dönüşüvermişti...

Martin Luther dilde yenilik yaptığında yeni kelimeler üretti ki bunlardan biri de hile yapmak anlamina gelen "Türken" fiiliydi!

Traji komiktir; o yıllar siyasi, ticari ve kültürel alanlarda Türklerin kendilerini Avrupa'ya kabul ettirmeye çalıştıkları dönemdi. Hem kamusal alanda, Tanzimat, ticari antlaşmalar ve Islahat fermanlarıyla... Hem de bireysel olarak, saraylar, konaklar, araba sevdaları ve alafranga yaşamla...

Avrupa'nın Türkleri bir türlü kabul etmemesi iki dünya arasına sıkışıp kalan bazı aydınları medeniyeti reddetme noktasına getirdi.

Tıpkı bugünkü AB karşıtlığı gibi.

Peki: "Türkleri yenmek" Avrupalıların zihninde mi?

AB'nin kuruluşunun 50. yıldönümü törenlerinde, Almanya Başbakanı Angela Merkel'in, Fransa Cumhurbaşkanı Jacques Chirac'a, üzerinde Napolyon'un 1799'da Mısır'da Osmanlıları yenişini anlatan bir kabartma bulunan bira kupası hediye etmesi bunun göstergesi mi?

İşte o gün, 1 nisan 2004 günü Avrupa Parlamentosu, yüzyıllar içinde inşa edilmiş "Türk imajı" nedeniyle sarsıntılı bir gün geçirmişti aslında. Sanki yıllar içinde oluşan "Türk imgesi" yerini "Türk ordusu"na bırakmıştı.

O gün toplantıda en çok eleştiriyi Türk Genelkurmay'ın almasının "alt metnini" bilmem anlatabildim mi?

Ünlü eserlerde Türk imgesi

Mozart, Beethoven, Puşkin, Tolstoy, Rossini, Verdi, Dürer, Renoir, Shakespeare, Cervantes, Machiavelli, Voltaire, Luther, Toynbee, Flaubert, Turgeyev, Liszt...

Avrupalı bazı düşünürlere, sanatçılara göre Türk imajı neydi?

Wolfgang Amadeus Mozart mehter müziğinden en çok etkilenen besteciydi. Diğer usta besteci ise Ludwig van Beethoven'dı. *Derviş Korosu*, *Atina Haberleri* ve *Vittoria Savaşı* adlı eserlerinde mehteri geniş ölçüde kullandı.

Ama Mozart'ı, Beethoven ve diğer bestecilerden ayıran bir fark vardı; o sadece mehter müziğinden etkilenmedi, doğrudan doğruya Türkleri konu alan, "*Sihirli Flüt*" ve *Saraydan Kız Kaçırma* gibi eserler yazdı.

Mozart hep Türk dostu olarak bilindi. Öyle ki, II. Abdülhamid, Salzburg'taki Mozart Dostları Derneği'ne bağışta bulundu!

"Mösyö Kreşendo" G. Rossini Türkleri konu alan dört eser yazdı. En bilineni Fatih Sultan Mehmed üzerine yazdığı *Sultan II. Mehmed*'di. Ancak 1826'da Yunan bağımsızlığından etkilenen Rossini, bu esere üçüncü bir perde ekleyerek Yunan propagandası yaptı.

İtalya'da Türkler üzerine çok sayıda operalar yazıldı. P. Bonarelli, "II Solimano" adlı Kanuni Sultan Süleyman'ı anlatan operası İtalya'nın en eski tragedyalarından biriydi.

Türklerle en az ilgilenen Giusseppe Verdi oldu. Bir tek operası vardır: *Korsan*.

XIX. yüzyılın önemli bestecilerinden Franz Liszt, 1847'de Türkiye'ye geldi; Beyoğlu'nda Nuruziya sokak No 19'da yaşadı. Sultan Abdülmecid'e konserler verdi. Padişah için yazılan bir marşı yeniden düzenledi ve bu nedenle kendisine nişan verildi. Ama Liszt'in yazdığı bu marş sonradan kayboldu!

Hayatlarında hiç Türk görmemişler, hayali tablolar yapmışlardı. Alman ressam Albrecht Dürer çizdiği, *Türk Hükümdar* adlı gravürü Avrupa'da oluşmaya başlayan "despot" imgesinin bir göstergesiydi.

Rönesansın önde gelen ressamlarından Andrea Magtegna, resimlerinde Türklere yer veren ilk ressamdı.

Floransalı Mediciler, Avrupa'da Türklerle ilgili eserleri toplayan ilk aile oldu. Bu eserlerin en görkemlisi Medici Ailesi'nden Floransa Grandükü II. Ferdinand'ın başında sarıkla Türk giysileriyle poz vermiş tablosuydu.

Harem, odalık, çokeşlilik, genelev vb. Batı'nın hep ilgisini çekti.

Fantezilerinin merkeziydi Doğu!

1851'de İstanbul'da kısa bir süre kalan Gustave Flaubert, kahramanına ilk cinsel deneyini, sahibinin Müslüman bir kadın olduğu Türk Evi'nde (Chez la Turque)/genelevde yaşatıverdi.

O dönemde genelev işleten bir Türk kadını!

Ünlü Fransız ressam Pierre Renoir, *Harem* adlı tablosunda Türk genelevine göndermelerde bulunur.

Sadece cinsellik değil; "Türk barbarlığı"da sıkça işlendi

Shakespeare, *Othello*'yu, "başı sarıklı, çok zararlı Türk" diye konuşturdu.

Don Kişot'un yazarı Miguele de Cervantes, İnebahtı, Navarin ve Modon'da Türklere karşı savaştı. Yaralandı. Sol elini kullanamaz oldu. Yaşamının beş yılını Türk esiri olarak Cezayir'de sürgünde geçirdi. Cervantes'in, Türkler konusunda kafası karışıktı sanki. Türklerin hoşgörüsünü överken, zalim olduklarını da yazmadan edemiyordu.

Rus yazar Aleksandr Puşkin gezi edebiyatı türünde bir başyapıt sayılan *Erzurum Yolculuğu* başlıklı eserinde Türkler konusunda nesneldi.

Aynı nesnelliği diğer Rus yazar İvan Turgenev'de yoktu. *Arefe* adlı eserinde, inandırıcılıktan uzak, kaba bir Türk düşmanlığı yapıyordu.

Lev Tolstoy ölümsüz yapıtı *Anna Karenina*'da Osmanlı-Sırp Savaşı'nı anlattı. Türk düşmanlığı ya da Sırp dostluğu yapmadı; hangi amaçla kimler arasında olursa olsun savaşın acımasızlığını anlattı.

Osmanlı'nın misafiri olan bir diğer ünlü isim ise Alphonse de Lamartine'di. İzmir Tire'de kendine verilen arazide bir süre yaşayan Lamartine, *Osmanlı Tarihi* adlı eserinde Haçlılara karşı Türklerin safında yer tuttu.

İngiliz tarihçi Arnold Joseph Toynbee Anadolu'ya gelip yerinde izlediği Türk-Yunan Savaşı'nda, Yunanlıların işgalini eleştirip askerlerinin yaptığı vahşetini yazınca, Oxford Üniversitesi'ndeki kürsüsünden oldu!

Avrupa'daki "kötü Türk imajı" oluşmasında Martin Luther'in etkisi yadsınamaz.

Luther için Türk, Tanrı'nın gazabıydı.

Machiavelli'den Montesquieu'ye kadar Avrupalı düşünürler Doğu despotizminin medeniyete düşman olduğunu yazıp durdular!

İlginçtir, Avrupalı düşünürlerin bu bakış açısı Marx ve Engels gibi komünistleri bile etkilemişti. Yine de Marx ölmeseydi, ziyaret edeceği yerler arasında İstanbul da vardı...

Tüm Avrupalı münevverler böyle düşünmüyordu kuşkusuz.

Fransız filozof Voltaire, Müslümanların eşitçiliğinden bahsedip, misafirperverlik gibi insancıl özelliklerinden hep övgüyle bahsetti.

Sosyolojinin "babası" sayılan, pozitivistlerin başı Auguste Comte, Mustafa Reşid Paşa ve Midhat Paşa'ya imparatorluğun ıslahı için yeni politik yollar öneren mektuplar gönderdi.

Bizim kuşak olumsuz Türk imajını doğuran film olarak 1978 yapımlı, Alan Parker'in yönettiği *Gece Yarısı Ekspresi*'ni bilir.

Bir önceki kuşak ise, yedi Oscarlı, 1962 yapımlı *Arabistanlı Lawrence*'dan haberdardır.

Bu filmde, İngiliz casus Lawrence Araplar için hep iyilikler yapar! Türkler ise acımasızdır; zavallı Arap köylerini bombalar durur! Eh tabii Arap kadınlarına da tecavüz eder!Böylesine bir çiğ filmin, yedi Oscar alması ise hayli dikkat çekicidir!

Kuşkusuz yanlış anlamalar-anlaşılmalar zamanla törpülenecektir... Öyle ki bugün İngiltere'de tarih kitaplarının yeniden yazılması gündemde. Ve bu gündem İngiltere'de yeni bir tartışmaya da neden oldu.

Eşitlik ve İnsan Hakları Komisyonu Başkanı Trevor Philips, Türkler'in, İngiltere-İspanya Savaşı'nda Kraliçe I. Elizabeth'i kurtardığını, bunu tarih kitaplarına yazmak gerektiğini söyledi.

İngiliz *Daily Mail* gazetesi, "Şimdi de azınlıkları mutlu etmek için mi tarih kitaplarımızı değiştireceğiz" başlığını attı. İngiliz milliyetçileri, "İngiltere tarihi şanlı zaferlerle doludur, kimsenin yardımına ihtiyacımız yok" diye tepki gösterdi.

Yani mesele döndü dolaştı yine bizim başımıza "patladı!"

Londra Üniversitesi'nden Jerry Brotton, Kraliçe'nin, Osmanlılar'dan yardım istediği mektubu, 2004 yılında ortaya çıkardı. Ancak bu belgeye karşı çıkanlar da oldu. Dr. Simon Adams, "Mektup 1585'te yazılmış. Yani savaştan tam üç yıl önce" diyordu.

Tartışmalar hâlâ sürüyor...

Peki bizim açımızdan gerçek ne?

Bakire Kraliçe'nin bekâretini kim korudu?

"Bakire Kraliçe"yle ilgili tartışmalara geçmeden önce yazımıza bir tespitle başlayayım:

Deniyor ki, *Altın Çağ* filminde I. Elizabeth "Türk Sultanı'yla mı evleneyim?" sözünü müstehzi bir ifadeyle söyledi!

Sanıyorum kendisiyle alay ediyordu! Ya da filmi çekenlerle!

"Bakire Kraliçe" (1533-1603) XVI. yüzyılda yaşadı.

Bu yüzyılda Osmanlı Devleti bir dünya imparatorluğuydu; Mısır, Tunus, Libya, Cezayir, Yemen, Hicaz, Suriye, Kıbrıs, Azerbaycan, Gürcistan, Kırım, Romanya, Macaristan, Bulgaristan, Yunanistan vb Osmanlı'nın hâkimiyet alanıydı. Osmanlı kara ordusu Viyana kapılarında, donanması Fransa'nın Nice kıyılarındaydı. Karadeniz ve Kızıldeniz tamamen Türk iç denizi, Akdeniz ise "Türk gölü"ne dönüşmek üzereydi.

Böyle bir imparatorluk karşısında, sosyal ve politik meselelerle uğraşan, İspanya'nın her an yutmaya hazır olduğu bir İngiltere Kraliçesi, Türk padişahından alay eder gibi bahsedecek öyle mi? Hadi oradan!

Kraliçe I. Elizabeth biyografisine geçmeden önce dönem şartlarını bilmemiz gerekiyor. Bunun içinse bir aşk hikâyesi hakkında bilgi sahibi olmamız şart!

I. Elizabeth'in babası VIII. Henry farklı bir kraldı.

1491'de dünyaya geldi. 11 yaşında, İspanya Kralı Ferdinand'ın dul kızı Aragonlu Catherine'le evlenmesine karar verildi.

18 yaşında hem kral oldu hem de dünya evine girdi.

25 yaşında Anne Boleyn adlı genç bir kıza âşık oldu.

Evlenmek istedi. Ama...

Ama İngiltere, Batı Avrupa ülkeleri gibi Katolik'ti.

Katoliklerde boşanma ancak Papa'nın izniyle olabiliyordu.

Henry, Papa'dan boşanmak için gereken izni alamadı. Katolik İspanya'nın kralı da bu boşanmaya karşı çıktı ve Kraliçe Catherine aracılığıyla İngiliz sarayındaki ağırlığını sürdürmek istedi. Papa'ya baskı yaptı.

Diğer yanda Kral Henry de İspanya'nın, içişlerine müdahalesinden rahatsızdı. Sonuçta: Bir yıl önce Martin Luther'in tüm kitaplarını yaktıran, Protestanları idam ettiren ve bu nedenle Papa tarafından "Dinin Savunucusu" unvanını alan Kral Henry, yeni bir kilise ve mezhep kurdu: Anglikanizm.

Görünür neden aşk gibi gözükse de, iki ülke arasındaki kıyasıya çekişme, İngiltere reformlarını ateşleyen fitil oldu. Böylece Avrupa'da doğmakta olan Rönesans İngiltere'ye geldi.

Bu gelişmenin bir diğer boyutu ise, İngiltere'de burjuvazinin tarih sahnesine çıkmasıydı; bu yeni üretim biçimi kendi değerlerini topluma kabul ettirmek istiyordu.

"Reformist" Kral Henry bu arada âşık olduğu Anne Boleyn'le gizlice evlendi.

Aynı yıl, 7 eylül 1533'te I. Elizabeth doğdu. Ancak şansızdı: Teninin fazla beyaz olması nedeniyle hayalet olduğu söylenerek cellada teslim edildi. Elizabeth, annesi Boleyn sayesinde kurtarıldı.

Elizabeth kurtarıldı ama annesi üç yıl sonra, başka erkeklerle zina yaptığı gerekçesiyle kafası uçurularak idam edildi.

Kral Henry on gün sonra Jane Seymour'la evlendi.

Jane Seymour, bir yıl sonra Kral Henry'e en büyük armağanı verirken; Prens Edward'ı doğururken öldü.

Kral Henry 1543'te ölünce, Edward 9 yaşında, "VI. Edward" olarak tahta çıktı. VI. Edward 16 yaşında çocuksuz olarak ölünce, I. Elizabeth'in diğer üvey kardeşi (Kraliçe Catherine'in kızı) I. Mary, Kraliçe oldu. İlk kez İngiltere tahtında bir kadın oturdu.

I. Mary de çocuksuz öldü ve böylece I. Elizabeth 17 kasım 1558 tarihinde 25 yaşındayken tahta çıktı.

Evet, bu bilgilerden sonra Kraliçe I. Elizabeth'in "müstehzi ifadeyle konuşması" meselesine gelebiliriz...

Önce bir olgu: XVI. yüzyıl boyunca en güçlü Hıristiyan devleti İspanya'ydı. Osmanlı ise yazdığım gibi bir dünya deviydi. Bu iki süper güç yüzyıl boyunca birbirleriyle çatıştı. Osmanlı, siyaseti gereği, Katolik İspanya'ya karşı, hep Protestan Hıristiyanların koruyucusu oldu.

İspanya tahtında Kral II. Felipe (1527-1598) vardı. Sadece İspanya'nın değil Sicilya, Napoli, Portekiz ve Hollanda'nın da hükümdarıydı. Venedik, Ceneviz, Malta kontrolü altındaydı.

I. Elizabeth'in üvey kız kardeşi Mary'yle dört yıl evli kaldı. Mary ölünce tahta geçen Kraliçe I. Elizabeth'le de evlenmek istedi. Olmadı.

İspanya, İngiltere üzerindeki nüfuzunun bitmesini, hele hele Protestanlığın gelişmesini istemiyordu. "Bakire Kraliçe"yi gözüne kestirdi!

I. Elizabeth'i zor günler bekliyordu. Kendisi ve ülkesi tehdit altındaydı. İmdadına Osmanlı yetişti.

Osmanlı, önce İngiliz ticaretini destekledi. 11 eylül 1581 anlaşmasına göre, İngiliz gemileri Akdeniz'deki Türk limanlarına rahatça girip ticaret yapabilecekti.

İspanya Kralı II. Felipe, Osmanlı'yı karşısına almak istemedi; ince bir diplomasi yürütüp, "barış çubuğu" içmek istedi.

Bu hal, Fransa ve İngiltere'yi korkuttu; biliyorlardı ki Osmanlı yanlarında olmazsa, İspanya onları yutardı.

Osmanlı, II. Felipe'ye yüz vermedi. İngiltere'nin koruyuculuğuna devam etti. İlk İngiltere elçisi William Harborne, 26 mart 1583'te İstanbul'a gelerek göreve başladı.

O tarihlerde Osmanlı tahtında Sultan III. Murad (1546-1595) vardı. Osmanlı, topraklarını genişletmeyi sürdürdü: Fas, Lehistan, Tebriz ve Şirvan gibi İran'ın bir bölümü vb.

Kraliçe I. Elizabeth, Osmanlı yönetiminin gönlünü hoş etmek için, yalnız padişahı değil, padişahın annesi Valide Sultan Nurbanu'yu, eşi Safiye Sultan'ı, hocası Sadeddin Efendi'yi, vezirlere, Kaptanı Derya Kılıç Ali Paşa gibi komutanları hediyelere boğdu. Mektuplarında, "putperest" dediği Katoliklere karşı Türklerin yardımını istedi. Kendini İslam'a yakın göstermek için, Protestanlık'ta da tıpkı Müslümanlık'ta olduğu gibi resimlere ibadetin yasak olduğunu yazdı.

III. Murad yanıt mektubunda şöyle dedi:

> Siz dahi südde-i sa'adetime ita'at ve inkıyada sabit-kadem olup, ol caniblerde vâkif ve muttali olduğunuz ahbarı arz ve ila'm etmekden hali olmıyasız.

Kısaca, "Siz büyük bir mutlulukla Osmanlı'ya bağlandınız, gerisini merak etmeyiniz" diyordu.

Osmanlı desteğini alan I. Elizabeth, 1588'de "İspanya Armadası" denilen deniz savaşında İspanya'yı yendi. Osmanlı donanması bu savaş sırasında İspanyol gemilerini Akdeniz'de oyaladı ve savaşın, dolayısıyla tarihin seyrini değiştirdi.

Bu savaş sonrasında İngiltere büyük bir güç olarak tarih sahnesine çıkarken, Protestanlık artık durdurulamaz oldu.

Sonuç olarak, kim ne derse desin, hangi filmi nasıl çekerse çeksin; I. Elizabeth bekasını, yani kalıcı olmasını ve ölümsüzlüğünü Osmanlı Padişahına borçluydu!

Peki:"Bakire Kraliçe" istese Osmanlı Padişahı'yla evlenebilir miydi?

I. Elizabeth 17 kasım 1558 tarihinde iktidar koltuğuna oturduğunda, Osmanlı Sarayı'nın tahtında Kanuni Sultan Süleyman vardı.

Aralarında 39 yıl gibi büyük bir yaş farkı vardı.

Üstelik Sultan Süleyman, baş kadını Hürrem Sultan'a hâlâ âşıktı. Ayrıca iki eşi daha vardı: Mahidevran Kadın ve Gülfem Hatun.

Kraliçe Elizabeth'in kafasındaki "Doğu" ve "Türk" imajı nasıldı, bilmiyoruz. Ama Harem öyle uzaktan görüldüğü gibi Batı masallarına pek benzemiyordu.

Sultan Süleyman'ın eşleri arasında özellikle Hürrem Sultan ile Mahidevran Kadın arasında sürekli saç saça kavga vardı. İki sultanı, ancak Padişah'ın annesi Valide Hafsa Sultan araya girip durdurabiliyordu.

Kayınvalide Hafsa Sultan Saray'a cariye olarak alınmış ve Yavuz Sultan Selim'in karısı olmuştu. İddiaya göre Leh Yahudisi'ydi.

Diğer sultanlar gibi, Hürrem Sultan da bu topraklara yabancıydı. Batılı tarihçilere göre Hürrem Sultan'ın gerçek adı: Roxelana, Roza, Rossa, Rosanne, Ruziac veya La Rossa'ydı.

İtalyan ve Fransız olduğu iddia edilmekle birlikte, kökeni kesin olarak bilinmiyordu. Rus Papaz Rogatino'nun kızı olduğu da, Kırım Hanı Mengli Giray'ın kızı olduğu da söyleniyordu. Kimilerine göre ise Hazar Yahudisi'ydi.

Dünyayı titreten Sultan Süleyman, Hürrem Sultan'ın bir sözünü iki etmiyordu. Bir hükümdarla köle kökenli bir kadın arasındaki bu tutkuyu yadırgayan halk, Hürrem Sultan'ın padişaha büyü yaptırdığına inanıyordu.

Kim ne yaparsa yapsın, ne derse desin sonunda Hürrem Sultan amacına ulaştı:

Sarayın tek hâkimi oldu. Böylece Osmanlı tarihindeki "kadınlar saltanatı" Hürrem Sultan'la başladı.

Kraliçe I. Elizabeth, Sultan Süleyman'ı eş olarak seçmemekle kendisine ve ülkesine iyilik yapmıştı. Yoksa Hürrem Sultan'dan çekeceği vardı!

Kraliçe I. Elizabeth'in koca adayları arasında, Kanuni Sultan Süleyman'dan sonra tahta geçen II. Selim (1524–1574) de vardı.

Kraliçe I. Elizabeth, Hürrem Sultan gibi bir kayınvalide ister miydi, bilinmez!

Ama II. Selim'in eşi Nurbanu Sultan da çok dişliydi.

Nurbanu Sultan kimi tarihçilere göre Venedikli, kimilerine göre ise Yahudi'ydi! Ahmet Refik gibi tarihçiler, Nurbanu Sultanı Yahudileri devlet işlerine karıştırmakla suçladılar hep. Yahudi iş kadını Ester Kira'yla olan ticari ilişkileri bu iddiayı güçlendiriyordu. Nurbanu Sultan, tıpkı kendisini yetiştiren kayınvalidesi Hürrem Sultan gibi devlet işleriyle yakından ilgilendi.

Kraliçe I. Elizabeth, II. Selim'e eş olabilir miydi? Sanmam. Padişah eşi ve kızlarından çok çekmişti ve kraliçeyi görecek gözü yoktu.

Peki, Kraliçe I. Elizabeth tahtın bundan sonraki hâkimi III. Murad'la evlenebilir miydi?

Bunun yanıtı için sadece bir örnek olay yazalım:

Nurbanu Sultan kocası II. Selim vefat edince, ölüm haberini kimseye bildirmedi. Kocasının cesedini, oğlu III. Murad Manisa'dan İstanbul'a gelip tahta oturana kadar sarayın buzhanesinde sakladı.

Kraliçe I. Elizabeth kuşkusuz Nurbanu Sultan gibi sert bir kayınvalide istemezdi. Ama III. Murad'ın eşi Safiye Sultan da Valide Sultan'ı aratmayacak bir kişilikteydi.

Safiye Sultan'ın biyografisi hakkında türlü iddialar var:

Adriyatik denizinden bir gemiyle geçerken korsanlara esir düşmüş, önce Ferhad Paşa'ya sonra güzel ve zeki oluşu nedeniyle Osmanlı Sarayı'na satılmıştı.

III. Murad Safiye Sultan'ı çok sevdi. Ama...

Bu durum annesi Nurbanu'yla aralarının açılmasına neden oldu.

Nurbanu Sultan, gelini Safiye Sultan'ı gözden düşürmek için oğluna dünyalar güzeli cariyeler sundu. Ne yapsa ne etse III. Murad'ı Safiye Sultan'dan vazgeçiremedi.

Nurbanu Sultan ölünce, Safiye Sultan Osmanlı Sarayı'nın tek hâkimi oldu. Rahmetli kayınvalidesi Nurbanu Sultan'ın Yahudi Ester Kira'yla yürüttüğü ilişkileri bile devam ettirdi!

Kraliçe I. Elizabeth'le iyi ilişkiler kurdu.

XVI. yüzyıl artık geride kalıyordu.

Kraliçe I. Elizabeth hâlâ bekârdı. Ama artık yaşlanmıştı.

Safiye Sultan'ın oğlu III. Mehmed tahta çıktığında 29 yaşındaydı. Kraliçe ise 58 yaşında.

Bu evlilik gerçekleşebilir miydi?

Sultan III. Mehmed'in gözü Handan Sultan'dan başkasını görmüyordu. Dolayısıyla bu evliliğin gerçekleşmesine de olanak yoktu.

Kraliçe I. Elizabeth ile Sultan III. Mehmed aynı yıl 1603'te vefat ettiler.

Şaka bir yana, gelelim sorumuza:

Hani filmde Kraliçe soruyor ya, "Türk Sultanı'yla mı evleneyim?" diye. Öncelikle belirtelim: "Seçen" Kraliçe değil, Osmanlı padişahı olurdu. Ve "veraset" meselesi yüzünden "Bakire Kraliçe"nin de pek şansı yoktu.

Yazmadan edemeyeceğim: İngiltere feodalizmi tasfiye edip "kapitalizm"in çarklarını döndürüp toplumu harekete geçirirken, Osmanlı siyasi açıdan dünya devi olmasına rağmen, ticari hayatındaki dinsel gelenekçilik yüzünden hem ticari hem de kültürel anlamda gericileşme sürecine girdi.

Bugün durum ortada, İngiltere nerede biz neredeyiz?

Onlar Kraliçe I. Elizabeth için film üzerine film çekiyor.

Biz her şeyi sineye çekiyoruz!

Tartışmıyoruz bile...

Bakire Kraliçe I. Elizabeth bugün İngilizler için kahramandır. İngiliz "milliyetçiliğinin" temelini o atmıştır.

Özellikle son yıllarda "İngiliz milliyetciliğinin" giderek artması, I. Elizabeth dönemini araştıran, yorumlayan çalışmaların yapılmasına neden oldu.

Bu minik bilgilerden sonra dönelim bize.

Kraliçe I. Elizabeth'in yaşadığı XVI. yüzyıl Osmanlı Sarayı'ndan bazı başlıklar verelim:

Osmanlı tarihindeki "kadın saltanatı" bu yüzyılda başladı.

Niye? Kimdi bu kadınlar?

Sultanların kökenleri konusunda elimizde doğru dürüst bilgi yok.

Ama bu padişah eşleri kadınlar ülkenin iktisadi işleriyle bile ilgilendi.

Nurbanu Sultan ve Safiye Sultan başta Ester Kira olmak üzere Yahudi sermayesiyle çok sıkı ilişki içine girdi.

Niye Yahudi sermayesiyle? Hıristiyan tüccarlar bu ilişkilere nasıl bakıyordu?

Osmanlı sadrazamı, elçisi, doktoru vb XVI. yüzyılda neden artık Yahudi'ydi?

Saray'da Yahudi nüfuzu neden artıyordu?

Nurbanu Sultan'ın damadı Sokollu Mehmed Paşa'nın hem doktoru hem siyasi danışmanı Yahudi Salomon ben Nathan Aşkenazi'ydi.

Nurbanu Sultan'ın diğer damadı Siyavuş Paşa, Yahudi Benveniste'yi diplomat olarak kullanıyordu.

Peki, tüm bunlar şaşırtıcı mı?

Hayır.

Bakınız bizim tarihimizde, "1492'de İspanya'dan kovulan Yahudilere Osmanlı kapısını açtı" cılız cümlesi dışında bu konuyla ilgili pek çalışma yapılmamaktadır.

Niye?

Oysa: 1492'de Osmanlı'ya gelenler, doktor, fizikçi, kimyacı, matematikçi, müzisyen vb "kalifiye" elemanlardı.

İspanya, Endülüs'te dünyanın en ileri ilim adamlarını barındıran Yahudi toplumu, gelip sığındığı Osmanlı topraklarında neler yaptı?

Osmanlı'yı siyasi, iktisadi ve kültürel olarak nasıl etkiledi?

Endülüs'ten gelen Yahudi "devrimciliği" antitezini oluşturup Osmanlı'yı "muhafazakarlığa" mı iteledi?

Biliyoruz ki, XVI. yüzyıl Osmanlı'nın Avrupa kapılarına dayandığı yüzyıldı. Sonra duraklama ve gerileme dönemi başladı.

Buna etki eden faktörlerin başında Osmanlı pazarındaki amansız Yahudi-Hıristiyan kapışmasının etkisi var mıydı?

Soru çok. Uzatmayayım.

Bu konuda birkaç cılız çalışma dışında bizde neden hiç araştırma yoktur?

Kraliçe I. Elizabeth'in yaşadığı XVI. yüzyıl dönemine ilişkin olarak ülkesinde romanlar yazılır, tiyatrolar oynanır, diziler, filmler çekilir.

Biz de ise sadece "aktarmacılık" vardır. İngiliz doğru, yanlış ya da eğik yazar biz olduğu gibi doğru kabul ederiz.

Örneğin: Bizim tarih yazıcılığımız da, Osmanlı Sadrazamı Mustafa Reşid Paşa "büyüktür!"

Peki niye büyüktür? "Büyük" sıfatını kim vermiştir?

1838'deki İngiliz-Osmanlı Ticaret Antlaşması'yla, Türk Müslüman tüccar ve esnafını yok eden bu sadrazam değil miydi?

Bize reform diye yutturulan Tanzimat Fermanı'nı, Avrupa'nın istediği açık pazar düzeninin gerekli kıldığı mali ve idari reformlar için çıkarmadı mı?

İlk dış borçlanmayı o yapmadı mı?

En çok rüşveti yiyen o değil miydi?

Yabancı devletlerin desteğini alarak makam ve mevki kapma dönemi onun döneminde başlamadı mı?

Ve bizim tarih yazıcılığımız Mustafa Reşid Paşa'yı, "Büyük Sadrazam" diye yazmaktadır!

Neden?

Çünkü: Biz de Anglosakson tarih yazıcılığı hâkimdir.

Bu ezberi bozmalıyız. Kim "büyük" kim "küçük" tanımalıyız...

Bu "büyük sadrazam"ın bir marifetini yazalım, büyük müymüş hep birlikte görelim...

6. bölüm

Casuslar dünyası

Fransa Ulusal Kütüphanesi'nin (Bibliothèque Nationale) değerli ve nadir eserlerin bulunduğu bölümünde, Osmanlı istihbarat örgütünün nasıl kurulduğunu anlatan bir kitap var.

Kitabın basım tarihi, 1891. Yazarı, Spiridon Mavrogenis, namı diğer Mavroyani Paşa.

Mavroyani Paşa saray doktoruydu; Sultan II. Abdülhamid'in özel hekimiydi.

Bir hekimin istihbaratla-casuslukla ne ilgisi olabilirdi?

Osmanlı tarihi konusunda nitelikli eserleri bulunan Prof. Taner Timur'a göre, saray doktorlarının çoğu çift taraflı ajanlık yapıyordu! Azınlık tebaasından olmaları, yabancı dil bilmeleri, onları yabancı ülkeler için cazip kılıyordu.

Dr. Mayroyani ajan mıydı? Tarihçilere göre, evet. Osmanlı istihbaratı hakkında yazdığı kitap, karanlık işler içinde olduğunun kanıtı olarak ileri sürülüyor. II. Abdülhamid gibi herkesten şüphelenen birinin en yakınındaki ajanı fark etmemesi de, tarihin cilvesi olsa gerek!

Neyse...

Konumuz Dr. Mavroyani değil, onun yazdığı istihbarat kitabı...

Mavroyani Paşa'nın yazdığına göre, Osmanlı istihbarat örgütü İngiliz Büyükelçisi Stratfort Canning'in çabalarıyla kuruldu!

İngiliz Elçisi Canning, gizli bir haber alma teşkilatı kurulması için Sadrazam Mustafa Reşid Paşa'yı ikna etmişti.

Şaka gibi, devletin gizli olması gereken istihbarat birimini yabancı bir elçi kurduruyor!

İkna olan Sadrazam Mustafa Reşid Paşa, "madem elçiye söz verdik, ayıp olmasın" diye, Avrupa'da görev yapan Osmanlı elçilerini görevlendirdi: "Herkes bulunduğu ülkenin gizli polis teşkilatını inceleyip geniş bir rapor hazırlayacak!"

İlk kapsamlı raporu Paris Elçiliği'ndeki Sefels Soldenhof Efendi hazırladı. Napolyon Bonapart döneminde gizli emniyet teşkilatı kuran Vidocq'un örnek alınmasını önerdi.

Diğer elçiliklerden de benzer notlar, bilgiler geldi.

Elçiliklerden gelen tüm raporlar İstanbul'da kime teslim edildi dersiniz?

Rum Civinis Efendi'ye!

Çünkü: İngiliz Elçisi Canning, istihbarat şefi olarak Cividis Efendi'yi uygun görmüştü!

Eee Sadrazam Mustafa Reşid Paşa da, yakın dostu Elçi Canning'i kıramamıştı! Öyle ya, İngilizlerden gizlimiz saklımız mı vardı?

Bir daha hatırlatayım; istihbarat teşkilatı kuruluyor; futbol takımı değil!

Osmanlı istihbaratının başına getirilen Rum Civinis Efendi kimdi?

Mavroyani Paşa'nın hemşerisiydi; ikisi de Ege'nin en güzel adası Mikonosluydu. Bu nedenle Mavroyani Paşa, kitabında hemşerisi Civinis'i öve öve bitiremiyor...

Osmanlı'nın ilk istihbarat şefi hakkında bilgiler sınırlı.

Mavroyani Paşa, Civinis Efendi'nin biyografisini Rusya'dan başlatıyor.

Civinis Efendi, yıllarca Sen Peterburg'ta yaşıyor, Saray'da Çariçe'nin özel hizmetçilerinden biri olmayı beceriyor. Bu arada önemli görevdeki bir subayın kızıyla da evleniyor.

Ancak, Civinis Efendi "şeytana uyup bir gün yoldan çıkıyor", Çariçe'nin mücevherlerini alıp kayıplara karışıyor.

Civinis Efendi sonra Anadolu'da görülüyor; sıkı durun- üzerinde imam kıyafeti var! Üstelik cami cami dolaşıp vaaz veriyor.

Görünen o ki, dünden bugüne değişen bir durum yok; bizim zavallı halkımız üzerinde dini sembolleri olan birini gördüğünde hemen inanıyor!

Neyse...

Civinis Efendi sonra Ege Denizi'nde yatıyla gezen zengin bir İtalyan rolünde ortaya çıkıyor; adı "Comte de Riveroso"!

Ve yat bir gün İstanbul'a demir atıyor.

Bu kez adı: "Civinis Efendi"!

Rum asıllı, Fransızca ve İngilizce konuşan, kibar ve zarif Civinis Efendi herkesin ilgisini çekiyor. İngiliz Elçisi Canning'in takdimiyle Sadrazam Mustafa Reşid Paşa'yla tanışıyor. Sadrazam Civinis'den çok etkileniyor. Civinis Efendi'yi hemen "albay" yapıyor ve bir de görev veriyor; "Osmanlı istihbarat örgütünü kurar mısınız?" Neden olmasın? Adamın işi bu be!..

İstihbarat örgütünün başına geçen Civinis Efendi ne yapıyor?

İstanbul'un tanınmış tüccarlarının, paşalarının vb özel hayatlarını izletiyor, toplattığı dedikoduları rapor haline getiriyor. Kim kiminle gibi, mahrem yaşamlar ilgilendiği yegâne konu oluyor.

Peki, Civinis Efendi'nin raporlarında siyaset, ekonomi, dış politika, yabancı ülkeler hakkında bilgiler var mıydı? Tabii ki yoktu!

Osmanlı hızla çökerken, istihbarat örgütü sadece mahrem hayatla ilgileniyordu! Almanya ve İtalya yeni emperyal güç olarak tarih sahnesine çıkarken, İngiltere, Fransa ve Rusya dünyayı parsellerken, Civinis Efendi sadece dedikoduyla uğraşıyordu.

Karşı casusluk faaliyeti kontrespiyonaj için parmağını bile oynatmıyordu. Kuşkusuz tüm bunlar bir İngiliz entrikasıydı.

Osmanlı sonunda dayanamadı, bu ilk "kurumsal" istihbarat birimini lağvetti. Hayır, dönen dolapları anladığından değil; raporlarda ortaya çıkan mahrem hayatlardan rahatsız olduğu için kapattı. Yine eski yöntemine döndü; kendi muhbirleriyle yetindi...

1863'te istihbarat teşkilatı bir kez daha kuruldu.

Başına bu kez Ermeni iş çevrelerinin baskısıyla "Baron C" getirildi. Yeni şef, Civinis Efendi'yi aratmadı. Hazırladığı bir raporu, hem Osmanlı'ya, hem de el altından Viyana'ya verdiği ortaya çıkınca kovuldu...

Görünen o ki, tarih yazan Osmanlı çöküş günlerinde yabancı istihbarat ajanlarının elinde oyuncak olmuştu.

Öyle ki, Yemen ayaklanmasında İtalya adına casusluk yapan Doktor Adriano Lanzoni'ye, "savaşta gösterdiği yararlardan" ötürü nişan taktı!..

Uzatmayalım, Osmanlı'nın, milli bir istihbarat örgütü ancak 17 kasım 1913'te "Teşkilat-ı Mahsusa"nın kurulmasıyla gerçekleşti...

Bundan önce Osmanlı birkaç istisna dışında genelde hep seyirciydi... Ve İngilizler bu topraklarda istedikleri kadar "at oynattı!"

Bunu kendi özel istihbarat raporlarından da görebilirsiniz...

İngiliz Raporları'ndaki Türkler

Ankara Büyükelçisi Loraine'in, 1938 yılında gizlilik kaydıyla Londra'ya gönderdiği "Notes On Leading Turkısh Person Alities" adlı raporu, genç Türkiye Cumhuriyeti yöneticileri, aydınları, gazetecileri hakkında bakın ne diyor:

Yunus Nadi Abalıoğlu
Gazeteci. Kısa boylu ve şişmandır. Kelebek gözlük takar. Herhangi bir rüzgâra kapılmaya meyillidir. Vicdansız alçak adamın tekidir.

Celal Nuri İleri
Gazeteci. Müthiş Batıcıdır. Akıllı. Saman altından su yürüten biri. Komünist eğilimi olduğu düşünülüyor.

Ahmet Ağaoğlu
İslamiyet'i seçmiş Kafkas kökenli bir Yahudi'nin oğlu. Rus gizli servisinde çalıştı. 1926'dan sonra İngiliz düşmanlığı azalır gibi oldu.

Yakup Kadri Karaosmanoğlu
Minyon. Önemli özelliği olmayan bir dış görünüşe sahip. Eşi hoş ve İngilizce bilen biri.

Reşid Saffet
Lozan görüşmelerinde Türk delegasyonunun sekreterliğini yaptı. Karaktersiz bir adam olarak tarif edilebilir. İçki içtiğinde seçkin hanımlara sarkıntılık eder.

Ahmed Ferid
Bolşevik yanlısıydı. Fırsatçı ve prensipsiz. Çekici karısı Londra Büyükelçiliği'ndeki başarısında ona yardımcı oldu.

Kâzım Özalp
Büyük olasılıkla Alman ve Bolşevik karşıtı. Poker hastası.

İbrahim Tali Öngören
Doktor. Öküz kafalı, kısa boylu.

Cevat Çobanlı
Çok fırsatçı ve çıkarcı bir kişiliğe sahip. Eski kafalı. Az miktarda içki içiyor ve dua okuyor.

Hasan Saka
Bolşevik sempatizanıydı. Çekici değildir. Külhanbeyi gibidir.

Ali Çetinkaya
Bayındırlık Bakanı iken, yabancı şirketlerin millileştirilmesi için çalıştı.

Fethi Okyar
Moğol yüzlü. Alçakgönüllü bir insan. İngilizce bilen çok çekici karısı var.

İngiliz Elçisi Percy Loraine, 96 Türk hakkında kişisel görüşlerini böyle yazdı. Bu tür değerlendirme raporu yazan ilk İngiliz o değildi.

İngiliz Elçilik görevlisi G. Barclay'ın 18 ocak 1907'de yazdığı 43 No'lu Rapor'da bakın neler var:

Sadrazam Kâmil Paşa
Kıbrıs asıllı Musevi'dir. Yetenekli ve namusludur. Rodos'a sürülmüştür ve burada İngiliz Konsolosluğu'na sığınmıştır.

Said Paşa
Eski sadrazam. Küçük Said Paşa denir. Çok enerjik ve hırslıdır. Vatanını müthiş sever. Aşırı derecede zekidir. Çok sabırsızdır. Eskiden İngiliz dostuydu, sonra Rus taraftarı oldu.

Hariciye Nâzırı Ahmed Tevfik Paşa
Diplomatik yeteneği yoktur. Karısı Alman olmasına rağmen Almanlardan şüphelenir.

Ferid Paşa
Sadrazam. Almanlar tarafından desteklenmektedir. Devamlı Almanya'yı destekler.

Şeyhülislam Mehmed Cemaleddin Efendi
Avrupalılarla az temasa geçer, aydın bir kişidir.

Dahiliye Nâzırı Memduh Paşa
Gayet dar kafalı ve Hıristiyanlara düşmandır. Muhtelif zamanlarda İngiliz çıkarları yanında hareket etmiştir. Utanmaz derecede rüşvet yemesiyle ünlüdür.

Başkâtip Tahsin Paşa
Şahane bir kâtip ve jurnalcidir. Evine su gibi akan parayı, gayet savurgan ev halkı etrafa saçmaktadır.

Mabeyinci Ragıp Paşa
Sultan'a etki edecek kişilerin en önemlilerinden biridir. Saray etkisini kullanarak büyük servet kazanmıştır. İngiliz çıkarlarına yatkındır.

Mehmed Nuri Bey
Chateauneuf isimli bir Fransız'ın oğludur. Fransa'da tahsil yapmıştır. Saray casusudur. Dış görünüşünün bütün güzelliğine rağmen tamamen çürümüş bir insandır.

Bizim tarihçiliğimizde İngiliz istihbarat raporları önemli bir kaynak olarak kullanılır. Bu örneklere bakarak tarih yazıcılığımız hakkında umarım biraz bilgi sahibi olmuşsunuzdur... İngiliz tarih yazıcılığı eskisi gibi olmasa da yine ağırlık taşımakla birlikte Amerikan kaynakları yavaş yavaş onların yerini alıyor. Tıpkı Türk istihbaratıyla ilişkiler konusunda, İngiliz MI6'nın yerini İkinci Dünya Savaşı'ndan sonra Amerikan CIA'in alması gibi...

Yeri geldi belirteyim: Bir kitap yazmak istiyordum. Adı: Betty Carp.

Ancak CIA ajanı İstanbullu Betty Carp hakkında yeterli bilgiyi bulamadım.

Bulduklarımı sizle paylaşayım...

CIA'i İstanbul'da kuran kadın: Betty Carp

ABD'nin 1939 yılında Türkiye'de görev yapan toplam; bir büyükelçi, üç diplomat ve iki askeri ataşesi vardı. İstihbarat çalışmalarını askeri ateşe düzeyinde yürütüyordu. İkinci Dünya Savaşı her şeyi değiştirdi.

Amerikalılar, savaş döneminde CIA'in "selefi" Office of Strategic Services'i (OSS) sivil istihbarat örgütü olarak düzenledi.

OSS kurucusu (CIA ilk başkanı) Allen Dulles'ın kafasında bir isim vardı. Amerikan İstanbul Konsolosluğu'nda santral memuresi olarak çalışan, 1898 İstanbul doğumlu Macar kökenli Betty Carp.

Allen Dulles, Betty Carp'ı, dışişleri memuru olarak bir dönem çalıştığı İstanbul'da tanımış, zekâsına işbitiriciliğine hayran olmuştu.

Bettey Carp, 16 yaşından beri Amerikalılarla çalışıyordu. İngilizce, Fransızca, İtalyanca, Almanca, Rumca ve Türkçe biliyordu. İstanbul ve Ankara'nın önde gelen isimleriyle dosttu. İlişkilerine bakınca, aslında o çoktan santral memuresi konumu aşmıştı. Belki de dışarıya gösterilen görevi oydu. Kim bilir.

Betty Carp, 9 ocak 1942 tarihinde Amerika'ya gitti. Gidişin sözde gerekçesi, Dulles'ın hukuk bürosunda çalışmaktı. Hukukun hangi dalında çalışacağını soranlara, espriyle karşılık veriyordu: Boşanma!

Amerika'da istihbarat eğitimi alan Bayan Carp, İstanbul'a dönüşünde OSS'yi kurdu ve kısa sürede hayli büyüttü.

İki yıl içinde Amerikalı personel sayısı; bir büyükelçi, on bir diplomat, yirmi bir sekreter, büyük bir askeri kola yükseldi.

Ayrıca, Beyoğlu İstiklal Caddesi'nde "Savaş Enformasyon Bürosu" açıldı. Burada yirmi Amerikalı ve yüzü aşkın yerel muhbir çalışıyordu.

Betty Carp'ın yıllar içinde yaptığı çevresi Amerikalıların hayli işini kolaylaştırdı.

Örneğin: OSS, dönemin Türk gizli servisinin (MAH) başkanına "Aunt Jane" (Jane Teyze) adını vermişti. "Aunt Jane"nden özellikle Bulgaristan konusunda çok istihbarat alıyordu...

Amerikan istihbaratçılarının "Jane Teyze" kod adını verdikleri Türk istihbaratçı MAH Başkanı Naci Perkel'di. Perkel 1941-1953 yılları arasında MAH Başkanlığı yaptı.

O yıllar İstanbul'da söylenen bir şarkı sanki Betty Carp'i anlatıyordu:

HU HU BEBEĞİM BEN BİR CASUSUM

Tehlikeli bir oyundayım
Her gün değişir adım
Yüz farklı, vücut aynı
Hu hu bebeğim ben bir casusum

Mata Hari'yi bilirsin
Bizim işte peşin verip gidersin
Babaya yakalandık evlenirsin
Hu hu bebeğim ben bir casusum

Aslında sayılmam kötü biri
Üstelik sıkı sevgiliyim hani

Ama güzelim açık etmesen görevi
Yapsak örtü altında bu işi

Kendimi öyle beğenirim afi keserim
Bildiklerimle seni titretirim
Yüzde onum gizdir yüzde doksan da hançerim
Hu hu bebeğim ben bir casusum...

Ve savaş bitti.

Betty Carp'ın yeteneklerinden çok etkilenen CIA Başkanı Allen Dulles savaştan sonra, CIA'de birlikte çalışmayı teklif etti.

Bayan Carp kabul etmedi, İstanbul'daki eski işine dönmek istediğini söyledi. Fakat bir isteği vardı: Amerikan vatandaşlığına geçmek.

Hemen kabul edildi. Belgesini OSS Başkanı William Donovan imzaladı.

Yıllar geçti.

1953 ağustosunda giderlerin azaltılması amacıyla, konsolosluk Betty Carp'ın işine son verdi.

Haberi öğrenen CIA Başkanı Dulles öfkeyle masaları yumrukladı; bu ulusal bir utançtı.

Bayan Carp özür dilenerek yeniden işe alındı.

Emekli olduktan sonra İstanbul'da yaşamayı sürdürdü.

Ve İstanbul'da vefat etti.

Burada sözü bana mektup gönderen Avukat Erol Uzsoy'a bırakalım:

> Kendisi hakkında 1973 (?) senesinde vefat ettikten sonra terekesinin mahkemece tasfiyesi sebebiyle bilgi sahibi oldum.
>
> Mesleğe yeni başlamış genç bir avukat olarak çalışmaktayken, o tarihlerde ABD İstanbul Başkonsolosluğu'nun avukatlarından olan yazıhane komşum rahmetli Av. Necdet Yelmer'le birlikte İstanbul 1. Sulh Hukuk Mahkemesi tarafından müteveffa Betty Carp'ın terekesinin tasfiye memurluğuna tayin edildim.
>
> 80'li yaşlarındayken vefat eden Betty Carp, Taksim, Gümüşsuyu'nda, yaşlı kadın hizmetçisi Hacer'le tek başına büyük bir apartman dairesinde yaşıyordu. Oturduğu yer kiralık olduğu için, evsahibi, kira alacaklarının tahsili ve apartman dairesinin boşaltılması için terekenin tesbiti ve tasfiyesi amacıyla İstanbul Sulh Hukuk Hâkimliği'ne müracaat etmişti. Bilirkişilerle yaptığımız tespit sırasında evde yaşlı

hizmetçisi kalıyordu. Dairede bir çok antika eşyanın yanında, değerli halıların ve pek çok kitabın bulunduğunu da gördük.

Mahkemece el koyulan terekenin tasfiyesinden önce, ABD Başkonsolosluğu'ndan gelen görevliler Betty Carp'ın bütün evrakını tek tek elden geçirip, bir kısmını torbalara koyarak götürdüler.

Kalan özel mektuplar ve fotoğraflar da bu görevliler tarafından çöpe atıldı. Fotoğraflar arasında 18x24 boyutlarında çerçeveli olarak Betty Carp'a imzalanmış, o zamanki CIA Başkanı Allen Dulles, İngiliz Gn. Montgomery imzalı olanları çok iyi hatırlıyorum.

Mahkemece verilen görev gereği Betty Carp'ın mirasçılarını araştırırken, kendisinin 1917 Rus İhtilali sırasında ailesiyle birlikte Rusya'dan geldiğini, İstanbul'a yerleştikten sonra 1928 senesinde mensup oldukları Musevi dininden Protestanlığa geçtiklerini, hiç evlenmediğini, Beyoğlu nüfusuna kayıtlı olduğunu ve vaftiz belgelerinin de Tünel'deki Protestan Kilise'sinde bulunduğunu kayıtlarından öğrendim.

Beyoğlu Nüfus Memurluğu'nda sağ görünen kardeşlerinin (yanılmıyorsam 5 kardeştiler), her birinin başka ülke vatandaşı olduğunu, elçiliklerle yapılan yazışmalardan her birinin değişik yerlerde öldüğünü öğrendim.

Sözgelimi bir erkek kardeşi Alman vatandaşı olarak Rommel Ordusu'nda görevliyken Kuzey Afrika Cephesi'nde kaybolmuştu.

Bir başka erkek kardeşi de İngiliz vatandaşı ve askeriyken İkinci Dünya Savaşı'nda ölmüştü.

Bir kardeşi İngiliz vatandaşı olarak Mısır'da, bir kardeşi de ABD'de yaşayıp ölmüştü.

Bütün eşyaları ve ABD Başkonsolosluğu'nun bahçesinde duran, şoförünün kullandığı 1964 Model Mercedes marka siyah renkli otomobili açık artırmayla satıldı.

Mirasçısı bulunmadığı için mal sahibinin kira borçları ödendikten sonra kalan para Hazine'ye intikal etti.

O zaman yeterli bilgi ve bilince sahip olmadığım için mektupların ve fotoğrafların çöpe atılması sırasında niye bir kısmını alıkoymadım diye hâlâ hayıflanırım.

Sanırım verdiğim bilgiler, bilgi dağarcığınıza katkıda bulunmuştur.

Böyle bir hayatı Amerikalılar öğrense film yapmaz mı?
Peki ya biz?
Bakın biz kendi "ajanlarımıza" neler yapıyoruz.
Başımdan geçen bir olayı sizle paylaşayım...

Türk casusuyla nasıl tanıştım?

Yıl 1997. İstanbul.

Star TV Haber müdürüyüm.

Bir gün sekreterimiz telefondaki bir kadının ısrarla benimle görüşmek istediği söyledi. Kadın ismini vermek istemiyordu. Sadece çok önemli bir konuda görüşmek istedigini belirtiyordu. Aslında bu tür telefonlara çıkmıyordum. Ama ne oldu bilmiyorum, konuştum. Sesi çok uzaklardan geliyordu. Soluk soluğa anlatmaya başladı.

"Soner Bey sizi Kanada'dan arıyorum. Son yıllarda başımdan çok ilginç olaylar geçti. Bunları yazmanızı kitap yapmanızı istiyorum. Şimdi telefonda anlatamam, eğer Türkiye'ye gelirsem benimle görüşür müsünüz" dedi.

"Ne gibi olaylar geçti biraz bahseder misiniz" diye sordum.

Sanki şivesi vardı, fısıltıyla "K (c) asusluk gibi bi şey" dedi.

Ben de "Hele bir gelin de görüşürüz" dedim telefonu kapattık.

Aradan zaman geçti; bu telefon görüşmesini unuttum.

Bir gün Star TV'deki danışmadan aradılar, bir bayan ziyaretçim vardı. Her çalışan T.C. vatandaşı gibi ben de randevusuz gelen ziyaretciden hiç hoşlanmam. İşim oldugunu, kabul edemeyecegimi söyledim. Danışmadaki görevli "ziyaretciniz sizi görmek için Kanada'dan geldiğini söylüyor" deyince aylar önceki telefon görümesini anımsadım. "Tamam gelsin o zaman" dedim, ama içimden de "bir oyuna gelmeyelim" diye düşünmeden edemedim. Gerekli önlemleri aldım...

Sarışın kısa boylu tombul biriydi konugum. Heyecanlıydı. Kısa bir süre birbirimizi süzdük. Aramızda şöyle bir diyalog geçti.

"Gerçekten Kanada'dan mı geliyorsunuz?"

"Hayır ama sizi Kanada'dan aradıgım doğrudur!"

"Nedir sizin hikâyeniz?"

Anlatmaya başlamadan önce söylediklerini ondan izinsiz hiçbir şekilde kullanmayacağıma dair söz aldı.

Bulgaristan göçmeniydi. Çok iyi Ruscası vardı. Erkek arkadaşı aracılıgıyla Türk istihbaratcılarla tanışmıştı. Önce kısa bir süre istihbarat kursu görmüştü. Sonra Rusya'ya tekstil ürünleri götürmeye başlamıştı. Tekstil işi kamuflajdı tabii. Sonunda bir KGB ajanını devşirmeye çalışırken yakalanmıştı. Esaret günleri başlamıştı...

Hücrede tek başına günler geçirmişti. Sürekli sorgulanmış ancak hiç işkenceye maruz kalmamıştı. Önce istihbaratçı kimliğini saklamış ama sonunda kabul etmek zorunda kalmıştı.

Anlattığına göre sonuçta, Türkiye ve Rusya arasındaki casus değiş tokuşu sonucu esaret günleri sona ermişti.

Türkiye'ye dönünce nedense birden istenmeyen kişi oluvermişti;teşilattan koparılmıştı.

Bunun üzerine Samsun'a yerleşmişti. Ancak öldürüleceği korkusuyla akrabalarının yanına Kanada'ya gitmişti.

Hikâyesini dinledikten sonra, "anlattıklarınız ilginç ancak benim sizinle en az 10 gün oturup sohbet etmem gerekiyor, buna da zamanım yok. Siz doğumuzdan itibaren başınızdan geçen tüm hikâyenizi bir mektup yazar gibi ayrıntılarıyla bana yazın getirin" dedim.

Kabul etti...

Ancak bir daha ortalarda gözükmedi.

Ta ki o güne kadar...

Bir gün *Hürriyet* gazetesinin (20.12.01) sürmanşetinde bir haber vardı: "MİT Uçağındaki Esrarengiz Kadın."

Habere göre, Rus Televizonu ORT'de önceki gece yayınlanan "Doğu'dan Gelen Ajan" adlı belgeselde, yakalanan Türk casusu Vicdan Şanslı dönemin MİT Müsteşarı Sönmez Köksal'ın özel uçağıyla Türkiye'ye getirilmişti.

Benim Kanada'dan gelen konuğum kimdi dersiniz; Vicdan Şanslı!..

Anlamadığım; getirilmesi için özel uçak gönderilen Vicdan Şanslı sonra neden teşkilattan dışlanmıştı? Ve Vicdan Şanslı şimdi neredeydi?

Bir daha kendisinden hiç haber alamadım...

CIA ajanı Betty Carp'la başladık Türk casus Vicdan Şanslı'ya kadar geldik.

Daha önce yazdım; Türk istihbaratında kadınlar konusu iyi bir araştırma olabilir.

Peki ya Türk "Che Guevara"lar?...

7. bölüm

Türk "Che Guevara"lar

Önce Türk "Che Guevara"ları ortaya çıkaran tarihsel koşulları anımsamamız gerekiyor.

Fakat yazılarımda genellikle yorum analiz yapmamaya gayret ederim. Olguların-haberlerin ve tarihsel olayların daha öğretici olduğunu düşünürüm.

Ama bazen... Bazen insan soğukkanlılığını kaybediyor. Bazı köşe yazarlarının bu toprakların tarihini, kalemi ellerine aldıkları dönemle başlatmaları artık dayanılmaz boyuta geldi. Neredeyse herkes Türk Silahlı Kuvvetleri'ne "akıl" veriyor:

"Barzani güçleri artık düzenli orduya geçti, aman dikkat!"

"Kuzey Irak'a girdiğimizde ABD ordusu karşımıza çıkarsa ne yapacağımızı hesap etmeliyiz!"

"Askeri operasyondan önce meseleyi masada çözmeye çalışmalıyız!"

Bütün mesele tarihi gerçeklerin pek bilinmemesinden kaynaklanıyor aslında. Bilmiyorlar; Türk Silahlı Kuvvetleri tarihinin, terör örgütlerine karşı verilen mücadeleyle eşzamanlı olduğunu.

Bu arkadaşlar Abdullah Öcalan adını biliyor.

Peki:Yunanlı Emanuil Ksantos, Nikolaos Sfukos, Anastasyas Çakalof adını duydular mı?

Bulgar Boris Sarafov, Saissij Hilandersky, Sofronij Vraçansky ya da Sırp Miloş Obradoviş ve Damien Gruev ismini hiç işittiler mi?

Balkanlar'ın en etkili terör örgütleri VMRO ve IMRO'dan haberdarlar mı?

Balkanlar'da fitili ateşleyen Konstantin Fotinov'un hem de İzmir'de çıkardığı *Lyubaslovie* adlı yayın organını biliyorlar mı?

Yunanistan, Sırbistan, Bulgaristan, Karadağ, Makedonya, Arnavutluk, Bosna-Hersek ve Romanya'nın (Eflak-Boğdan) nasıl kaybedildiği hakkında bilgi sahibi midirler? Sanmam.

Peki:Unutun yukarıdaki isimleri, çeteleri, yayın organlarını; bugün bazılarının AB üyesi olduğu bu ülkelerin Osmanlı'dan nasıl koptuğunu kısaca anlatmak istiyorum. Bugüne benzerliklerini siz bulun lütfen!

Taktik hep aynıydı: Önce çeteler kurup isyan başlattılar. Mehmetçik çetelere dünyayı dar edince, "Aman koşun yardım edin, barbar Türkler katliam yapıyor" diye Avrupa'yı ayağa kaldırdılar.

Öyle ya bu insan hakları meselesiydi ve Avrupa bu konuda çok "duyarlıydı". Hemen olaya el koydular. Arka bahçelerini kaybetmek istemiyorlardı. Tabii "el koyma" diplomatik yollardan oluyordu!

Masalar kuruluyor ve diplomatik görüşmeler başlıyordu. İşte mihenk noktası bu masaydı.

Osmanlı masaya oturunca çaresiz kalıveriyordu. Nasıl olmasın, borç batağındaydı. Masada ne kadar kararlı gözükse de isteklerini pek yaptıramıyordu.

Osmanlı Devleti masadan hep reform yapma sözüyle kalkıyordu. Devamlı da reformlar yaptı; Balkan tebaasına her türlü hürriyeti verdi.

Yetmedi.

Ardından özerk prenslikler, imtiyazlı bölge statüleri tanıdı. Yetmedi. Onlar hep daha çok istediler. Bağımsız devlet oldular; yine yetmedi. Bu kez daha çok toprak istediler. Bazen kendilerine güvenip Osmanlı'ya savaş açtılar.

Osmanlı işte o zaman rahatlıyordu; masadan kurtulmuştu. Yunan ordusunu da, Sırp ordusunu da cephede perişan etti. Ama sonuç alabildi mi? Hayır. Her seferinde düvel-i muazzama olaya "el koydu".

Osmanlı yine masaya oturtuldu. Ve o diplomasi masasında sürekli kaybetti. Osmanlı kaybettikçe çeteler azgınlaştı. Oyun tekrar tekrar sahneye kondu.

Mehmetçik yine çeteleri dağıttı; çetelerin Avrupa'daki uzantıları, "Aman yetişin barbar Türkler Hıristiyanları kesiyor" diye ortalığı ayağa kaldırdı.

İnanması zor ama bu oyun her seferinde etkili oldu. Osmanlı şaşkındı. Haklıydı. Ama anlatamıyordu. Sonuçta Balkanlar'ın güvenlik meselesini bile Avrupalılara bıraktı! Sorun çözüldü mü? Hayır.

Bu kez meselenin parlamentoda çözüleceği söylendi. Osmanlı,

Yane Sandanski'den İsa Bolatin'e kadar çete liderlerini Osmanlı Meclis-i Mebusan'a taşıdı. Olmadı.

Ne yapsa ne etse yaranamadı Osmanlı.

Aslında bilmediği görmediği bir gerçek vardı; mesele başkaydı. Mesele, Türklerin Avrupa'dan çıkarılmasıydı. Öyle olmasa, Balkanlar'da 4,5 milyon Türk öldürülürken insan hakları savunucusu Avrupalıların sesi çıkmaz mıydı?

Oysa uygar Batı kılını bile kıpırdatmadı.

Dün böyleydi; bugün farklı mı? Batı'nın elinde dün olduğu gibi bugün de kendi çizdiği bir harita var ve onu gerçekleştirmek için uğraşıyor.

Demokrasi, özgürlük, insan hakları Batı için aslında sadece laf ü güzaftır.

Biz bu filmi gördük.

Haklı olduğumuz bir davada nasıl haksız duruma düşürüldüğümüzün en iyi örneğidir Bağımsız Batı Trakya Cumhuriyeti'nde yaşananlar..

Tarihte ilk Türk cumhuriyeti: Bağımsız Batı Trakya Cumhuriyeti

Balkan Savaşları'nda Osmanlı'nın bozguna uğraması, ülke içindeki dengeleri de değiştirdi. İttihatçılar darbe yaparak iktidarı aldı. Ve kısa zamanda darmadağın olan orduyu savaşacak hale getirdi.

Osmanlı Ordusu 30 haziran 1913'te Batı Trakya'ya doğru harekete geçti. Keşan, İpsala, Uzunköprü ve Edirne bir hafta içinde geri alındı. Ama ne yazık ki ordu hemen durduruldu. Cephede değil masada durduruldu.

Düvel-i muazzama elçileri Sadrazam Said Halim Paşa'ya koşmuşlar; Osmanlı'nın Londra Antlaşması'nın tek taraflı bozduğunu ve hemen "işgal" ettiği topraklardan çıkmasını söyleyerek, sözlü nota vermişlerdi.

Müzakereler sürerken Enver Paşa, 16 subay ve 100 Mehmetçik'ten oluşan müfrezeyi Bulgar zulmü altındaki Batı Trakya içlerine gönderdi. Kuşçubaşı Eşref komutasındaki müfreze, Edirne'den yola çıkıp Ortaköy'e geldiğinde, 1 200 kişilik Bulgar çetesi tarafından vahşice katledilen 400 Türk köylüsünün cesediyle karşılaştı.

Bir gün sonra katliamcı Bulgar çetesi bulundu; darmadağın

edildi; 5'i subay 95 kişi esir alındı. 1 200 silaha el konuldu. Türk müfrezesi önüne ne gelirse ezip geçti; şiddetli çatışmalardan sonra Mestanlı ve Kırcaali ele geçirildi. Yedi düvelin baskısından bunalan İstanbul Hükümeti, Bulgar Cephesi'ndeki Enver Paşa'ya birliklerin çekilmesi emrini verdi.

Enver Paşa emri dinlemedi. Kuşçubaşı Eşref'in yanına Süleyman Askeri Bey komutasında bir birlik daha gönderdi. Kuşçubaşı Eşref ve Süleyman Askeri güçlerini birleştirip Gümülcine ile İskeçe'yi aldılar. Meriç boyunu Bulgarlardan tamamen temizlediler.

İki Türk birliği destan yazıyordu. Düvel-i muazzama ise yıkıyordu ortalığı. Sonunda Enver Paşa da, Kuşçubaşı Eşref ve Süleyman Askeri'ye "durun" demek zorunda bırakıldı.

Durmak yeterli değildi; Avrupalılar Türklerin "işgal" ettiği yerleri hemen boşaltılmasını istiyordu. İşte burada devreye Türk'ün zekâsı girdi. Batı Trakya'yı ele geçiren Kuşçubaşı Eşref ve Süleyman Askeri Bey dünyaya bir açıklama yaptılar: "Bizim Osmanlı'yla hiçbir ilgimiz yoktur!"

Ve ardından "Garbi Trakya Müstakil Hükümeti"nin kurulduğunu duyurdular.

12 eylül 1913 tarihinde kurulan bağımsız Türk devletinin yönetim şekli neydi biliyor musunuz? Cumhuriyet!

Devlet Başkanı Süleyman Askeri Bey'di. Genelkurmay Başkanı ise Kuşçubaşı Eşref. Yeni Türk devletinin başşehri Gümülcine'ydi. Bayrağı, ay yıldızlı, yeşil-beyaz-siyah renklerden oluşuyordu. Sözlerini bizzat Süleyman Askeri'nin yazdığı milli marşları bile vardı.

Posta teşkilatı kurup pul bastırdılar. Pasaport sistemi oluşturdular. Öyle herkes elini koluna sallaya sallaya gelemeyecekti yani!

Dünyayla haberleşmek için Batı Trakya Haber Ajansı'nı kurdular. *Özgür* adı verilen resmi gazete ile *Independant* adlı Türkçe-Fransızca gazete çıkarmaya başladılar.

Kısa zamanda 30 000 kişilik ordu oluşturdular. Amaç asker sayısını kısa zamanda 60 000'e çıkarmaktı. Öte yandan:Başta Rusya olmak üzere düvel-i muazzama, eğer bağımsız Türk devleti kendini lağvetmezse Osmanlı'nın doğusunda bağımsız Ermenistan kurdurulacağı tehdidini savurmaya başladı. (Ne rastlantı (!) değil mi, bugün de ellerinde yine Ermeni tasarısı var.)

Sonuçta, Osmanlı Hükümeti zorla masaya oturtuldu ve İstanbul Antlaşması, "Garbi Trakya Müstakil Hükümeti"nin sonu oldu. Yeni cumhuriyetin ömrü ancak 55 gün sürebildi. Osmanlı yine diplomasi masasında kaybetmişti. Ayrılık günü, Batı Trakya'da kalanlar da gidenler de gözyaşlarına boğuldu. Son kez hükümet konağı önünde toplu bir fotoğraf çektirildi.

İbret alınsaydı benzer olayı Kıbrıs'ta da yaşar mıydık?

Kısaca anımsatayım:Adanın ilk sahibi Lüzinyanlardı. Zaman içerisinde kendi istekleriyle Venedik devletine bağlanmak istediklerini açıkladılar.

Kıbrıs Venediklilerin oldu. Venedik prensesi İngiliz prensle evleneceği vakit, ada, çeyiz olarak İngilizlere armağan edildi.

Osmanlı adayı savaşarak İngilizlerden teslim aldı.

Anadolu'dan gelen Türk aileler Kıbrıslı Türklerin kökenini oluşturdu. Birinci Dünya Savaşı sonrasında Kıbrıs, masa üzerinde İngilizlere teslim edildi. En sonunda 1974 Çıkartması'yla Türkler savaşarak adada egemenliklerini ilan etti.

Evet, bizler cephede kazanmasını bildik, fakat diplomasi masasında aynı başarıyı gösteremedik.

Mehmetçik 150 yıldır gerilla savaşı yapıyor

Yine bildik bazı "aydınlar" gazeteciler TV ekranlarından, gazete köşelerinden Mehmetçik'in daha yeni yeni gerilla savaşını öğrendiğini yazıyor.

Pes doğrusu! İnsan tarihine bu kadar yabancı mı olur?

Bugün teröristlere karşı mücadele veren Özel Kuvvetler Komutanlığı'na bağlı özel harpçiler biliniyor, tanınıyor.

Peki, Osmanlı'nın Avcı Taburları adı biliniyor mu?

Dediğim gibi, Türk Ordusu'nun 25 yıldır gayri nizami harp yaptığı yazılıyor, söyleniyor. Oysa Mehmetçik bu savaşı 150 yıldır yapıyor. Bu savaşı başlatan ise Avcı Taburları'ydı.

Ondan doğan örgütün adı Teşkilat-ı Mahsusa'dır. Bu teşkilatın mirasını devralan ise özel harpçilerdir.

Osmanlı'nın ilk özel harp teşkilatı olarak Avcı Taburları'nı gösterebiliriz. Çetelere karşı düzenli orduyla karşılık veremeyeceğini anlayan Osmanlı bu nedenle, tıpkı çeteler gibi dağlarda yaşayan Avcı Taburları'nı organize etti.

Avcı Taburları, Rumeli'deki 3. Ordu Komutanlığı'na bağlı kurulmuştu. Bunlar sorumlu oldukları bölgede devamlı hareket halindeydiler. Çeteler hangi yöntemleri kullanıyorsa onlar da aynısını yapıyorlardı. Bu gerilla taburunda genellikle Harp Okulu'ndan mezun olmuş mektepli subaylar görev yapıyordu. Bunun ayrıca özel bir nedeni vardı.

II. Abdülhamid, mektepli subayların İstanbul'da görev yapmasını istemiyordu. "Darbe yaparlar" diye çekiniyordu. Bu nedenle İstanbul'daki Hassa Ordusu'nda (1. Ordu) sadece, padişaha bağlı kapıkulu zihniyetindeki eğitimsiz alaylı askerleri tutuyordu.

Avcı Taburları komutanları arasında kimler yoktu ki: Enver, Cemal, Yakup Cemil, Eyüp Sabri, Resneli Niyazi, Cafer Tayyar, Yenibahçeli Şükrü, Mülazım Atıf, Süleyman Askeri, Kuşçubaşı Eşref, Filibeli Halim, Kâzım Özalp, Kâzım Karabekir ve daha niceleri...

Bu subayların çetelerle mücadelesi pek kolay olmadı. Harp Okulu'nda cephe savaşlarını öğrenmişlerdi; silahları kara tahtaya çizerek! Çünkü okulda silahların bulunması, ateş edilmesi sultanın emriyle yasaktı! Bu şartlar altında mezun olan subaylar kendilerini Balkanlar'ın o zor coğrafi şartlarında ateş çemberi içinde buldular. Yine de hiç yılmadılar.

Giritli Kaptan Skalidis, Bulgar Petso, Rum Pirlepe, Arnavut Istaryalı Kâmil, "Vardar Güneşi" adı verilen Apostol gibi onlarca çeteyi yok eden bu Avcı Taburları'ydı.

Avcı Taburları kısa zamanda gerilla savaşını öğrenmişti. Ama... Ama yine karşılarında yedi düvel vardı.

Örneğin: Çetelerin silah depoları kiliseler ve papaz-rahip evleriydi. Osmanlı zabitleri aramak için buralara girdiklerinde çete taraftarları feryat ediyordu: "Kilisemizi yakıyorlar!" Sanki Osmanlı 600 yıl kiliseyle barışık olmamış gibi.

Yazdığımız gibi Avcı Taburları'nın kuruluş nedeni Yunan, Bulgar, Sırp vb çetelere karşı mücadele vermekti. Bu çeteler başta Osmanlı zabitleri olmak üzere karakollara, köylere, yolcu gemilerine, demiryollarına, köprülere saldırılar düzenliyorlardı.

Akla gelecek her yöntemle suikast yapıyorlardı. Olayın trajikomik yanı, bu saldırılardan Avrupalılar zarar görürse onların maddi zararlarını da Osmanlı karşılıyordu. Çeteler bunu bildikleri için yabancı görevlileri kaçırıp fidye istiyorlardı.

Örneğin, Fransız maden müdürü Chevalier için 15 000; İngiliz rahibe Mrs. Stene için 16 000 altınlık fidye parasını da Osmanlı ödemişti!Bu arada Avcı Taburları'ndaki subaylar 250 kuruşluk maaşlarını bile alamıyorlardı! Neyse...

Avcı Taburları'nın çetelere karşı mücadelesinde de karşılarındaki güç Batı'ydı. Örneğin, eli kanlı çete üyesini yakalayıp cezaevlerine koyuyorlardı. Ancak belli bir süre sonra Avrupa'nın baskısıyla bunlara af çıkıyordu. Salıverilen soluğu tekrar dağda alıyordu!

Yani başta Ruslar olmak üzere Avrupalılar, Türk askerinin moralini bozmak için ellerinden geleni yapıyordu.

Manastır'daki Rus Konsolosu Rostkovkiy kendisine selam durmadığı için bir Türk askerini kırbaçlayacak; Mehmetçik bu saldırıya dayanamayıp konsolosu öldürecekti. Aslında Mehmetçik nefsi müdafaa yapmıştı ama Divanı Harp'te hemen idam ediliver- mişti; hem de olaya hiç karışmamış nöbetçi arkadaşıyla birlikte.

Osmanlı'da milliyetçilik, ulusalcılık nasıl doğdu sanıyorsunuz? Sonuç olarak, Osmanlı Avcı Taburları Rumeli Dağları'nda gerilla savaşını öğrendiler. Öyle iyi öğrendiler ki, mirası devralan Teşkilat-ı Mahsusa, Birinci Dünya Savaşı'nda düşmanları yıldıracak eylemler yaptı.

İşte kökü Avcı Taburları'na ve Teşkilat-ı Mahsusa'ya dayanan özel harpçiler bugün kararlılıkla teröre karşı mücadele vermektedir.

Yani, söylendiği, yazıldığı gibi Türk Silahlı Kuvvetleri gerilla savaşını yeni öğrenmemiştir.

Sözün burasında bir Osmanlı gerillasını size tanıştırmam gerekiyor...

Osmanlı'nın da "Che Guevara"ları vardı

Arjantin'de doğan Küba'da devrim yapan ve Bolivya'da kurşuna dizilen efsanevi devrimci Che Guevara, tüm dünyada etkinliklerle anılıyor.

Peki, Osmanlı topraklarında doğup bir başka ülkedeki devrimci ayaklanmalara katılan "Che Guevara"larımız olduğunu biliyor muydunuz? Fransa'da Cumhuriyeti korumak için gönüllüler ordusuna katılanlardan, İran'da meşrutiyet için dağa çıkanlara kadar...

İşte Osmanlı'nın devrimci "Che Guevara"ları...

Adı Ömer Naci'ydi.

Askeri künyesinde "1878-Beylerbeyi İstanbul" yazılıydı. Aslında doğum tarihi ve yeri bilinmiyordu.

Kafkas göçmeni bir ailenin çocuğuydu. Ailesini daha kundaktayken kaybetmişti.

Kafkasya'dan dönen Defterdar Cemal Bey yolda bulduğu bebeği evlatlık aldı. Onu öz evladı gibi sevdi. Çok iyi eğitim olanakları sundu.

Ömer Naci, küçük yaşta Arapça, Farsça ve Fransızca öğrendi.
Ömer Naci ilk siyasal görüşlerle Bursa Işıklar İdadisi'nde tanıştı. Devrimci Jön Türkler'in yayınlarını gizli gizli okumaya başladı.
Korkusuzdu. Görüşlerini arkadaşlarına anlatırken hiç sakınmıyordu. Çok iyi hatipti ve askeri öğrencileri çok çabuk etkisi altına alıyordu.
Hürriyetperver fikirleri yüzünden birkaç kez hapse kondu. Babasının torpiliyle kurtuldu hep.
Okul yönetimi baş edemedi. Manastır Askeri İdadisi'ne sürgüne gönderildi.
Burada da kısa zamanda askeri öğrencilerin lideri oldu. Yakın arkadaş olduğu isimlerden biri Mustafa Kemal'di.

Ömer Naci, Mustafa Kemal'in sadece ilk siyasi öğretmeni değildi; ona edebiyatı da sevdiren arkadaşıydı.
Namık Kemal'i, Tevfik Fikret'i Mustafa Kemal'e o tanıtmış, o sevdirmişti.
Ömer Naci okul çağlarında şair oldu. Şiirleri devrin önemli edebiyat dergilerinde yayımlandı.
Ömer Naci ateş topu gibiydi; yerinde duramayan bir gözü pekti. Ama aynı zamanda soğukkanlılığı hiç elden bırakmıyordu. Arnavutluk'ta çıkan bir isyanın bastırmak için orduya gönülle katılmak isteyen Mustafa Kemal'in de arasında bulunduğu arkadaşlarını uyaran da oydu: "Muayyen bir kemale erişmeden yapılacak ataklıklar fayda yerine zarar getirir. Sabırlı olmak lazımdır."
Sabırlı olmayı öğrendiler mi?
Dönem buna uygun zamanı verecek gibi değildi...

Ömer Naci 1902'de Harbiye'den mülazım (teğmen) olarak mezun oldu. Üsküp'e tayin oldu. Bir yıl sonra, komutanı Binbaşı Mehmed Ali Bey'in 17 yaşındaki kızı Emine'yle evlendi. Bir yıl sonra oğlu Hikmet dünyaya geldi.
1905'te Jandarma teşkilatını organize etmek için Selanik'e gelen İtalyan komutan Generali Georgi'nin yaveri olması yaşamını toptan değiştirdi.
Devrimci fikir hareketlerinin merkezi olan Selanik'te, İttihat ve Terakki Cemiyeti'nin temeli olan Osmanlı Hürriyet Cemiyeti'nin kuruluşunda bulundu.
Selanik'te aynı zamanda edebiyat çevreleriyle tanıştı; *Çocuk Bahçesi* isimli edebiyat dergisinde makaleler yazdı.

Bir makalesi yüzünden dergi kapatıldı. Ömer Naci tevkif edilmemek için 1907'de Paris'e kaçmak zorunda kaldı. İkinci çocuğu Müzeyyen henüz yeni doğmuştu.

Paris'teki muhalif Osmanlılar iki gruba ayrılmıştı: Liberal Prens Sabahaddin ile İttihatçı Ahmed Rıza.

Dr. Nâzım'ın konuşmalarından etkilenerek İttihatçı ekipte yer aldı. Grubun Bonaparte Sokağı'ndaki lojmanında yaşamaya başladı. Sürgünde çıkan meşrutiyet yanlısı yayın organlarına makaleler yazdı.

İttihatçıların amacı Sultan II. Abdülhamid'e meşrutiyeti ilan ettirmekti. Ama bu arada İran'daki gelişmeleri de yakından takip ediyorlardı. Mehmed Ali Şah, İran parlamentosunu kapatmış, meşrutiyete son vermişti.

İttihatçılar İranlı devrimcilere yardım etme kararı aldılar.

Devrimci Ömer Naci gizlice İran'a gitti.

Paris kıyafetlerini çıkarmıştı artık. Miskinlik günleri geride kalmıştı.

Türklerin yoğun olduğu Hoy kentine yerleşti. *Sırat-ı Müstakim* adında dergi çıkardı. Ama İran'daki karışıklıklar Hoy şehrine de ulaşınca dağa çıktı.

Elinde artık kalemi yoktu.

O, elinde tüfeği, başında kalpağı, ayağında çizmeleri ve yerel kıyafetiyle İranlı ihtilalcilerden farklı değildi.

Elli kişilik bir çeteyle geziyordu. Şah taraftarı köylere bile gidip camilerde propaganda yapıyordu.

Kimi zaman keskin nişancı bir silahşor, kimi zaman fedakâr bir misyonerdi.

Bir gün Şah'ın güçlü bir takip kolu, Ömer Naci çetesini pusuya düşürdü. Ömer Naci altı arkadaşıyla birlikte yakalandı. Diğerleri kurtulmayı başardı.

Şahın askerleri Ömer Naci ve arkadaşlarını tek bir direğe bağladılar. Günlerce aç susuz bıraktılar.

Ömer Naci ve arkadaşları konuşmadılar.

Hatta Ömer Naci, "İranlılar Şii'dir" diye adının "Ömer" değil "Ali" olduğunu söyledi. Konuşmayacakları anlaşılınca İranlı devrimciler bir savaş topunun önüne konuldu ve top ateşlendi.

Sıra Ömer Naci ve arkadaşı Hüsrev Sami'ye gelmişti. İranlılar, Osmanlı tebaasına bağlı oldukları için öldürmeye karar veremiyorlardı. Hapishaneye götürdüler.

Şans Ömer Naci'ye güldü. Bu olayların yaşandığı sırada Osmanlı'da II. Meşrutiyet ilan edildi. İttihatçılar devrim yapmıştı.

Diplomatik temaslar sonucu Ömer Naci ve arkadaşı serbest bırakıldı.

Ömer Naci'yi sınırda, İttihatçıların Doğu ve Güneydoğu cemiyetlerini kurması için görevlendirdikleri Binbaşı Vehip Bey karşıladı.

Söz açıldı yazayım, Binbaşı Vehip (Kaçı) Bey, yıllar sonra 1935'te, İtalyanlara karşı bağımsızlık mücadelesi veren Habeşistan'a (Etiyopya) gönüllü olarak gitti. İşgale direnen Habeşlilerin komutanlığını yaptı!

O nesil başkaydı...

Biz tekrar Ömer Naci'ye dönelim...

İhtilalci Ömer Naci, Erzurum, Muş, Trabzon'da seyyah bir derviş oluverdi; Meşrutiyet devrimini öven ateşli nutuklar söyleyerek İstanbul'a gitti. İstanbul'da fazla kalmadı; tekrar yollara düştü. Yurdun dört bir yanında konferanslar verdi, mitinglerde konuşmalar yaptı.

1910'da İttihat ve Terakki Cemiyeti Merkez Komitesine seçildi. Kırkkilise (Kırklareli) mebusu olarak Meclis'e girdi. Adı bakan olacaklar içinde geçiyordu. Ama Ömer Naci koltuklarda oturarak, Meclis'e giderek politika yapmayı sevmiyordu.

O bir serdengeçtiydi. Eski Türk akıncılarının ruhunu taşıyordu sanki. Kendini vatanına adamıştı...

1911'de İtalyanlar Trablusgarp'a saldırınca, günlerce aç susuz çölleri aşıp cepheye koştu. Yol parasını bir arkadaşından ödünç almıştı... Enver'den Mustafa Kemal'e, Ömer Naci'den Yakup Cemil'e kadar hepsi, Osmanlı İmparatorluğu'nu bir arada tutabilmek için var güçleriyle cepheden cepheye koşuyorlardı. Bir mucizeyi gerçekleştirmek istiyorlardı.

Bu arada muhalif Hürriyet ve İtilaf Fırkası, askeri gücü cephede olan İttihatçıları iktidardan uzaklaştırdılar.

Balkan hezimeti devletin üzerine bir kara bulut gibi çökmüştü. Devlet yönetimine kargaşa hâkimdi. Ömer Naci'nin de aralarında bulunduğu bir avuç idealist bu kötü gidişe dur demek için ihtilal yapmaya karar verdi.

1913'te Babıâli'yi basıp iktidarı devirdiler.

Bu darbede halkın desteğini almalarında Ömer Naci'nin heyecanlı nutuklarının büyük payı vardı kuşkusuz.

Filozof Rıza Tevfik ve (adı spor salonlarına verilen) Selim Sırrı'yla birlikte, at üzerinde mahalle mahalle dolaşarak nutuk atmışlardı.

Bir ihtilal devriyesiydi onlar...

Birinci Dünya Savaşı'nda Ömer Naci Teşkilat-ı Mahsusa'nın bir neferiydi. Mezopotamya bölgesinde görevlendirildi. Görevi İran'daki Azeri Türkleri'ni ayaklandırmaktı. Bir avuç fedai müfrezesiyle bir yanda mahalli güçleri örgütlüyor diğer yanda Rus ordusuna baskınlar, sabotajlar yapıyordu.

Ölümle alay ediyordu. "Ölüm nereden gelirse gelsin hoş geldi safa geldi" diyordu sanki.

1915'te emrindeki fedailerle Tebriz'e girdi. Hüveyze ve Ahraz'daki petrol borularını havaya uçurdu. Urumiye civarında Ruslara büyük kayıplar verdirdi. Bahtiyar Aşireti'ni İngilizlere karşı ayaklandırmaya çalıştı.

Cephede cepheye koşarken tifüse yakalandı. 29 temmuz 1916'da, ateşin ve barutun arasında hayata gözlerini kapadı. Kerkük'e defnedildi. Mezarı halen, Kerkük Türk Şehitliği'ndedir...

Dünya Che Guevara'yı tanıyor, anıyor.

Peki, biz Ömer Naci'yi biliyor muyuz?

Geçmişini bilemeyen geleceğini kuramaz...

MİT doğum tarihini bilmiyor!

Kara Harp Okulu bu yıl 173'inci yaşına girecek.

Gülhane Askeri Tıp Akademisi bu sene kuruluşunun 120'inci yılını kutlayacak.

Danıştay ve Yargıtay'ın yaşları da 100'ü aştı; Danıştay 141, Yargıtay ise 140 yaşında.

Örnekleri uzatmaya gerek yok sanıyorum; bazı kurumlarımızın doğumu Osmanlı döneminde oldu. Bu kurumlar "doğduklarında" böyle değillerdi; zaman içinde isimleri, yerleri, kapsamları vb hep değişti. Değişti değişmesine ama "doğdukları günü" hiç unutmadılar; yaşlarını hiç saklamadılar!

Bu giriş notunu yazmamın bir nedeni var kuşkusuz.

Milli İstihbarat Teşkilatı kaç yaşında?

Deniliyor ki, 81.

"Milli Emniyet Hizmetleri Riyaseti, Cumhurbaşkanı Mustafa

Kemal'in direktifleriyle 6 ocak 1926 tarihinde kuruldu. Merkezi Ankara'ydı; şubeleri ise İstanbul, İzmir, Adana, Diyarbakır ve Kars'taydı.

Bu tarihe kadar istihbarat faaliyetlerini Ordu Müfettişleri yürütüyordu.

O yıllarda yazışmaların üzerine 'mahremdir' notu düşülüyordu.

Teşkilat'ın dış istihbarat bölümü, Almanya'dan davet edilen Alman Genelkurmay İstihbarat Servisi eski Başkanı Albay Walther Nicolai verdiği kurslar sonucunda kuruldu. Alman Albay Nicolai bu işin karşılığında 100 000 lira aldı. Hükümetin parası olmadığı için ödeme iki taksitte yapıldı..."

Resmi bilgiler böyle sıralanıyor.

Yanlış mı? Değil.

Ama eksik.

"Bir anlayış" artık son bulmalı...

Anlatayım.

Osmanlı'nın kurumsal ilk istihbarat örgütü, "Teşkilat-ı Mahsusa" Enver Paşa'nın emriyle, 17 kasım 1913 tarihinde resmen kuruldu.

Aynı zamanda ilk paramiliter örgüt olan Teşkilat-ı Mahsusa, Harbiye Nezareti'ne bağlıydı. Beş kişilik "çelik çekirdek" yönetim kadrosu vardı: Doktor Nâzım, Dr. Bahaeddin Şakir, Yüzbaşı Atıf (Kamçıl), Emniyeti Umumiye Müdür Muavini Azmi Bey ve Binbaşı Süleyman Askeri.

Teşkilat'ın ilk başkanı Binbaşı Süleyman Askeri'ydi; yardımcısı ise Ali'ydi (Başhampa).

Teşkilat yapısında iki birim vardı; "Dahili" ve "Harici".

"Harici Bölüm"ün, düşman topraklarına gerilla tipi akınlar yapmak; cephe gerisine sızarak sabotaj eylemleri düzenlemek; düşman hakkında bilgi toplamak, propaganda yapmak gibi görevleri vardı.

"Dahili Bölüm"ün görevi ise, yurtiçinde asayişi sağlayacak, Osmanlı'nın düşman işgali altına giren bölgelerinde mahalli güçleri örgütleyerek gayri nizami harp yapmaktı.

Teşkilatın giderleri devletin "tahsisatı mesture" sinden (örtülü ödenekten) karşılanıyordu.

Gönüllülük esasına dayanan teşkilat içinde askerlerle birlikte sivillerde görev yapıyordu.

Mehmet Emin (Yurdakul), Ömer Naci, Yakup Cemil ve Kuşçubaşı Eşref gibi subayların yanında, Mehmed Âkif, Said-i Nursi, Hasan Tahsin gibi siviller de teşkilatın gönüllü elemanıydı.

Subayların başında olduğu küçük askeri birlikler (müfrezeler) ve taburlar yanında, ayrıca teşkilatın birbirinden bağımsız çeşitli hücreleri de vardı. Her hücrenin bir başkanı, bir doktoru, iki iç icra unsuru (tetikçisi) ve delilleri yok eden ve aynı zamanda hücrenin, yemekleri yapan bir valesi (çöpçüsü) vardı.

Teşkilat-ı Mahsusa'nın hücre yapısı, geçen yıl gösterimdeki, Steven Spielberg'in *Münih* filmine ne çok benziyor değil mi?

Teşkilat'ta herkes, görevli subaylar bile sivil kıyafet giyiyordu.

Özel kimlikleri vardı; ve bu kimlikleri sadece şehrin valilerine göstermekle yükümlüydüler.

Birinci Dünla Savaşı boyunca her yere yetişmeye çalıştılar; Kafkasya içlerine ajanlar sokarak Rusların askeri durumlarını öğrendiler.

Hindistan'daki Müslümanlar arasında yaptıkları propagandayla İngilizleri güç durumlara soktular.

İran'ın Tebriz ve Ahraz bölgelerindeki petrol boru hatlarını tahrip ettiler.

Balkanlar'da Sırplar ve Yunanlılar hakkında karşı istihbari faaliyetlerde bulundular.

Aralarında rütbe farkı olsa da, asker sivil ayrımı bulunsa da hepsi ellerinde silah cepheden cepheye koştular.

Onurluydular, Teşkilat Başkanı Süleyman Askeri Basra'nın İngilizler tarafından işgal edilmesine engel olamadığı için hayatına kendi eliyle son verdi.

Öldüler, öldürdüler; yakalandılar, esir kaldılar yıllarca.

Yanlışlıklar da yaptılar kuşkusuz; 1915'deki Ermeni Tehciri sırasında bölgede çok kan döktüler.

Ve sonuçta, ömrünü çoktan tüketmiş bir imparatorluğu diriltmek için her göreve atılan; Çanakkale'de, Galiçya'da, Kutü'l-Amare'de destanlar yazan bu isimsiz kahramanlar ordusu yenildi.

Ama savaşmayı bırakmadılar.

Enver Paşa Alman denizaltısına binip ülkeyi terk etmeden önce, Teşkilat–ı Mahsusa'nın yeni başkanı Albay Hüsameddin Ertürk'ü çağırdı; "Teşkilat'ı lağvedeceksiniz, fakat hakikatte bu teşkilat asla ortadan kalkmayacaktır..." dedi.

Öyle de oldu.

İşgal altındaki İstanbul ve Anadolu'da Milli Mücadele'yi başlatan, gizli direniş komiteleri kuran yine Teşkilat-ı Mahsusa oldu.

Türkiye'nin doğuşundaki katkılarını kimse inkâr edemez.

O halde, Milli İstihbarat Teşkilatı, 6 ocak 1926 yerine neden, 17 kasım 1913'ü "doğum tarihi" olarak seçmemektedir.

Bu yanlışlığın artık giderilmesi gerekmiyor mu?..

Doğruları ve yanlışlarıyla tarih bizim tarihimizdir; anlatılan bizim hikâyemizdir...

Söyler misiniz, Emine Adalet'in olmadığı bir MİT tarihi yazılabilir mi?

Lawrence'ları, Mata Harileri bilen genç kuşaklara Emine Adalet'leri öğretmek görev değil midir?

Türk "Mata Hari": Emine Adalet

29 şubat 1910 İstanbul doğumlu.

Anne ve babasını küçük yaşta kaybetti, anneannesi tarafından büyütüldü.

Bluğ çağında sahneyle tanıştı; tıpkı Mata Hari gibi o da dansözdü.

Amcası bir Alman kadınla evliydi; Alman kadının erkek kardeşi Henry Pee İstanbul'a gelince Emine'ye âşık oldu. Evlenip, 1935'te Almanya'ya gittiler.

Almanya'da lüks kulüplerde dans etmeyi sürdürürken, başta Hitler'in yaveri olmak üzere Alman subaylarıyla tanıştı, dostluklar kurdu.

Almanların Paris'i işgal etme planı gibi bir çok istihbarat bilgisini Viyana Konsolosu Behçet Öznayi'ye ulaştırdı. (6 eylül 1985 *Haftanın Sesi* gazetesi.)

Emine Adalet ya da... Lawrence'a karşı mücadele veren Türk kadın gerilla Mebruke Hanım'ın hayatını kim yazacak, onları kim beyazperdeye aktaracak?

Türk istihbarat yaşamında ne hikâyeler yok ki:

– Kurtuluş Savaşı döneminin Ankara'daki ilk istihbarat başkanı ünlü bir edebiyatçıydı; Hamdullah Suphi (Tanrıöver) Bey.

– O dönemdeki adıyla MAH'ın ilk başkanı Harp Akademisi'nde Harp Tarihi dersleri veren Kurmay Yarbay Şükrü Ali'ydi (Ögel). Ögel başkanlığı yürütürken aynı zamanda üç dönem (5,6,7) TBMM'de milletvekilliği yaptı.

– MİT'in üçüncü başkanı Behçet Türkmen, Dışişleri eski bakanı, *Hürriyet* gazetesi yazarı İlter Türkmen'in babasıdır.

Zorunlu bir yanıt.

Doğan Yurdakul'la birlikte kaleme aldığımız *Bay Pipo* kitabına ilişkin İlter Türkmen hep olumsuz makaleler yazdı. Önce buna pek ses çıkarmadık. Ama bir gün argo deyimler kullanıp *Bay Pipo* için "serbest atış yöntemiyle" yazıldığını söyleyince yanıt vermek kaçınılmaz oldu.

Tarihe not düşmek için yanıtımı buraya almak istiyorum:

Can Dündar, 13 ocak'ta *Milliyet Pazar*'da, "Kavganın Gerçek Tadı" başlıklı bir yazı kaleme aldı.

Bu yazıya, 12 Eylül Askeri Darbesi'nin dışişleri bakanı, emekli büyükelçi İlter Türkmen, *Hürriyet* gazetesindeki köşesinden 15 ocakta yanıt verdi.

Türkmen, Can Dündar'ın yaptığı maddi hatalardan bahsederek konuyu, Doğan Yurdakul'la birlikte kaleme aldığımız *Bay Pipo* kitabına getirdi.

> Can Dündar'a gelince, anlaşılan *Bay Pipo* ve benzeri "serbest atış" yöntemiyle yazılmış kitaplardan hareketle, o kitaplardaki iddiaları da aşan ithamlarda bulunuyor. Örneğin, babam için "Hakkında CIA'den para aldığına dair söylentiler çıktı" diyor. Hatırladığım kadarıyla sözünü ettiğim kitaplarda MİT'in o zamanki personelinin maaşlarını yine gerçeğe aykırı olarak CIA'in ödediği iddia ediliyordu, babamın şahsen para aldığı değil.

Bu yazı üzerine Can Dündar, 17 ocakta *Milliyet*'teki köşesinde özür yazısı kaleme aldı. Meslektaşımızın ilgili yazısındaki hatalar bizi ilgilendirmiyor. Ama... Bir dönemin MAH/MİT Başkanı Behçet Türkmen hakkında yazdıklarında da özür dilemesi şaşırtıcıydı.

Ne kolay özür dileniyor, anlamak zor!

Tarihi gerçeklerin üzerinin örtülmesine nasıl razı olunur böyle kolayca?

O halde, bilgilendirmek bize düşüyor.

Sayın Türkmen'in deyimiyle, bakalım *Bay Pipo*'da nasıl "serbest atış" yapmışız.

İddianın sahibi Demokrat Parti döneminin Başbakanlık müsteşarı Ahmet Salih Korur. Yassıada'da 22 aralık 1960 tarihli gizli celsede bakın neler diyor:

> Sanık Ahmet Salih Korur: Amerikalıların servis şefini çağırdım. Kati talimatı verdim, hiçbir memurumuzla temas etmeyeceksiniz ve para vermeyeceksiniz.

Mahkeme başkanı:Amerikan Servisi'nin başında bulunan zatın günahı mı, yoksa Behçet Türkmen'in günahı mı?

Sanık Ahmet Salih Korur: Behçet Türkmen'in günahı. Amerikalılar bu kadar işin içine nüfuz etmişti. Ve zaten (Behçet Türkmen'in – S.Y.) servisten ayrılmasının başlıca sebebini bu hali teşkil etmekte olduğunu zannediyorum.

Yani Behçet Türkmen "bu işler" nedeniyle görevinden alındı, Bağdat'a büyükelçi olarak gönderildi. Yerine ise, Müsteşar Korur vekâlet etti. Yani, hem müsteşar hem de MAH başkanı olarak Korur bu ilişkilerin en yakın tanığı.

Bu arada CIA'yle ilişkiler Teşkilat'ı o kadar karıştırdı ki, Türkmen'den sonra MAH başkanlığına kimin atanacağı karar verilemedi. Örneğin Emin Çobanoğlu aynı yıl içinde gitti, geldi vb.

Devam edelim:

Diyelim ki bir tek Müsteşar Korur'un tanıklığı iddiayı doğrulamaz.

O halde ikinci tanığı çağıralım, Başbakan Adnan Menderes!

Aynı tarihli gizli duruşmada bakın o ne diyor:

Böyledir Beyefendi. Yavaş yavaş yardımı kestik. Bu yardımlar şöyle başlamış; servisler arasında irtibatlar tesis etmek, birbirine malumat vermek suretiyle müşterek çalışılıyor. Bunun bağlı olduğu külfeti karşılamak üzere yavaş yavaş irtibat tesis etmişler. MAH Başkanı Behçet Türkmen'in uygun gördüğü anlaşılıyor. CIA'den doğrudan para almayı servisin başında bulunan Behçet Türkmen sağlamış.

Bitmedi. Şahit çok.

O dönemde MAH/MİT'te görev yapan Neşet Güriş, Gazeteci Tuncay Özkan'a bakın ne anlattı:

Behçet Türkmen'in bu denilen hadiseleri yaptığı bir vakıadır. Kesinlikle biliyorum. O zaman biz çok üzüldük. Şimdi Amerikalılar tabii, operasyonlarla ilgili konularda para veriyorlardı. Fakat Behçet Paşa'nın aldığı paralar onlar illegal paralardı.

(Tuncay Özkan, *Bir Gizli Servisin Tarihi*, s. 126.)

Sayın İlter Türkmen, hadi diyelim bunlara inanmıyorsunuz; o halde milletvekili adayı olduğunuz MHP'nin başbuğu *Türkeş'in*

Anıları'na bir göz atınız; o tarihte CIA'in Türkiye'de neler yaptığını okuyunuz.

Ve bakınız Sayın Türkmen, sizi anlayabiliyorum; söz konusu olan babanız ve olaya bu nedenle duygusal yaklaşıyorsunuz. Sizin için "kişisel" olan mesele bizim için değil. Bu gerçekler bizim tarihimiz. Yazmayı sürdüreceğiz. Sizin bilgi ve deneyimlerinizden de yararlanacağız.

Bu arada yıllarca emek verilerek yazılmış *Bay Pipo* hakkındaki, –*Hürriyet*'teki köşenizi "babanızın malı" gibi kullanarak– "serbest atış" gibi bir argo deyimiyle "süslediğiniz" ithamlarınızı kabul edemem. Bu üslup sizin gibi bir diplomata hiç yakışmaz.

Saygılarımla...

MİT tarihinden renkli bilgiler vermeyi sürdürelim.

TKP-MİT ortaklığı (!)

MİT müsteşarlarından Ziya Selışık'ın kızı ünlü tiyatrocu Çiğdem Selışık'tır.

Bu konuda da bir anekdot yazmama izin veriniz lütfen. Okuyunca şaşıracaksınız ve diyeceksiniz ki "Türkiye nereden nereye geldi?"

MİT tarihine baktığınızda sadece iki kişinin, iki kez müsteşarlığa getirildiğini görürsünüz: Fuat Doğu ve Ziya Selışık

Ziya Selışık, 27 Mayıs 1960 Askeri Hareketi'nden bir hafta sonra müsteşarlığa getirildi. Ancak devletin en önemli "sinir merkezlerinden" biri olan istihbarat servisinin başında uzun süre kalamadı. 7,5 ay sonra koltuğundan oldu. Yerine 27 Mayıs'ın mimarlarından Naci Aşkun getirildi

Ziya Selışık'ın istihbaratın başına ikinci kez geçmesinin tarihi 29 ağustos 1964. İkinci kez teşkilatın başına getirilen Ziya Selışık'ın, o yıllarda daha "çiceği burnunda" siyasetçi, Başbakan Yardımcısı Süleyman Demirel'i ziyaret ediyor, gelişmeler hakkında bilgi veriyordu. Bu ziyaretler de Ziya Selışık'ın sözlerini Demirel hiç anlamıyordu.

Ziya Selışık Demirel'in makamına her uğradığında hep aynı cümleyi sarf edip gidiyordu:

"İyi sıhhatte olsunlar da herhangi bir şey yok."

Süleyman Demirel sonunda dayanamıyor ve soruyor: "Sayın

Selışık nedir bu iyi sıhhatte olsunlar?"

Ziya Selışık fısıltıyla, "Ordu" diyor!..

Ziya Selışık ikinci kez geldiği istihbarat başkanlığında yine uzun süre kalamadı. Yeni çıkan MİT Yasası'na göre, 65 yaşını doldurduğu için, 13 temmuz 1965 tarihinde, yaş haddinden emekli oldu.

Türk istihbaratının renkli siması Ziya Selışık emekli olduktan bir yıl sonra vefat etti...

Yıl 1956.

Sovyetler Birliği Komünist Partisi (SBKP) 20. Kongresi Stalin döneminin sona erdiğini açıkladı. SBKP "Stalin putu"nu yıkmıştı!

Yeni dönem TKP yönetiminde de değişikliğe neden oldu. Zeki Baştımar (Yakup Demir) TKP Genel Sekreterliğine getirildi.

Üç kişilik TKP Dış Bürosu'nun diğer iki ismi İsmail Bilen (Laz İsmail, Marat) ve Aram Pehlivanyan'dı (A. Saydan).

Bu üçlüye "Leipzig sacayağı" denirdi.

Ancak, Zeki Baştımar'ın hastalığı yoldaşların arasını açtı.

İsmail Bilen, Aram Pehlivanyan'ın desteği ile Zeki Baştımar'ı alaşağı edip, "partinin mührünü" alarak, TKP genel sekreteri oldu.

Bu darbe TKP'yi derinden etkiledi. İsmail Bilen ve Aram Pehlivanyan TKP'li bir grup tarafından hiçbir zaman benimsenmediler.

Aram Pehlivanyan'ın ömrünün büyük bir bölümü yurtdışında geçti. O günlere meraklı olanlar Aram Pehlivanyan'ın 1999 tarihinde Aras Yayıncılık'tan çıkan *Özgürlük İki Adım Ötede Değil* adlı kitabına bakabilirler.

Tarihimizden iki isim.

Biri MAH (MİT) Başkanlığı'nı yapmış Ziya Selışık. Diğeri TKP merkez komitesi üyesi Aram Pehlivanyan.

Harp Okulu mezunu Ziya Selışık 1938 yılında MAH'a (MİT) girdi.

İstanbul Özel Getronagan Ermeni Lisesi mezunu Aram Pehlivanyan da aynı yıl TKP'ye katıldı.

Ziya Selışık'ın istihbarat hayatı neredeyse hep bir amaç uğrunda geçti; komünizmle mücadele etmek!

Aram Pehlivanyan'ın amacıysa Türkiye'yi ve dünyayı dönüştürecek bir devrim yapmaktı!

Yani biri hep yakalamak için çabaladı durdu, diğeri yakalanmamak için...

Ve gelelim makalenin "bamteline":

Esra Yönat ve Levon Bağış Nişantaşı'nda harika bir "şarap evi" açtılar. Dünyanın neredeyse her ülkesinden her kalitede şarabı bu nezih yerde bulabilirsiniz. Gidip istediğiniz ülkenin şarabını alabiliyorsunuz. Ya da oturup bir kadeh içebiliyorsunuz.

Sanırım bu "ortaklığı" niye yazdığımı anladınız:

Bu sevimli, candan "ortaklar" bir dönemin iki renkli ismi, Ziya Selışık ve Aram Pehlivanyan'ın torunları.

Üstelik biri hâlâ sağcı, diğeri solcu!

Ne güzel!

Son 50 yıllık siyasal tarihimize baktığımızda, bizim tarihimiz hep acılarla yüklüdür. Ama acıları dostluklara çevirmek de sanırım bu toprakların güzel insanlarına özgü...

MİT'çi gazeteciler kim?

"MİT'te çalışan gazeteciler var mı?" sorusu hep sorulur. Evet vardır; MİT'in yedinci başkanı Ahmet Celalettin Karasapan gazetecilik okulu mezunudur! Karasapan, Mümtaz Soysal'ın eski kayınpederidir.

Bugün medyanın üç ünlü gazetecisi; C.D., T. B. ve A. A'nın babaları da bir dönem MİT'te görev yapmışlardır.

İsimlerinin baş harfini yazdım; çünkü bu konularda haksız yere polemik yapılabilir. Babalarının MİT'te görev yapmasının bu değerli meslektaşlarımızı da istihbaratçı yapacak değildir. Ama maalesef bu konular, özellikle dinci basın tarafından "çamur atma malzemesi" olarak kullanılmaktadır.

Kerkük'te referandum yapılacaktır. Dünyanın en kaliteli petrolünün bulunduğu, petrol rezerv zengini Kerkük'ün, bugün Barzani tarafından nasıl hızla "Kürtleştirildiğinin" belgeleri gazetelere, TV ekranlarına yansıyor. Bu fotoğrafları, görüntüleri, ölümü göze alarak çeken isimsiz kahramanlar kimdir, hiç aklınıza geliyor mu?

19 ocak 1994'te Erbil'de, Türkiye'den yapılan insani yardımın koordinasyonuyla görevli Kızılay çalışanı Can Cemal adlı Türk vatandaşı arabasına açılan ateş sonucu öldürüldü. "Can Cemal" aslında takma adıydı; gerçek adı Cenan Kocahakimoğlu'ydu ve MİT görevlisiydi.

"Arnavut Bahattin" olarak bilinen MİT Müsteşarı Bahattin Özülker, 26 eylül 1974'te gittiği Samsun'daki bir otel odasında ölü bulundu.

Emekli Binbaşı Erol Mütercimler'in iddiası ilginç: "Bahattin

Özülker'i zehirleyerek öldüren kişi yurtdışına kaçırıldı. Sonra da yurtdışında yok edildi". (5 ocak 1997, *Aydınlık.*)

Bayan Özülker de eşinin suikasta kurban gittiğini iddia ediyor.

Kim niye öldürmüştü? Pek araştırılmadı.

MİT konusun artık kapatalım; meraklı olanlar *Bay Pipo* kitabına bakabilirler...

Ama tarihimizde sadece ülkesi için çarpışan Ömer Naci'ler yoktu. İnsanlığın ortak ülküsü için silah kuşananlar da vardı; hem de başka bir ülkede...

Paris Komünü'ndeki Türkler

Dokuz kişiydiler: Reşad Bey, Nuri Bey, Agâh Efendi, Rıfat Bey, Mehmed Bey, Hüseyin Vasfi Paşa, Ziya Paşa, Ali Suavi ve Namık Kemal.

Avrupa'ya kaçmak zorunda kalmışlardı.

1867 mayısında İstanbul'dan ayrılmalarının nedeni, hürriyet aşkıydı. Meşrutiyetin ilan edilmesini istiyorlardı.

Avrupa'ya kaçtıklarında ilk yaptıkları gazete çıkarmak oldu. *Muhbir*, *Hürriyet*, *İttihat* vb.

Ancak yıllar geçtikçe dokuz ihtilalci arasında kişisel ve ideolojik ayrışmalar yaşandı. Grup dağıldı. Kimi Londra'ya, kimi Cenevre'ye, kimi de Brüksel'e gitti.

Genç Osmanlıların ilk kurucuları; Reşad, Nuri ve Mehmed birbirlerinden kopmadılar, Paris'te kaldılar.

Aslında bu üç isim başından beri diğerlerinden farklıydı. Öncelikle onlar, meseleyi sadece Saray'dan mevki kapmak olarak gören Mısırlı Prens Mustafa Fazıl'ın teklifiyle yurtdışına çıkmamışlardı. Bu nedenle Namık Kemal, Ziya Paşa ve diğerleri gibi Mustafa Fazıl'dan para/maaş almamışlardı.

Onlar ihtilalcilikle parayı birleştiremiyorlardı. Meseleyi sistem sorunu olarak görüyorlardı. "Sadrazamların veya bürokratların değişmesiyle sorun çözülemez" diyorlardı.

1870 yılında Genç Osmanlılar kendi sorunlarıyla boğuşurken, Fransa'yı da hiç iyi günler beklemiyordu.

III. Napoléon'un başlattığı, Fransa-Prusya Savaşı, Fransızların yenilgisiyle sonuçlandı. Prusyalılar Paris'i kuşattı. Parisliler Cumhuriyetçi General Louis Adolphe Thiers liderliğinde direnme kararı aldı.

Paris'teki üç Jön Türk, Reşad, Nuri ve Mehmed bir akşam

Saint-Michel'deki bir kahveye oturup ne yapacaklarını konuştular.

Üçü de aynı fikirdeydi. Parisliler gibi onlar da cumhuriyeti koruyacaklardı. 4 eylül 1870'de General Thiers'e mektup yazdılar. Üç mektubun da metni aynıydı:

> General, Türk'üm ve vatanıma Fransa'nın yaptığı hizmetleri unutmadım. Minnet duygusunun ve büyük bir millete zaruri olan demokratik ruhun heyecanıyla yazıyorum.
>
> General, sizden rica ederim; Fransız Cumhuriyeti'nin düşmanlarıyla harp etmek için beni gönüllü olarak Fransız ordusuna alınız.
>
> Vatanseverliğiniz hakkındaki hayranlığımı ve cumhuriyetçi Fransa için beslediğim bağlılık duygularımı lütfen kabul ediniz General.

Yanıt olumluydu.

Üç Jön Türk Fransız Ordusu'na katıldı. Prusya işgaline karşı direnen Parislilerin yanında üç de Türk vardı artık. Karargâhtan kendilerine askeri giysiler verildi. Üniformaları giydiler. Ama bir tek başlarındaki kırmızı fesleri çıkarmadılar. Onlara, "kırmızı fesli Türk gönüllüleri" adı verildi.

İşgal Paris'i gün geçtikçe zora soktu. Yemek ve su stokları tükenmişti. Prusyalılar kenti sürekli topa tutuyordu. General Thiers Prusya'yla anlaşma imzalamak zorunda kaldı.

Paris düştü.

Ancak Paris'in bu kadar rahat elden çıkarılmasını yoksul mahalleler kabul etmedi. Direnişe devam kararı aldılar. 1871 martında Paris Komünü yönetimi devraldı.

Yoksulların, işçilerin Paris'i ele geçirmesine karşı çıkan Fransız burjuvalar Versay Ordusu'yla Paris'e saldırdı.

Tüm bu kargaşalar sürerken Reşad, Nuri ve Mehmed Brüksel'deki Jön Türk Agâh Efendi'nin yanına gittiler. Yol parasını Reşad'ın baba yadigârı saatini satarak bulabilmişlerdi.

Sonraki aylarda yine Paris'e döndüler ama Paris, eski Paris değildi artık.

İstanbul'a dönüp dönmeme konusunda aralarında tartışma çıktı. Mehmed diğer ikiliden ayrıldı. Reşad ve Nuri Bey İstanbul'a dönmenin yollarını aramaya başladı. Yurda döndüklerinde cezaevine girmek istemiyorlardı. Akrabaları ikisi için seferber oldu.

Ama işler kolay yürümüyordu.

Bekleme günleri geçmek bilmedi. Reşad ve Nuri beş parasız kaldılar. Paris'in o soğuk günlerinde sobasız bir odada ısınmak için güreş tuttular!

Sonuçta affedilen Reşad ve Nuri İstanbul'a döndüler. *İbret* gazetesinde Paris Komünü'nü destekleyen makaleler kaleme aldılar.

Yine sürgüne gönderildiler.

Ama hayatlarının sonuna kadar Paris Komünü'ne, Enternasyonal'e bağlı kaldılar.

Mehmed Paris'te kalmayı sürdürdü.

Mehmed Bey'in amcası Mahmud Nedim Paşa sadrazam olunca, iyi bir görev vereceği teminatıyla yeğenini İstanbul'a çağırdı.

Mehmed Bey'in yanıtı bir ihtilalci yanıtı oldu: "Meşrutiyet olmadıkça İstanbul'a gelmem!"

Jön Türkler arasında en radikal oydu. Paris'te gazetecilik yapmayı sürdürdü. Fransa'nın ünlü gazetesi *Liberté*'de makaleler yazan tek Türk oldu.

1874 yılında nedeni bilinmeyen bir sebeple İstanbul'a döndü. Aynı yıl vefat etti.

Bildik şiiri biraz değiştirerek yazımızı noktalayalım:

> Bizim de devrimcilerimiz var Che Guevara
> Kendi topraklarında tanınmasalar da...

Nasıl tanınsın bilinsin kendi topraklarında?

İnsanlığın rönesansı için, dünya uygarlığı için ölümü göze alan ilerici aydınlarımızı bize hiç anlatmadılar.

Gericilere karşı mücadele veren münevverlerimizi kaçımız tanıyoruz.

Jön Türkler'den İttihatçılar'a; İttihatçılar'dan Kemalistler'e taşınan bu uygarlık savaşının simgelerinden bile haberimiz yok!

Öyle olmasa İstanbul'daki Abide-i Hürriyet Anıtını'na sahip çıkmaz mıyız?

Anıtın neden yapıldığını bile çoğumuz bilmiyor artık.

Oysa Türkiye'nin aydınlanma mücadelesinin simgesidir Abide-i Hürriyet. Ve Ankara'daki Anıtkabir gibi bize mirastır...

Osmanlı'nın "Anıtkabir"i Abide-i Hürriyet'ti

Çağdaşlığın, demokrasinin ve laikliğin sembolü Anıtkabir, günümüzde binlerce insanın ziyaretine tanıklık ediyor.

Osmanlı'da özgürlüğün-aydınlığın simgesi İstanbul'daki Abide-i Hürriyet Anıtı ise biraz unutulmuşa benziyor. Bu unutulmuşluğun sebebi ise yapılış nedeninin bilinmemesidir...

Tarih: 13 nisan (Rumi 31 mart) 1909.

Yer: İstanbul Ayasofya'daki Meclis-i Mebusan Binası önü.

İstanbul bir gerici isyana daha tanıklık ediyordu...

Derviş Vahdeti ve İttihad-ı Muhammed-i örgütünün yönlendirdiği binlerce insan, ellerinde silahlar, sobalar ve yeşil bayraklarla, Meclis-i Mebusan önünde susmaksızın bağırıyorlardı. "Gâvur Meclis İstemiyoruz!"

Niye "Gâvur Meclis"ti?

Çünkü 23 ağustos 1908'te İstanbul'da çıkan ve 2 500 evin yanmasına neden olan büyük yangını, Allah, Meşrutiyet ilanı üzerine Osmanlı'yı cezalandırmak için çıkarmıştı! Bu "Gâvur Meclisi" kapatılmadan bu tür afetlerden kurtuluş yoktu!

Üstelik 1876 Anayasası'nın 35. maddesi Meclis'i feshetme yetkisini Padişah'a tanımıştı.

Hükümetteki İttihat ve Terakki Cemiyeti bu maddeyi anayasadan çıkarmak istiyordu. Protestocular bu Anayasa değişikliğini masum Müslüman halka şöyle anlatıyordu: "35. madde ne demek: 30 ramazan 5 de beş vakit namaz demek. İttihatçılar dinsiz oldukları için ramazanı ve namazı kaldırmak istiyor!"

"Gâvurluk İstemeyiz Şeriat İsteriz" diye bağırıyorlardı.

Din bir kez daha siyasete alet ediliyordu...

Tarih boyuncu din istismarcıları tarafından kullanılanlar o gün de, Meclis'in önünde Adliye Nazırı Nâzım Paşa ve Lazikiye Mebusu Emir Arslan Beyi linç ederek öldürdü.

Bahriye Nazırı Rıza Paşa ise öldü sanılarak bırakıldı.

Sadece milletvekillerine düşman değillerdi. Askerlere de kin duyuyorlardı.

Gâvurluğu Osmanlı'ya askerlerin getirdiğini düşünüyorlardı.

Medrese öğrencilerinin askere çağrılmasını; 23 ocak 1909'da irticacı 60 Harp Okulu öğrencisinin okuldan atılmasını protesto ediyorlardı.

Onları en çok kızdıran ise, orduda Harp Okulu mezunu olmayan alaylı subayların emekli edilmek istenmesiydi.

"Mektepli Zabit İstemeyiz" diye bağırıyorlardı.

Ve isyancılar yolda karşılaştıkları subaylara soruyorlardı:

"Alaylı mısın mektepli misin?"

Mektepli olanları öldürüyorlardı.

Binbaşı Ali Kabuli, Yüzbaşı Nail, Yüzbaşı Selahaddin, Yüzbaşı Sparati, Mülazım Muhiddin, Mülazım Selim ilk öldürülenler arasındaydı.

Katil sürüsü Yüzbaşı Selahaddin'in yanındaki küçük kardeşi Nureddin'e bile acımamışlar, onu da katletmişlerdi.

Binbaşı Ali Kabuli'nin kesilen başı, bir sopaya geçirilmiş sokaklarda dolaştırılıyordu.

Gerici isyana ilk tepki Harp Okulu öğrencilerinden geldi. Silah kuşanıp sokağa çıkmak istiyorlardı. Komutanları güç bela durdurdu. Komutanların gözü kulağı Yıldız Sarayı'ndan gelecek haberdeydi. Sultan II. Abdülhamid'in tepkisini bekliyorlardı.

Aynı şekilde, alaylı subayların çoğunluğunu oluşturduğu İstanbul'daki 1. Ordu da, Yıldız Sarayı'ndan gelecek emiri bekliyordu. Hangi safta yer alacaklarını bilemiyorlardı!

Yıldız Sarayı ise suskundu.

Sultan II. Abdülhamid renk vermiyordu...

Gerici isyancıların sayısı her saat artıyordu. Talepleri de çoğalıyordu: Okullarda derslerin Türkçe yapılmasına karşıydılar. Yeni okul istemiyorlardı; medreseler yeterliydi. Kızlar okula gitmeyecekti, şeriata aykırıydı. Yazışmalar Türkçe yapılmayacaktı.

Yoksa... Yoksa din elden giderdi!..

Gerici isyancılar İstanbul sokaklarını esir almışlardı. Akıllarına gelen her talebi bağırıyorlardı.

Yıldız Sarayı hâlâ suskundu.

Ama hareketli olan bir yer vardı: Selanik.

"Temmuz Devrimi" II. Meşrutiyet'in filizlendiği Selanik'teki 3. Ordu Komutanlığı, İstanbul'a müdahale kararı aldı Silah kuşanıp yola çıktı..

"Hareket Ordusu" adı verilen bu kuvvet içinde kimler yoktu ki: Yüzbaşı Mustafa Kemal Hareket Ordusu'nun kurmay başkanıydı.

Meşrutiyet ilanı için dağa çıkan subaylar, Resneli Niyazi'ler, Eyüp Sabri'ler, bu kez Meşrutiyet'i korumak için yola düşmüşlerdi.

Hareket Ordusu'na Celal (Bayar) gibi gönüllü siviller de katılmıştı. Bu askeri kuvvetin neredeyse yarısı sivillerden oluşuyordu.

Edirne'deki 2. Ordu'da Hareket Ordusu'na katılma kararı aldı. Bu ordunun genç subaylarından biri de Yüzbaşı İsmet'ti (İnönü).

24 nisanda İstanbul'da büyük çatışmalar yaşandı.
İki gün sonra gerici ayaklanma bastırıldı.
3'ü subay 71 asker şehit olmuştu.

26 nisanda İstanbul'da büyük bir cenaze töreni yapıldı. Şehitler toprağa verildi.
Ancak tören yeterli görülmedi. Hürriyet şehitleri için bir anıtın yapılmasına karar verdi.
Anıt için yarışma düzenlendi.
Kiryadiki Efendi, Vedat (Tek), Kemaleddin Bey, Alexandre Vallury gibi devrin önde gelen mimarları yarışmaya proje gönderdi.
Mimar Muzaffer Bey (1881-1920) kazandı.

İki yıl sonra: 23 temmuz 1911.
"Temmuz Devrimi"nin üçüncü yılında "Abide-i Hürriyet Anıtı" büyük bir halk katılımıyla açıldı.
31 Mart Şehitleri'nin isimleri tek tek anıta işlenmişti
Mezar odasına giren kapının üzerinde ise, "Makber-i Şuhedâ-i Hürriyet" yazılı bir kitabe bulunmaktaydı.
Anıt artık Osmanlı'daki özgürlük hareketlerinin sembolüydü.
Hürriyet ne zaman tehlikeye düşse, Osmanlı aydınları, subaylar ve harp okulu öğrencileri tepkilerini Abide-i Hürriyet Anıtı'na çıkarak gösterdi.

Abide-i Hürriyet'te mezarı bulunanlar

Abide-i Hürriyet Anıtı bahçesine zamanla tarihimizin önemli isimleri de defnedildi. Ve anıt zamanla "Hürriyet-i Ebediye Tepesi" adını aldı.
İşte "sonsuz hürriyet tepesi"nde mezarı bulunan tarihi şahsiyetler..

Sadrazam Mahmud Şevket Paşa ve iki koruması
Tarih 11 haziran 1913, yer İstanbul.
Sadrazam Mahmud Şevket Paşa Babıâli'ye gitmek için Beyazıt'taki Harbiye Nezareti'nden çıkıp otomobiline bindi.
Otomobil Beyazıt Meydanı'na geldi. Çarşıkapı'ya sapacağı sıra-

da, karşıdan ellerinde tabut taşıyan bir cenaze alayıyla karşılaştı. Cenaze alayına yol vermek için durdu. Ve tam o sırada tabutu yere atanlar ellerindeki silahlarla otomobile ateş açtılar.

Sadrazam Mahmud Şevket, koruması Kâzım Ağa ve Bahriye Yaveri İbrahim şehit oldu.

Suikastı İttihat ve Terakki Cemiyeti'ni iktidardan indirmek isteyen bir grup yapmıştı.

Sadrazam Mahmud Şevket Paşa, İstanbul'daki gerici ayaklanmayı bastıran Hareket Ordusu'nun komutanlığını yapmıştı.

Mahmud Şevket Paşa iki korumasıyla birlikte, Abide-i Hürriyet Anıtı'nın 20 metre soluna yapılan bir anıta defnedildiler.

Sadrazam Talat Paşa

Tarih 15 mart 1921, yer Berlin.

Birinci Dünya Savaşı sonrasında Almanya'ya gitmek zorunda kalan İttihatcı lider Talat Paşa, tütün almak için sabah saatlerinde evinden çıktı. Hardenberg Caddesi'nde 100 metre yürümüştü ki, İran'dan gelen 24 yaşındaki Ermeni terörist Sogomon Taylerγan tarafından vurularak öldürüldü.

Üzerinden "Mehmed Sai" adına düzenlenmiş sahte kimlik çıktı.

Talat Paşa'nın cenazesi uzun yıllar Türkiye'ye getirilemedi. Yıllarca bir kilise mezarlığında sahipsiz kaldı.

Adolf Hitler, Türk-Alman ilişkilerini kuvvetlendirmek için, özel bir jest yapıp Talat Paşa'nın naaşını 25 şubat 1943 tarihinde Türkiye'ye gönderdi..

Talat Paşa'nin cenazesi askeri törenle, Abide-i Hürriyet Anıtı'nın sağ yanına, 50 metre uzaklığa defnedildi.

Sadrazam Midhat Paşa

Tarih 8 mayıs 1884, yer Taif.

Osmanlı'nın ilk anayasasının ve I. Meşrutiyet'in mimarı reformist Sadrazam Midhat Paşa, Sultan II. Abdülhamid'in kurdurduğu uyduruk bir mahkemeye tarafından. Sultan Abdülaziz'i öldürttüğü gerekçesiyle verilen idam kararı gereği cezaevinde boğularak öldürüldü.

II. Abdülhamid Midhat Paşa'nın öldüğünden emin olmak için başını kestirip Yıldız Sarayı'na getirtti.

Zavallı Midhat Paşa'nın gövdesi Taif'e gömüldü.

Midhat Paşa'nın kemikleri 24 haziran 1951'de Türkiye'ye getirildi. Tabutu, idam cezası aldığı mahkemenin bulunduğu Çadır Köşkü'nde katafalka konuldu.

İki gün sonra Cumhurbaşkanı Celal Bayar'ın da katıldığı bir törenle Abide-i Hürriyet Anıtı'nın tam karşısına defnedildi.

Midhat Paşa'nın mezarı üzerine, anayasa kitapçığı şeklinde büyük bir anıt yapıldı.

Harbiye Nazırı Enver Paşa

Tarih 4 ağustos 1922, yer Belçivan.

Birinci Dünya Savaşı sonrası yurtdışına çıkan İttihatçılar'dan biri de Enver Paşa'ydı.

Avrupa'da birkaç ülkede kaldıktan sonra son durağı Rusya oldu.

Bolşeviklerle anlaşamadı.

4 ağustos 1922'de Belçivan yakınlarında Kızılordu'yla çarpışırken, mitralyözlerin üzerine elinde kılıç, atıyla yürüdü. Aslında yaptığının intihar olduğunu o da biliyordu...

Yıllar sonra ölüm yıldönümünde 4 ağustos 1996 tarihinde naaşı Tacikistan'ın Çeğen köyündeki mezarından alınıp İstanbul'a getirildi.

Devlet töreniyle Talat Paşa'nın mezarının yanına defnedildi.

Silahşor Mülazım Atıf

Tarih 7 temmuz 1908, yer Manastır.

Meşrutiyet'in ilanı için dağa çıkan mektepli subayları cezalandırmak için Manastır'a gelen Müşir Şemsi Paşa, Yıldız Sarayı'na geldiğini haber vermek için telgraf çekmiş postaneden çıkıyordu.

Müşir ve yanındaki yaverleri (ki biri Fevzi Çakmak Paşa'dır) ne olduğunu anlamadan, genç biri Şemsi Paşa'ya kurşun yağdırdı. Ve kargaşadan yararlanıp kayıplara karıştı.

Bu kişi Teğmen Atıf'tı (Kamçıl).

Atıf Kamçıl Cumhuriyet'ten sonra 6. ve 7. dönem Çanakkale milletvekili olarak TBMM'de bulundu.

Vefat edince, İttihat ve Terakki'nin kurucularından biri olarak cenazesi Abide-i Hürriyet'e getirildi. Anıtın 50 metre arkasındaki ağaçlıklı bölüme defnedildi.

Dağa Çıkan Subay Eyüp Sabri

Tarih 3 temmuz 1908, yer Ohri.

300 kişilik Ohri Milli Taburu'nun başında bulunan Binbaşı Eyüp Sabri, meşrutiyetin ilan için dağa çıktı.

Meşrutiyet ilan edilince Enver ve Resneli Niyazi gibi kahraman oldu. İttihat ve Terakki cemiyeti'nin önde gelen isimlerinden biriydi.

Eyüp Sabri Akgöl Kurtuluş Savaşı'na katıldı. Birinci Meclis'te Eskişehir milletvekili olarak bulundu.

1953 yılında vefat edince Abide-i Hürriyet Anıtı'nın arkasındaki Atıf Kamçıl'ın mezarının yanına defnedildi.

Sivil Komitacı Midhat Şükrü

İttihatların ilk gizli toplantıları Selanik Yalılar'da Mülkiye mezunu Midhat Beyin evinde yapıldı. Yıllarca İttihat ve Terakki Cemiyeti'nin genel sekreterliğini yaptı. Osmanlı Meclis-i Mebusan'da üç dönem milletveki olarak bulundu.

İngilizler tarafından Malta'ya sürüldü.

TBMM'de 1935-1950 yılları arasında Burdur ve Sıvas milletvekili olarak görev yaptı.

Midhat Şükrü Bleda, 1956 yılında vefat edince, İttihatcı arkadaşlarının yanına Abide-i Hürriyet'e defnedildi.

Bu kadar tarihi şahsiyetin bulunduğu Abide-i Hürriyet Anıtı'na kim düşman?

Hürriyet Tepesi'nin mezbelelik haline gelmesi üzerine,TV'ler program yaptı, gazeteler yazdı, yetkililer nihayet harekete geçti.

Anıt ve mezarların rölöve-restitüsyon ve restorasyon projeleri İstanbul II no'lu KTVKBK tarafından 14.04.2006-186 tarih/karar numarasıyla onaylandı.

Ayrıca bu kararda parselin tamamına yönelik çevre düzenleme projesinin hazırlanması istendi, hazırlanan bu proje de 22.11.2006-660 karar/tarih numarasıyla onaylandı. Onaylanan bu proje kapsamındaki ek binalarda küçük bir sergi odası da bulunmaktaydı.

İlk karardan sonra anıt ve mezarların onarımı başlatıldı.

Ancak çalışmalar bir noktaya gelince durduruldu.

Niye?

Niye olduğunu sanıyorsunuz?

O kadar saf değilsinizdir umarım...

Öneri: Askerler anıtı "sivil yönetimin" elinden kurtarmazsa "Hürriyet Tepesi" yok olacaktır.

Gasp edilen fidanlık bölümü hemen "Aydınlanma Müzesi" haline getirilmelidir. Harbiye Askeri Müzesi'ndeki Mahmud Şevket Paşa suikastında kullanılan otomobil, tabancalar, kanlı gömlekler- ilk Kanuni Esası kitabı gibi döneme ilişkin tüm tarihi eşyalar bu müzede toplanmalıdır.

Tarihimizi yok ediyorlar görmüyor musunuz?

Kimse yok mu orada?

Benzer tartışmalar Sıvas Madımak Katliamı için de yapılmıyor mu?

Birileri Madımak Oteli'nin müze yapılmasına ısrarla karşı çıkıyor.

Neden?

Ölen insanlarımıza karşı hiç mi saygı duymuyorlar?

Bu kadar mı düşmanlar?

Bilmiyorlar ki, insanlık tarihi, Roma Kilisesi kararıyla, 16 şubat 1600 yılında yakılarak öldürülen Rönesans filozofu Giordano Bruno'yu nasıl unutmadıysa, Sivas vahşetini de unutmayacaktır...

8. bölüm

Ne yapmalı nasıl yapmalı?

Türkiye'nin siyasi, iktisadi ve kültürel yaşamında nasıl bu hale getirildiğini artık biliyoruz. Hastalık teşhis edildi yani.

Sorun tedavide.

Özellikle laik çevreler telaş içinde; "ne yapacağız?" diye soruyor.

Herkes birbirini "bir şey" yapmamakla itham ediyor.

Bakınız: Önce gerçekle yüzleşeceksiniz.

Sonra geçmişe, tarihinize bakacaksınız. Mücadele için gerekli bilgi ve tecrübeyi edineceksiniz.

Hiç de korkmayınız, bugün dünden kötü değildir...

Tarih 18 mayıs 1919.

Yer: İstanbul

Saat: 11:15.

Mekteb-i Tıbbiye-i Şahane (Haydarpaşa Tıbbiyesi) anfisini dolduranlar heyecanlarını dizginleyemiyordu. Kalabalık salona sığmamıştı, üniversitenin bahçesinde de binlerce öğrenci vardı.

Salonun ön sırasında oturan, çeşitli okullardan temsilci öğretim üyeleri, öğrencileri sakin olmaya çağırdı. Ama kimse sakinleşecek gibi gözükmüyordu.

İzmir'in Yunanlılar tarafından işgalini öğrenen öğrenciler zaten iki gündür derslere girmiyor; gösteriler yapıyordu.

Hepsi bir an önce ateşten gömlek giymek istiyordu...

"Ev sahibi" Tıp Fakültesi Meclisi Müderrisi Reisi Akil Muhtar Bey ortamı sakinleştirmek için kürsüye çıktı. "Üniversiteler bu yurdun ruhudur, bilincidir..."

Duygulandı. Sözlerini bitiremedi.

Toplantı öncesi her okul, her fakülte adına bir temsilcinin konuşması kararlaştırılmıştı.

Hukuk Fakültesi adına Muhiddin Adil Bey kürsüye çıktı: "Felaket zamanları, insanları dayanışmaya, birliğe sevk eder. Bu zamanda bütün insanımızdan istifade etmek lazımdır. Bunu Darülfünun (üniversite) yapacaktır. Memleketin bilinci, mütefekkiri Darülfünun'dur. Darülfünun'u olan bir memleket ki bağımsızdır ve bağımsız olmayan bir memlekette Darülfünun yoktur."

Muhiddin Adil Bey alkışlarla, sloganlarla kürsüden indi.

Darülfünun'da felsefe dersleri veren "Feylosof" Rıza Tevfik'in gençleri sabırlı olmaya çağırıp, "adi nümayişlere meydan verilmemelidir" sözleri salonu karıştırdı.

Salondakilerin, "seni çok dinledik, artık yeter" diye bağırması üzerine, Rıza Tevfik sözlerini geri almaya çalışsa da protestolarla kürsüden indi.

Dr. Esat, Dr. Süleyman Numan, Dr. Besim Ömer, Dr. Fevzi Bey-ler'den sonra kürsüye son olarak Yusuf Rıza Bey geldi: "Burada birçok arkadaşımız, 'kanımızı son damlasına kadar akıtacağız, canımızı feda edeceğiz' gibi sözler söyledi. O halde, şimdi iş görmekten başka çare yoktur."

Öğretim üyelerinden sonra kürsüye fakültelerini temsilen üniversite öğrencileri geldi. Hepsi heyecanlıydı.. Hepsi vatan için ölmeye hazırdı...

Toplantı hazırlanan bildirinin açıklanmasıyla sona erdi:

"Kan dökerek kahramanlıkla ölmeyi işgale tercih ediyoruz."

Toplantıya katılanlar, ne pahasına olursa olsun işgale karşı durulacağının tüm dünyaya duyurulmasına karar verdi.

Bunun ilk yolu miting yapmaktı...

"Rektörler", mitinge katılımın çok sayıda olması için Darülfünun'u tatil etme kararı aldı. Mitingleri, tıp fakültesi öğrencilerinden oluşan komite organize edecekti...

Gösterileri neden tıbbıyeliler organize ediyordu?

Çünkü deneyim sahibiydiler.

Şöyle ki Tıbhane-i Amire ve Cerrahhane-i Amire adlı tıp okulları 14 mart 1827 yılında açıldı.

Tıbbıyeliler, bu kuruluş tarihini, direnişin simgesi haline getirmek için, 14 mart 1919 günü "tıp bayramı" adı altında direnişe başladı.

Neye direnmişlerdi?

İşgal kuvvetleri askeri karargâh için Mekteb-i Tıbbiye'yi seçmişti. Doğal olarak okulu da kapatmak istiyordu.

Tıbbiyeliler 14 martta yaptıkları protesto eylemleriyle, öğrenim haklarını geri aldı.

Bugün ne yazık ki sadece tıp bildirileriyle geçiştirilen "Tıbbıyeliler Bayramı" işte, ilk kez böyle bir direnişle kutlandı.

Tıbbiyeliler sadece bu eylemleriyle değil, Çanakkale Savaşı'ndaki direnişleriyle de sembol oldu. Daha bıyıkları yeni terleyen tıbbiyeliler Çanakkale'de ön cephede savaştılar.

Osmanlı'da kitleleri "propaganda aracı" olarak kullanan ilk siyasal örgüt İttihat ve Terakki Cemiyeti oldu.

Boykot-miting yapmayı, isyanları bastırmakla görevli oldukları Balkanlard'aki ayrılıkçı örgütlerden ve zoraki sürgün yaşadıkları Fransa'dan öğrenmişlerdi. İttihatçıların sivil hareketlerinin "belkemiğini" tıbbiyeliler oluşturuyordu. Örgüt zaten bu okulda doğmamış mıydı?

Deneyim sahibi tıbbiyeliler, kısa sürede ardı ardına mitingler düzenlemeyi başardı.

İlk miting 20 mayıs 1919'da Üsküdar Doğancılar'da oldu. Seksen bin kişi toplandı.

Şair Talat Bey, Ferruh Niyazi Bey, Muzaffer Bey, Necdet Hamdi Beylerle birlikte kürsüye çıkanlar arasında Sabahat Hanım, Naciye Hanım ve Zeliha Hanım da vardı.

"Ortalıkta dolaşmaları" hep bir sorun olarak görülen kadınlar artık kürsüdeydi ve büyük kalabalıkları coşturuyorlardı: "Biz kadınlar, yaşamak için ölmeye yemin ettik."

İkinci miting 22 mayıs 1919'da Kadıköy'de yapıldı.

Burada kürsüye çıkanlar Münevver Saime, Halide Edip, Hayriye Melek Hanımlar ve Dr. Fahrettin Hayri Bey'di.

Üniversite öğrencisi Münevver Saime mitinge katılanların ortak duygusunu şu sözlerle ifade ediyordu: "Ağlamakla kazanılacak hak; hıçkırıklarımızı dinleyecek kalp yoktur..."

Miting sonrası Münevver Saime gözaltına alınmak istendi. Münevver Saime kaçıp Anadolu'ya gitti.

O artık "Asker Saime"ydi.

Kurtuluş Savaşı'nda İzmit'te kalçasından yaralandı.

İstiklal madalyasıyla onurlandırıldı.

Tekrar İstanbul'a dönersek...

Gözaltına alınıp Bekirağa Bölüğü'ne tıkılmak kimsenin umurunda değildi. Türk ateşle imtihan veriyordu.

İstanbul'da en büyük gösteri 23 mayıs 1919'da, Sultanahmet Meydanı'nda düzenlendi. Gösteriye 200 bin kişi katıldı.

İşgalci İngiliz kuvvetleri, gösteri alanının üzerinden uçaklar uçurarak halkı korkutmak istedi.

Bilmiyorlardı, artık korku duvarı çoktan aşılmıştı. Herkes şerefiyle ölmeye yemin etmişti.

Mitingte Şair Mehmet Emin, Halide Edip, Dr. Süleyman Sırrı, Dr. Fahrettin Hayri, konuşma yaptı.

Halide Edip meydanda toplanmış binlerce insana sesini duyurmak için bağırıyordu: "Gece en karanlık ve ebedi göründüğü zaman, gün ışığa en yakındır. Her gecenin bir sabahı vardır."

Ve Halide Edip için de gözaltına alınma kararı çıktı.

O da Anadolu'ya kaçtı.

Mustafa Kemal'in verdiği rütbeyle, o da artık "Halide Onbaşı"ydı.

Mitinglerin ulusal bilinci canlandırdığını gören işgal kuvvetleri Damat Ferit Hükümeti'ne baskı yaparak, 25 mayıs 1919'da bütün gösterileri yasaklattı.

Üç gün sonra, 67 devlet adamı, aydın, asker evlerinden yaka paça alınarak Malta'ya sürgün edildi. Sürgüne gönderilenlerin arasında, tıp fakültesinde o gün konuşma yapan öğretim üyesi Dr. Süleyman Numan Bey de vardı.

Ancak eylemler bitmedi.

Bir millet uyanıyordu.

İstanbul'da dükkânlar beş gün süreyle kepenklerini kapattı. İstanbullular, 30 mayıs 1919 cuma günü, Sultanahmet Camii'nde toplandı.

Öğretim üyeleri İsmail Hakkı, Hamdullah Suphi ve (Türkiye'nin ilk üniversite mezunu kızı onurunu taşıyacak) 23 yaşındaki öğrenci Şuküfe Nihal konuşma yaptı.

Yapılan konuşmalar bir acı gerçeğe dikkat çekiyordu: "Belaların sebebi saldırılar karşısında isyan edilmemesidir."

İşgale karşı Mustafa Kemal'in önderliğinde Ankara'da bir direniş cephesi oluşturuldu. O zor günlerde kimse köşesine çekilip "ne olacak bu ülkenin hali" demedi. Herkes üzerine düşeni fazlasıyla yaptı.

Bunlardan biri de bir avuç tayyareciydi...
İşte onların film gibi gerçek öyküsü...

Bir avuç tayyarecinin destanı

7 haziran 1920.
İstanbul, Maltepe Tren Garı
Saat: 01:30.
Yolcularını bırakan tren gardan ayrıldı.

Trenden inen birkaç yolcu alelacele gecenin kararanlığında kayboldu.

İstasyon tenhalaştı. Sadece iki yolcu gardan ayrılmadı.

Nemden ve heyecandan sırılsıklam terlemiş, Pilot Vecihi ve Pilot Rıdvan istasyonunun loş kısmına geçtiler. Beklemeye başladılar. Sabırsızdılar.

Kısa bir süre sonra Başmakinist Eşref göründü; telaşla, "Şakir ve eşi Müzeyyen az ileride bekliyor. Ancak Şakir bir buhran içinde, uçamayacak gibi görünüyor" dedi. Canları sıkıldı. Üstelik eşini de getirmişti!

Bu arada diğer pilot arkadaşları göründü: Pilot İsmail Zeki, Pilot Kâzım, Pilot Bezmi.

Ekip bir iki eksikle tamamlandı. Diğer arkadaşlarını bekleyecek zamanları yoktu. Harekete geçtiler.

Osmanlı'nın bu genç pilotları, İngiliz işgali altındaki İstanbul'dan Anadolu'daki Mustafa Kemal taraftarlarına tayyare kaçıracaklardı...

Son durumu gözden geçirdiler. Uçabilecek halde sağlam üç tayyare vardı. İsmail Zeki Fokker'i; Kâzım Albatros'u; Vecihi yanına alacağı Müzeyyen Hanım ve Eşref ile birlikte keşif tayyaresi kullanacaktı.

Üçü de Birinci Dünya Savaşı'na pilot olarak katılmıştı.

Bezmi, Şakir ve Rıdvan'ın kullanacağı tayyareler uçacak gibi değildi. Onlar, Maltepe'deki diğer uçuş görevlileriyle buluşup karayoluyla gideceklerdi Anadolu'ya.

Tam o sırada, uzaktan çoğunluğu Hintli olan İngiliz kuvvetleri göründü.

Pilotlar kararlıydı; tayyareleri kaçıracaklardı...

7 ay önce...
8 kasım 1919.
İngilizler, İstanbul Yeşilköy'deki tayyare istasyonu ve hangarla-

rının Müttefikler tarafından kullanılacağını söyleyerek üç gün içinde boşaltılmasını istedi.

Birinci Dünya Savaşı sonunda Osmanlı'nın envanterinde sadece 100 tayyare vardı ve bunun 60'ı Yeşilköy'deydi.

İngilizler 45'ini Maltepe'de bir araziye yapılan portatif hangarlara götürdü. Taşıma sırasında da hepsini harap ettiler. Kalan 15'i ise zaten kırık döküktü.

1920 yılına girerken Anadolu'da İstiklal Savaşı'nın başlamak üzere olduğunu İstanbul'daki pilotlar da, makinistler de duymuştu. Mondros Antlaşması sonucunda bunların bir kısmının Osmanlı Hava Kuvvetleri'yle ilişkisi kesilmişti.

Anadolu'da ulusal güçlere katılmak istiyorlardı. Ama Anadolu'ya giderken boş gitmekte olmazdı hani!

Tayyare kaçıracaklardı...

İngilizler ise Türklerin tayyare kaçıracaklarını hiç hesap etmemişti. Maltepe'deki hangarlara doğru dürüst nöbetçi koymaya bile gerek duymamıştı. Görevli birkaç kişiyse zaten Türk'tü. Ve gece yapılacak operasyondan haberleri vardı...

Türk pilotlar gruplara bölünerek hangarlara dağıldıl. Çok ihtiyatlı davranıyorlardı.

Motorları çalıştırdılar. Gecenin sessizliğini motor sesleri yırttı. Geriye zorlu bir aşama kalmıştı. Bu meydandan tayyareleri uçurmak zordu, pist çok kısaydı.

Yine de planları gereği on gün önce çukurlar ve tümseklerle dolu pisti onarmak için kurnazca plan yapmışlardı: Makinist Şakir, tayyare futbol takımı kurmuş; idmanlara başlamış; "burada futbol oynamak çor zor" diye pistin çukur ve tümseklerini onarmışlardı.

Plan eksiksiz uygulanıyordu...

Başaracaklardı, başka çareleri yoktu.

Yakalandıklarında biliyorlardı ki, sonları hiç iyi olmayacaktı.

İlk havalanan 24 yaşındaki Pilot Kâzım oldu. Gecenin karanlığında kaybolup gitti. Başarmıştı.

Sırada 25 yaşındaki Pilot İsmail Zeki vardı.

Pistin sonuna geldi, yükseldi; ama bu irtifa ona yetmedi. Tepeyi aşamadı. Çakıldı. Uçağı parçalandı.

Arkadaşları tereddüt etti; yardıma gitmeli mi yoksa harekete devam mı etmeliydiler?

O sırada... Bir mucize oldu. Paramparça olmuş tayyareden İsmail Zeki ayağa kalkıp onlara doğru yürümeye başladı.

Rahatladılar.

Sıra 24 yaşındaki Pilot Vecihi'deydi.

Birinci Dünya Savaşı'nda 7. Tayyare Bölüğü'nün pilotlarından biriydi. Bir Rus uçağını düşürmüştü. İçlerinde en deneyimli oydu.

Tayyarenin geniş kanatları fazla ağırlığa rağmen kolayca yerden havalandı. Tam dar ve küçük meydandan ayrılmışlardı ki motordan kesik homurtular geldi. Tayyaresini havada tutabilmek için var gücüyle mücadele verdi.

Olmadı, başaramadı. Tümseğe çarptı. Tayyare ateş aldı.

Pilot Vecihi ve Müzeyyen Hanım hafif, makinist Eşref ağır yaralı olarak kurtuldu. Yardımlarına Bezmi yetişti. İstasyon'dan aldığı arabaya Eşref'i koydu ve hızla kayboldu.

O sırada İngiliz askerler istasyona doluştu.

Pilot Vecihi, İngiliz askerlere görünmeden tren garına koşup trene atladı ve gecenin karanlığına karıştı.

İngilizler'in "buradan ancak sinek havalanır" dediği pistten üç tayyare havalanmış ancak biri Maltepe'den uzaklaşabilmişti.

İngilizler tüm aramalarına rağmen Türk pilotların izini bulamadı. Pilotlar hakkında bilgi getirenlere para ödülü vereceğini bile açıkladı.

Türk pilotlar her yerde aranırken onlar yeni bir kaçış planı yaptı.

Bu arada tayyare kaçırmak isteyen bir başka grubun daha varlığını öğrendiler. Güç birliği yaptılar. Pilot Fazıl, Pilot Emin Nihat, Pilot Muhsin, Pilot Hayri, Pilot İhya ekibe katıldı.

Artık İngilizler tayyarelerin kaçırılmaması için sıkı önlemler almıştı. İstanbul'dan tayyare kaçırmak güçtü.

Bir nefer olarak ulusal güçlere katılmaya karar verdiler; Anadolu'daki hurda tayyareleri onararak savaşmak için sabırsızlanıyorlardı.

15 haziran 1920.

İngilizler, "tehlikeli" Türk tutukluları genellikle Selimiye Kışlası'nda tutuyordu.

Pilotlar tebdili kıyafet giyerek, tutuklular ve onların başındaki Osmanlı askerleri gibi Harem'den küçük bir istimbota doluşup Marmara'ya açıldılar. Sağ salim Mudanya'ya geldiler. Bursa, Eskişehir üzerinden hava istasyonu bulunan Konya'ya ulaştılar.

Türk pilotların kaçtığını öğrenen İngilizler, 24 haziranda Maltepe'deki tüm uçakları yaktı. Osmanlı Hava Kuvvetleri'ni lağvetti.

Türk pilotlar İngilizleri çıldırtmıştı.

Çeşitli yerlerden kaçıp bin bir güçlükle Anadolu'ya gelen pilotlar Konya'da buluştu. Burası Birinci Dünya Savaşı'nda transit merkeziydi. Askeri depolarda Filistin Cephesi'nden kaçırılan hurda 17 tayyare vardı. Tayyareler uçamayacak kadar kötüydü.

Bir avuçtular. Yılmadılar, gece gündüz sürecek zorlu çalışmaya giriştiler. Yedek parça sıkıntısı tayyarelerin faal duruma getirilmelerini son derece güçleştiriyordu. Örneğin, o dönemde bez kaplı uçaklarının dış etkenlerden muhafazasını sağlayan emaye elde yoktu. Patates, paça, yumurta akı gibi jelatinli maddeler kaynatıldı ve bu garip terkiple tayyarelerin bezleri gerdirilmeye çalışıldı. Ancak yağmurda bezler sarktı ve uçuşta hep parçalandı.

Tayyareleri uçuracak benzin ise Rusya'dan, İtalya'dan kaçırılarak at, eşek sırtında getiriliyordu.

Pilotlar aralıksız büyük bir azimle çalışırken, Konya'da bir gerici ayaklanmayla karşı karşıya geldi. İngilizler ve Saray'la işbirliği içinde olan Zeynelabidin ve kardeşleri, Konya'daki Delibaş Mehmed ile 500 adamını ulusal güçlere karşı kışkırttı.

Ulusal savaşta ilk şehit pilot, Konya'daki bu gerici ayaklanma sırasında verildi. Birinci Dünya Savaşı'nda bir kurşun yarası bile almayan Pilot Üsteğmen İbrahim Edhem Konya İstasyonu'nu savunurken 3 ekim 1920'de gericiler tarafından şehit edildi.

Pilotlar gericilere karşı tayyarelerini korurken ellerinde silahları bile yoktu...

Zorlu mücadele sadece ülkeyi işgal eden düşmana karşı değil, yerli işbirlikçi gericilere karşı da verildi.

Tüm bunlara rağmen pilotlar, makinistler bazı tayyareleri çalışılır hale getirdi. Ulusal güçlerin elinde çalışabilir halde sadece 8 tayyare vardı.

Yunanistan ise 75 uçağa sahipti.

15 ağustos 1920.

İstiklal Savaşı'nda ilk uçuş yapıldı.

23. Tümen Komutanı İzzettin (Çalışlar), Kula ve Alaşehir civarının havadan keşfini istedi.

Pilot Astsubay Vecihi sabah 08.00'de havalandı.

Havalandı havalanmasına ama tayyare pek itimat vermiyordu. Motor arızalı, kanatları hurdaydı. Zaman geçtikçe tayyarenin bir parçası yerinden fırlamaya başladı. Radyatörler su damlatıyordu.

Pilot Vecihi yine de kararlıydı. Dönmeyecekti. Görevini kusursuz yerine getirecekti.

Keşif için havalanmıştı ama Alaşehir Tren Garı'nda Yunan kuvvetlerini görünce irtifaını 600 metreye kadar indirdi. Yunan askerleri, Türklerin çalışır tayyaresi olduğuna ihtimal vermiyordu. Bu nedenle Türk uçağını kendilerinden sandılar.

Yanıldılar.

Pilot Vecihi bu fırsatı kaçırmadı. Ardı ardına iki bomba attı. Yunanlılar bozguna uğradı. Pilot Vecihi uçağı 50 metreye kadar indirdi ve makineli silahla Yunan askerlerini taramaya başladı, mermisi bitene kadar...

Sonra geldiği gibi döndü.

Yunanlılar Türk pilotunun bu ucube tayyareyle nasıl uçtuğuna hiç akıl erdiremedi.

Alaşehir hava saldırısı, Türk Hava Kuvvetleri'nin Kurtuluş Savaşı'ndaki ilk zaferi oldu.

Bunu diğerleri takip etti...

Pilotlar Sıtkı, Kenan, Muhsin, Vecihi ve Behçet, İnönü Savaşı'nda gösterdikleri kahramanlıklardan ötürü mükafat aldılar.

Onlar için en büyük ödül Garp Cephesi Kumandanı Miriliva İsmet Bey'in şahıslarına gönderdiği şu telgraftı: "İnönü meydan muharebesi muzafferiyetinin amillerine, topçularla tayyarecilerime hassaten selam ve teşekkür ederim."

Birkaç ay sonra pilotlar da kumandanları İsmet Bey'e bir jest yaptı. Yunanlılardan ele geçirilen keşif tayyaresine "İsmet" adını verdiler!

Yunan uçaklarıyla savaşmak için, arızalı olduğunu bile bile tayyaresine binen Pilot Üsteğmen Yemenli Fehmi kalkışta uçağının düşmesi sonucu 24 mart 1921'de şehit oldu. Pilot eğitimini Almanya'da almıştı. Ne ilginçtir, 1974 yılında Kıbrıs'ta şehit düşen pilotun adı da Fehmi'ydi (Ercan). Lefkoşe'deki Ercan Havaalanı bu şehidin adını taşımaktadır.

13 ağustos 1921'de Sakarya Savaşı öncesinde keşif yaparken tayyarelerinin havada ateş alması sonucu iki pilotumuz Behçet ve Pilot Üsteğmen Süleyman Sırrı şehit oldu. Süleyman Sırrı hava fotoğrafcılığında çok muvaffak olmuş değerli bir gözlemciydi, Foto Şube müdürüydü.

İlk Yunan uçağı 1 eylül 1921'de Pilot Üsteğmen Hasan Basri ve Astsubay Vecihi tarafından düşürüldü. Çok iyi bir atıcı olan Hasan Basri'nin bu düşürdüğü ikinci uçaktı. Birinci Dünya Savaşı'nda Irak'ta bir İngiliz uçağı daha düşürmüştü.

27 haziran 1922'de Afyon Seyitgazi bölgesinde keşif yaparken tayyarelerinin arızalanması sonucu mecburi iniş yapan Türk pilotları Küçük Fehmi ve İhsan, uçak Yunanlıların eline geçmesin diye tayyarelerini yakarken yakalanıp esir düştüler. Küçük Fehmi 1928 yılında İstanbul'da uçağının düşmesi sonucu hayatını kaybetti.

25 temmuz 1922'de Afyon üzerinde keşif yapan Türk pilotlar Astsubay Cemal ve Ahmet Bahaaddin idaresindeki tayyare Yunanlılar tarafından düşürüldü, pilotlarımız şehit oldu. Astsubay Cemal, Birinci Dünya Savaşı'nda Irak Cephesi'nde bir İngiliz uçağını düşürmüştü.

20 ağustos 1922'de 4 Yunan keşif uçağı düşürüldü.

Yunanlılara başta uçak olmak üzere silah sağlayan kişi dünyanın en büyük silah tüccarıydı.

Ve o kişi, Basil Zaharoff bir Osmanlı vatandaşıydı...

Zaharoff'u bilmeden, o yürekli tayyarecilerin büyük mücadelesini anlayamazsınız...

Yani: Puzzle'ı tamamlayalım...

Dünyanın en büyük silah tüccarı İstanbul genelevlerinde çalıştı

İngiltere'nin "sir" unvanı verdiği, Fransa'nın Legion d'Honneur nişanı taktığı, Oxford ve Sorborne üniversitelerinde edebiyat kürsüleri açtıran, Balzac Edebiyat Ödülü'nü kuran, "ölüm taciri" Basil Zaharoff ticaret hayatına İstanbul'da genelevde başladı...

27 kasım 1936.

Paris yakınlarındaki Balincourt Şatosu.

Şömineli odanın her yanına savrulmuş binlerce kâğıt belge vardı. Belgelerin çoğunluğu Monaco, Monte Carlo'daki kumarhanesinin evraklarıydı.

Son işi olan kumarhaneyi rekor fiyatla satıp şatosuna sığınmıştı.

Başbakanlarını elinde oynatan 87 yaşındaki bu yaşlı adam, artık dış dünyayla teması kesmişti. Zaten, onca yılın yorgunluğunu bacakları da taşıyamaz hale gelmişti, tekerlekli sandalyeye mahkûmdu.

Odaya saçılmış belgeler arasında, silah ticaretinden petrol pazarlıklarına kadar, kirli ilişkilerini ortaya çıkaracak deliller vardı.

Umurunda değildi. Belgeleri şömineye atıp yakmaya başladı.

Sahip olduğu bilgiden korkuyordu...

Çünkü birkaç ay önce Londra ve Paris gazetelerinde "Hatıralarını yazıyor" diye haberler çıkmıştı. Bu haberler bir dönem sıkı ilişki içinde olduğu devletleri ürkütmüştü.

Gazete haberlerinden birkaç gün sonra hizmetçisi bazı evraklarla sırra kadem basmıştı. İki gün sonra Paris polisi hizmetçiyi evrakları bir yabancıya satarken yakalamıştı. "Yabancı" önemsiz biriydi! Sonra "hizmetçi" de salıverildi.

Mesajı almıştı. Kitap yazması istenmiyordu...

Bütün evrakı yakmaya karar vermişti.

Anılarını şömineye atarken, geçmiş yıllar gözünden önünden bir film şeridi gibi geçmiş miydi acaba?..

6 ekim 1849.

Babasıyla aynı adı taşıyan Basil Zaharoff, Muğla'da dünyaya geldi. Aslen İstanbulluydular. XIX. yüzyıl başlarındaki Yunan ayaklanmalarının İstanbul'da başlarına bela açacağını düşünüp Odesa'ya göç etmişlerdi.

Burada isimlerini değiştirip Rus adı almışlardı: "Basileios Zacharias" "Vasil Zaharoff" oluvermişti! "Vasil" zamanla "Basil" olacaktı.

Zaharoff Ailesi'nin bu zorunlu göçleri ve aldıkları isimler dolasıyla Yahudi oldukları konusunda iddialar vardır. Ne kadar doğrudur bilinmez ama baba Basil Zaharoff'un mezarı İstanbul Büyükada'ki Fener Rum Patrikhanesi'ne ait mezarlıktadır.

Odesa'ya zorunlu göçten sonra Zaharofflar, 1840 yılında İstanbul'a geri döndü. Oğulları Basil Zaharoff dünyaya geldiğinde ise yeni ikametgâh adresleri Muğla'ydı.

Basil Zaharoff, ailesiyle birlikte 6 yaşına kadar Muğla'da yaşadı.

Sonraki adres yine İstanbul oldu. Fener-Balat'a yerleştiler. Niye bu kadar sık göç ettikleri konusunda sağlıklı bilgi yoktu.

Zaharoff İstanbul'da bir misyoner İngiliz okuluna verildi. Ailenin tek çocuğuydu. Geçim yükünü küçük yaşta omuzladı. Hem okula gitti hem çalıştı.

Paul Brancafort, Alain Decaux ve Von Christian gibi Zaharoff'un biyografisini kaleme alan yazarlara göre, Kurtuluş'taki (Tatavla) Rum genelevlerinde çığırtkanlık yaptı. İngilizce bildiği için özellikle yabancı gemicilerin geneleve gitmesine yardımcı oldu. Bu fuhuş hizmeti karşılığında adam başı 10 kuruş aldı.

Galata'da kumaş tüccarı dayısı Sevastopulos, yeğeni Zaharoff"un genelevde çalışmasından hoşnut değildi. Yanına aldı.

Zaharoff zamanla çok başarılı olup, dayısıyla ortak oldu. Tefecilik yapmaya başladılar. Galata Borsası'nda oynadılar.

Osmanlı maliyesi 1875'te dış borçlarını ödeyemeyip iflas ettiğini açıklayınca Zaharoff, dayısının bir iş için Odesa'ya gitmesini fırsat bilip, kasadaki paraları alıp Londra'ya kaçtı.

Dayısı yeğeninin peşini bırakmadı; İstanbul ve Londra'da dava açtı. Ticari ortaklığını ispat eden Zaharoff, 100 paund karşılığında beraat etti.

Bu olay sonrasında Atina'ya yerleşti.

Zaharoff, Atina'da yaşamını değiştirecek (kendi ailesi gibi İstanbul kökenli) zengin bir işadamıyla tanıştı: Stefanos Skuludis (1836-1928).

Gelecekte Yunanistan'ın Başbakanı olacak Skuludis, bu gözüpek soydaşını İngiltere'nin önde gelen silah şirketlerinden "Nordenfeldt Silah Sanayi" sahibi İsveçli Torsten Wilhelm Nordenfeldt'le tanıştırdı.

Nordenfeldt, sekiz dil bilen iş bitirici, becerikli Zaharoff'tan çok etkilendi. Onu "Doğu İşleri Temsilcisi" yaptı.

Zaharoff'un "ölüm tacirliğine" ilk adımını attığı o dönemde, Avrupa, Balkanlar, Osmanlı, Rusya âdeta kaynıyordu.

1877'de Yunanistan'ın Osmanlı'ya saldırmak için, asker sayısını 22 000'den 44 000'e çıkarması Zaharoff'un şansı oldu!

Sadece legal yollarla satış yapmıyordu; Balkanlar'da Osmanlı'ya karşı ayaklanan milliyetçi gruplara da gizlice silah satıyordu.

Bu arada Osmanlı'ya da silah satıyordu!

Çok başarılıydı. 1885 yılında Nordenfeldt'e ortak oldu!

Zaharoff'un silah dünyasında hızla yükselmesinin bir nedeni de, XIX. yüzyılda savaş anlayışı ve teknolojisindeki büyük değişimlerdi. Savaş gemilerinde buhar enerjisinden yararlanmaya başlanınca güçlü zırhlara ve büyük toplara sahip dretnotlar savaş sahnesine çıktı. Kara savaşları içinse çok daha isabetli ve seri atış yapan silahlar, toplar üretilmeye başlandı.

Top üretiminde bir numara Nordenfeldt'ti.

Ancak 1888'de, dakikada 600 mermi atan dünyanın ilk makineli silahını bulan Amerikalı mühendis Hiram Maxim, Zaharoff'un satışlarını düşürdü.

Zaharoff, iş bitiriciliğini burada da gösterdi; Mühendis Hiram Maxim'i Nordenfeldt'e ortak etti.

Fakat Nordenfeldt şirketinin sahibi İsveçli Torsten Wilhelm Nordenfeldt artık Zaharoff'la başa çıkamıyordu; onun oyunlarından bıkmıştı. 1890'da ortaklığı bozmakla kalmadı, Londra'dan ayrılıp Paris'e yerleşti.

Zaharoff yola Hiram Maxim ile devam etti; daha sonra İngiliz Vickers silah şirketiyle ortaklık kurdu. Ve zamanla bu şirketi de tamamen ele geçirdi.

Dünya XX. yüzyıla ordularını yeniden yapılandırarak girdi. Bu modernleşme çabaları Zaharoff'un zenginliğine zenginlik kattı. Sadece top, mermi, makineli tüfek satmadı; teknoloji geliştikçe o da buna uyum sağladı; artık denizaltı bile pazarlamaya başladı.

Dünyada ilk denizatlıya sahip olan ülke hangisiydi dersiniz? Yunanistan.

Yanlış anlaşılmasın, Rum Zaharoff için dost-düşman ülke yoktu; Osmanlı'ya denizaltı sattı, Rusya'ya da!

Paranın ne dini ne milleti vardı!

İngilizlerin Afrika'yı sömürgeliştirme operasyonları (Boer Savaşı), Rus-Japon Savaşı, Balkan Savaşları ve Birinci Dünya Savaşı "ölüm taciri" Zaharoff'un olağanüstü para kazanmasına fırsat verdi.

Birinci Dünya Savaşı boyunca Zaharoff, 100 000 makineli tüfek, 2 328 top, 90 000 mayın, 22 000 torpil, 4 savaş gemisi, 3 zırhlı kruvazör, 53 denizaltı, 3 destek gemisi, 62 hafif gemi ve 5 500 uçak sattı!

O tüm zamanların en başarılı silah tüccarıydı!

Çanakkale Savaşı'nda İngiliz Donanması'na ait birçok zırhlıyı o satmıştı.

Tüm bu silah satışları sadece ticari başarıyla açıklanamazdı. Satış patlamaları yapan silah tekelleri politik gücü de ellerine geçirerek devletler üzerinde denetimlerini artırdı.

Zaharoff, Avrupa'nın önde gelen politik isimleriyle yakın dostluk kurdu. En yakını ise İngiltere Başbakanı David Lloyd George'tu. Bu gizli ve karanlık ilişki bugüne kadar hâlâ çözülebilmiş değildir.

Zaharoff, Yunanistan Başbakanı Elefterios Venizelos'tan Fransa Başbakanı Georges Clemenceau'ya kadar birçok politikacıya yakındı.

İktidara gelmeleri için, onlara para yardımında bulundu. Sahip olduğu radyo ve gazeteler aracılığıyla siyasi destek verdi.

Karşılığını da aldı.

İngiltere Kralı V. George, onu Büyük Haç Nişanı'yla onurlandırıp "sir" unvanı verdi.

Fransız Cumhurbaşkanı Poincare ise, "Légion d'Honneur" nişanı taktı.

İngiltere'nin köklü üniversitesi Oxford bile fahri hukuk doktoru unvanıyla onurlandırdı!

Zaharoff "ölüm taciri" kimliğini saklamak için elinden geleni yaptı: Oxford'a Fransız Edebiyatı Kürsüsü, Sorborne'a ise İngiliz Edebiyatı Kürsüsü açtırdı. Balzac Edebiyat Ödülü'nü kurdu.

Perde arkasında savaşlar çıkarıp silahlar satarken kamuoyuna şirin gözükmek için oldukça cömert davranıyordu.

Ama... Zaharoff'un bu oyununu ve önlenemez yükselişini, Mustafa Kemal önderliğindeki ulusalcılar bozacaktı...

Birinci Dünya Savaşı'ndan sonra, Müttefikler, Osmanlı'yı paylaşım konusunda anlaşamadı. İngiltere'nin Mondros Antlaşması'nı bile hiçe sayarak başta Musul ve Kerkük olmak üzere petrol kuyularını ele geçirmesi, ABD, Fransa ve İtalya'yı çok rahatsız etti.

Üstelik, İngiltere'nin Osmanlı'yı işgal planı masa altından da sürdü.

Mezopotamya sadece petrol açısından değil, stratejik öneme de sahipti; Mısır-Hindistan yolunun temel halkasıydı. Bu bölgenin güvenliği için Anadolu'nun işgali şarttı.

Ancak mali durumunun bozuk olması, ordusunun yorgun düşmesi ve halkının artık barış istemesi İngiliz yönetimini zorladı.

Ama çare bulundu: Anadolu'nun işgali için güvenilir "Yunanistan maşası" kullanacaktı. Bu planının iki "mimarı" vardı: Lloyd George ve Zaharoff.

Zaharoff, Venizelos ile Lloyd George arasında mekik dokudu.

Bunu salt Yunanistan'ın çıkarı için yapıyor değildi; silah sanayinden sonra petrol işine de el atmıştı. Bölgede petrol çıkaran "Anglo-Persian" (APOC) petrol şirketinin ortakları arasındaydı. Aynı zamanda Ortadoğu petrollerini taşıyan "Batı Denizcilik Şirketi"nin de ortağıydı!

Batı gazetelerine,Yunanistan'ın Batı Anadolu'nun gerçek sahibi olduğu şeklinde haberler yaptırdı. Böylece işgal için Avrupa kamuoyunu hazırladı.

Tüm bunların finansörü Zaharoff'tu.

Bitmedi. Anadolu işgali için Yunanlılara silahlar verdi ve Fransa'daki bankası "Seine Bank" aracılığıyla oluk gibi para akıttı.

Ama umduğunu bulamadı.

Modern silahlarla donatılmış 300 000 kişilik Yunan ordusu, Mustafa Kemal önderliğindeki Kuva-yi Milliye önünde yok olup gitti.

Bu hezimetten Zaharoff da kurtulamadı; ölçüsüz derecedeki serveti büyük kayba uğradı!

Anadolu'da doğan bu "ölüm taciri"nin hayaline Anadolu evladı son vermişti.

Zaharoff, bütün işlerini tasfiye etti; 1925 yılında Monte Carlo'da, üç bin kişinin çalıştığı büyük bir kumarhane satın aldı.

Ancak beş yıl sonra kumarhaneyi de satarak Paris'teki şatosuna çekildi.

Mutsuzdu...

Sadece işini değil en büyük aşkını da kaybetmişti...

İddia odur ki, ünlü polisiye yazari Agahta Christie'ye, *Şark Ekspresi'nde Cinayet* romanının konusunu anlatan kişi Zaharoff'tu!

Roman, trende gerçekleşen bir cinayetin çözülüş hikâyesini anlatmaktaydı...

Zaharoff silah ticaretine yeni başladığı dönemde trenle Paris-Zürih hattında yolculuk yaparken başına ilginç bir olay geldi.

Koridorda sigarasını içerken bir genç kadının, "Lütfen yardım edin, kocam beni öldürecek" diye bağırarak geldiğini gördü.

Kadını hemen kendi kompartımanına soktu. Ne olduğunu anlamak için koridorda beklemeye başladı. Az sonra saçı başı dağılmış, ufak tefek bir adam sinirle yanına geldi, "Karımı gördünüz mü?" diye sordu. Olumsuz yanıt alınca da geldiği gibi gitti.

Zaharoff kompartımanına döndü.

Kadın bir düşesti; ismi Maria Del Pilar'dı. İspanya Kralı'nın yeğeni Marchena Dükü Francisko of Bourbon'un eşiydi.

Zaharoff, Maira Del Pilar'a o gün, o kompartımanda âşık oldu.
Aşk karşılıklıydı. Ancak Maria Del Pilar yıllarca boşanamadı; çünkü Katolik'ti.

Senelerce Paris, Cenevre, Venedik, San Sebastian'da gizlice buluştular.

Marchena Dükü'nün bu buluşmalardan haberi var mıydı bilinmez. Bilinen Zaharoff, 100 milyon Mark karşılığında İspanyol ordusunu teçhizatlandırdı!

Marchena Dükü ölüp, 10 aylık yas dönemi bitince, Zaharoff ve Maria Del Pilar 22 eylül 1924'te evlendiler. Zaharoff 75, Maria ise 55 yaşındaydı.

Evlendiklerinde Maria'nın, biri 35 diğeri 29 yaşında iki kızı vardı!

Zaharoff'un bu ilk evliliğiydi.

Evlilikleri kısa sürdü; 18 ay sonra Maria Del Pilar kaptığı bir enfeksiyon sonucu hayata veda etti.

Zaharoff hayata küstü. Kumarhaneyi sattıktan sonra Paris'teki şatosundan pek çıkmadı.

Anılarını yazdığı müsvetleri ve belgelerini şöminede yakarken kim bilir belki de gözlerinin önünden bu çalkantılı hayatı geçmişti? Kim bilebilir?

Zaharoff, 27 kasım 1936'da hayata gözlerini yumdu.

Üzerinde, savaşlarda yaşamlarını kaybetmiş milyonlarca insanın kanı bulunan mirasını, Maria Del Pilar'ın iki kızı paylaştı!..

Her ne kadar "sir" unvanı ve "Legion d'honneur" nişanı alsa da, adı tarihe "ölüm taciri" olarak geçti...

Mustafa Kemal ve arkadaşlarının bir milletin makus talihini nasıl değiştirdiğini Zaharoff gibi isimleri tanıdıkça daha iyi anlaşılıyor aslında.

Tek düşman Zaharoff ve şurekâsı değildi kuşkusuz; içerideki gericilerle mücadele de bir o kadar zordu...

Ulusal Kurtuluş Savaşı'nın o zor günlerinde bakın "bizim softalar" neye uğraşıyordu? Bunları bilmeden o büyük mücadeleyi ve bugünü anlayamazsınız...

Düello serbest bırakılsın!

Tarih: 30 aralık 1920.

Yer: Ankara, Birinci Büyük Millet Meclisi.

Bursa Milletvekili Emin Erkul Bey, kısaca "frengi kanunu" adıyla bilinen yasa tasarısı hakkında konuşma yapıyordu.

Ankara, o yıllar sadece düşmana karşı mücadele vermiyor, Anadolu, tifüs, kolera, tifo gibi hastalıklarla kırılıyordu. Frengi hastalığı çok yaygındı.

O zor günlerde, salgın hastalıkların önüne geçebilmek de Meclis'in gündemindeki konulardandı. Ama Birinci Meclis'teki bazı bağnaz din adamları zorluk çıkarıyordu.

"Hastalık mikrop yüzünden değil, Allah'ın takdiri!" diyorlardı. Yasa teklifinin Adliye, Şer'iye ve Sıhhıye Encümenleri'nden seçilen dokuz kişilik komisyonda görüşülmesini önlemeye çalışıyorlardı.

Başaramadılar.

Yasa teklifi Meclis Genel Kurulu'na geldi.

Bursa Milletvekili Dr. Emin Bey, yasanın neden acilen çıkarılması gerektiğini anlatmaya başladı: "Kadınların muayene edilmemesi büyük sıkıntılara yol açıyor..."

Bu sözler üzerine bazı hocalar sıra kapaklarına vurarak bağırmaya başladılar: "Müslüman kadınlar muayene edilemez!.."

Meclis'teki tartışmalar sonucunda uzlaştırıcı bir yol bulundu. Yasa teklifi şöyle değiştirildi: "Kat'i lüzum hasıl olmadıkça, bakire kızlar muayeneden muaf tutulur."

Değişiklikten sonra, Dr. Emin Bey konuşmasını kaldığı yerden sürdürdü. Ama yobaz din adamları yine bildiklerini tekrarladılar: "Kadınların muayene edilmesi bölümü tamamen çıkarılsın."

Dr. Emin Bey, "Köhnemiş beyinler istiyor diye, halkımızın ölmesine, bir insan olarak ve bir hekim olarak seyirci kalamam" deyince ortalık karıştı.

Kastamonu Milletvekili Hoca Tevfik, Ankara Milletvekili Şeyh Şemseddin, Yozgat Milletvekili Hasan, Konya Milletvekili Hoca Fehmi ve Ankara Milletvekili Hacı Mustafa kürsüye yürüdüler. Dr. Emin Bey'i yaka paça aşağı indirip, dövmeye başladılar. Dr. Emin Bey, tek başına hocalara karşı gırtlak gırtlağa mücadele ediyordu.

Bu arada Genel Kurul'daki sesleri duyan Kılıç Ali ve arkadaşları, araya girip kızgın hocaları durdurdular.

Genel kurula ara verildi.

Dr. Emin Bey'in yüzü kanlar içindeydi. Arkadaşlarının yardımıyla elini yüzünü yıkadı.

Sinirden titriyordu. Konuşmuyordu kimseyle.

Bir arkadaşından istediği kâğıda bir şeyler yazmaya başladı...

Aslında bu son olay, aylardır süren gerginliğin sonucuydu.

İstanbul işgal edilmiş, Fransızlar Akdeniz'e, İtalyanlar Ege'ye çıkmış, Yunan ordusu Eskişehir'e dayanmış, Çerkez Edhem isyan bayrağı açmış, Anzavur ayaklanmıştı... Anadolu dört düvele karşı Kurtuluş Savaşı veriyor, Mustafa Kemal ve arkadaşları her cephede düşmana karşı stratejiler geliştiriyor, Mehmetçik düşmanla göğüs gögüse çarpışırken, Birinci Meclis'teki yobaz din hocaları neyle uğraşıyordu:

İçki yasaklansın!...

Kahvelerde kâğıt, tavla, domino oynanmasın!..

Kadınlar muayene edilmesin!...

Hani duymuşsunuz, okumuşsunuzdur, bazı çevreler, "Birinci Meclis'te demokrasi vardı; Mustafa Kemal susturdu" diyorlar, yazıyorlar.

İşte demokrasiden anladıkları buydu!

Kadınlar muayene edilmesin... İçki yasaklansın... Tavla oynanmasın...

Bitmedi... Bir de Mustafa Kemal cephedeyken, milletvekilliğini düşürme gayreti vardı! Yasa teklifi hazırladılar: "Milletvekili olabilmek için beş yıl aynı yerde ikamet etmek zorunludur."

Mustafa Kemal ve arkadaşları yaşamları boyunca cepheden cepheye koşmuşlardı; bırakın beş yılı iki yıl bile aynı yerde oturmamışlardı.

Oysa getirilen yasa teklifine bakınız! Milletvekili olmak için beş yıl aynı yerde oturmak şart!

Amaç başkaydı!..

Ne diyorlar; "Birinci Meclis'te demokrasi vardı."

O çevrelerin demokrasi anlayışı, "inancı" düşünceye hâkim kılmaktı!

Neyse... Dönelim dayak yiyen Dr. Emin Erkul Bey'e...

Dr. Emin Beye yobaz din adamlarının tepkilerinin bir başka nedeni daha vardı.

Şöyle ki: Meclis 17 mayıs 1920 tarihinden 14 eylül 1920'ye kadar içki yasağı meselesini tartışmıştı! Tartışmanın merkezinde yine Dr. Emin Erkul Bey vardı.

"İçki yasağını" bir tıp adamı olarak eleştiriyordu: "Afyon tıpta kullanılıyor, nasıl yasaklanabilir?"

Bilim kimin umurundaydı.

Sonuçtu içki yasağı oylandı: 71-71 çıktı sonuç.

Oturum Başkanı Konya Milletvekili (Müftü) Vehbi Efendi'nin oyu başkan olduğu için iki oy sayıldı. İçki yasağı 71 oya karşılık 72 oyla yasallaştı!

Aynı tarihte Fransız uçakları, direnen Anteplilerin üzerine, Şeyhülislam Dürrizade Abdullah Efendi'den aldıkları "teslim olun" fetvasını atıyordu!

Ancak İstanbul'daki Şeyhülislam'a, meclisteki bazı yobaz din adamlarına rağmen, Anadolu'da düşmana karşı canıyla dişiyle direnen kahraman din adamlarımızın sayısı da çoktu...

Dr. Emin Bey bağnaz din hocalarına, din hocaları da Doktor'a bilenmişti. Sonunda gerginlik "frengi yasası" görüşmelerinde kavgaya kadar vardırılmıştı.

Ama Dr. Emin Bey, dayak meselesini unutmaya niyetli değildi. İşte, arkadaşından aldığı o beyaz kâğıda bir şeyler yazıp Meclis Başkanlığı'na verdi.

Dr. Emin Bey, "düello yasallaşsın" istiyordu! Doktor kendini dövenleri tek tek düelloya davet etmekte kararlıydı.

Öte yandan, "düello yasasıyla" milletvekillerinin hep birlikte bir diğer milletvekiline saldırmasının da önüne geçileceğini düşünüyordu.

Fakat olmadı.

Meclis Lahiya Encümeni şu kararı verdi:

> Düello âdetinin lüzum ve ihdas ve kabulüne dair Bursa Mebusu Operatör Emin Bey'in riyaset makamından havale edilen kanun teklifi Encümenimizce mütalala olundu. Şeraiti garay-i Ahmediye ve an'anat-ı kadime-i İslamiyeye aykırı ve şimdiye kadar sabık Meclis-i Mebusan'ca da kabul edilmeyerek, red olunan bir âdetin, milletin, yegâne harisi din ve şeriat telakki ettiği bu Meclis-i Ali'ce ibdaı bittabi rehin-i cevaz olamayacağından hikmet ve şeriata muvafık olmayan mezkûr teklif Encümenimizce red edilmiştir.

Evet, bizde düello geleneği yoktu; pusu geleneği vardı!..

9. bölüm

En çok tartıştığımız konu: Anayasa

İlk Anayasa 1876'da yürürlüğe girdi, bunu hepimiz biliyoruz.

Ancak bizim tarih yazıcılığımızda iktisat pek göz önüne alınmaz. Bu nedenle, ilk Anayasa'ya giden tarihsel süreci "ekonomi penceresinden" anlatmalıyım.

Dün bugüne benziyordu

Tarih: 6 ekim 1875.
Yer: İstanbul.

Sadrazam Mahmud Nedim Paşa daha iki gün önce, "Osmanlı Devleti faizleri yarıya mı indiriyor?" sorusunu yönelten Reuters muhabirine, oruçlu ağzıyla yalan söylemek zorunda kaldı: "Bunların hepsi dedikodu!"

Bu demeç üzerine başta Londra ve Paris borsası olmak üzere Avrupa borsaları rahatladı.

Oysa, Sadrazam Mahmud Nedim Paşa o demeci verdiği dakikalarda, Osmanlı tarihinin en önemli iktisadi kararının alınacağı bir toplantıya katıldı...

Sadrazam Mahmud Nedim Paşa başkanlığındaki bu gizli toplantıya; Adliye Nazırı Midhat Paşa, Bahriye Nazırı Hasan Rıza Paşa, Hariciye Nazırı Esad Saffed Paşa, Maarif Nazırı Ahmed Cevdet Paşa, Maliye Nazırı Yusuf Ziya Paşa, Ticaret Nazırı Mehmed Kabuli Paşa ve Şeyhülislam Hasan Fehmi Efendi gibi Osmanlı yönetiminin önemli isimleri katıldı.

Bu herkesten gizli yapılan toplantının gündeminde Osmanlı'nın borçlar sorunu vardı. Osmanlı, son yıllarda aldığı borcu ancak borçla ödüyordu.

Dış borcu 4,811 milyon franktı. Osmanlı Bankası ve Galata bankerlerine olan borcu ise 190 milyon franktı.

Devlet hazinesi tamtakırdı.

Moratoryum kaçınılmazdı. Yani hazine, dış borçlarını, anapara ve faizlerini ödenemeyecek durumdaydı.

Mahmud Nedim Paşa'nın konağında sabaha kadar süren tartışmalardan sonra karar alındı:

– Ana borç ve faizinin ancak yarısı ödenecekti. Yarısı için ise beş yıllık ve yüzde 5 faizli tahvil verilecekti.

– Paniği önleyebilmek için garanti olarak tütün, tuz, gümrük vergileri ve Mısır gelirinden oluşan bir fon yaratılacaktı. Gerekirse ağnam (hayvan) vergisi de bu fon için kullanılacaktı.

"İzahname"yi Maarif Nazırı Ahmed Cevdet Paşa el yazıyla kaleme aldı.

Osmanlı tarihinin en önemli iktisadi kararının dışarıya, borsaya sızmaması gerekiyordu. Toplantıya katılanlar Kuranıkerim üzerine el basıp yemin ettiler.

Gelin biraz başa dönelim.

Tanzimat süreciyle birlikte İngiltere ve Fransa'yla ticaret anlaşmaları imzalandı. Osmanlı'nın "devletçi ekonomisi" rafa kalktı.

Yabancı sermayenin önündeki tüm engeller kaldırıldı. İthal gümrükler yüzde 12'den yüzde 3'e düşürüldü.

Bu durum Osmanlı ekonomisinde kısmi bir canlanma yarattı; ihracat ve ithalat arttı. Osmanlı ucuz ithal mallar cenneti yapıldı!

Ancak yüzyılın ortasında İstanbul ve diğer Osmanlı limanlarında ödeme güçlükleri yaşandı. Osmanlı finans ihtiyacını İstanbul'daki bankerlerden karşılamaya başladı. Fakat zamanla bu banker ve sarrafların ekonomik gücü, hükümeti ve ekonomiyi finanse edemez duruma geldi.

Aynı dönemde Avrupa'da Sanayi Devrimi'nin ikinci aşaması finans kapitalin doğduğu süreç başladı. Halkın elinde finans, tasarruf fazlası vardı. Ve halkın parasını değerlendirecek aracı finans kurumları ortaya çıktı.

Avrupalı aracı kurumların koşar adım geldikleri ülkelerin başında Osmanlı vardı.

Çünkü Osmanlı hazinesi kısa vadeli borçlanmaya bile yüzde

22-24 gibi faizler veriyordu.

Zenginleşmeye başlayan Avrupa orta sınıfı tasarrufları için kendi ülkelerindeki yüzde 3-4 gibi düşük faiz gelirleri yerine, kuşkusuz Osmanlı piyasasını tercih etti.

Osmanlı kâğıtlarının cazibesi o kadar arttı ki, Osmanlı banker ve sarrafları 1873 yılında resmi olarak Dersaadet Tahvilat Borsası'nı kurdu.

Borsa oyunlarıyla kolay para kazanma yollarının açılması üzerine yabancı borsalarda tutunamayan birçok yabancı banker, simsar, kumarbaz Galata Borsası'na akın etti.

Müzayede salonu ve kulislerinde, beyaz kolalı gömlek giymiş birkaç yabancı dil konuşan simsarlar vardı artık.

Kolay yoldan para kazanma hırsına yenik düşen Osmanlı bürokratları, münevverleri ve esnafı bile Borsa'da oynamaya başladı.

İstanbul'da sırf Borsa'yla ilgili haberler veren gazeteler türedi: *La Turquie*, *Phare du Bosphore*, *Moniteur Otoman*, *Revue de Constantinople*...

Osmanlı gazetelerinde bile borsayla ilgili sayfalar, envanterler yayınlanmaya başladı. Borsa haberleri artık birinci sayfalardaydı.

Bu arada Osmanlı hiç ödemeyecekmiş gibi hep borçlandı.

Sadrazam Mahmud Nedim Paşa kamuoyuna sürekli "ekonomi çok iyi" diyordu ve Sadrazam basın tarafından el üstünde tutuluyordu...

Peki dışarıdan gelen paralar nereye gitti?

Yeni demiryolları inşaatı başladı, savaş gemileri alındı, ordunun ihtiyaçları giderildi.

Ekonomideki yapısal dönüşüm kültürel değişime de neden oldu.

Yeni bir yaşam tarzı doğdu: Boğaz'da yalı yaptırmak moda oldu. Yeni konutlar yaptırıldı sürekli.

"Araba sevdası" başladı. Avrupalı gibi giyinmek, onlar gibi konuşmak özenilir hale geldi. Gece hayatı renklendi.

Yeni hayat biçiminin oluşturulmasında, borsaya gelen Avrupalılar baş aktör oldu.

Ama bolluk yılları çabuk tükendi. Dış ticaret açığı büyüdü. Sterlin'in değeri çok arttı.

İthal mallar pahalandı. Artık alışveriş yapılacak yerli küçük işletmeler de yoktu, çünkü on binlercesi ithal rekabete dayanamayıp iflas etmişti.

Osmanlı üretmeden tüketmenin cezasını çekiyordu...

Osmanlı Devleti'nin yayınladığı "İrade-i Seniye"yle borçlarını erteleme kararı Avrupa'yı sarstı. Bu duruma "mali barbarlık" adını verdiler. Öyle ya onlara göre Türkler barbar değil miydi? Krizin adı da böyle olacaktı!

Diyorlardı ki: "İspanya ve İtalya gibi karşılıklı görüşmelerle faizleri üçte bir oranında indirebilirdiniz. Oysa siz tahvil sahiplerine haber bile vermediniz."

Yine de, *Times* (8 ekim) ve *Economist* (9 ekim) Avrupa piyasalarındaki paniği giderici haberler yapmaya çalıştı. Çünkü panik Avrupa piyasasını da derinden sarsabilirdi.

Ne var ki endişeler giderilemedi. Osmanlı tahvilleri yüzde 40 değer kaybetti.

Birçok Avrupalı küçük işletme battı.

Ve Avrupa basını sorunun nedenini buldu! Osmanlı maliyesi konusunda köklü bir reform şarttı. Ayrıca bir de anayasa gerekiyordu.

Sultan Abdülaziz'in tahtan indirilmesi konuşulmaya başlandı. Ama bunun için kamuoyunun hazırlanması gerekiyordu.

Düğmeye basıldı.

Fransız *L'Economiste* dergisi 16 ekimli başyazısında Sultan Abdülaziz'in Saray harcamalarını konu etti. Benzer yayınları *Times* gibi diğer yayın organları da sürdürdü. Kuşkusuz, Saray'ın harcamaları abartılıydı ama tüm paranın bu tür harcamalara gittiğini yazmanın başka nedeni vardı: Mason Şehzade Murad padişahlığa hazırlanıyordu.

İlk eylemi medrese öğrencileri yaptı. Görünür neden, ulemanın emekliliği için gerekli sürenin 20 yıla çıkarılmasıydı! Beş bin medrese öğrencisi sokaklara çıktı.

Bu öğrencilerin arkasında İngilizlerin olduğu artık bilinen tarihsel bir gerçek.

Ruslar Şehzade Murad'ı kaçırma planları yaptı. Sultan Abdülaziz'i ve Sadrazam Mahmud Nedim Paşa'yı destekliyorlardı! Rakipleri İngilizlerdi.

Bir parantez açayım: Osmanlı'da artık o dönemde "yeni tip" devlet adamlığı makbuldü. Eskiden nüfuzlu paşaların koltuğunun altına girerek makam sahibi olunurken, Sadrazam Mustafa Reşid Paşa döneminde yabancı devletlerin himayesine girerek koltuk kapma süreci başlamıştı.

Artık paranın büyük güç olduğu, iktidarı ele geçirmek ya da elde tutmak için paradan başka hiçbir gücün işe yaramadığı ortaya çıkmıştı!

Bu nedenle: Mustafa Reşid Paşa İngilizciydi. "Öğrencisi" Sadrazamlar; Fuad Paşa ile Ali Paşa Fransızlara yakındı.

1870 yılında Alman orduları Fransızları büyük bir bozguna uğratıp III. Napoléon'u esir alınca Fransa, Avrupa ve dolayısıyla Osmanlı diplomasisindeki ayrıcalıklı yerini kaybetti.

İşte bu yeri şimdi Rus yanlısı bir sadrazam Mahmud Nedim Paşa dolduracaktı.

Ayrıca Sadrazamlığa Rusya yanlısı birinin getirilme nedeni Balkanlar'daki Ortodoks Sırp ve Bulgar ayaklanmalarıydı.

Osmanlı yönetimi, Rus yanlısı bir sadrazam ile Balkan sorununu gidereceğini sanıyordu.

Ayrıca Mahmud Nedim Paşa'nın bir özelliği daha vardı: Borsadan çok iyi anlıyordu! Para ve borsa işlerinden anlayan ve hatta bunları ciddiye alan ilk Osmanlı sadrazamıydı.

Mahmud Nedim Paşa'nın her iki konuda da bir "danışmanı" vardı: İstanbul'daki Rusya Büyükelçisi Kont Nikola Ignatiyef. Bu yakınlık sonucu sadrazama "Nedimof" denmeye başlamıştı.

Osmanlı'nın moratoryum ilan ederek Avrupa'nın rantlarını ödememesinin bir büyük faturası da Balkan sorununda yaşandı. Bulgarların, Sırpların, Yunanlıların Türklere yönelik katliamları Avrupa'da kayıtsızlıkla karşılandı. Çünkü onlara göre, "tahvillerin kısmen ödenmelerinin durdurulması bir milletin işleyebileceği her türlü cürümden daha büyük"tü!

Osmanlı sadece dış sorunlarda değil iç piyasada da büyük daralmalar yaşadı.

Son üç yıldır Anadolu'ya doğru dürüst kar ve yağmur yağmamasının sonucu büyük kuraklık oldu. Kuraklık kolerayı da beraberinde getirdi. İnsanlar sokaklarda açlıktan öldü.

Vakanüvis Ahmed Lütfi Efendi o dönemi şöyle yazdı:

> İstanbul'da parasızlık o kadar o dereceye varmıştı ki, zenginler ve fakirler günlük zorunlu ihtiyaçlarını bile karşılayamadı. Hazine, memurlarına bile sekiz ay maaş veremedi.

Sonunda ne olduğunu tahmin etmişsinizdir: Okul Komutanı Süleyman Paşa Harbiyeli öğrencileriyle harekete geçti. İstanbul Komutanı Refik Paşa da Taşkışla ve Gümüşsuyu barakalarındaki askerleri alarak Dolmabahçe Sarayı'nı kuşattı.

Sultan Abdülaziz askeri bir darbeyle koltuğundan indirildi.

Tarih 30 mayıs 1876'ydı...

Ekonomik kararların alınmasının üzerinden daha 7 ay geçmişti...

Benzer uygulamalarla ilgili Cumhuriyet döneminden örnekler sıralayıp bu konuyu kapatalım:

7 eylül 1946 Başbakan Recep Peker, devalüasyon oranı yüzde 53; düşürüldü.

4 ağustos 1958 Başbakan Adnan Menderes devalüasyon yüzde 60; düşürüldü.

10 ağustos 1970 Başbakan Süleyman Demirel devalüasyon oranı yüzde 40; düşürüldü

24 ocak 1980 Başbakan Süleyman Demirel devalüasyon oranı yüzde 35; düşürüldü

5 nisan 1994 Başbakan Tansu Çiller devalüasyon oranı yüzde 50; düşürüldü

19 şubat 2001 Başbakan Bülent Ecevit devalüasyon oranı yüzde 50; düşürüldü...

İlginçtir...

Adnan Menderes'i 27 Mayıs 1960 Askeri Hareketi; Süleyman Demirel'i 12 Mart 1971 ve 12 Eylül 1980 askeri darbeleri; Tansu Çiller'i 28 Şubat 1997 "postmodern" askeri hareketi yıkmıştır.

Yani; bizim tarihimizde ağır ekonomik kararları alan hükümetlerin başına gelenler ile Sultan Abdülaziz'in başına gelenler benzerdi.

Anayasa 150 yıldır gündemde

Hep "kurtarıcı" olarak görülen Anayasa, yaklaşık 150 yıldır kamuoyunun gündeminden düşmüyor.

Bu tartışmaları daha iyi "okuyabilmek" için 1876'da yürürlüğe giren ilk anayasanın hazırlanış öyküsüne göz atmakta yarar var...

Tarih: 29 ekim 1876.

Bosna'da ve Hersek'te, Ortodoks Hıristiyanları etkileyerek isyanlar çıkaran Sırp Prensi Milan, Gazi Osman Paşa tarafından mağlup edilince, "hamisi" Rus Çarı'ndan yardım istedi.

Rusya, savaşın bitirilmesi için Osmanlı'ya ültimatom verdi. Avrupa devletleri sessiz kalınca, Osmanlı askerleri Belgrad önünde durdu.

Rusya ve Avrupa'nın isteğiyle, Balkanlar'daki durumu görüşmek üzere, 23 aralıkta İstanbul'da Uluslararası Tersane Konferansı'nın düzenlenmesine karar verildi.

Konferansın amacı belliydi; Osmanlı Hıristiyan azınlıklarının durumu koz olarak kullanılarak, iç sorunları masaya yatırılacaktı. Zaten Avrupalı devletler de Andrassy Notası'yla Osmanlı Devleti'nden ıslahat talebinde bulunmuşlardı.

Babıâli ne yapacağını düşünürken, Şura-yı Devlet Reisi Midhat Paşa, anayasanın ilanının teklifini gündeme getirdi.

"Anayasa, Tersane Konferansı'ndan önce ilan edilirse, müdahaleler önlenir, Rusya'nın oyunu bozulur, aksi halde Batı baskısı sürüp gider."

Sultan II. Abdülhamid, bu teklife nihayet ikna oldu!

"Nihayet" diyoruz, çünkü tahtta anayasayı ilan edeceği sözüyle çıkarılmıştı. Ancak tahtta çıkalı iki ay olmuş; anayasa ilanını "komisyonlarda uyutma" taktiğine başvurmuştu. Son gelişmeler onun da "elini kolunu bağlanmıştı"; dışa güven verecek ve dış baskıları savuşturacak bir anayasanın işini kolaylaştıracağını düşünüyordu.

Bu arada haksızlık yapmayalım; anayasa ilanını tek bir "dış nedene" bağlamak yanlış olur. "İlk muhalefet partisi" Yeni Osmanlılar Hareketi'nin –geniş bir toplumsal tabanı olmasa da– yıllardır süren bir zorlaması olduğunu da belirtmek gerekir.

Bu nedenledir ki, Avrupa'ya kaçan dokuz "ihtilalciden" ikisi Anayasa Komisyonu'nda (Cemiyet-i Mahsusa) görev aldılar; Namık Kemal ve Ziya Paşa.

Anayasa'yı hazırlayan Cemiyet-i Mahsusa, 2 asker, 16 sivil bürokrat (üçü Hıristiyan) ve 10'u ulema olmak üzere toplam 28 üyeden meydana gelmişti.

Konferansa yetiştirebilmek için, saate karşı yarışan komisyon haftada dört kez, ya Midhat Paşa ile Nafia Nazırı Server Efendi'nin konaklarında ya da Babıâli'de toplanıyordu.

Komisyon'un önünde, Midhat Paşa'nın daha önce hazırladığı "Kanun-ı Cedid" (Yeni Anayasa) adını taşıyan taslak vardı. Ancak Sultan II. Abdülhamid, bu taslağı pek beğenmemiş; güvendiği Said Paşa'ya Fransız anayasalarını (1814-1830-1875) tercüme ettirmişti. Said Paşa bu tercümelerden bir taslak çıkarıverdi!

Yine de, ilk anayasanın hazırlık çalışmalarında üzerinde en çok durulan tasarılardan biri, Midhat Paşa'nın 57 maddeden oluşan

Kanun-ı Cedid'idir. Ancak anayasaya bir tek tasarının ya da bir ülkenin anayasasının kopya edilmesiyle yazılmadı. Namık Kemal'in ifadesine göre, bine yakın kaynak araştırıldı.

Cemiyet-i Mahsusa önündeki taslakları ve diğer ülkelerin anayasalarını inceleyip tartışırken, kurulda iki farklı grubun varlığı ortaya çıktı.

Birinci grup liberal reformist kanattı. Midhat Paşa'nın başını çektiği bu grupta, Namık Kemal ve Ziya Paşa gibi isimler vardı. Birinci grup aynı zamanda darbeciydi; Sultan Abdülaziz'i tahtan indirmişler; V. Murad'ı onun yerine geçirmişler; V. Murad'ın akıl sağlığı bozulunca, saltanata bu kez, anayasayı ilan edeceğini kabul eden II. Abdülhamid'i oturtmuşlardı.

İkinci grup monarşi geleneğine sahipti. Padişahın haklarını sonuna kadar savunan, Müslüman-gayrimüslim eşitliğine inanmayan bu grup, Tarihçi Ahmed Cevdet Paşa, Mütercim Rüşdü Paşa, Namık Bey ve ulemadan oluşuyordu.

İki grup arasında kavga biraz da kişisel nedenlere dayanıyordu. Tartışmalar Midhat Paşa ve Ahmed Cevdet Paşa arasında çıkıyordu. Yıllar önce Lofça'da aynı mektepte okuyan bu iki ünlü isim yaşamları boyunca hep rekabet içinde olmuşlardı. Komisyon toplantılarında da, birbirlerine küçümseyen sözlerle hitap ediyorlardı. Örneğin Midhat Paşa, Cevdet Paşa'nın Avrupa hukukunu bilmemesiyle alay ediyordu. Cevdet Paşa ise onu, Fransızcayı doğru dürüst anlamayan cahil olarak itham ediyordu.

Sadece komisyonda değil, sokakta da kavga vardı. Meşrutiyet istemeyen imzasız bildiriler, sokaklara atılıyor, duvarlara yapıştırılıyordu.

Midhat Paşa eylemcilerin hemen yakalanması ve sürgüne gönderilmesini istedi; aksi takdirde istifa edecekti. Namık Kemal *İttihad* gazetesindeki yazılarında Midhat Paşa'ya destek verdi.

İstekleri oldu. Eylemciler tek tek yakalandı ve yargılanmadan sürgüne gönderildi.

Ne ilginç değil mi, "liberal" Midhat Paşa ve ekibi, keyfilik rejimine son vermek üzere anayasa hazırlarken, kendilerine ters düşen bir hareket tarzını uygulamaya sokmaktan çekinmemişlerdi.

Ama kısa bir süre sonra II. Abdülhamid bu olaydan ustaca yararlanmasını bilecekti.

Burada araya girip bir parantez açmalıyım.

Bir iki çalışma dışında, gerek Yeni Osmanlılar Hareketi, gerekse daha özelde Namık Kemal'in siyasi düşüncelerine ilişkin kapsayıcı, derin bir değerlendirme yapılmamıştır.

Resmi ideoloji argümanları ile isimler belli "saflara" sokulmuştur.

Uzatmayayım. Bir örnekle yetineyim: Anayasa çalışmalarının en faal isimlerinden biri Namık Kemal'di.

Namık Kemal'in kafasındaki "anayasal düzen", İslami temelde Batılı bir yaşamdı. Yani gelenekten kopmayan bir modern yaşamı savunuyordu: "Hem Batılılaşalım hem Müslüman kalalım" diyordu kısaca.

Çünkü Namık Kemal'e göre Batı'nın liberal felsefesi ile İslam'ın yönetim esasları birbirine hiç de aykırı değildi. Aslında tüm bunlar şeriatın öngördüğü hususlardı.

Bu görüşleri tutarlı mıydı, değil miydi tartışılır.

Ama Namık Kemal, hocası Şinasi gibi "katı bir Avrupacı" liberal değildi. Bir elinde hep Kuranıkerim vardı.

Özelde Namık Kemal, genelde Yeni Osmanlılar'ın "devleti kurtarma projesi" aynı zamanda dinin, yani İslam'ın kurtuluşunu da içeriyordu.

İslam birliğini savunuyorlardı.

Ve zaten bu nedenledir ki, Tanzimat modernleşmesine şiddetle karşı çıkan bazı geleneksel kurumlar Yeni Osmanlı Hareketi'ne sıcak bakmışlardır.

Bu nedenle, ilk anayasayı "İslamcı liberaller"in yazdığını söylersek abartmış olmayız.

1876 Anayasası'na darbe anayasası diyebilir miyiz?

Hem "evet" hem "hayır"!

"Evet" diyebiliriz; çünkü Sultan Abdülaziz'in tahtan indirilmesinde, Hüseyin Avni Paşa, Süleyman Paşa, Redif Paşa gibi generaller ile Harbiyeli subay ve öğrencilerin; topçu-donanma birliklerinin, yani modernleşmeye başlamış silahlı kuvvetlerin rolü vardı.

Ancak darbenin güçlü askeri Hüseyin Avni öldürülmüştü. Darbenin "teorisyenlerinden" (Nâzım Hikmet'in dedesi) Mustafa Celaleddin Paşa, Sırp Savaşı'nda şehit olmuştu. Yani hareketin asker kanadı güçsüz kalmıştı.

28 kişilik Anayasa Komisyonu'nda sadece iki asker vardı: Süleyman Paşa ve Redif Paşa.

Ama yine de, Süleyman Paşa'nın alt komisyon başkanlığını yürütmesi, sorunlar olduğunda II. Abdülhamid'in huzura rahatlıkla çıkması, asker ağırlığının sürdüğüne ilişkin kanıtlar sayılabilir.

Diğer yandan "asker ağırlığı yoktur" denilebilir. Çünkü darbenin "sacayağını" bürokratlar, ulema ve askerler oluşturuyordu.

Gizli ekibin başında bir sivil vardı: Midhat Paşa.

Keza, "asker ağırlığına" örnek gösterdiğimiz Süleyman Paşa'nın hazırladığı anayasa taslağının bırakın kurulu etkilemesini, düzensiz bile bulunması, asker ağırlığının olmadığının delili olabilir mi?

Görüldüğü gibi 1876 Anayasası'nda asker etkisi konusunda bir şey söylemek zor. Bu nedenle AKP söyleminin doğruluğu tartışılır.

Anayasa Komisyonu çalışmaları büyük bir hızla 20 kasımda bitirildi. Taslak II. Abdülhamid'e sunuldu.

Padişah tasarıyı ayrıca bir de Heyet-i Vükela'nın (bakanlar kurulu) incelenmesini istedi. Ayrıca tasarıyı, Yıldız Sarayı'ndaki bazı yüksek memurlarına gönderdi.

Saray dışında herkes umutla anayasanın ilanını bekliyordu. Kahvehanelerdeki sohbetlerin ana konusu bile anayasa olmuştu. Aydınlar arasında "anayasa romantizmi doğmuştu." Mucizevi kurtuluşun ilacıydı anayasa!

On gün geçti, Yıldız Sarayı'ndan ses çıkmadı.

Namık Kemal ve Ziya Paşa'nın ısrarıyla Midhat Paşa, padişahın huzuruna çıktı ve meseleyi öğrendi, II. Abdülhamid tasarıya, ürkütücü bir madde eklettiriyordu:

> Padişah, re'sen bir kimsenin siyasal suçlu veya siyasal yönden mahzurlu olduğuna karar verip, sürgüne gönderebilir. (Madde 113.)

Başta Namık Kemal olmak üzere isyan ettiler; çünkü sürgünü yaşamışlardı. Üstelik Anayasa'da kişi hak ve özgürlüğüne ilişkin yargısal güvenceler vardı. Bu ek madde Anayasa'yı tamamen geçersiz kılacaktı. Reddedilmeliydi.

Midhat Paşa, arkadaşlarını teskin etti; önemli olan anayasanın ilanıydı; ek madde sonradan çıkarılabilirdi.

Zorlukla ikna oldular. Ne istemişlerdi neye razı olmuşlardı: Kanun-i Esasi (Anayasa) hazırlıkları sırasında Ziya Paşa ve Namık Kemal bir çalışma sırasında. Her ikisi de "cumhuriyet fikrini" ilk telaffuz eden aydınlar arasındaydı.

Anayasa tartışmaları da etkilemiştir kuşkusuz; Ziya Paşa ile Namık Kemal'in yıllarca süren mücadele dostluğu –ne yazık ki ülkemiz aydınlarında hâlâ görülen–kişisel ihtiraslar yüzünden dargınlıkla son bulacaktı!

Neyse biz yine dönelim anayasa ilanına...

23 aralık 1876. Cumartesi.

İstanbul'da Uluslararası Tersane Konferansı başladı.

Yabancı devlet temsilcileri konuşmaya başlayacaktı ki, top sesleriyle irkildiler. Hariciye Nazırı Saffet Paşa kürsüye çıktı:

> Padişahımız yeni bir rejimi, meşrutiyeti ilan etmektedir. İmparatorluğumuzu oluşturan tüm etnik unsurların özgürlükleri güvence altına alınmıştır. Bu nedenle artık böyle bir konferansa gerek yoktur.

Osmanlı delegeleri toplantıyı terk etti. Ancak yabancı temsilciler toplantıya devam edip, kararlar aldılar ve bunu Babıâli'ye bildirdiler.

Osmanlı Devleti kabul etmeyince Rusya savaş ilan etti ve "93 Harbi" başladı.

II. Abdülhamid "göz boyamayla" yabancıları ikna edemeyeceğini anlayınca, 14 şubat 1878'de Meclis'i feshedip, birçok kişiyi sürgüne gönderdi.

Yani ilk Osmanlı Parlamentosu 19 mart 1877'te açıldı. Meclis-i Umumi'nin ilk toplantı yılı üç aydan biraz fazla (19 mart-28 haziran); ikincisi de iki ay (13 aralık-14 şubat 1878) sürdü. Sultan II. Abdülhamid Meclis'i feshetmiştir ama Kanun-ı Esasi'nin yürürlükte kalıp kalmadığı tarihçiler arasında bugün hâlâ bir tartışma konusudur!

En trajik olan Midhat Paşa'nın başına gelendi: büyük emek verdiği Anayasa, önce sürgün edilmesine sebep oldu sonra kellesini götürdü...

Midhat Paşa'yı ölümle gönderen hukuk cinayetinin başında büyük rakibi Ahmet Cevdet Paşa vardı...

İlk Anayasa'dan bazı maddeler

Madde 1– Devlet-i Osmaniye ülkesiyle bölünmez bir bütündür.

Madde 2– Başkent, hiçbir ayrıcalığı olmayan İstanbul'dur.

Madde 3– Saltanat-hilafet hakkı ve makamı Osmanoğulları soyuna ve bunun en büyük evladına aittir.

Madde 5– Padişah, tüm anayasal sistemin merkezi ve en üstün gücüdür. İcraatlarından sorumsuzdur.

Madde 6– Osmanoğlu sülalesinin hürriyet, mal-mülk ve ömür boyu ödenek hakları umumun kefaleti altındadır.

Madde 7– Padişah yürütme organının başı ve hatta kendisidir. Meclis'in ne zaman toplanacağına, ne zaman tatil olacağına ve gerektiğinde feshine padişah karar verir.

Madde 8– Osmanlı Devleti uyruğu herkes, din ve mezhebi ne olursa olsun Osmanlı sayılır.

Madde 11– Devletin dini İslam'dır.

Madde 12– Basın, yasalar çerçevesinde özgürdür.

Madde 17– Osmanlı uyruğunda olan herkes yasa önünde hak ve ödevler bakımından eşittir.

Madde 18– Devletin resmi dili Türkçedir.

Madde 19– Türkçe bilen herkes kendi yeteneklerine göre memuriyete girebilir.

Madde 24,26– Her türlü eziyet, işkence, müsadere ve angarya yasaktır.

Madde 27– Bakanlar Kurulu üyelerini, sadrazamı, şeyhülislamı ve Heyeti Ayan'ı padişah seçer, atar ve gerektiğinde azleder. Padişah silahlı kuvvetlerin de başkomutanıdır.

Madde 28– Bakanlar Kurulu sadrazamın başkanlığında iç ve dış olayları görüşmek üzere toplanır. Ancak görülmesi padişahın iznini gerektiren hususları öncelikle padişaha bildirmek ve onayını almak zorundadır.

Madde 46– Milletvekilleri yeminle göreve başlar. Yemin metninde padişaha sadakat vatana sadakatten önce gelir.

Madde 47– Milletvekilleri görüşlerinden dolayı suçlanamaz ancak Meclis İçtüzüğü'ne aykırı davrananlar bu korunmadan yararlanamaz.

Madde 53– Yeni yasa ve yasa değişikliği padişah onayı almadan Meclis'e getirilemez.

Madde 54– Meclislerden birinde ret olunan tasarı o yıl bir daha görüşülemez. Padişah veto yetkisine sahiptir.

Madde 60,61,62– Heyet-i Ayan üyeleri, (halkın seçtiği) Heyet-i Mebusan'ın üye sayısının üçte birini geçmemek üzere, 40 yaşını geçmiş ve seçkin hizmetleriyle tanınmış kişiler arasından padişah tarafından seçilir. Heyet-i Ayan reisini de padişah seçer.

Madde 64– Yasalar din buyruklarına aykırı olamaz.

Madde 65,66,67,68,69– Heyet-i Mebusan üyeleri, oy kullanan her elli bin (vergi veren) erkek nüfusa bir temsilci olmak üzere, dört yıl için ve seçim yoluyla göreve gelirler. Mebus seçilme yaşı

25'tir. Bir kimsenin hizmetinde çalışanlar (örneğin işçiler) milletvekili olamaz.

Madde 106– Sayıştay üyelerini padişah atar.

Madde 116– Anayasa her iki Meclis'in 2/3 çoğunluğunun oyuyla değiştirilebilir.

Evet anayasa tartışmaları bizim tarihimizde hayli yer kapsamaktadır.

Anayasa tartışmalarının Mustafa Kemal Atatürk'e bile kalp krizi geçirttiğini biliyor muydunuz?

Anayasa Atatürk'ün kalp krizi geçirmesine neden oldu

İlk Cumhurbaşkanlığı seçimi Atatürk'ün iki kez kalp krizi geçirmesine neden oldu. Çankaya Köşkü'nde iki gün arayla gelen krizler, neden herkesten gizli tutuldu? Kalp krizlerinin sebebi, Cumhuriyet fikrine karşı çıkan hilafet yanlısı muhalifler miydi? Kalp krizleri Atatürk'ün hayatını nasıl etkiledi?

Tarih: 11 kasım 1923.

Yer: Çankaya Köşkü.

Atatürk, öğle yemeğinde çok sevdiği etsiz kuru fasulye yiyordu. Birden göğsünün arka tarafından sol kolunun dirseğine kadar yayılan çok şiddetli bir ağrı hissetti. Terden vücudu sırılsıklam oldu.

Ağrılarını kimseye hissettirmek istemedi, ancak dayanılacak gibi değildi.

Başı masaya düştü.

Şanslıydı, Sağlık Bakanı Dr. Refik Saydam öğle yemeğinin konukları arasındaydı. İlk müdahaleyi o yaptı.

Atatürk odasına yatırıldı. Kalp krizi geçirmişti.

Bünyesi pek sağlıklı değildi. Sağlıklı olması da mümkün değildi zaten. Ömrü savaş cephelerinde geçmişti. Trablusgarp Savaşı'nda gözlerinden rahatsızlanmıştı. Birinci Dünya Savaşı'nda böbrekleri iflas etmişti. Sakarya Savaşı'nda ise attan düşüp kaburga kemiklerini kırmıştı.

Ancak, ilk kez kalp krizi geçiriyordu.

Sebebi, aşırı yorgunluk ve stresti.

Cumhuriyet'in ilanı sancılı olmuştu. İstanbul gazetelerinde sürekli eleştiri yazıları çıkıyordu; hilafeti savunuyorlardı.

Başta Rauf Orbay olmak üzere, dava arkadaşları açıktan açığa

Cumhuriyet fikrini eleştiriyordu.

Başbakanlıktan Fethi Okyar'ın alınıp İsmet İnönü'nün getirilmesi hiç kolay olmamıştı. Hükümet krizi zor atlatılmıştı ve aslında tüm bu siyasal olayların temelinde Cumhuriyet'in ilanı ve Atatürk'ün cumhurbaşkanı seçilmesi vardı.

Evet Atatürk, Cumhuriyeti ilan etmiş; cumhurbaşkanı seçilmiş ama bu olaylar sağlığına mal olmuştu.

İlk krizi çabuk atlatmıştı. Fakat bu son olmayacaktı.

İki gün sonra...

13 kasım 1923.

Çankaya Köşkü...

Atatürk öğleyin köşkün bahçesinde yürüyüşe çıktı. Köpeği Foks'la oynadı. Yorulduğunu hissetti. Bahçedeki masaya geçerek, kahve istedi. Kahvesinden bir yudum almıştı ki, sandalyeden yere düştü.

Yine kalp krizi geçiriyordu.

Koruma memuru Kemal Özada, garsonu Cemal Granda, şoförü Remzi Öztuş hep birlikte Atatürk'ü odasına taşıdılar.

Baygındı. Hava alması için odanın pencereleri açıldı, burnuna kolonya koklatıldı. Koluna iğne yapıldı. Kendine gelir gibi oldu. Sorulara yanıt vermiyordu. Sadece yattığı yerden neler olduğunu anlamaya çalışıyordu.

İki gün içinde iki kalp krizi geçirmesi üzerine, İstanbul'dan kalp doktoru Prof. Neşet Ömer İrdelp çağrıldı.

Doktor İrdelp, Ankara'ya geldi ve Atatürk'ü iyice muayene etti. Teşhisi aynıydı; çok çalışmaktan ve stresten ileri gelen "elemi asabi" kalp krizlerine neden olmuştu. Dinlenmesi gerekiyordu. Bir de perhiz yapmalıydı. Yani içkiyi ve günde yaklaşık 30 bardak içtiği kahveyi azaltmalıydı. Sigara ise 10 adeti geçmemeliydi.

Atatürk'ün kalp krizi geçirmesi, basından gizli tutuldu. Muhaliflerin eline koz vermek istenmiyordu.

Ancak haber duyuldu. Başta *İkdam* gazetesi olmak üzere Cumhuriyet muhalifleri Atatürk'ün ülkeyi yönetemeyecek kadar hasta olduğu dedikodusunu yaydılar. Gazeteciler Çankaya Köşkü'nün önünden ayrılmıyordu. Hükümet resmi açıklama yapmıyordu. Tek açıklamayı, Ankara'dan İstanbul'a dönen Prof. İrdelp yaptı. Aşırı yorgunluktan dolayı küçük bir kalp spazmı geçirmişti. Dinlenip geçebilecek bir hastalıktı bu.

Bu arada Atatürk'ün durumunun ağır olduğu söylentilerine inanan bazı çevreler, Atatürk'ün yerine Latife Hanım'ın cumhurbaşkanı olması gerektiği gibi absürd fikirler ortaya attılar.

Atatürk sıhhatine kavuştuktan sonra kendisine ziyarete gelen Ali Fuat Cebesoy gibi arkadaşlarına, "öteki dünyaya gidip geldiğini" söyledi.

Doktorların tavsiyelerini dinleyip perhize uyacaktı

Ama iki ay sonra sağlığına kavuşunca perhize son verdi. Latife Hanım'ın ısrarları da yeterli olmadı, hatta ilk kavgaları bu nedenle çıktı. Hatta geçirdiği kalp krizlerine bu tartışmaların da etkisi olduğu söylenmektedir.

Annesi Zübeyde Hanım ve babası Ali Rıza Efendi kalp hastasıydı, dikkatli olması gerekiyordu. Ancak yeni temellere dayanan yeni bir devlet kurmanın yolu yorulmaktan geçiyordu.

Hep çalıştı ve benzer krizler Atatürk'ü hiç yalnız bırakmadı. *Nutuk*'u hazırladığı 1927 yılının 22-23 ve 28 mayısında da üç kez kalp spazmı geçirdi.

Bu dönemde Almanya'dan gelen Prof. Kraus ve Prof. Von Romberg Atatürk'ü muayene etti. Dört yıl önceki teşhisten farklı bir şey söylemediler. Fazla çalışmaması gerekiyordu.

Ancak Atatürk'ün Alman doktorların tavsiyelerine uyması zordu. Devrimlerin kesintiye uğramaması gerekiyordu.

Bile bile ölüme koştu...

Atatürk'ü ihmal öldürdü!

Tarih: 10 ocak 1937.

Atatürk acı haberi İstanbul'da Dolmabahçe Sarayı'nda aldı. Nuri Conker vefat etmişti.

Haber duyulunca sarayda derin bir sükût hâkim oldu. Herkes biliyordu ki, Nuri Bey, Atatürk'ün en yakın arkadaşıydı. Deyim yerindeyse "ruh ikizi"ydi. Atatürk'ün yaşamında senli-benli konuştuğu, şakalaştığı tek isimdi. Mahalle arkadaşlığıyla başlayan ilişkileri, askeri okullar, savaş cepheleri, yeni bir cumhuriyetin kurulması gibi güç koşullarda sürüp gitmişti.

Atatürk arkadaşının ölüm haberini aldığı o gün ve daha sonra ki günlerde nedense hep otomobille Şişli ve çevresini gezdi.

Bu gezilerinde yalnızdı. Yanına kimseyi istemiyordu. Zaten Nuri Conker'in ölümüyle ilgili kimseyle de konuşmuyordu.

Sadece, bir hafta sonra İstanbul'da oturan çocukluk arkadaşı Asaf İlbay'ın ziyaretine gitti. Geçmişe. Çocukluk anılarına döndüler ama yine de orada da pek kalmadı. Yaşadığı dramı kimseyle paylaşmamayı sürdürdü. Kimse de, çekinip soramıyordu zaten.

Depresif bir ruh halindeydi. Manevi kızı Ülkü'yle oyalanarak moral bulmaya çalışıyordu.

İşte tam o günlerde Atatürk'ün vücudunda fiziksel değişiklikler olmaya başladı. Yüzü sararmıştı. Baş ağrısı ve ateşi vardı sürekli. Yorgun ve zayıf hissediyordu kendini. Asabileşmişti.

Yakın çevresi bu durumu Nuri Bey'in ölümüne duyduğu büyük acıya bağlıyordu...

Ankara'ya dönmesi bile ruh halinde bir değişiklik yapmadı. Ankara'da vücudunda kaşınmalar başladı. Özellikle sol bacağının kasık ile dizkapağı arası çok kaşınıyordu. Burası tırnak izi yaralarıyla kaplıydı. Yaralar merhemle iyileştirilmeye çalışılıyordu. Kaşıntılar canından bezdirmişti. Kaşıntıların sebebi olarak Çankaya Köşkü'ndeki karıncalar gösterildi! Köşk dezenfekte edildi ama kaşıntılar sona ermedi.

Atatürk Köşk'ten ayrıldı ama kaşıntılardan yine de kurtulamadı.

Bu arada, durdurulması güç burun kanamaları oluyordu. Hastalık kendini belli etmeye çalışıyor ama kimse görmüyor ya da görmek istemiyordu.

Bazı geceler sofrada şiddetli bir öksürüğe tutuluyor, boğuluyor gibi oluyordu.

İnanması güç ama kimse Atatürk'e hasta olduğunu söylemiyordu! Söyleyemiyordu.

Çünkü onlara göre büyük kurtarıcı "ölümsüz"dü. Ölümsüzlüğüne o kadar inanmışlardı ki, hastalık belirtilerini bile görmezlikten geliyorlardı!

Hadi yakın çevresi neyse, doktorlarının bu semptomları görüp neden ciddi bir teşhis girişiminde bulunmadıklarını da anlamak zordu.

Diğer yanda Atatürk de hasta olduğu gerçeğiyle yüzleşmek istemiyordu. Bunun sadece ruhsal nedeni yoktu.

Onun önceliğinde Hatay meselesi vardı ve Fransızların karşısında "hasta bir adam" olarak bulunmak istemiyordu.

Sebebi ne olursa olsun, ne yazık ki bu ölümcül gaflet tam bir yıl sürdü.

Hastalığın teşhisi tesadüfen konuldu...

Nihat Reşat Belger bir doktordu.

Aynı zamanda Osmanlı'nın son dönemindeki siyasal olayların merkezinde bulunmuş politik bir isimdi. Siyasal serüvenini İttihat ve Terakki Cemiyeti'nde başlamış; daha sonra ideolojik ayrılık yaşamış ve Prens Sabahattin'in "liberalizmi"ne yönelmişti. Cumhuriyet döneminde ise siyasetten tamamen kopmuştu. Yalova'da yapımına 1935 yılında başlanmış olan Termal Oteli'nin sahibiydi.

Otelin açılışı 21 ocak 1938'de Atatürk tarafından yapıldı.

Dr. Nihat Reşat Belger, Atatürk'ün yorgun halinden şüphelenmişti. Bir sohbetinde konuyu hastalık meselesine getirdi. Atatürk son dönemlerindeki rahatsızlarını sıralamaya başladı.

Dr. Belger, izin verirse muayene etmek istediğini söyledi. Ve bu muayene sırasında Atatürk'ün hastalığı teşhis edildi: Karaciğer sirozuydu.

Ne yazık ki bu amansız hastalık ilk semptomların belirmesinden bir yıl sonra teşhis edilebilmişti.

Eğer bu teşhis zamanında yapılsaydı Atatürk uygun bir bakımla birkaç yıl daha yaşayabilecekti. Ancak çevresi onun varlığından o kadar büyülenmişti ki, "ölümsüzlük" tanısı hastalığın görülmesini engellemişti.

Ve bu nedenle aslında Atatürk öldürülmüştü!

Siroz halk arasında alkole bağlı bir hastalık olarak bilinse de, bu hastalıkta alkolün oynadığı rol kesin biçimde ortaya konulamamıştır.

Kuşkusuz alkolün karaciğer üzerinde olumsuz bir etkisi vardır. Ayrıca alkol temel besinler alınmaksızın kalori sağlayarak kötü beslenmeye neden olmaktadır. Ve ne yazık ki hem hastalık teşhis edilememiş hem de yakın arkadaşı Nuri Bey'in ölümü ardından Atatürk alkol içimini çok artırmıştı.

"Atatürk'ün cenaze namazı kılınmadı" yalanı yıllardır söylenir. Hâlbuki cenaze namazı Dolmabahçe Sarayı'nın en büyük salonunda kılındı. Cami'de kılınmamasının nedeni ise, irtica yanlılarının cenazeyi istismar ederek gösteri yapacağı istihbaratının alınmasıydı.

Atatürk, mirasçıları arasına İnönü'nün çocuklarını neden koydu?

Atatürk yaşamının son yılında İsmet İnönü'yle yollarını ayırdı. Buna rağmen Atatürk, İsmet İnönü'nün çocukları Ömer, Erdal ve Özden İnönü'yü neden mirasçısı yaptı? İşte o ilginç sebep?

Tarih: 20 eylül 1937.

Atatürk ile İsmet İnönü'nün yolları bu tarihte ayrıldı.

Atatürk'ün istediği üzerine İnönü başbakanlıktan istifa etmek zorunda kaldı.

Bu ayrılığın sebepleri arasında, Atatürk Orman Çiftliği'nin harcamaları gibi içsel, Nyon Antlaşması gibi dışsal siyasal anlaşmazlıklar gösterilse de, aslında gözden kaçan temel sebep, Atatürk'ün henüz teşhis edilmemiş hastalığıydı.

Atatürk asabileşmişti.

Başbakan İnönü'nün her sözünü kendisine yapılmış bir tehdit gibi algılıyordu.

Ve ne yazık ki Atatürk'ün bu tür davranışlarının sebebi üzerinde kimse durmuyordu. Ona ne hastalık ne ölüm yakıştırılıyordu!

Hastalık bilinse belki böyle bir ayrılık olmayacaktı...

5 eylül 1938.

Ayrılığın üzerinden bir yıl geçmişti.

Atatürk'ün hastalığı gün geçtikçe ağırlaşmaktaydı.

Tesadüf İsmet İnönü de hastaydı. Safrakesesi, iltihaplanmıştı.

İnönü'nün çok ağır bir hastalığa yakalandığı bilgisi Atatürk'e ulaştı. İnönü'nün yaşamasının güç olduğu söylendi. Atatürk Fransa'dan getirttiği iç hastalıklar uzmanı Prof. Fissenger'i İnönü'yü tedavi etmesi için Ankara'ya gönderdi.

O gün, yani 5 eylülde Özel Kalem Müdürü Hasan Rıza Soyak'ı yanına çağırarak vasiyetinin yazılmasına yardımcı olmasını rica etti.

Mirasından İnönü'nün çocuklarına pay verilmesini istiyordu. Dava arkadaşı İnönü ölürse üç çocuğunun ortada kalacağından endişe ediyordu. Çocukların amcası Hasan Rıza Temelli'nin Ömer, Erdal ve Özden'e bakamayacağını düşünüyordu.

Atatürk Özel Kalem Müdürü Soyak'la vasiyetnamesi üzerine kısa bir çalışma yaptıktan bir gün sonra İstanbul 6. Noteri İsmail Kunter Dolmabahçe'ye çağrıldı. Bu davet herkesten gizli tutuldu. Noter Kunter, Saray çalışanlarına Atatürk'ün özel doktoru Prof. Neşet Ömer İrdelp'in konsültasyon için gelen doktor arkadaşı olarak gösterildi.

Atatürk'ün odasına gizlilikle girdiler. Atatürk, "Kapıyı kapatın, içeri kimse girmesin" talimatını verdi.

Siroz hastası Atatürk'ün fiziksel görünüşü pek hoş değil: Karnı şişmiş, bedenindeki adaleler erimiş ve yüzü çatlamış kılcal damarlarla dolmuştu. Böyle görünmek istemiyordu. Herkese tembihlemişti: Bu trajik durumu yakınları dışında kimse bilmeyecekti. Bu nedenle Savarona gemisinden Dolmabahçe'ye getirilişi gece olmuştu. Odasına çok az kişi girebiliyordu.

Neyse, noter odaya girdikten sonra yatağından doğruldu. Önüne ayaklı yemek tablasını aldı. Vasiyeti üzerindeki değişiklikleri eline aldığı kalemle yaparak notere yazdırmaya başladı.

Ağır hasta olmasına rağmen çok sakindi.

Halbuki odada bulunan herkes heyecandan titriyordu. Onlar için hiç kolay değildi; Atatürk vasiyetini hazırlıyordu.

Yorulmasına rağmen, o gün vasiyetini bitirdi.

Vasiyeti kısaydı:

> Malik olduğum bütün nukut (para) ve hisse senetleri ile Çankaya'daki menkul ve gayrimenkul emvalimi (mallarımı) Halk Partisi'ne atideki şartlarla terk ve vasiyet ediyorum.
>
> 1-Nutuk ve hisse senetleri şimdiki gibi İş Bankası tarafından nemalandırılacaktır;
>
> 2-Her seneki nemadan bana nispetleri şerefli mahfuz kaldıkça, yaşadıkları müddetçe, (kız kardeşi) Makbule'ye ayda 1 000; (manevi kızları) Afet'e 800, Sabiha Gökçen'e 600, Ülkü'ye 200 lira ve Rukiye ile Nebile'ye şimdiki gibi 100'er lira verilecektir;
>
> 3- Sabiha Gökçen'e bir ev de alınabilecek para verilecektir;
>
> 4- Makbule yaşadığı müddetçe Çankaya'da oturduğu ev de emrinde kalacaktır;
>
> 5- İsmet İnönü'nün çocuklarına, yüksek tahsillerini ikmal için muhtaç olacakları yardım yapılacaktır;
>
> 6- Her sene nemadan mütebaki miktar yarı yarıya Türk Tarih ve Türk Dil Kurumları'na tahsis edilecektir.

İsmet İnönü'nün vefat edeceğini ve çocuklarının ortada kalacağını düşünen Atatürk mirasından Ömer, Erdal ve Özden'e pay vermesine rağmen "siyasi mirası"ndan İsmet İnönü'ye bir şey bırakmadı!

İnönü'nün yaşamayacağından mı, kızgınlığının hâlâ sürmesinden mi bilinmez, kendisinden sonra Cumhurbaşkanlığı koltuğuna Fevzi Çakmak'ın oturmasını arzulamıştı.

İddianın sahibi Özel Kalem Müdürü Hasan Rıza Soyak'tı.

Atatürk kendi el yazısıyla yazdığı vasiyetini zarfa koyup kapamış ve başucundaki komodinin çekmecesine yerleştirmişti.

Herkes odadan çıktıktan sonra Atatürk Özel Kalem Müdürü Soyak'la 15-20 dakika sohbet etmişti.

İşte bu sohbet sırasında Atatürk, kendinden sonra Cumhurbaşkanlığına Fevzi Çakmak'ın getirilmesinin doğru olacağını söylemişti.

Elbette bunda söz ve intihap (seçme) hakkı sadece milletin ve onun mümessili olan Türkiye Büyük Millet Meclisi'nindir; yalnız ben bu meseledeki mütalaamı ifade edeceğim. Evvela akla İsmet Paşa gelir; memlekete pek büyük hizmetler ifa etmiştir. Fakat nedense umumun sempatisini kazanamadığı görülüyor; bu yüzden pek de cazip olmasa gerek. Bir de Mareşal Fevzi Çakmak var. O, hem memlekete büyük hizmetler etmiş hem de herkesle iyi geçinmiş, salahiyet sahiplerinin mütalaalarına daima kıymet vermiştir; kimse ile münazaa (tartışma) halinde değildir. Bu itibarla bence Devlet Başkanlığı için en münasip arkadaş odur.

(*Atatürk'ten Hatıralar*, s. 717.)

Atatürk'ün bu talebinin neden yerine getirilmediği, ayrı bir yazı konusudur...

Neden Çankaya Köşkü'ne gömülmedi?

Atatürk'ün ölümsüzlüğüne o kadar inanılmıştı ki, ne yakın çevresi ne de devlet yetkilileri, nereye defnedileceği konusunu hiç konuşmamışlardı. Bu nedenle, Atatürk vefat edince nereye defnedileceği konusunda her kafadan bir ses çıktı.

Tartışmalar sonucunda çoğunluk, milli mücadelenin merkezi olduğu için Ankara'yı önerdi. Ankara konusunda uzlaşıldı. Ama Atatürk'e sıradan bir mezar yapılamazdı, bir anıtkabir yapılmalıydı. Peki, bu anıtkabir Ankara'nın neresine yapılacaktı?

Hükümet bunun için üç kişilik bir komisyon kurdu. Komisyonda, Ankara Milletvekili Falih Rıfkı Atay, İstanbul Milletvekili Salah Cimcoz ve İçel Milletvekili Ferit Celal Güven vardı.

Komisyon, Ankara şehrinin imar planını yapan Prof. Hermann Yansen ve Prof. Clemens Holzmeister ile Güzel Sanatlar Akademisi öğretim görevlisi Prof. Bruno Tavt'tan görüş aldı.

Ayrıca Türk mimarlarıyla da toplantılar yapıldı.

Genel görüş anıtkabirin Etnografya Müzesi'ne yapılmasıydı.

Atatürk, bu müzenin yapımını kendi istemiş ve yapılışını adım adım takip etmişti. Müze haline geldikten sonra gittiği bir gün, "Burada bir mezar havası var, âdeta büyük bir kabre benziyor" sözünden yola çıkanlar, Atatürk'ün buraya gömülmek istediği yorumunu çıkarmışlardı.

Üç kişilik komisyon, Atatürk'ün Etnografya Müzesi'ne defnedilmesini de araştırdılar. Ancak sonuç olumlu değildi. Uzmanlar buraya büyük bir anıtkabirin yapılamayacağını söylemişlerdi.

Komisyon kendilerine önerilen Ankara'daki tren istasyonunun arkasındaki tepeyi de pek beğenmemişlerdi. Komisyon Atatürk'ün Çankaya Köşkü'ne defnedilmesini önermişti.

İşte Komisyon Başkanı Falih Rıfkı Atay'ın eliyle yazdığı rapor:

> Atatürk, bütün hayatında Çankaya'dan ayrılmamıştır. Çankaya, şehrin her tarafına hâkimdir ve Milli Mücadele kurtuluş ve inkılâplarımızın hatıralarında ayrılmaz bir surette bağlıdır. En muhteşem abideler inşasına müsaittir. Hülasa maddi manevi bütün şartları haizdir. Atatürk'ü ölümünden sonra Çankaya'dan ayırmayı haklı gösterecek hiçbir sebep bulamadık. Onun için bizler Çankaya fikrinde ısrar ediyoruz.

Şehir planlama uzmanlarının ve üç kişilik komisyonun bu kararına rağmen Atatürk, tren istasyonu arkasındaki tepe üzerinde inşa edilen anıtkabire gömülecekti!

Çankaya Köşkü'nün değil de tren istasyonu arkasındaki bir tepenin anıtkabir olarak neden seçildiği bugüne kadar pek aydınlanmamıştır...

Peki siz Çankaya Köşkü'nün "kuruluş" hikâyesini biliyor musunuz?

Çankaya Köşkü'nün ilk sahibi Ermeni'ydi

Tarih: 16 mayıs 1921.

Gazeteci Ruşen Eşref (Ünaydın), Mustafa Kemal'i Çankaya sırtlarına at gezintisine davet etti. Gezintisi sırasında, Mustafa Kemal, bir buçuk dönüm içerisindeki iki katlı bir bağ evini çok beğendi.

"Kasapyan Bağ Evi" olarak bilinen bu mekân zamanla, Türkiye Cumhuriyeti'nin simgesi Çankaya Köşkü'ne dönüşecekti.

İşte Çankaya Köşkü'nün mimari tarihi...

Tarih: 13 Mayıs 1921.

Mustafa Kemal gün doğarken uyandı.

Halbuki yatalı bir iki saat ancak olmuştu; dışarıdaki gürültüye uyanmıştı. Pencereyi açtı, gürültü çıkaranları seyretmeye başladı.

Ankara Garı bitişiğindeki iki katlı istasyon şefi lojmanını hem ev hem de çalışma ofisi olarak kullanıyordu.

Tren istasyonu, son dönemlerde olduğu gibi, o gün de asker ve cephane nakillerinden birine tanıklık ediyordu.

Kuzeni Fikriye, ayak sesinden Mustafa Kemal'in uyandığını anlayıp; her sabah kendi eliyle pişirdiği orta şekerli kahveyi odasına götürdü.

Sivas'tan beri Mustafa Kemal'in hizmetinde olan Ali Çavuş da gazetesini getirdi.

Bugün, *Hakimiyet-i Milliye* gazetesinden konukları gelecekti. İnönü Zaferi ve Türk Ordusu'nun son durumu hakkında röportaj yapacaklardı.

Birkaç saat sonra, başta Ruşen Eşref (Ünaydın) olmak üzere gazeteciler geldi. Kahveler içildi; röportaj yapıldı.

Ancak Ruşen Eşref'in dikkatini Mustafa Kemal'in yorgunluğu çekti.

Mesele anlaşıldı; Mustafa Kemal sabaha kadar çalışıyor; uykuya daldığı sırada tren garının gürültüsüyle uyanmak zorunda kalıyordu.

Ruşen Eşref'e göre, Ulusal Kurtuluş Savaşı'nı organize eden "beyin"in dinlenmesi gerekiyordu.

Ama o günlerin Ankara'sında ev bulmak kolay değildi.

Mustafa Kemal 27 aralık 1919'da Ankara'ya geldiğinde, savaş karargâhına dönüştürülen Ziraat Mektebi'nin küçücük bir odasında kalmıştı.

Ulusal mücadeleye destek için, başta İstanbul olmak üzere birçok şehirden Ankara'ya gelenlerin en büyük sorunu barınacakları ev bulmaktı. 20 000 kişilik Ankara ihtiyaca cevap veremiyordu.

Mustafa Kemal bile dört ay Ziraat Mektebi'nin küçük bir odasında kaldıktan sonra bu lojmana taşınabilmişti.

Ruşen Eşref, yorucu, yıpratıcı bu yerden, rahatlatıcı, dinlendirici bir çevrede çalışmasının gerekli olduğunu uygun sözlerle anlatmaya çalıştı. Mustafa Kemal, Mehmetçik'e, cepheye yakın olmak istiyordu. Aslında duygusal davranıyordu; o da biliyordu ki dinlenmeye ihtiyacı vardı.

Üç gün sonra... Ruşen Eşref, Mustafa Kemal'i Ankara'nın yazlık bağ evlerinin bulunduğu Çankaya sırtlarında atla dolaşmaya ikna etti. İşte bu at gezintisi Çankaya Köşkü'nün doğmasına neden olacaktı...

Kente hâkim yeşil bir tepe üzerindeki Çankaya'da, büyük bağlar ve meyve bahçeleri vardı.

Bağ ve bahçelerin içine tek katlı gösterişsiz evler yapılmıştı.

Ruşen Eşref, en azından yaz ayını bu evlerden birinde geçirebileceğini teklif etti.

Mustafa Kemal kabul etti. Beğendiği bağ evini gösterdi: İki katlı, moloz taşlı, döşemeleri ve çatışı ahşap binanın üzeri kiremitle örtülü bir evdi burası. Zemin katındaki taşlığın her iki yanında birisi daha küçük iki oda vardı.

Küçük odanın arkasındaki merdivendenle üst kata çıkılıyordu. Üst kat zemin kat planının aynısıydı. Ayrıca çıkma iki balkonu vardı. Evin tuvaleti dışarıdaydı.

Ankara'ya hâkim bir tepede yeşillikler içinde bulunan bu bağevinin beğenilmesinin en önemli nedeni, arazi içinde üç evin olmasıydı. Dolasıyla bunlar da korumalar, yaverler ve yardımcılar için kullanılabilecekti.

Beğenilen ev, bölgede "Kasapoğlu Bağ Evi" olarak biliniyordu; Ankaralı bir Ermeni tüccar olan Ohannes Kasapyan tarafından yaptırılmıştı.

Zengin ev sahibi, savaş sırasında kenti terk ederken, bağ evini de eşyalarıyla birlikte Ankara'nın tanınmış ailelerinden Bulgurluzadeler'e satmıştı.

Mustafa Kemal'in bağevini beğendiğini öğrenen Müdafaa-i Hukuk Cemiyeti Başkanı Ankara Müftüsü Rıfat (Börekçi) Efendi, hemşehrilerinden topladığı paralarla evi, Bulgurluzade Tevfik Efendi'den 4 500 liraya satın aldı ve Mustafa Kemal'e hediye etti.

O da evi tek şartla kabul etti; bağ evini Türk Silahlı Kuvvetleri'ne bağışlayacaktı. Aynı yıl tescil işlemi Milli Savunma Bakanlığı adına yapıldı.

Kasapyan Bağ Evi'nin sahibi Mehmetçik'ti. Adı "Ordu Evi" oldu, kiracısı ise Mustafa Kemal'di...

Küçük bir onarımdan sonra, Mustafa Kemal haziran ayında, Fikriye ve diğer yardımcılarıyla bu bağ evine taşındı...

Köşk, Fikriye Hanım'ın zevklerine göre döşenmişti.

Çankaya Köşkü'nün ilk "first lady"si Fikriye Hanım'dı...

26 Ağustos 1922.

Büyük Taarruz başladı.

Türk Ordusu 9 Eylül'de İzmir'e girdi.

Beş gün sonra, Mustafa Kemal İzmir'de sıradışı bir kadınla tanıştı: Latife.

29 ocak 1923'de evlendiler.

Latife Hanım 20 şubatta Ankara'ya geldi.

İzmir'in tanınmış zengin ailesinin konaklarda büyümüş, Avrupa'da okumuş kızı, yollarının çamur deryası olduğu, kuyu suyunun kullanıldığı, soğuk, harap ve her türlü konfordan yoksun bu bağ evine çok şaşırdı.

Ulusal kurtuluş stratejisinin kül ve toz yığınları içindeki bu evde planlandığına inanamadı.

Latife Hanım, bağ evini yeni yaşamına uygun hale getirmek için kolları sıvadı. Öncelikle ev mekân olarak büyütülecekti.

Görev, Mimar Vedat (Tek) Bey'e verildi.

Mustafa Kemal ve Latife Hanım, gecici olarak yine Çankaya'da üç odalı bir eve taşındılar. Bu evin damı akıyordu; bunun üzerine bağ evinin inşaatı bitene kadar İzmir'de kalmaya karar verdiler.

Mimar Vedat Bey eski binanın güney yönüne 6,5 metre eninde tüm bina boyunca uzanan iki katlı yeni bir yapı ekledi. Eklenen bölümün alt katında büyük bir yemek odası ve küçük servis ofisi vardı. Eski yemek odasını çalışma odasına dönüştürmüştü.

Yatak odaları, salonlar, banyolar, kütüphane yeniden tasarlandı. Binaya bir kule eklendi ve bunun alt katının bir bölümü radyo, bir bölümü de sigara odası olarak ikiye bölündü. Üst kat çalışma odası yapıldı.

Ceviz rengi ahşap lambri paneller, sivri kemerli renkli vitray pencereler gibi değişikliklerle bağ evi yepyeni hale getirildi.

Evin dekorasyonu da yenilendi; İstanbul Psaldi'den oval aynalar, neobarok büfeler, yeni mobilyalar alındı.

İnşaatı ve içtasarımı bittikten sonra Latife Hanım, heyecanla evi Mustafa Kemal'e gösterdi.

Latife Hanım'ın beklemediği oldu, Mustafa Kemal evi beğenmedi.

Beğenmemesinin nedeni, Latife'nin özellikle Fikriye Hanım'ın yaptıklarını çöpe atmasıydı!

Bir de ağaçların kesilmesine kızmıştı...

Mustafa Kemal aslında yeni evden hoşnuttu, hemen her gece arkadaşlarını yemeğe davet ediyordu.

Köşk'ün geleni gideni çoktu. Latife Hanım tüm bunları düzene sokmak istedi ve Çankaya Köşkü'nün ilk protokol kurallarını devreye soktu.

Mustafa Kemal bu uygulamaladan rahatsız oldu.

Ardından, Almanya'da Sanatoryum'da tedavi gören Fikriye'nin Köşke gelip bir-iki gün kalmasına Latife Hanım'ın sert tepki göstermesi, Fikriye'nin intihar etmesi ve benzeri olaylar üzerine, 5 ağustos 1925'de Mustafa Kemal ile Latife Hanım boşandılar.

Köşk kadınsızdı artık...

Latife Hanım'ın Çankaya Köşkü'nden ayrıldıktan sonra Mustafa Kemal'in öğrenimlerine yardım ettiği dört manevi kızı ve öğretmenleri İsviçreli Madam Baver Köşk'te yaşamaya başladı.

Bu arada Köşk'te mimari açıdan yapısal sorunlar çıkıyordu.

İstanbul Haydarpaşa Garı gibi birçok yapıyı gerçekleştiren Alman Holzmann firmasının uzmanları, Köşk'teki müteahhitlik sorunları için Ankara'ya davet edildi. Alman uzmanların yaptığı incelemeler sonucu Vedat Bey'in üst katındaki Şark Salonu'nu oluştururken yaptığın bölme duvarın ahşap döşemede önemli bir sarkma meydana getirdiği gördüler. Ayrıca, zemin katta yapılan duvarlar üstten gelen yüklerle kamburlaşmıştı.

Almanlar'ın raporu üzerine mimar Arif Hikmet (Koyunoğlu) ve inşaatcı Erzurumlu Nafiz Bey Köşk'ün tadilatıyla görevlendirildi.

Onarım sırasında, kışın bir türlü ısınmayan Köşk'e merkezi ısı donanımı da yapıldı, yani kalorifer döşendi.

İnşaatın maliyeti 8 000 lirayı bulmuştu.

Ama sorunlar ileri yıllarda da ortaya çıkmayı sürdürdü.

Mustafa Kemal artık bıkmıştı bu sonu gelmeyen onarımlardan. Aynı arazi içine yeni bir bina yapılmasını istedi.

Bu binanın mimarı yabancı olacaktı: Prof. Dr. Clemens Holzmeister...

Ve yıl 1930'du...

Çankaya Köşkü'nü Naziler'den kaçan bir mimar yaptı: Clemens Holzmeister

Çankaya'daki bağ evine eklemeler yapıldı, onarımlarda bulunuldu, tadilat yapıldı ama ihtiyaca yeterli hale getirilemedi.

Bağ evi arazisi büyütülerek buraya yeni bir bina yapılması için, mayıs 1930'da Prof. Dr. Clemens Holzmeister görevlendirildi.

Prof. Holzmeister dünyaca ünlü bir mimardı. Uzmanlığı Roma döneminden XX.. yüzyıla kilise mimarisiydi. Aynı zamanda Krim Kilisesi, Dornback Kilisesi, Vogelweidplatz Kilisesi ve Brezilya'da Belo Horizonte Katedrali'ni inşa etmişti.

Gerici çevrelerin, Atatürk'ün oturduğu Çankaya Köşkü'nü kilise çanlarıyla özdeşleştirip "Çan-Kaya" adını vermelerinin nedeni köşkün mimarı Prof. Clemens Holzmeister'ın kilise ve katedral yapması mıydı acaba?

Sanmam. Onlar, Batılılaşmaya karşı oldukları için kelime oyunu yapıyorlardı.

Clemens Holzmeister sadece mimariyle ilgilenmiyordu; resim ve heykel yapan çok yönlü bir sanatcıydı. Öyle ki, 1929'da yaptığı Sehlageter Anıtı Adolf Hitler tarafından yıktırılacaktı.

Türkiye, Naziler'den kaçan birçok bilim adamına olduğu gibi, Prof. Clemens Holzmeister'e de kapısını açtı. Kızı dünyaca ünlü artist Judith Holzmeister, Nazi kampından canlı çıkmayı başaran nadir isimlerden biriydi...

Prof. Holzmeister *Sürgün Yılları* adlı kitabında Hitler yüzünden ülkesinden uzakta geçirdiği yılları yazdı...

Atatürk neden bir Türk mimar yerine Prof. Holzmeister'i tercih etmişti?

Atatürk, geleneğin tekrarı yerine, öze ve çağdaşlığa uygun bir mimariyi savunuyordu. Ayrıca: Yeni yapılmaya başlanılan Etnografya Müzesi, Türk Ocağı, Ziraat Bankası gibi neo-klasik binaların Türkiye'nin genç ve yeni yüzünü temsil etmediğini düşünüyordu.

Bir başka faktör ise, bu binaların inşaat maliyetleri fazla olmuş ve üstelik yapımları çok uzamıştı!

Avusturyalı mimar Holzmeister Çankaya Köşkü'nün tasarımını beş günde hazırladı.

27 temmuzda, Atatürk Yalova'da kaplıcada dinlenirken projenin kesin planını ve maketini takdim etti.

Projeye göre, yeni bina bodrum katı üzerine iki kat çıkılarak inşa edilecekti. Giriş katı çalışma ve kabul salonu, üst kat ise ikametgâh olacaktı.

Proje aslında biraz eklektikti; geleneksel Türk ev stiliyle Batı yaşam tarzının rahatlığı birleştirilmişti. Köşk'ün iç mekânlarını Viyana Güzel Sanatlar Akademisi tasarlamıştı.

Atatürk projeyi çok beğendi. Yapımla ilgili kararları Prof. Holzmeister'a bıraktı.

Ama tek isteği vardı, ağaçlar korunacaktı.

Kasım başında yer belirlendi, yeni bina eski bağ evinin hemen yanına yapılacaktı. Yapı ve malzemelerin tümü Avusturya'dan getirildi.

1931 yılı başında inşaat başladı. 1932 yılı haziran ayında Çankaya Köşkü inşaatı bitti.

Binanın dış cephesi Atatürk'ün sevdiği pembe renge boyanmıştı. Bu nedenle bina "Pembe Köşk" olarak adlandırılacaktı.

Bugün hâlâ Çankaya kompleksinin rengi "pembe"dir...

Yeni köşkün tüm mobilyaları Viyana'dan getirildi. Ne yazık ki Ankara'nın iklimi bu mobilyalara iyi gelmedi, çabuk çürüyüp kullanılmaz hale geldiler.

Atatürk 1921 yılından beri oturduğu bağ evinden ayrılıp –bugün sadece ikametgâh olarak kullanılan– Çankaya Köşkü'ne taşındı.

Eski bina bugün "Müze Köşk" adıyla kullanılmaktadır.

Çankaya Köşkü zamanla çok büyüdü, 438 dönüme ulaştı. Eski binalara eklemeler yapıldı; yeni binalar oluşturuldu.

Örneğin Atatürk'ün 1921'de bağ evinde yaverlerin kullanıma verdiği "Yaveran Odası" eklemelerle "Başyaverlik Binası" haline getirildi.

Bağ evinde hizmetkârların oturduğu ev büyütülerek, "Genel Sekreterlik Binası" oldu. Her iki binayı da Türk mimar Seyfi Arkan (1904-1966) yaptı. Vedat Tek'in öğrencisiydi. İstanbul Florya Deniz Kulübü gibi binaları yaparak Atatürk'ün güvenini kazanmıştı. Mimar Arkan'ı Çankaya Köşkü'nde yeni bir bina yapmakla görevlendirdi. Bu mekân "Camlı Köşk" tü.

Atatürk bu köşkü kız kardeşi Makbule Atadan için yaptırdı.

1936'da yapımı bitirilen "Camlı Köşk" bugün yabancı misafirleri konuk etmek için "Devlet Konukevi" olarak hizmet vermektedir.

Büyük kurtarıcı Atatürk 10 Kasım 1938'de vefat etti.

Çankaya Köşkü'nün yeni ev sahibi Milli Şef İsmet İnönü'ydü. Ancak başta Mevhibe Hanım olmak üzere İnönüler Çankaya Köşkü'ne taşınmaya sıcak bakmadı. İsmet İnönü Cumhurbaşkanlığı görevini iki buçuk ay evinde yürüttü.

Ama pratikte bunun mümkün olmayacağını anladılar.

Taşındılar.

Alışılmış ev boyutlarını aşan büyüklüğüne zamanla alıştılar...

İnönü döneminde köşk büyüdü, 1940 yılında sığınaklar yapıldı. Malum o yıllar savaş dönemiydi. Köşk'ün 50 metre arkasındaki sığınakta iki oda, banyo, tuvalet vardı. Kapısı çeliktendi. Masanın üzerine kuru çiçekler konmuştu!...

Çankaya Köşkü yıllar içinde birçok cumhurbaşkanına ve ailelerine ev sahipliği yaptı.

Zaman içinde yeni binalar yapıldı.

Son olarak 29 ekim 1999'da kokteyler ve basın toplantısı için "Piramit Salon" hizmete açıldı...

AKP oylarıyla seçilen Abdullah Gül bakalım Çankaya Köşkü'ne ne inşa ettirecek?..

First Lady Hayrunnisa Hanım Çankaya Köşkü'nü değiştirmek konusunda çok hevesli.

10. bölüm

Aydın ütopyası

Yıl 1898...

Dünya yeni bir yüzyıla hazırlanıyor...

Osmanlı Devleti, gelen yüzyılın ne gibi siyasi-iktisadi ve kültürel gelişmelere sebep olacağının farkında bile değil...

Osmanlı münevverleri bıkkın, umutsuz...

İşte o günlerde beş Osmanlı aydını heyecanlı bir macera için kolları sıvadı...

Tevfik Fikret... 31 yaşındaydı ve Robert Kolej'de Türkçe öğretmeniydi. Daha henüz *Rubab-ı Şikeste*, *Haluk'un Defteri*, *Doksan Beşe Doğru* gibi eserleri yazmamıştı...

Mehmet Rauf... 23 yaşındaydı ve İstanbul Tarabya'da elçilik gemilerinin irtibat subaylığını yapıyordu. Henüz, edebiyatımızın ilk psikolojik romanı olarak bilinen *Eylül*'ü kaleme almamıştı...

Hüseyin Cahit (Yalçın)... 24 yaşındaydı ve Vefa Lisesi'nde öğretmenlik yapıyordu. Henüz *Tanin* gazetesini çıkarmamış, polemikçi, sert siyasal makaleler yazmaya başlamamıştı...

Hüseyin Kâzım Kadri... 28 yaşındaydı ve Maliye Nezareti Mektubi Kalemi'nde çalışıyordu. Henüz, "Şeyh Muhsin-i Fani" müstear adıyla, İslam'ın aydınlık yüzünü anlatan, *Yirminci Asırda İslamiyet*, *İstikbale Doğru*, *Felaha Doğru* gibi eserleri yazmamıştı...

Dr. Esat (Işık)... 33 yaşındaydı ve göz doktorluğu yapıyordu. Henüz, İngilizler İstanbul'u işgal etmemiş ve onu Malta'ya sürgüne göndermemişti. Gün gelecek Dışişleri Bakanlığı yapacak oğlu Hasan Esat Işık ise daha dünyaya gelmemişti...

O yıllarda bu beş Osmanlı aydınının ortak özelliği, dönemin etkili edebiyat dergisi *Servet-i Fünun*'da yazmaktı...

O yıllar Sultan II. Abdülhamid'in istibdat döneminin yoğun yaşandığı bir dönemdi.

Tevfik Fikret babasının sahibi olduğu Aksaray'da Ağa Yokuşu'nun alt başındaki konakta oturuyordu.

Konak haftada bir gün misafirlerini ağırlıyordu. Sohbet konusu genellikle edebiyat ve siyasetti. Ortak siyasi görüşleri şöyleydi; meşrutiyet taraftarıydılar ve Padişah'a muhaliftiler.

Özellikle Tevfik Fikret, bağıra bağıra II. Abdülhamid'i eleştiriyordu. Hafiyeler, jurnalciler duymasın diye kapılar pencereler sıkıca kapatılıyordu. Ne evdekilerin ne de misafirlerin Tevfik Fikret'e sesini alçaltmasını söyleyecek cesaretleri yoktu.

Bir misafirlik günü...

Mehmet Rauf elinde tuttuğu bir broşürle geldi. Bu broşür, konaktaki sohbetlerin seyrini değiştirecekti... Broşür İngilizceydi. Mehmet Rauf hem okuyor hem de Türkçeye çeviriyordu:

> Londra'da bir dernek varmış, Yeni Zelanda adalarına göçmen götürüyormuş. Göçmenlere yüzlerce dönüm parasız toprak veriliyormuş...

Önce Yeni Zelanda'nın nerede olduğunu konuştular. Ardından broşürün de yardımıyla, bu adanın iklimini, toprakların verimliliğini vb öğrendiler.

Ve Tevfik Fikret, hep birlikte Yeni Zelanda'ya gitme teklifini ortaya attı. Heyecanlandılar. Mehmet Rauf, Hüseyin Cahit, Hüseyin Kâzım Kadri ve Dr. Esat teklife sıcak baktı.

Yıllar sonra Hüseyin Cahit anılarında bu olay için şunu yazacaktı:

> Bir sosyalist cemaati halinde yaşayacaktık. Aramızda mülkiyet prensibi değil, uhuvvet (kardeşlik) prensibi hüküm sürecekti. Birbirimize karşı hakikaten bu kardeşlik hissini kalbimizde duyuyorduk.

Hüseyin Cahit (Yalçın) o günlerde Marksist'ti...

Yeni Zelanda'ya gitmek için planlar yapmaya başladılar.

Öncelikli sorun şuydu; yol parası nereden bulunacaktı?

Göz doktoru Esat Bey, Ankara'da ailesinin büyük bir çiftliği olduğunu, bunu satarak gerekli parayı temin edeceğini söyledi.

Kabul ettiler.

Dr. Esat'ı Ankara'ya uğurladılar. Tevfik Fikret'in konağında yeni yaşam üzerine sohbetler sürüp gitti.

Bu arada tartışmalar da çıkmıyor değildi: Tevfik Fikret, bir daha dönmemek üzere gitme düşüncesindeydi. Hüseyin Cahit ise, II. Abdülhamid ölür ve ülkeye meşrutiyet gelirse hemen döneceğini söylüyordu.

Tartışmaya noktayı Tevfik Fikret koydu: "Hele bir gidelim, o zaman düşünürüz!"

Ankara'dan, Dr. Esat'tan müjdeli haber beklenirken, Aksaray'daki konakta mutlu bir olay meydana geldi: Mehmet Rauf, Tevfik Fikret'in hâlâsının kızı Ayşe Sermet'e âşık oldu ve evlendiler.

O yıllar Mehmet Rauf'un bu evliliği *Eylül* romanında anlatacağı ve sık sık âşık olacağı pek bilinmiyordu...

Bu arada uzak diyarlarda yeni bir yaşam kurma hayali, o günlerde Hüseyin Cahit'in ilk hikâyesini yazmasına neden oldu: *Hayat-ı Muhayyel.*

Yeni Zelanda hayali Dr. Esat Bey'in Ankara'dan dönüşüyle son buldu: Çiftlik satılamamıştı...

Moralleri bozuldu...

Hüseyin Kâzım Kadri bir sabah Haydarpaşa'daki konağından sevinçle dışarı fırladı. Yolda giderken, "Neden olmasın" diye kendi kendine söyleniyordu. Feribottan inip, koşar adım *Servet-i Fünun*'a gitti ve "düş arkadaşlarına" projesini anlattı: "Bizim ailenin, Manisa Sarıçam bölgesinde çok geniş toprakları var. Yeni Zelanda'ya gidemiyorsak, burada yeni bir köy kurabiliriz. Bütün giderleri ben karşılamaya hazırım."

Tevfik Fikret bu projeyi duyunca hemen bir kurşunkalem buldu. Köy projesi yerine, büyük bir köşk planı çizdi. Binanın ortasında ortak yaşam alanı olacak büyük salon bulunacaktı. Sohbetler burada yapılacak, yemekler burada yenilecekti. Ana binanın iki yanında iki katlı birer yatak odaları olacaktı.

Tevfik Fikret hızını alamış salon ve odaların da nasıl döşeneceğini bile anlatmaya başlamıştı. Ama birden durdu, sordu: Sarıçam denen bölge gerçekten güzel miydi?

Diğerleri göz göze geldiler, biliyorlardı ki Tevfik Fikret zor beğenen biriydi. Hüseyin Cahit'in gidip bölgeyi görmesine karar verildi.

Ancak öyle kolay değildi o günlerde İstanbul'dan kalkıp Manisa'ya gitmek. Çalıştığınız kurumdan ve polisten, geçiş tezkeresi almanız gerekiyordu!

Hüseyin Cahit, ilkini kolay aldı. İkincisi için Zaptiye Nazırı Şefik Paşa'nın huzuruna çıktı.

"Manisa'ya niçin gideceksin?"

"Efendim, orada bir çiftlik var, bakacağım, eğer oturulabilecek bir yerse ailelerimizle yerleşeceğiz."

Nazır Şefik Paşa, tepeden tırnağa Hüseyin Cahit'i süzdükten sonra, "Sen çiftçilik yapacak adama benzemiyorsun. Doğru söyle amacın ne?" dedi ve sonra ekledi, "Kadın işi mi var?"

Hüseyin Cahit derdini anlatamadı ve sonuçta geçiş belgesini alamadı! Morali bozuk halde arkadaşlarının yanına döndü.

Tevfik Fikret yaz aylarında Anadoluhisarı'ndaki yazlığında oturuyordu. Hepsi orada buluştu. Yeni durumu gözden geçirdiler. Durum ümitsizdi.

Fakat, Hüseyin Kâzım Kadri'nin pes etmeye hiç niyeti yoktu, Hüseyin Cahit'e dönerek, "Benim geçiş tezkeremle gidersin!" dedi.

Bu yöntem o yıllarda çok tehlikeliydi. Hüseyin Cahit, yakalandığında sürgüne gönderilebilirdi. Ama düşleri bu tehlikeyi göze almaya yetti.

Hüseyin Cahit birkaç gün sonra yola düştü. Zorlu yolları aştıktan sonra Manisa Sarıçam'ı gördü ve çok beğendi.

Sevinçle İstanbul'a döndü.

Ama... Tevfik Fikret hiçbir zaman açıklamadığı sebeplerle Manisa'ya gitmekten vazgeçti...

Düş gezginlerinin lideri oydu...

Onun ödün vermez bir kişiliği vardı.

Ne yapsalar ikna edemeyeceklerini biliyorlardı.

Onlar da vazgeçti...

İçlerinden sadece, Hüseyin Kâzım Kadri, Sarıçam'a tek başına yerleşti. Özel merakı olan tarım konusunda bilgilerini geliştirmek için bir ara Almanya'ya bile gitti.

Tevfik Fikret, Yeni Zelanda ya da Manisa Sarıçam'a gidememişti ama 1901 yılında *Servet-i Fünun*'dan da ayrılarak, çizimlerini ve inşaatını kendi yaptığı "Aşiyan" adını verdiği Rumelihisarı'ndaki evinde inzivaya çekildi...

Hüseyin Cahit, Tevfik Fikret'e küstü ve yazmaya son verdi...

Aradan yıllar geçti...

Ve bu üç idealist adam, 23 Temmuz 1908'de II. Meşrutiyet'in ilanından sonra, birlikte *Tanin* gazetesini çıkardılar...

Son hayalleri, tüm Osmanlı tebaasının barış içinde yaşayacağı yeni bir dünya yaratmaktı...

Ve ne yazık ki yine hüsrana uğrayacaklardı...

Peki, bizim aydınımızın düşü yurtdışı olur da, yabancı edebiyatçının hayali Osmanlı toprakları olamaz mı?

Fransız şair Alphonse Lamartine'nin isteği Aydın Burgaz Ova'da bir çiftlikte yaşamaktı...

Fransız şair Lamartine'in Osmanlı'dan özel ricası: "Bana lütfen bir çiftlik verir misiniz?"

Tarih: 1 temmuz 1850.

Fransız şair ve devlet adamı Alphonse de Lamartine İstanbul'a geldi.

Bu ilk gelişi değildi; 18 yıl önce yine gelmişti. Fakat bu ziyareti öncesinden biraz farklıydı: Düşünü gerçekleştirdiği için Sultan Abdülmecid'e teşekkür edecekti!

Şair'in düşü neydi ve nasıl gerçekleşmişti?..

Hikâyeyi baştan anlatalım...

Lamartine Fransa'da edebiyat alanında ünlenmişti. Bir ekol yaratmıştı. Ama onun asıl isteği, hedefi, politikayla uğraşmaktı. Ve bu emeline de kavuştu. 1832 yılında İstanbul'dayken Fransız Parlamentosu'na milletvekili olarak seçildiğini öğrendi. Apar topar ülkesine döndü.

Ama burada şaşırtıcı işler yaptı; Osmanlı devleti hakkında meclis kürsüsünden olumsuz görüşler ileri sürdü. Öyle ki, Osmanlı Devleti'nin parçalanması gerektiğini iddia edecek kadar sert fikirler beyan etti.

1848 Fransız Devrimi Lamartine'nin yıldızını daha da parlattı. Geçici hükümetin Dışişleri bakanı oldu.

Ancak devrim kısa sürdü.

Aynı yıl III. Napoléon'un karşısına cumhurbaşkanı adayı olarak çıktı. Hezimete uğradı.

Lamartine'nin edebiyatçı, politikacı kimliği yanında bir de işadamı kimliği vardı. Ama mali alanda da çok başarısızdı.

İşte bu zor günlerde imdadına Osmanlı yetişecekti...

Fransız Lamartine, 1849 yılında Sadrazam Mustafa Reşid Paşa aracılığıyla Sultan Abdülmecid'e mektuplar gönderdi. Artık Fransa'dan bıkmıştı; çok sevdiği Doğu insanıyla birlikte yaşamak istiyordu!

Bu nedenle, modern yöntemlerle işleteceği bir çiftlik için imtiyaz verilmesini rica ediyordu!

Fransız Lamartine zaman içinde görüşlerini mi değiştirmişti?

Riyakârlık mıydı yaptığı? Öyleydi kuşkusuz.

Ama Osmanlı, Lamartine'nin isteğini yerine getirecekti.

Burada da bir "Osmanlı kurnazlığı" karşımıza çıkıyor aslında: Babıâli'nin bir umudu vardı; belki ileri de Lamartine Fransa'da tekrar önemli makamlara gelebilirdi!Öyle ya, Osmanlı'da durum böyleydi; sadrazamlar, vezirler, şeyhülislamlar giderler gelirlerdi...

Bu "umutla" Osmanlı yönetimi, Aydın Burgaz Ova'da toplam 38 500 dönümlük araziyi 25 yıllığına Lamartine'e verdi.

İşte yazının girişinde yazdığımız tarihte, Fransız şair, topraklarını görmek, işletme projeleri yapmak, mukavelesini imzalamak ve Sultan'a teşekkür etmek için İstanbul'a gelmişti...

İstanbul Ihlamur Kasrı'ndan Sultan Abdülmecid'in huzuruna çıkarak, teşekkür etti.

Ve topraklarını görmek üzere Aydın'a gitti.

Lamartine kendisine verilen geniş topraklara hayran oldu. Bu kadar geniş bir arazi verileceğini kendisi de tahmin etmemişti. Hemen projeler yapmaya başladı.

Burgaz Ova'da bağcılık yapıp üzüm yetiştirecek, pamuk ekecek ve Fransa'dan getireceği koyunlarla hayvancılık yapacaktı.

Bu arada doğduğu Fransa Maçon'dan 50 bağcı aileyi de Aydın'a getirecekti.

Tüm bu yatırımlar için paraya ihtiyacı vardı.

Fransa'ya gitti, para aradı. Ama Fransa piyasasından para bulamadı. Şansını İngiltere'de denedi. Londra'da tahviller çıkardı ama satamadı.

İmdadına yine Osmanlı Devleti yetişti. Lamartine'e bir öneri sundu: Siz hiç yorulmayın, toprakların gelirlerini biz toplayalım, size de senede 80 000 kuruş verelim!

Şaka gibi...
Rüşvet de diyebilir miyiz?
Neyse...

Fransız Lamartine bu teklif karşısında düşlerini erteledi. Osmanlı'nın vereceği rantı kabul etti. Belki inanamayacaksınız 1869 yılına kadar yani ölene kadar bu parayı aldı...

Kim bilir belki de bu yüzden; siyasi ve ticari alandaki başarısızlığı, edebiyat dünyasına yansımış, hak ettiği takdiri bir türlü görememiştir...

Fakat yanlış anlaşılmak istemem; aydınımızı korkak, bezgin, zavallı görünmesini arzu etmem.
Bu topraklarda hep aydın katliamı yapılmıştır.
İyi niyetli çabalar bile yok edilmiştir...
Demokrat Parti'nin kuruluş hikâyesi bunun somut bir örneğidir...

DP içinde sosyalist-liberal ittifakı

Tarih 29 nisan 1945.
Sovyetler Birliği, Berlin'e girdi.
Bir gün sonra Adolf Hitler kendini vurarak intihar etti.

O günlerde İstanbul Haydarpaşa Garı'ndan kalkan kara tren Ankara'ya bir konuk getirdi:
Solcu *Tan* gazetesi sahibi Zekeriya Sertel.

Gazeteci Zekeriya Sertel, Atatürk'ün uzun yıllar Dışişleri Bakanlığı'nı yapmış; İsmet İnönü döneminde pasifize edilmiş Tevfik Rüştü Aras'ın misafiriydi.

Gazeteci Sertel'in, eski Dışişleri Bakanı Aras'ın Bahçelievler'deki iki katlı evine geliş nedeni ahbap ziyareti değildi...

Bir süre önce Tevfik Rüştü Aras, İstanbul'a gelip *Tan* gazetesine uğramış ve sohbetleri sırasında geliş amacını açıklamıştı: "Ankara'da, tek parti ve Milli Şef İnönü'ye karşı, özgürlük ve demokrasiyi savunan yeni bir siyasal hareket ortaya çıkıyor. Senin de bizimle olmanı istiyoruz."

Sertel, yeni partinin muhtemel kurucu önderleriyle tanışmak için Ankara'ya gelmişti..

Ankara Bahçelievler'de gazeteci Sertel'i, o dönemde CHP milletvekili olan Celal Bayar ve Adnan Menderes de bekliyordu. Evde ayrıca, Ankara Hükümeti'nin ilk İçişleri Bakanı Cami Baykurt da vardı. Aras ve Baykurt iki yakın arkadaştı ve ikisi de sosyalizme sıcak bakıyordu!

O yıllarda Celal Bayar farklı mıydı? 1921 yılında *Hâkimiyeti Milliye* gazetesine bakın ne demişti: "Sosyalizme karşı olanlar, ferdiyeti kuvvetli sermayesi zengin memleketler ahalisidir. Tanzimat'tan beri, elverişsiz şartlar altında Avrupa kapitalinin memleketimize imtiyazlı bir şekilde girmesinin ve iktisat kaynaklarımıza hâkim bulunmasının esef verici neticeleri göz önündedir."

Henüz Soğuk Savaş Dönemi başlamamıştı ve Celal Bayar sosyalizmi öcü görmüyordu...

Ankara'daki gizli toplantının amacı, yeni kurulacak partinin programı ve tüzüğünü tartışmaktı. Çokpartili hayata geçilmesi konusunda hemfikirdiler. "Yarım kalan demokrasi devrimini tamamlamak" istiyorlardı.

Toplantıda en çok Menderes konuşuyor; sözlerini ağdalı sözcüklerle süslüyordu. Kendisinden yaşlı olanlar bile bazı sözcükleri anlamıyordu! Bazen tartışıyorlar, bazen gülüyorlardı. Antidemokratik buldukları bazı yasaların Celal Bayar'ın başbakanlığı döneminde çıkması üzerine, Bayar'ın, "Bu da mı benim döneminde çıkmış" demesi kahkahalara neden oluyordu.

Dile getirilmiyordu ama ilk toplantıdan itibaren partinin genel başkanlığı için iki kişi yarışıyordu: Celal Bayar ve Tevfik Rüştü Aras.

Ve o ilk toplantıda partinin adı da belli oldu:

Cumhuriyet Demokrat Partisi.

Gizli toplantılar Ankara ve İstanbul'da sürerken, CHP'nin, TBMM gündemine getirdiği toprak reformu, parti kurma çalışmalarını gizlice sürdüren liberal-sosyalist ittifakını yaraladı.

Tasarıya muhalefet edenlerin başında Adnan Menderes geliyordu.

Bir gün, Menderes Meclis'te toprak kanunu aleyhine yaptığı konuşma metnini, *Tan* gazetesinde basılması için Sertel'e verdi.

Sertel, toprak reformunu destekliyordu. Yazıyı basmadı.

Menderes, Sertel'i Ankara'daki evine akşam yemeğine davet etti. Sertel ile Menderes'i birleştiren sadece siyaset değildi. Dr. Edhem Vassaf, Menderes'in en yakın arkadaşıydı. Dr. Vassaf'ın eşi Belkıs Hanım ise Zekeriya Sertel'in kız kardeşiydi.

Yemekten sonra, Menderes ve Sertel çalışma odasına çekildiler. Menderes, birilerinin duymasını istemeyeceği bir ses tonuyla sordu: "Siz komünist misiniz?"

Sertel sertçe, bu sorunun yersiz olduğunu söyledi. Belli ilkeler çerçevesinde işbirliği yapacaklarını daha önce konuştuklarını, bunun dışında kişisel siyasi inancına kimsenin karışamayacağını söyledi.

Kurulacak partinin bir yayın organı olmalıydı.

Sertel, *Tan* gazetesinin böyle bir misyonu üstlenemeyeceğini söyledi. Tevfik Rüştü Aras, bir dergi çıkarılmasını önerdi.

O günlerde, Zekeriya Sertel'in gazeteci eşi Sabiha Sertel de bir dergi çıkarmaya çalışıyordu. Bu iki girişimi birleştirmeye karar verdiler.

Derginin ismi, Sabiha Sertel'in *Tan* gazetesindeki köşesinin adı olacaktı: *Görüşler*.

Dergi ve parti hazırlıkları gizli gizli sürerken, ABD Başkanı Roosevelt'in, "dört hürriyet" bildirgesini açıklaması, Celal Bayar, Adnan Menderes, Fuat Köprülü, Refik Koraltan'ı harekete geçirdi. Siyasal özgürlüklerin hayata geçirilmesini talep eden ve basında "Dörtlü Takrir" adıyla bilinen teklifi CHP Meclis Grubu'na sundular. Teklif reddedildi. Ancak parti içi tartışmalar son bulmadı.

Menderes ve Köprülü, "Dörtlü Takrir"in esaslarına ilişkin görüşlerini *Tan* gazetesinde yayımlayınca, her ikisi de CHP'den atıldı.

Gözler Celal Bayar'daydı... Bayar, Serteller'in İstanbul Moda'daki iki katlı villasında, Zekeriya Sertel'in yardımıyla milletvekilliğinden çekildiğini açıklayan istifa mektubu yazıyordu.

Evin bir diğer odasında ise, Sabiha Sertel *Görüşler* dergisinin son çalışmasını bitirmek üzereydi...

Liberal-sosyalist ittifakını biçen "orak"!

Tarih: 28 kasım 1945.

İstanbul Haydarpaşa Garı'ndan çıkan kara tren bu kez Ankara'ya gazeteci Sabiha Sertel'i getirdi.

Sabiha Hanım, Adnan Menderes'in evine davetliydi.

Gergindi. Dört ay çalışmış *Görüşler* adlı derginin tüm çalışmalarını bitirmişti. Başta Halide Edip Adıvar olmak üzere, Behice Boran, Aziz Nesin, Sabahattin Âli, Niyazi Berkes, Pertev Boratav gibi birçok aydından yazı yazacaklarına dair söz almıştı.

Celal Bayar, Adnan Menderes ve Fuat Köprülü de makale yazacaklarını belirtmişlerdi. Bu nedenle derginin kapağına, Bayar, Köprülü ve Menderes'in de aralarında bulunduğu yazar kadrosunun fotoğrafları, isimleri basılmıştı.

Dergi kapağı *Cumhuriyet*, *Akşam* ve *Vatan* gazetelerine ilan olarak gönderilmişti. Ancak, Bayar, Menderes ve Köprülü söz verdikleri halde makalelerini yollamamışlardı. Yapacak bir şey yoktu, ilanlar ve dergi o kapakla çıkacaktı...

Sabiha Sertel bu duyguyla girdi Adnan Menderes'in Kavaklıdere'deki evine.

Evde, Menderes, Bayar, Köprülü ve Aras vardı. Misafir odasının ortasındaki yuvarlak masada parti programına son şekli veriyorlardı.

Sabiha Hanım'ın sitemine, "Çok özür dileriz ama görüyorsunuz çok çalışıyoruz, ama gelecek ikinci sayıya mutlaka yazı vereceğiz" diye yanıt verdiler.

Sohbetten sonra, Menderes ve Köprülü İstanbul'a dönen Sabiha Hanımı tren istasyonuna kadar uğurladılar.

Sabiha Sertel'i İstanbul'da bir sürpriz bekliyordu.

Görüşler dergisi 1 aralıkta çıkacaktı. Ama dergi 29 kasımda bayilere gönderilmişti ve dergi tiraj patlaması yapmıştı. Dergi aynı gün içinde ikinci baskısını yaptı.

Sabiha Hanım eşi Zekeriya Sertel'le bu mutlu olayı kutlamak için akşam Degüstasyon lokantasına gitti. Ve orada ikinci bir sürprizle karşılaştı. Yazar Sadrettin Celal, "Haberiniz var mı, *Görüşler* mecmuasının başındaki 'G' harfini orağa benzetmişler. '*Görüşler* dergisi, orak çekiç başlığı altında çıkmış' diye rivayetler salıyorlar ortalığa" dedi.

Sertel çifti bu dedikoduya, "öküzün altında buzağı arıyorlar" deyip güldüler. Derginin logosunu İhap Hulusi hazırlamıştı ve onun orak çekiçle, sosyalizmle hiç ilgisi yoktu. Birileri liberal–sosyalist ittifakı bozmak istiyordu.

O dönemde, Bayar ve Menderes gibi liberallerden çok solcular iktidara daha yakın görülüyordu. Çünkü dünyada sol rüzgâr esiyordu.

İngiltere'de Churchill seçimi kaybetmiş, İngiliz tarihinde ilk kez İşçi Partisi ezici bir çoğunlukla iktidar olmuştu.

Fransa'yı artık sosyalist bir hükümet yönetiyordu.

İtalya'da komünistler iktidar ortağıydı.

Yugoslavya ve Bulgaristan'da seçimleri komünistler kazanmıştı. Yunanistan'da komünistler iktidara talipti. Arnavutluk ve Macaristan'da krallıklar yıkılmış, komünistler iktidarın güçlü adayıydı...

Türkiye'de ise sosyalistler ile liberaller yeni bir parti kurma hazırlığındaydılar.

Ve birileri bu oyunu bozmak istiyordu...

Serteller, "orak çekiçli" kara propagandaya gülmüşlerdi ama Ankara'da bu konuyu ciddiye alanlar vardı.

30 kasımda, Bayar, Menderes ve Köprülü *Görüşler* dergisiyle bir ilgileri olmadığını, Kemalizm'den başka ideolojiye inanmadıkları açıklamasını yaptılar.

"Orak" liberal-sosyalist ittifakını ortadan biçmişti!

Serteller bu açıklamaya tepki gösterdiler.

Tevfik Rüştü Aras her iki tarafı tekrar bir araya getirmeye çalışıyordu. Ama... Bu birlikteliği bozmak için birileri de bir başka çalışma içindeydi.

3 aralık gecesi İstanbul Üniversitesi öğrenci yurtlarına yarın sabah *Tan* gazetesi ile *Görüşler* dergisine karşı gösteri yapılması talimatları verilmişti.

Tarih 4 aralık 1945.

Sabah saatlerinde öğrencilerden oluşan büyük kalabalık Beyazıt Meydanı'nda toplandı. "Kahrolsun Komünistler" "Kahrolsun Serteller" sloganlarını atarak Babıâli'ye doğru yürüyüşe geçtiler.

Cağaloğlu'na vardıklarında sol görüşlü kitaplar satan ABC ve Berrak kitabevlerini darmadağın ettiler.

Sıra da *Tan* gazetesi ve *Görüşler* dergisi vardı.

Ve binlerce kişi ellerinde taşlarla, demir çubuklarla pencereleri, kapıları, masaları, matbaa araçlarını, dizgi makinelerini yerle bir ettiler. Bazı kişiler binayı ateşe vermek istedilerse de başarılı olamadılar.

Kalabalıklar nereyi tahrip edeceklerini sanki biliyordu.

Bir sonraki saldırıyı Cami Baykurt'un Fransızca çıkardığı *La Turquie* gazetesine yaptılar. Orayı da yıktılar. Sonra sosyalist Esat Adil'in sahibi olduğu *Yeni Dünya* gazetesine saldırdılar..

Sonra... Liberal-sosyalist ittifak bir daha gerçekleşmeyecek şekilde sona erdi...

Ve sol, Soğuk Savaş Dönemi'nde benzer provokasyonlarla korkulan bir öcü haline getirildi...

Konu dergi ambleminden açıldı. Araya girip Türkiye'nin unutamadığı iki seçim afişinin doğum hikâyesini kısaca anlatmak isterim.

"Yeter! Söz Milletindir!"

Tarih: 10 haziran 1946
TBMM 21 temmuz'da erken seçim kararı aldı.
Demokrat Parti bir hafta sonra seçime katılma kararı aldı...

Kenan Akmanlar, Adnan Menderes'in halasının oğluydu.

O günlerde, eşi Lütfiye Hanım'la (-ki o da Prof. Emre Kongar'ın halasıdır) Ankara Meşrutiyet Caddesi'ndeki daire komşuları Selçuk Milar'a misafirliğe gittiler.

Selçuk Milar bekârdı ve daha henüz Mazhar Alanson'un ablası Aynur'la evlenmemişti. Misafirliğin nedeni, mimar Selçuk Milar'ı "baş göz etmek" değildi.

Kenan Akmanlar, aynı zamanda grafik sanatçısı olan Selçuk Milar'a bir teklifte bulundu. Demokrat Parti Genel Merkezi'nde propaganda ve afiş hazırlama komisyonu kurulacaktı; orada yer alabilir miydi?

Selçuk Milar kabul etti ve ertesi akşam komisyon toplantısına katıldı.15 kişilik komisyonda esnaflar, tüccarlar, mühendisler vardı ama grafik sanatından anlayan kimse yoktu!

Selçuk Milar, Adnan Menderes'in "torpiliyle" geldiği için çok saygı görüyordu ama söylediklerini kimse pek ciddiye almıyordu. Selçuk Milar, afişlerin nasıl olması gerektiğini Avrupa ve ABD afişlerinden örneklerle anlatıyor; çeşitli grafik dergilerinden seçtiklerini komisyona gösteriyordu.

Selçuk Milar on gün boyunca konuştu, anlattı, örnekler gösterdi ama komisyona derdini anlamadı. Komisyon, işçi-köylü ve şehirliyi temsil eden kolkola girmiş üç genci gösteren afişi çok beğendi. Bu üç gencin üzerine madalya içinde Atatürk'ün başını gösteren bir de fotoğraf eklediler.

Afişin altındaki slogan ise şuydu: Köylü, İşçi, Şehirli Kol Kola, Demokrat Parti.

Komisyonun afişi çok beğenmesi Selçuk Milar'ı çok kızdırdı. Ayağa kalkarak, "Bu afiş Demokrat Parti'ye yakışmaz, partiyi iktidara taşımaz" diye bağırdı. Sinirlerine hâkim olamadı. İstifa ettiğini açıkladı ve gitmek için yeni getirdiği örnek afişleri masadan toplarken... O anda... Birden bire... Sağ elini kaldırdı, parmakları bitişik halde, avucunu komisyon üyelerine gösterecek şekilde uzatarak, "Kocaman bir el yaparsınız, üzerine de, Yeter! Söz Milletindir! diye yazarsınız. İşte afiş dediğin böyle olur" dedi.

Selçuk Milar'ı sakinleştirmeye, gönlünü almaya çalıştılar. "Tamam sizin söylediğiniz afiş de güzel ama bu afiş Amerika'da geçerli olabilir. Bizim halkımız bunu anlamaz" dediler.

Selçuk Milar tek bir söz etmeden komisyonu terk etti.

O akşam Kenan Akmanlar yine komşusuna uğradı. Komisyondaki tartışmayı duymuştu. Dostunun gönlünü aldı. Yarın komisyona Celal Bayar ile Adnan Menderes'in de geleceğini ve kendisini mutlaka görmek istediklerini söyledi.

Selçuk Milar, ertesi gün parti genel merkezine gittiğinde, Bayar ve Menderes'inde aralarında bulunduğu parti üst yönetiminin komisyon üyeleriyle toplantıya başlamış buldu.

Boş bulunan bir koltuğu oturdu. Celal Bayar kendisine dönerek, "Selçuk Bey sizin afiş fikrinizi beğendik ama biraz sert değil mi?" diye sordu.

Selçuk Milar anlamıştı ki, dünkü olaydan Bayar ve Menderes'in haberi vardı. O sinirle birden bire aklına gelen afiş fikrini kendisi de çok beğenmişti. Bu nedenle cevap olarak, "Hayır Efendim, afiş hiç sert değil, bu afiş demokrasiyi anlatıyor" diye fikrini savundu.

Bayar anlattıklarını onayladı. "Peki" dedi, "Siz bu afişi bize ne zaman hazırlarsınız?"

Selçuk Milar "Yarın hazır olur" yanıtını verdi.

Heyecan içinde, eve nasıl geldiğini bilemedi. Ağzına tek bir lokma koymadan, çay içmeden sabaha kadar çeşitli kompozisyon ve eskizler yaparak çalıştı. Şafak sökerken afişi bitirdi.

Afişi odanın duvarına astı, karşısına geçip birkaç saat seyretti. Çıkan eserden mutluydu.

Saat 09.00'taki parti genel merkezindeki toplantıda afiş çok beğenildi. İstanbul'un en büyük matbaalarından birine sahip olan Alaettin Kral'a telefon edildi, genel merkeze çağrıldı.

Afişlerin basılmasıyla Alaettin Kral ilgilenecekti. Afişin orijinalini alıp İstanbul'a döndü.

Selçuk Milar afişinin prova baskısını görmek için her gün iki kez genel merkez binasına gitti. Provalar bir türlü gelmedi ve bir gün afişin tonlarca basılmış haliyle karşılaştı. Alaettin Kral afişin orijinal halini filme alıp bastırmamış, sıradan bir ressama afişi yeniden çizdirmişti. Afiş bu haliyle kötüydü.

Selçuk Milar'ın morali bozuldu. Ama Türkiye'nin dört bir yanına dağıtılan afişlerin halktan büyük bir takdir görmesi üzüntüsünü kısa zamanda yok etti.

Selçuk Milar'ın afişine tepki duyanlar da vardı...

Selçuk Milar, Milli Eğitim Bakanlığı'na bağlı Mesleki ve Teknik Öğretim Müsteşarlığı'nda görevliydi. Bir gün mesai saatinin bitmesine dakikalar kala Milli Eğitim Bakanı Hasan Âli Yücel, Selçuk Milar'ın karşısına dikildi.

"Demokrat Parti'nin afişini siz mi hazırladınız?" diye sordu. "Evet" yanıtını alınca, Selçuk Milar'ı tebrik etti ve ekledi:

"Siz devlet dairesinde çalışan bir memursunuz, sizin özel atölyeniz yok, böyle bir afişi hazırlamanız pek doğru gelmiyor bize."

İki gün sonra, Selçuk Milar'ın Urfa'da bir şantiyeye tayini çıktı!

Selçuk Milar istifa etti.

"Yeter! Söz Milletindir!" afişi DP'ye 1946 seçimlerini kazandırmadı. DP yine aynı afişi kullanarak 1950 yılında iktidar oldu.

Ve iktidar olunca ne yaptı dersiniz; bir daha kendilerinin kullandığı gibi bir afişle karşılaşmamak için, dünyada benzeri olmayan bir yasa çıkardılar: Afişlerde çizim, resim ve fotoğraf olmasını yasakladılar!..

"Limon gibi sıkılmaya hayır!"

Tarih: 10 eylül 1987.

TBMM 29 kasımda erken seçim kararı aldı.

Sabahattin Çetin, SHP İstanbul İl Başkanlığı Kültür Komisyonu Başkanı'ydı. Başta Yaşar Kemal olmak üzere aydınlar ile SHP Genel Başkanı Erdal İnönü'yü yan yana getiren davetler veriyordu. İnönü, Sabahattin Çetin'in çalışmalarından çok memnundu. Parti Genel Sekreteri Fikri Sağlar aracılığıyla haber gönderdi: "Seçim kampanyamızı yürütecek dinamik birilerine ihtiyacımız var, ne yapabiliriz?"

Sabahattin Çetin eniştesinin metin yazarlığı yaptığı Yorum Ajansı'n Elmadağ Kahan'daki bürosunun kapısını çaldı.

Ajans seçim konusunda deneyimsizdi. Daha kurulalı 6 yıl olmuştu. Ortakların ve çalışanların hemen hemen tümü 12 Eylül 1980 Askeri Darbesi mağduru solculardı.

Yorum Ajans, SHP'yle görüşmeye gitmeden önce nasıl bir kampanya yapacaklarına ilişkin kısa bir çalışma yaptı.

Eylül ayının son haftası SHP Genel merkezi'nde toplanıldı. Toplantıda Erdal İnönü ve Fikri Sağlar gibi partinin üst düzey yöneticileri ile Yorum Ajans'ın ortaklarından Mehmet Ural ile Osman Uslu ve Sabahattin Çetin vardı.

Anlaşmaya varıldı; kampanya resmen Yorum Ajansa verildi.

Yorum Ajans seçim kampanyasını Erdal İnönü'nün güvenilirliği üzerine konumlandıracaktı. Metin Ural bu nedenle İnönü'nün tüm yakınlarıyla konuştu. Kişisel özelliklerini sordu. İnönü kötü konuşmacıydı; yavaş konuşuyor ve uzun cümleler kuruyordu. İnönü'nün imajı değiştirildi.

Yorum Ajansın üçüncü ortağı Ahmet Yaşar Somuncuoğlu görsel materyalle ilgiliydi. Partinin yeni olduğunu, yenilikçi olduğunu göstermek için parlak renkler seçti. "Oyum SHP'ye" diyen fotoğraflı afişlerde genç, güler yüzlü insanlar ve başörtülü bir kadın kullanıldı.

TRT ilk kez seçime katılan partilere 20 dakika görüntülü propaganda olanağı verdi. Ajans yaptığı kamuoyu araştırmasında halkın en büyük şikâyet konusunun pahalılık olduğunu gördü. Bu kızgınlık duygusunu harekete geçirmek üzere çalışmalar yapıldı.

Tüm bu çalışmalar SHP Genel Merkezi'yle koordineli olarak yürütülüyordu. Yorum Ajans ortakları Mehmet Ural ve Osman Uslu bu nedenle sık sık Ankara'ya gidiyordu.

Seçime 20 gün kala... Bir Ankara dönüşü... Uçakta... Birden bire Osman Uslu'nun aklına "limon gibi sıkılmak" deyimi geldi. Öyle ya, orta direk hayat pahalılıktan şikâyetçi değil miydi? Bu durumu en iyi bu deyim açıklıyordu.

Uçaktan iner inmez büroya gittiler. Fikri arkadaşlarıyla tartıştılar. O dönem SHP kampanyasına Prof. Nilüfer Göle ve Prof. Burhan Şenatalar çok destek veriyordu. Onlar da limon konseptini çok beğendiler. Ajans çalışanları arasında Ali Saydam, Sinan Çetin gibi isimler vardı; onlar da çok beğendiklerini söylediler.

Kollar sıvandı. Ajansın yakınındaki manavdan güzel limonlar alındı. Limonu sıkmak için güzel bir el arandı; o da ofis çalışanlarından biri seçildi. Fotoğraflar, filmler seçildi ve tekrar Ankara'ya gidildi...

SHP'li yöneticilerden kimse "mükemmel" demedi. Onlar ajansa güveniyorlardı. "İyi", "beğendik" demekle yetindiler.

Ajans sahipleri biraz moralleri bozuk döndüler İstanbul'a. Kafaları karışmıştı. Morallerini bir gazeteci düzeltti: Güneri Civaoğlu.

Gazeteci Civaoğlu limon kampanyasını çok beğenmişti. "ANAP'ı sarsar" dedi.

Öyle de oldu.

Seçimlere bir hafta kala "sıkılmış limon" kampanyası patlatıldı:

"Beş Yıl Daha Bir Limon Gibi Sıkılmaya Hayır!"

"Beş Yıl Daha Bir Limon Gibi Sıkılmaya Gücünüz Var mı?"

Gazeteler limon esprisini manşetlerine taşıdı. Karikatüristlerin en iyi malzemesi limon olmuştu. Seçimin gündeminde artık "sıkılmış limon" vardı.

ANAP "limonun etkisini" azaltmak için gazetelere "Bir siyasi gaf, bir milli ayıp" diye ilanlar verdi: "Sırf bir oy uğruna, insan kendi milletine limon demez, milletini limona benzetmez, ayıptır."

Ancak bu ilan da limon kampanyasına olumlu etki yaptı.

Ve Turgut Özal özel toplantılarında Yorum Ajans'ın bu kampanyasını övecek, "Bu çocuklarda iş var, kim bunlar" diyecekti...

"Limon kampanyası" SHP'ye iktidar getirmedi. Ama Yorum Ajansı çok büyüttü. Ajans zamanla, Fransız reklam ajansı Publicis'le ortak olup, "Publicis Yorum" adını aldı...

"Sıkılmış limon" esprisinin ünü yurtdışına taştı; Mehmet Ural Avrupa Parlamentosu'ndaki bir panele katılarak kampanyalarının başarısını anlattı.

İlginçtir, "Yeter! Söz Milletindir!" afişi 14 mayıs 1950 seçimlerinde DP'yi iktidara taşıdı. "Sıkılmış limon" konseptiyle unutulmaz bir kampanya hazırlayan Yorum Ajans ise bir 14 mayıs (1981) günü kurulmuştu...

Bu bilgilerden sonra DP ile sosyalistlerin ilişkisine devam edelim...

DP milletvekili listesinde bir sosyalist

Tarih: 7 ocak 1946.

Celal Bayar, Ankara Sümer Sokağı'ndaki –Tevfik Rüştü Aras'ın kız kardeşi Fahriye'nin eşi Dr. Cemal Tunca'nın sahibi olduğu– iki katlı binada "Demokrat Parti"nin resmen kurulduğunu açıkladı.

Gazetecilerin "Sağda mısınız solda mı?" sorusunu Adnan Menderes yanıtladı:

"Biraz, iki parmak daha solda!"

Bu açıklama DP'nin başına bela oldu. Muhalifleri, "Sovyetler'den para almaktan" tutun da "kurucuların komünist olduklarına" dair yığınla dedikodu çıkardı.

Tartışmalar sürerken TBMM erken seçim tarihini belirledi: 21 temmuz 1946 DP kolları sıvadı. Vitrinine şair Faruk Nafiz Çamlıbel ve Fenerbahçe'nin ünlü futbolcu Zeki Rıza Sporel gibi isimleri koydu...

Listede bir de sosyalist vardı...

Mehmet Ali Aybar o yıllarda İstanbul Hukuk Fakültesi'nde doçentti. *Vatan* gazetesinde yazdığı korkusuz makalelerle tanınmıştı. Hürriyet isteyen bu yazıları yüzünden askerlik yaptığı, İstanbul Maltepe Askeri Birliği'nden, Kayseri Tank Depo Komutanlığı'na gönderilmişti.

Aybar, susmak istemiyor, yazılarına devam etmek istiyordu. Ancak gazetenin sahibi Ahmet Emin Yalman askerliği bitene kadar yazı istemedi.

Bu arada Kayseri'de, haftada iki gün yayın yapan *Doğru Yol* gazetesi sahibi Osman Kavuncu, (ileri de Kayseri Belediye baskanlığı, DP milletvekilliği yapacaktır) Aybar'a yazarlık teklifi götürdü. Ardından bir başka teklif geldi..

DP il örgütünü kurmak için Kayseri'ye gelen Refik Koraltan, Mehmet Ali Aybar'la askeri karargâhta buluştu. Yazılarını çok beğendiklerini belirterek, DP'ye girmesini teklif etti. Aybar, her görüşten insanın aynı çatı altında olmasının demokrasi için iyi olmayacağını söyleyerek teklifi kabul etmedi.

DP'liler Aybar'ın peşini bırakmadı. Benzer teklifi DP'li Hulusi Köymen de tekrarladı.

Aybar, DP'ye girmeyi kabul etmedi ama DP listesinden bağımsız aday olmaya sıcak baktı.

DP, Mehmet Ali Aybar'ı Bursa üçüncü sıradan aday gösterdi. İlk iki sırada Celal Bayar ve Hulusi Köymen vardı. Ancak, 21 Temmuz 1946 Seçimleri'nde Aybar milletvekili seçilemedi.

Not: Sertel çiftinin kızı Yıldız Sertel Hanımefendi'den bir mektup aldım. Onu da sizinle paylaşmak isterim:

> (...) Aslında bunlar hata da değil belki de bir izlenim sorunu.
>
> Birincisi, Celal Bayar'ın ideolojisi: Yazınızda Celal Bayar'ın bir yazısından aktarma yapıyor ve Bayar'ın sosyalizmi öcü görmediğini söylüyorsunuz. Bu belki de doğru, zira Bayar bir süre devletçi bir hükümetin ekonomi bakanıydı.

Ancak Demokrat Parti kurulduğu sırada liberal ekonomiyi savunuyordu. Babam Zekeriya Sertel anılarında Bayar'la kurulacak Demokrat Parti'nin ilkeleri tartışılırken kendisinin devletçilikte ısrar ettiğini, Bayar'ın ise liberalizmi savunduğunu belirtiyor. Nitekim kurulan DP liberalizmi benimsemiş ve hatta Amerika'ya teslim olmuştur.

2- Gizli toplantılardan söz ediyorsunuz. Ben, o toplantıların pek o kadar gizli olduğunu sanmıyorum.

3- Dr. Edhem Vassaf, Menderes'in yakın arkadaşı değil, yakın akrabası.

4- Menderes, Sertel'e komünist olup olmadığını sorduğu vakit Sertel'in verdiği yanıt bir kaçamak niteliğinde, oysa babam gerçekten komünist değildi. Daha ziyade sol eğilimli, ama hiçbir ideolojiye bağlı olmayan bir demokrattı. Mehmet Ali Aybar onun sosyal demokrat olduğunu söylerdi. Babamın Tan gazetesinde komünist olmadığını anlatan birkaç yazısı da çıkmıştı. (...)

Aydının biçilmesi 1970'li yıllarda daha kanlı olmuştur.

Bir kırmızı karanfilin öyküsü

Tarih: 30 nisan 1977.

Yer: Ankara Mustafa Kemal Bulvarı.

Bir öğretmenler derneği olan TÖB-DER'in organize ettiği onlarca otobüs saat 22:30'da İstanbul'a hareket etti.

Otobüsler tıklım tıklım doluydu.

Her otobüsten türküler, marşlar duyuluyordu hep bir ağızdan söylenen.

Bir Mayıs, Bir Mayıs işçinin, emekçinin bayramı...

1 Mayıs Bayramı'nı kutlamak için yola düşen binlerce öğretmenden biriydi Bayram Çıtak...

Bayram Çıtak, 1940 yılında Sivas-Şarkışla Emlek Köyü'nde doğdu. Ailesi çok fakirdi. Savaş yılları yoksulluklarını daha da artırmıştı. Üç kardeştiler. Anne babasının tek umudu vardı; çocuklarını okutmak, subay ya da öğretmen yapmaktı. Bayram Çıtak, ilkokulu köyünde okudu. Öğretmen olmak istiyordu: Hasanoğlan Öğretmen Okulu'na yatılı öğrenci oldu. 22 yaşında öğretmen çıktı. İlk görev yeri Sivas Zara'ya bağlı Karacahisar köyüydü.

Zaman içinde Anadolu'nun birçok yoksul köyünde öğretmenlik yaptı. Köy çocuklarını okutabilmek için her türlü zorluğu göze aldı. Okuldan arta kalan zamanda tarlada, bahçede köylülere yardım ediyordu.

Son görev yeri Ankara Mamak Derbent İlkokulu oldu. Ataması bir hafta önce yapılmıştı. Eşi Selver ve üç oğlu, 13 yaşındaki Mete, 10 yaşındaki Metin ve 5 yaşındaki Mesut'la, Mamak'ta kiraladığı gecekonduda yeni hayatlarına başlamışlardı.

Ankara'dan kalkan otobüsler yolu yarılamıştı. Öğretmenlerin çoğu uykuya dalmıştı. Bayram Çıtak, sigaranın birini bitirip diğerini yakıyordu. Canı sıkkındı. 10 yaşındaki oğlu Metin'i düşünüyordu. Küçük Metin hastaydı. Böbrek yetmezliği teşhisi konmuştu. Haftada iki üç kez diyaliz makinesine bağlanacaktı. Bu nedenle tayinini Ankara'ya çıkarmıştı.

Hastalık acısı, oğul üzüntüsü ayrı; tek öğretmen maaşıyla bu ekonomik yükün altından nasıl kalkacağını düşünüyordu. Bu düşüncelerle ağırlaşan gözkapakları yavaşça kapandı. Uykuya daldı...

Çok zaman geçmedi, arkadaşlarının söylediği türkülere uyandı. Otobüsler İstanbul'a varmıştı..

Saat 07:30.

1 Mayıs Taksim Mitingi'ni organize eden DİSK'in buluşma noktalarından biri de Beşiktaş Barbaros Meydanı'ydı.

Saat 10:00.

Bayram Çıtak'ın da aralarında bulunduğu Ankara'dan gelen öğretmenler burada korteje katıldı.

Binlerce insan kol kola girip Taksim'e doğru yürüyüşe başladı. Önde DİSK'e mensup işçiler; arkada sırasıyla Türk Tabipler Birliği, TÖB-DER, Çağdaş Hukukçular gibi sivil toplum örgütleri ve en arkada Dev-Genç vardı.

Saat 14:30.

Kortej Taksim'e ulaştı.

Meydanda yüz bini aşkın insan bulunuyordu. Ve hâlâ meydana, her yandan oluk oluk insan akıyordu. İstanbul, tarihi mitinglerinden birine tanıklık ediyordu.

Bayram Çıtak acıkmıştı. Bir simit aldı. Yorulmuştu. Meydandaki Intercontinental (bugünkü adıyla The Marmara) otelinin önüne gitti, yere çömelip simitini yemeye başladı.

Bu sırada DİSK Başkanı Kemal Türkler konuşma yapmak için

kürsüye çıktı. Saat 18:30'du. Başkan Türkler konuşmasını, meydandaki insanları, eski DİSK Sekreteri İbrahim Güzelce anısına bir dakikalık saygı duruşuna çağırarak bitirdi.

Saat 19:45.

Binlerce insan saygı duruşunda bulundu. Ortalıkta hiç ses yoktu. Birden nereden geldiği belli olmayan silahlar ardı ardına patlamaya başladı.

Ateş edenler sanki saygı duruşunu beklemişlerdi. Silah sesini duyan meydandaki binlerce insan panik halinde sağa sola koşmaya başladı.

Öğretmen Bayram Çıtak önce ne yapacağını kestiremedi. Arkadaşlarına bakındı, herkes bir yana koşuşuyordu.

O da otelin hemen yanındaki Kazancı Yokuşu'na doğru koştu. Dar sokağa ilk girenlerden biri oldu. Ama çıkamadı. Kimin getirip koyduğu bilinmeyen bir kırmızı kamyonet bu dar yolu tıkamıştı.

Ölümlerin çoğu, buradaki ezilmeler sonucu oldu. İlkokul öğretmeni Bayram Çıtak burada kaburgaları kırılmış halde bulundu. Ölmüştü...

30 yıl sonra...

Yıl: 2007.

DİSK, 1 Mayıs 1977 Katliamı'nın 30. yılını Taksim'de anmak istedi. İstanbul Valiliği izin vermedi. DİSK inat etti.

Polis, belli sayıda DİSK görevlisinin Taksim'e çıkıp anıta çiçek koymasına izin verdi. Ancak başka kimseyi Taksim'e sokmamaya kararlıydı.

1 Mayıs İşçi Bayramı'nı kutlamak ve 30 yıl önce ölenleri anmak için Ankara'dan gelen otobüsler, bu nedenle İstanbul'a sokulmadı.

Polis, otobüslerin Ankara'ya geri dönmesini istedi. Gelenler ısrarcıydı. Tartışma sürerken, otobüsten inen bir kişi, kimseye gözükmeden oradan uzaklaştı.

Ne yapıp edip Taksim'e ulaşmak istiyordu. Saatlerce yürüdü. Beşiktaş Dolmabahçe'de, polisin üzerine sıktığı biber gazı bile onu durduramadı.

Sonunda başardı, DİSK kortejine katıldı, Taksim'e ulaştı. Ve elindeki kırmızı karanfili Kazancı Yokuşu'nun bir köşesine bıraktı sessizce.

Sanki babasına kavuşmuş gibiydi. O kişi Mete Çıtak'tı... Öğretmen Bayram Çıtak'ın yaşayan iki oğlundan biri...

Bayram Çıtak'ın, İstanbul'a gelirken otobüste sabaha kadar düşündüğü 10 yaşındaki oğlu Metin, babasının ölümünden bir yıl sonra böbrek yetmezliğinden vefat etmişti...

1 Mayıs 1977'de kaç kişi öldü?

1 Mayıs 1977'de ölenler artık sadece bir istatistik mi?

Onların birer adı, hayatları ve yaşam hikâyeleri yok mu?

54 yaşındaki Ermeni vatandaşımız Garabet Ahyan'dan 17 yaşındaki Jale Yeşilnil'e; 20 yaşındaki polis memuru Nazmi Arı'dan Rum vatandaşımız 57 yaşındaki Aleksandros Konteas'a kadar, ölenlerin tümünün bir öyküsü var kuşkusuz.

Ve bu yaşam öyküleri yazılmalı birer birer.

Ama... Bırakın hayat hikâyelerinin yazılmasını; 1 Mayıs 1977'de kaç kişinin öldüğünü bile bilmiyoruz...

Ne hazin!

1 Mayıs 1977'de kaç kişinin öldüğünü bilmiyoruz. Bu nedenle herkes bir sayı uyduruyor. Genellikle rakamlar 34 ile 42 arasında değişiyor!

Devlete göre sayı 34. Soruşturmayı yürüten altı savcı yardımcısından oluşan kurul bu sayıyı vermektedir. Keza iddianamede de aynı sayı verilmektedir. Devlete göre ölenlerin isimleri şöyle:

Hasan Yıldırım, Niyazi Darı, Kadir Balcı, Nazmi Arı, Hikmet Özkürkçü, Garabet Ahyan, Sibel Açıkalın, Ömer Narman, Ali Sidal, Mehmet Ali Genç, Hüseyin Kırkın, Aleksandros Konteas, Kadriye Duman (Kocamış), Kahraman Alsancak, Hatice Altun, Mehmet Ali Elmas, Kenan Çatak, Ercüment Gürkut, Leyla Altıparmak, Mahmut Atilla Özbelen, Rasim Elmas, Bayram Çıtak, Jale Yeşilnil, Nazan Ünaldı, Hamdi Toka, Hacer İpek Saman, Ramazan Sarı, Diran Nigiz, Bayram Eyi, Ziya Baki, Ahmet Gözükara, Meral Cebren (Özkol), Mültezim Oltulu, hüviyeti meçhul 35 yaşlarında bir erkek.

DİSK'in kayıtlarına göre ise ölü sayısı 36. İlginçtir DİSK'in Taksim'de öldüğünü açıkladığı Ali Yeşilgül, Mustafa Ertan, Yücel Elbistanlı, Tevfik Beysoy, Bayram Sürücü, Özcan Gürkan ve Hülya Emecan adlı isimlere savcılık iddianamesinde yer verilmemişti.

Keza savcılık iddianamesinde olan Ali Sidal, Hatice Altun, Ramazan Sarı, Mültezim Oltulu ve kimliği meçhul kişi de DİSK listesinde yoktu!

Yani DİSK listesinden 7 kişi iddianamede, iddianamedeki 5 kişi de DİSK listesinde yoktu. Her iki listedeki isimler toplandığında ölü sayısı 41 oluyor. Bitmedi.

Katliamdan 15 gün sonra çıkan *Devrimci Yol* dergisi, ölü sayısını 27 olarak verdi. Verilen 26 isim yukarıda var. Ancak her iki listede, yani iddianamede ve DİSK kayıtlarında olmayan bir isim vardı: Mehmet Ali Kol. O halde ölü sayısı 42 kişiydi.

Peki dönemin gazeteleri ölü sayısını kaç kişi vermişti: *Hürriyet*: 34, *Milliyet*: 34, *Cumhuriyet*: 34, *Tercüman*: 34, *Günaydın*: 39, *Son Havadis*: 38, *Hergün*: 40, *Dünya*: 39, *Milli Gazete*: 40, *Politika*: 35.

30 yıl sonra TV'lerde ve gazetelerde herkes ayrı bir sayı veriyor. Ve ne yazık ki biz hâlâ kaç kişinin katledildiğini tam olarak bilemiyoruz!...

Kaç kişinin öldüğünü bilmediğimiz gibi, 1 Mayıs 1977 provokasyonunun neden yapıldığını da pek tartışmıyoruz...

30 yıllık derin sır

Tarih: 5 nisan 1977
Yer: TBMM.

Meclis, 5 haziran 1977 tarihinde erken seçim yapılması kararını aldı. Seçime katılacak tüm partiler yollara düştü. İktidar olmasına kesin gözüyle bakılan CHP'nin mitingleri nedense hep olaylı geçiyordu.

– CHP Genel Başkanı Bülent Ecevit'i taşıyan otobüs, her gidilen yerde saldırılara uğruyordu. 26 nisanda Niksar'daki CHP mitingine ateş açıldı. On kişi yaralandı.

– 27 nisanda Gümüşhane Şiran'da CHP konvoyuna ateş açıldı. Seçim otobüsünün camları kırıldı. 28 nisanda Erzincan'daki CHP mitingine ateş açıldı. Yedi kişi yaralandı. Bu arada DİSK, seçimlerde CHP'yi destekleme kararı aldı.

– 1 Mayıs'ta Taksim Meydanı'nda toplanan binlerce insanın üzerine uzun namlulu silahlarla ateş açıldı. Savcılık iddianamesine göre 5'i kurşunla olmak üzere 34 kişi öldü.

"Birileri" erken seçimin yapılmasını istemiyordu. CHP'nin tek başına iktidar olması "bazı çevreleri" rahatsız ediyordu.

– 21 mayısta Malatya'da CHP mitingi sırasında bomba patladı. Paniği, kürsüden ayrılmayıp halkı sakinleştiren Ecevit önledi.

– 27 mayısta Mardin'de sağ-sol çatışmasında 4 kişi öldü.

– 29 mayısta İstanbul Yeşilköy Havalimanı ve Sirkeci Garı'nda valiz içine bırakılan saatli bombalar ardı ardına patladı. 5 kişi öldü, 41 kişi yaralandı.

Aynı gün Ecevit'e İzmir Çiğli Havaalanı'nda suikast teşebbüsünde bulunuldu. Mehmet İsvan ayağından yaralandı. Ecevit, silahların gölgesinde seçim çalışması yapıyordu. Bütün bu olayların bir de psikolojik harbi vardı:

31 mayıs 1977 tarihli *Tercüman* gazetesinde "Almanya'da kurulduğu" bildirilen "Türkiye Sosyalist Devrim Konseyi" (TÜSDEK) imzalı bir bildirinin haberi yayımlandı. Bildiri, "Grevler 1977 seçim öncesi 39 BS, 4 KK, 63 BKL eylemleriyle istenilen düzeye ulaşamazsa, süratle TH-4, DD-6, MEK-4 ve DİSK 19, 23, 27 eylemleri uygulamaya alınacaktır" gibi, şifreli izlenimler veren 11 maddeden oluşuyordu.

Bu arada terör, kan almayı sürdürüyordu. 1977 yılının ilk üç ayında terörden ölen insan sayısı 59 iken, seçim kararının alındığı nisandan haziran ayı başına kadar 133 kişi ölmüştü! Bitmedi. CHP'nin 3 haziranda Taksim'de yapacağı mitingden önce, Başbakan Süleyman Demirel, Ecevit'i uyardı: "Taksim'e gitme, sana suikast yapılacak!"

1 haziranda, Türk Silahlı Kuvvetleri'nde sürpriz bir emeklilik gerçekleşti. Kara Kuvvetleri Komutanı Orgeneral Namık Kemal Ersun, ağustos şûrası beklenilmeden emekliye sevk edildi!..

İstanbul Göztepe Yeşilçeşme Sokak'taki bir ev, nisan ayı boyunca hareketli gecelere tanıklık etmişti. Ev sahibi, ordu kökenli eski bir emniyet müdürü olan Rafet Kaplangı'ydı. Kaplangı ile Orgeneral Ersun uzun yıllar silah arkadaşlığı yapmışlar; ordu içindeki cunta Silahlı Kuvvetler Birliği'nde birlikte çalışmışlar; iki kez darbe teşebbüsünde bulunan Kurmay Albay Talat Aydemir'i desteklemişlerdi.

1977 yılında ise Ecevit'in tek başına iktidar olmasının, Türkiye için iyi olmayacağını düşünüyorlardı! Genelkurmay, cuntacı ekibi tasfiye etti. Ecevit, haziranda Taksim'e çıktı, büyük katılımlı, coşkulu bir miting yaptı. İki gün sonra seçimler gerçekleşti.

CHP tek başına iktidar olmaya yetecek kadar milletvekili çıkaramadı. Cuntacılar seçimi engelleyememişlerdi, ama "merkezdeki oyları korkutarak" CHP'nin gerekli oyu almasına engel olmuşlardı!..

Ve Türkiye üç yıl sonra büyük bir tsunamiyle, "emir komuta zinciri dahilinde" yapılan bir askeri darbeyle karşılaşacaktı: 12 Eylül 1980.

Bu arada TÜSDEK ve bildirisine ne oldu derseniz? Öyle bir örgüt, öyle bir bildiri hiçbir zaman olmamıştı...

Bugün de örneklerini gördüğümüz gibi hepsi koca bir yalandı.

Evet bizim tarihimiz "acılar tarihidir" bir yerde.

Evlatlarımızı bir bir hoyrat, acımasız oyunlara kurban etmişizdir.

Sadece sivilleri mi?

Ankara'da silahların susmadığı gece...

Onlar, genç subaylar ve Harbiyelilerdi.

Kendilerine "Kemalist Subaylar" adını vermişlerdi.

İdealisttiler. 27 Mayıs 1960 İhtilali'nin "yolundan çıkarıldığını" düşünüyorlardı. 22 Şubat 1962'de ihtilale teşebbüs ettiler. Başaramadılar.

Ancak 15 ay sonra yine bir ihtilal girişiminde bulundular.

Parola: "Harbiyeli Aldanmaz"dı.

Parolayı bilmeyen subaylar tek tek gözaltına alınıyordu.

Ankara o gece silah seslerinden sabaha kadar uyumadı.

O gün Ankara'da ihtilalci bir süvari Binbaşı bakın neler yaşadı...

Tarih: 21 mayıs 1963.

Yer: Ankara.

Gece yarısı başlayan silah sesleri susmak bilmiyor...

İhtilalci Süvari Birliği ile iktidar yanlısı Muhafız Alayı, Ankara'nın göbeğinde çatışıyor.

Hava Kuvvetleri'ne bağlı jetler alçaktan uçuyor, ihtilale destek veren Kara Harp Okulu'na dalışlar yapıyor.

Yollarda terk edilmiş tanklar var.

Cadde üzerinde ölüler ve yaralılar görülüyor.

Gelen ilk rakamlara göre ölü sayısı 8. Ölenlerin arasında Albay, Binbaşı rütbesinde subaylar var. Ölümlerin çoğu uçakların, ihtilalci yanlısı sanıp Muhafız Alayı üzerine ateş açması sonucu olduğu meydana geldiği söyleniyor..

Neler oluyordu?...

Bellerinde tabancalar, ellerinde makineli Thompson ve ekmek torbası içinde el bombaları bulunan ihtilalci iki subay, Kavaklıdere'deki Alman Büyükelçiliği'nin çevresini saran demir parmaklıkları aşıp bahçeye atladılar.

Çaresiz kalmışlardı; Muhafız Alayı onların bulunduğu yerdeki her yolu kontrol altına almıştı.

Ya çarpışacaklardı ya teslim olacaklardı.

Mehmetçik'e silah sıkmak yerine ölmeyi tercih ederlerdi.

Ya da...

Alman Büyükelçiliği'nin bahçesine atladılar. Sessizce büyük bahçeyi geçip, ana binanın kapısını çaldılar. Kapıyı açan Alman görevli karşısında elleri silahlı iki subayı görünce korktu.

Subaylar büyükelçiyle görüşmek istediklerini söylediler.

Kısa bir süre sonra Büyükelçi Dr. Gebhardt von Walther geldi. Subaylar kendilerini tanıttı: Biz ihtilalci subaylarız. Başarılı olamadık. İltica talep ediyoruz!

Alman Büyükelçi Walther, hükümetiyle temas kurduktan sonra yanıt verebileceğini söyledi.

Beklemeye başladılar.

Alman elçiliğine gelmeleri tesadüf değildi; büyükelçilik müsteşarı ata binmeyi seviyordu; Süvari Alayı'na gelip sık sık ata biniyordu; bu nedenle tanışıyorlardı. İki ihtilalci subay da süvariydi.

Kısa bir zaman sonra Büyükelçi Walther geldi.

Kararı açıkladı; ellerinde silahlar ve subay üniformalarıyla geldikleri için iltica istekleri kabul edilmemişti!

Subaylar, elçilikten çıktıkları takdirde öldürüleceklerini söylediler. Başta elçi olmak üzere Alman diplomatlar ne yapacaklarını bilemiyorlardı. Hiç ilgileri olmadıkları bir askeri ihtilalin ortasında kalmışlardı.

Büyükelçi Walther, subayların başına bir şey gelsin istemiyordu. "Size sivil elbiseler verelim ve arka bahçeden çıkmanızı sağlayalım" teklifinde bulundu.

Ama tek şartı vardı: Yakalandıklarında elbiseleri kendilerinden aldıklarını açıklamayacaklardı.

Subaylar söz verdi, ihtilalci sözü!

Elçinin verdiği elbiseleri giyip arka bahçeden çıkıp gittiler... Arka sokaklardan ilerleyerek Dikmen sırtlarına geldiler.

İki subaydan daha rütbeli olanı, kendini yalnız bırakmak istemeyen diğer subay, Süvari Üsteğmen Mustafa Karazeybek'e son emrini verdi: "Yollarımız burada ayrılıyor. Sen az bir cezayla kurtulursun, benimle kalırsan ölürsün. Hiç ısrar etme, hadi Allah yardımcın olsun" deyip koşarak uzaklaştı...

Türk Silahlı Kuvvetleri, Kara Harp Okulu dışında her yere hâkim olmuştu. Subayların hepsi teslim olmuştu; direnen sadece gencecik Harp Okulu öğrencileriydi.

İhtilalin lideri Albay Talat Aydemir yakalanmıştı. Güvenlik güçleri her yerde ihtilalin ikinci adamını, yani onu arıyordu.

Dikmen yamaçlarındaki bir bağ evine sığındı. Yorgundu. Bir kenara kıvrılıp uyudu.

Uyandığında gece olmuştu.

Ne yapacağını düşündü. Teslim olmak istemiyordu. Birden tabancasını şakağına dayadı. İntihar etmeyi düşündü. Gözlerinin önüne karısı Esma ve çocukları Gülderen, Ömer, Öner ve Semra geldi.

Vazgeçti. Teslim de olmayacaktı.

İstanbul'a gitmeyi, yağ ticareti yapan yakın dostunu bulup, onun yardımıyla yurtdışına çıkmayı düşündü.

Toparlandı, elini yüzünü yıkadı.

Bağ evinden çıktı, karanlıkta koşar adım yürümeye başladı.

Sabaha kadar yürüdü.

Gün ışırken Atatürk Orman Çiftliği yanındaki tren istasyonuna ulaştı. İstanbul yönüne giden yük treninin bir vagonuna atladı. Aksilik, tren bulunduğu vagonu bir sonraki istasyonda bırakacaktı.

Bu kez şansını otobüsle denemeye karar verdi.

Yürüyerek Ankara Asfaltı'na çıktı. Gelen otobüsü durdurdu. En arka sıraya oturdu. Bolu'ya kadar geldi.

Ama burada şansı yine döndü: Arama vardı.

Yanında hüviyeti yoktu. Erler otobüsten indirdiler. Üzerine aradılar, tabancasını buldular.

Onu hemen komutanları Üsteğmen'in yanına götürdüler.

Üsteğmen, onu tanımıştı.

O, Süvari Binbaşı Fethi Gürcan'dı...

Yani ihtilalin ikinci adamı...

Tarih: 27 haziran 1964.

Yer: Ankara Mamak Cezaevi.

Saat gece yarısına geliyor...
Binbaşı Fethi Gürcan hücre zincirinin açılmasıyla uyandı.
Hücresini askerler doldurmuştu.
Nereye götürüldüğünü öğrenmek istedi. Açıklama yapılmazsa gelmeyeceğini tekrarladı o tok sesiyle.
"Sizi başka cezaevine nakılediyoruz."
İnanmadı. Direndi, zorla pijamasıyla hücresinden alındı. Aynı gerekçeyle, Talat Aydemir de hücresinden alınıp götürülmüştü..
Fethi Gürcan cezaevinin vizite odasına getirildi. Yanından eksik etmediği kısa ve ucu kıvrık ağızlığıyla sigara içmesine izin verildi.
Bu arada hücresinden getirilen kıyafetini giydi...

Arkadaşlarıyla vedalaşmak istediğini söyledi.
Önce Binbaşı Osman Deniz arkasından da Üsteğmen Erol Dinçer'le kucaklaştı. 22 Şubat 1962 İhtilali'nde Erol Dinçer'le birlikte Çankaya Köşkü'ne yapılan baskında da birlikteydiler.
Ağlamamaya çalışıyorlardı.
"Arkadaşlara selam" dedi usulca.

Dışarıda iki ambulans vardı.
Birine Binbaşı Fethi Gürcan'ı diğerine Albay Talat Aydemir'i bindirdiler. İki aracın da istikameti, idam sehpalarının hazırlandığı Cebeci'deki Ankara Merkez Cezaevi'ydi. Kaç siyasi idama tanıklık etmişti ve daha da edecekti Cebeci'deki cezaevi...

Binbaşı Fethi Gürcan cezaevi müdürünün odasına getirildi.
İnfaz kararını soğukkanlılıkla dinledi.
Ailesine mektup yazdı:

> Canım karıcığım ve yavrularım,
> Size şerefimden başka bir miras bırakamadığım için üzgünüm. Bu emanetimi sonu kadar muhafaza edeceğinizden eminim...

21 Mayıs 1963 İhtilali'ne teşebbüs edenler hakkında iki mahkeme görevlendirilmişti.
Mamak'ta 1 No'lu Sıkıyönetim Mahkemesi 151 subayı yargılarken, Harp Okulu'nda kurulan 2 No'lu Sıkıyönetim Mahkemesi 1 459 Harbiyeli'yi yargıladı.

İhtilalci 21 Mayısçılar, Mamak'ta kurulan 1 No'lu Sıkıyönetim Mahkemesi'nde yargılandı. Genç Subaylar'dan, 7 kişi idam, 29 kişi müebbet, 11 kişi 15 yıl, 5 kişi 12 yıl, 2 kişi 8 yıl, 2 kişi 6 yıl, 13 kişi 5 yıl, 24 kişi 4 yıl 2 ay, 4 kişi 1 yıl, 2 kişi 10 ay, 6 kişi 3 ay ceza aldı.

Harbiyelilerden ise 75 kişi 4 yıl, 91 kişi 3 ay hapse mahkûm oldu.

Evet, mahkemeden yedi idam kararı çıktı. Ancak Yargıtay üç idam kararını bozdu, dördünü onayladı.

Mahkeme kararından sonra hükümlüler Mamak'tan alınıp Çorum, Elazığ, Malatya gibi sivil cezaevlerine gönderildi. Mamak Cezaevi'nde sadece dört idam mahkûmu kaldı: Albay Talat Aydemir, Binbaşı Osman Deniz, Üsteğmen Erol Dinçer ve Binbaşı Fethi Gürcan.

Ölüm cezaları TBMM gündemine geldi.

Meclis, Üsteğmen Erol Dinçer dışındaki üç idamı onayladı.

İdam edilecek kişi sayısının üç olması yeni bir tartışma yarattı: Meclis'in, Adnan Menderes, Fatin Rüştü Zorlu ve Hasan Polatkan'ın idamlarına karşılık üç subayın asılmasını istediği konuşuluyordu! Yani, üçe üç!..

O dönemde TBMM çatısı altında Senato da bulunuyordu. 1961 Anayasası'na göre, Meclis kararını Senato'nun onaylama ya da bozma hakkı vardı.

Senato, "üçe üç" yorumlarından rahatsız olmuştu; Osman Deniz ve Fethi Gürcan hakkında verilen kararı bozarken Talat Aydemir'i onadı.

Binbaşı Gürcan idamdan kurtulmuştu.

Ancak son kararı yine Meclis verecekti.

Ve Meclis Osman Deniz'i idamdan kurtarırken, Talat Aydemir'le birlikte Fethi Gürcan'ın da idam edilmesine tekrar karar verdi.

Son söz, 27 Mayıs İhtilali'nin komutanı Cumhurbaşkanı Cemal Gürsel'indi. Gürsel idam kararlarını onadı...

Binbaşı Gürcan ailesine yazdığı mektubu bitirip savcıya verdi.

Ceplerini boşaltmasını istediler. Cebinden 235 kuruş ve iki paket asker sigarası çıktı. Son isteği sigara içmek oldu.

Bu arada Savcı Binbaşı Turgut Akan'ı görünce sinirlenip bağırdı: "Ben ihtilalciyim. Beni sizin darağaçlarınız korkutmaz. Sizin adaletinize güvenmiyorum."

Savcı Binbaşı Turgut Akan, Binbaşı Gürcan'a mahkemede söylediklerini hatırlattı: "Diyorsunuz ki, beni serbest bırakın ben yine ihtilal yaparım. Benim giremeyeceğim garnizon, harekete geçiremeyeceğim karargâh yoktur. İdamınız için bu sözler yeterli değil midir?"

Binbaşı Gürcan geri adım atmadı. "Gerçeği söyledim ben. Hiç kıvırtmadım. Kimseye yalvarmadım. Ne yaptımsa vatanım için yaptım. Eğer başarılı olsaydık, Binbaşı rütbesiyle tekrar orduya dönecektim, benim mevki rütbe istemediğimi çok iyi biliyorsunuz."

Savcı Binbaşı Turgut Akan odadan çıktı.

Binbaşı Gürcan, sigarasından son bir nefes çekti. Ayağa kalktı. Beyaz idam gömleği geçirildi, kıyafetinin üzerine.

Saat 03:30.

Sandalyeye çıktı.

Samanpazarı'nda lokantacılık yapan cellat, ilmiği Binbaşı'nın boğazına geçirdi.

Kafasını kaldırdı; son kez gökyüzüne baktı; kim bilir belki de jetleri bekliyordu. Ne jetler ne tanklar ne de ihtilalci arkadaşları geldiler, onu kurtarmaya.

Yapayalnızdı...

"Vatan-millet sağ olsun" deyip kendini boşluğu bıraktı...

Ölüme giderken üzerinde Alman Büyükelçiliği'nden aldığı kıyafet vardı. Zaten gardırobundaki tek elbisesi de oydu. Elbise alacak hiç parası olmamıştı. Ve ölene kadar da Büyükelçi Walther'e verdiği, "ihtilalci sözü"nü tutmuş, elbiseyi ondan aldığını kimseye söylememişti...

Fethi Gürcan'ın idam edildiği haberini alan Çorum, Elazığ, Malatya gibi cezaevlerinde yatan idealist ihtilalciler, sanki anlaşmışlar gibi hep bir ağızdan Harbiye Marşı söylemeye başladılar:

> Yıldırımlar yaratan bir ırkın ahfadıyız
> Tufanları gösteren, tarihlerin yâdıyız
> Kanla irfanla kurduk, biz bu Cumhuriyeti
> Cehennemler kudursa, ölmez nigâhbanıyız...

İsim isim... Sonra neler oldu?..

Fethi Gürcan

Cebeci Mezarlığı'na defnedildi. Eşi Esma 1993 yılında öldüğünde kapısının zilinde hâlâ "Fethi Gürcan" yazıyordu.

Kızı Gülderen babası cezaevindeyken çalışmaya başladı. Oğlu

Ömer ODTÜ Elektrik Mühendisliğini bitirdi. Uzun yıllar TRT'de çalıştı. Halen *Süvari* adlı dergiyi çıkarıyor.

Diğer oğlu Öner de mühendisti; uzun yıllar Siemens'te çalıştı. 2004 yılında vefat etti. Babasını anlattığı *Ben İhtilalciyim* adlı kitabı ölümünden bir yıl sonra basıldı.

En küçük Sema diş doktoru oldu.

Binbaşı Gürcan'ın çocukları babalarıyla aynı siyasi kaderi paylaştılar: Gülderen 1987'de üç ay siyasi tutuklu olarak Buca Cezaevi'nde yattı. Ömer Gürcan 12 Eylül 1980 Askeri Darbesi'nden sonra babasının dava arkadaşı Erol Dinçer'le birlikte "ordu içinde örgütlenmek" suçuyla tutuklandı, sekiz ay babasının yattığı Mamak Cezaevi'nde kaldı. Ve en küçükleri Sema da yedi ay Metris Cezaevi'nde tutuklu kaldı.

Gürcan kardeşler Ankara'da yaşıyor...

Talat Aydemir

İdam edilmek üzere Binbaşı Gürcan'la birlikte Ankara Merkez Cezaevi'ne getirildi. Ancak avukatı infazı durdurdu. Fakat bir hafta sonra 5 temmuz 1964'te saat 02:50'de infaz gerçekleştirildi.

Albay Aydemir'in bir hafta sonra idam edilmesini sebebi, Binbaşı Gürcan'ın idamına askerlerin nasıl tepki vereceklerini görmek miydi; bilinmez...

Albay Aydemir idamına kadar anılarını yazdı. Anıların ilk cildi, Binbaşı Gürcan'ın küçük çocukları Öner ve Sema'nın koynuna sokularak cezaevinde çıkartıldı. İkinci cildi askerler buldu ve halen anıların bu sayfaların nerede olduğu bilinmiyor.

İlginçtir, Albay Aydemir, hücresinde son olarak Fransız devrimci Gracchus Babeuf'un *Devrim Yazıları* adlı kitabı okuyordu. Kitap Aydemir'in hücresinde bulunduktan sonra, tüm ülkede toplatılıp, yasaklanacaktı!

Albay Aydemir mezarının Harp Okulu bahçesinde olmasını vasiyet etti. Henüz bu vasiyeti yerine getirilmedi.

Eşi Şadan 2001'de vefat etti. Kızı Tülin, ihtilal öncesinde Teğmen Atilla Altugan'la nişanlıydı. Ancak Teğmen Altugan'ın müebbet cezası alması ve sonraki acı olaylar yüzünden evlenemediler. Tülin Hanım bir daha hiç evlenmedi ve 2004'de vefat etti.

Oğlu Metin Aydemir, babası idam edildiğinde Hava Harp Okulu'nda öğrenciydi. Babası yüzünden okuldan atıldı, Danıştay'a dava açtı, okula geri döndü. Sonra kendi isteğiyle ayrıldı. Özel sektöre geçti. İsviçreli eşi Yolande Delacuisine'le Datça'da yaşıyor.

Erol Dinçer

Akşehir ve Ankara Merkez Cezaevinde yattı. 26 aralık 1967 affıyla kurtuldu. Petrol Ofisi'nden emekli oldu. Hayatını Ankara'da sürdürüyor. Kızı Aylin Atilla, Çankaya Köşkü'ndeki Atatürk Müzesi'nin müdiresi. Yani, tarihin cilvesi, babasının ihtilal gecesi kuşattığı Çankaya Köşkü'nde görev yapıyor.

Osman Deniz

Sinop ve İstanbul Üsküdar Toptaşı Cezaevi'nde yattı. Afla çıktı. Bir oğlu iki kızı var. Oğlu ekonomist, kızlarının biri eczacı diğeri kimyager. Anılarını *Parola: Harbiyeli Aldanmaz* adlı kitapta yayımladı.

Hayatını İstanbul'da sürdürüyor.

Mustafa Karazeybek

Müebbete mahkûm oldu. Afla çıktı. Cezaevine girdiğinde altı aylık evliydi. Cezaevinde iken bir oğlu oldu. Bu oğul gün geldi büyüdü ve bugün Türk Silahlı Kuvvetleri'nde Albay rütbesiyle görev yapıyor.

Üsteğmen Karazeybek, cezaevinden çıktıktan sonra uzun yıllar Çalışma Bakanlığı'nda görev yaptı. Emekli olunca İzmir Seferihisar'a yerleşti. Ve bu ilçede CHP İlçe Başkanlığı yaptı! İnönü'ye karşı ihtilal planlayan Üsteğmen Karazeybek zamanla CHP İlçe başkanı olacak siyasi olgunluğa ulaşmıştı. Siyasetle ilgisini hiç kesmedi, son olarak elinde Türk bayrağıyla İzmir mitingine katıldı. Hayatını İzmir'de sürdürüyor.

Harp Okulu Öğrencileri:

Çoğu hakkında beraat kararı çıktı. Ama okula alınmadılar. Bu nedenle bugün TSK'de 1963-1964 mezunu yoktur. Okuldan atılan Harbiyelilerin hemen hepsi sivil hayatta başarılı oldu.

Talat Aydemir'den sonra Harp Okulu Komutanlığı'na Namık Kemal Ersun (1963-1968) getirildi.

İlginçtir MHP'ye yakınlığıyla bilinen N. Kemal Ersun 1977'de, Kara Kuvvetleri Komutanlığı sırasında, üçü general 200 subayla birlikte darbe hazırlığı içinde olduğu iddiasıyla apar-topar emekliye sevk edildi.

Namık Kemal Ersun da Talat Aydemir gibi bir harekete mi geçecekti?

Bilinmez. Sadece tahmin yapabiliriz.

Ama bana göre Harp Okulu komutanlarının arasında en ilginç isim A. Cemal Özkan'dı!.

Cemal Özkan ihtilal girişiminde bulunmadı ama yaptığı bir hareket TSK'yı şoke etti. Emekli olur olmaz N. Erbakan'ın MSP'sine katıldı!...

Aslında şaşılacak bir şey yok; ABD patentli, komünizmle mücadelenin en önemli unsunu dindi. O nedenle Harp Okulu'na namazında niyazında bir komutan getirivermişti!

Neyse...

Ordu müdahalelerinde "suçu" hep askerlere atarız. Peki siviller bu konuda çok mu masumdur? Hiç "şımarıklık" yapmamış mıdır?

Örneğin, hep askerin "balans ayarı"ndan bahsederiz de, sivillerin "balans ayarı"nı görmemezlikten geliriz...

11. bölüm

"Balans ayarı"

28 Şubat 1997 tarihi, siyasi tarihimize "postmodern darbe" diye geçti. Bugüne kadar askerlerin sivil yönetimlere müdahaleleri konuşuldu, tartışıldı. Peki, siviller Türk Silahlı Kuvvetleri'nde hiç "darbe" yapmadılar mı?

İşte, Bayar ile Menderes'in gerçekleştirdiği Cumhuriyet tarihinin ilk "postmodern darbe"sinin öyküsü.

İşte Demokrat Parti'nin "balans ayarı":

6 haziran 1950 darbesi!..

Önce bir iki hatırlatma yapayım:

14 mayıs 1950.

Genel seçimler yapıldı. Demokrat Parti sandıktan birinci parti olarak çıktı.

22 mayıs 1950.

Celal Bayar Türkiye Cumhuriyeti'nin 3. cumhurbaşkanı oldu.

Ve aynı gün DP Hükümeti Adnan Menderes tarafından kuruldu.

Cumhuriyet tarihinin en önemli sivil hareketinin olduğu, bu geçiş döneminde, Ankara'da bir dedikodu alttan alta konuşulmaya başlandı:

"Askerler darbe yapacak!"

"Yüksek Askeri Şûra üyeleri toplantı yapıyor."

"Komutanlar, Çankaya Köşkü'ne çıkıp İnönü'yle görüştüler."

Sivil-asker herkes gergindi.

Gözler Milli Şef İsmet İnönü'ye çevrildi.

İsmet Paşa, siyasi kulisleri hareketlendiren "Ordu'yu tahrik ediyor" iddialarına cevap verme ihtiyacı bile hissetmedi.

Genelkurmay Başkanı Orgeneral Nafiz Gürman, Celal Bayar'ın evine gitti, güvence verdi: "Ordu seçim sonuçlarına saygılıdır."

2 haziran 1950.

Menderes Kabinesi Meclis'ten güvenoyu aldı.

Ankara'da tedirginlik sürüyordu...

Üstelik Başbakan Menderes'in güvenoyunu alır almaz, "ezanın Arapça okunabileceğini" söylemesi tansiyonu hayli yükseltmişti.

Kimi çevreler, askerlerin artık müdahele edeceğinden emindi.

6 haziran 1950.

Beklenenin tersi oldu. Celal Bayar ile Adnan Menderes Türk Silahlı Kuvvetleri'nde büyük bir tasfiye hareketine başladılar.

Ordu'nun üst komuta kademesi tırpanlandı.

Genelkurmay Başkanı Orgeneral Abdurrahman Nafiz Gürman, Hava Kuvvetleri Komutanı Orgeneral Zeki Doğan, Deniz Kuvvetleri Komutanı Oramiral Mehmet Ali Ülgen, Jandarma Genel Komutanı Korgeneral Nuri Berköz, Genelkurmay II. Başkanı Orgeneral İzzet Aksalur, 1. Ordu Komutanı Orgeneral Asım Tınaztepe, 2. Ordu Komutanı Orgeneral Muzaffer Tuğsavul, 3. Ordu Komutanı Orgeneral Mahmut Berköz gibi üst düzey komutanlarla birlikte toplam 15 general ve 150 albay emekliye sevk edildi!

Emekli edilenler arasında Askeri Şûra üyeleri Orgeneral Kâzım Orbay, Orgeneral Salih Omurtak gibi komutanlar da vardı.

Cemal Tural, Kami Akman, Cavit Çevik gibi Albaylar, vekaleten tümen komutanı yapıldı.

Bu tür uygulamalar TSK'da ilk kez oluyordu!..

DP Hükümeti, neden böyle büyük bir tasfiye operasyonu yapmıştı?

"Bir gün Başbakanlığa bir Albay geldi, Adnan Menderes'le özel bir konuşma yaptı, üst düzey subayların darbe hazırlığı içinde olduğunu söyledi ve TSK'da büyük tasfiye hareketi böylece başladı..."

Söylenen buydu.

Halbuki kazın ayağı öyle değildi!..

Bayar ve Menderes, Ordu içindeki "İnönücü Paşalar"ı tasfiye etmek istemişti.

Peki niye?

"Ordu'da İnönücülük" ne anlama geliyordu?

DP'nin kurulmasını, seçime girmesini, hükümet olmasını İsmet İnönü sağlamamış mıydı?

Ordu'da Atatürk'ü, İnönü'yü sevmeyen bir subay olabilir miydi?..

TSK tasfiyeleri ardında iki eski subay vardı. İkisi de seçimlerden kısa bir sure önce TSK'dan istifa etti.

İkisi de üniformalarını çıkarır çıkarmaz, DP'den aday olup, meclise girdi. Bunlardan biri; emekli Kurmay Albay Seyfi Kurtbek diğeri ise emekli Korgeneral Fahri Belen'di!.

Fahri Belen hemen Bayındırlık bakanı yapılmıştı zaten.

Seyfi Kurtberk ise askeri kıyım operasyonunudan sonra sırasıyla Ulaştırma ve Milli Savunma bakanlığına getirilecekti!

Burada bir soruya ihtiyacımız var:

Bayar ve Menderes, bu iki emekli askere "sivil rütbeleri" ardı ardına neden verdi?

Sorunun yanıtı sekiz yıl öncede gizli..

Yıl 1942. İkinci Dünya Savaşı'nın en sıcak günleri...

Seyfi Kurtbek o zaman Binbaşı. Birinci Ordu İkmal Şubesi'nde görevli. Binbaşı Kurtbek'in adı, İsmet Paşa'ya karşı yapılacak askeri darbenin lideri olarak geçiyor!

Darbeyi yapacak ekip kendine "Hücum Ordusu" adını vermişti!..

"Hücum Ordusu" aralarına katılması için kime teklif götürdü dersiniz?

Dönemin 2. Ordu Komutanı Korgeneral Fahri Belen'e!

Ancak Belen bu teklifi önce reddetmiş ama kapıyı tam manasıyla da kapatmamıştı.

Korgeneral Belen'in bu yapılanma içinde yer aldığını düşününler onu Ankara Temyiz Mahkemesi İkinci Reisliği'ne atadılar.

Kurtbek kurtulmuştu.

Tesadüf mü diyelim!..

Ve yine soralım, "İnönücülük neydi?"

İnönücülük, İkinci Dünya Savaşı'na katılmamaktı...

Gazeteler emekli Albay Kurtbek'i, Enver Paşa'ya benzetiyorlardı; TSK'yı topyekûn değiştireceğini yazıyorlardı. Milli Savunma Bakanı Kurtbek bu kez "Ordu'da reform" projesi hazırladı.

Teklifini Bayar ve Menderes'e kabul ettirdi.

Menderes, Bakan Kurtbek'i öve öve bitiremiyordu. Hatta işi daha da ileri götürüp, Sultan III. Selim'den esinlenerek bu projeye "İkinci Nizam-ı Cedid" adını verdi.

Ancak teklif DP'de ayrılıklara neden oldu.

En güvendikleri paşa, emekli Korgeneral Bahri Belen, 28 ekimde bakanlıktan istifa etti ve projeyi TSK'daki arkadaşlarına söyledi.

Askerler gerildi.

İsmet İnönü gelişmelerden rahatsızdı, "Hiç kimse kendine göre bir ordu yapamaz" diye ilk sert çıkışını yaptı.

DP Hükümeti bu "cerrahi projeyi" uygulayamadı.

Bu proje ve ardından Kurtbek'in TSK'daki tüm generalleri hiçe sayan tutum içine girmesi, Ordu içinde DP aleyhine bir havanın doğmasına neden oldu!

6 haziran darbesinde, tasfiye edilmeyen tek kuvvet komutanı, Kara Kuvvetleri Komutanı Orgeneral Nuri Yamut oldu. Üstelik Orgeneral Yamut, Genelkurmay Başkanı yapıldı.

Kara Kuvvetleri Komutanlığına getiren Orgeneral Kurtcebe Noyan, DP'nin "balans ayarı"nın ideolojik yönünü ortaya çıkarıyor.

Kurtcebe Noyan Paşa Nakşibendi Küçük Hüseyin Efendi'nin müridiydi! Noyan Paşa, teğmen rütbesindeyken komutanı Orgeneral Fevzi Çakmak tarafından Küçük Hüseyin Efendi Dergâhı'na götürülmüş ve şeyhe intisap bağlanmıştı!

"İnönücülük" tanımının ne olduğu yavaş yavaş ortaya çıkıyor gibi...

Bayar-Menderes, TSK'da "postmodern darbe" yaptıktan sonra, 1950 yılının o yaz günlerinde, şaşırtıcı bir kararın altına da imza attılar: Türk Ordusu savaşmaya Kore'ye gidecekti!..

"İnönücülük" neydi?

Savaşa katılmamak mı?..

İki soruyla yazıyı noktalayalım: 28 Şubat 1997 kararları, AKP'nin doğmasına ve hükümet olmasına mı yol açtı? Tartışılır.

Peki 6 haziran 1950'deki tasfiyeler, 27 Mayıs 1960 Askeri Müdahalesi'ne giden yolun başlangıcı mıydı? Evet.

Size ilginç bir olay aktaracağım. Ama önce bazı bilgiler sıralamama izin veriniz:

Demokrat Parti'nin ilk Genelkurmay Başkanı Orgeneral Nuri Yamut'tu. Orgeneral Yamut dört yıl görevde kaldı, sonra DP milletvekili olarak Meclis'e girdi. 27 Mayıs 1960 Askeri Müdahalesi'nden sonra yargılanmak üzere Yassıada'ya götürüldü. Orada vefat etti...

Orgeneral Yamut'tan sonra Orgeneral Nurettin Baransel Genelkurmay başkanı oldu. Bir yıl görev kaldı. Ama askeri müdahaleye kadar hep Yüksek Askeri Şûra üyeliği yaptı. 27 Mayıs'ta emekli edildi.

DP döneminin üçüncü Genelkurmay başkanı Orgeneral Hakkı Tunaboylu oldu. 1957 yılına kadar görevde kaldı. Tunaboylu, 1958'de vefat ettiğinde büyük bir törenle Cebeci Şehitliği'nde toprağa verildi.

DP dönemi Genelkurmay Başkanlarını yazmaya devam edelim: Ekim 1957-ağustos 1958 döneminin Genelkurmay Başkanı Orgeneral Feyzi Mengüç'tü.

DP döneminin son Genelkurmay Başkanı Orgeneral Rüştü Erdelhun'du. 27 Mayıs 1960 Askeri Müdahalesi'nden sonra Yassıada'ya götürüldü. İdama mahkûm oldu; cezası ömür boyu hapse çevrildi. 1964 yılına kadar cezaevinde kaldı.

Yukarıdaki bilgilerden sonra, gelelim asıl olayımıza:

12 Eylül 1980'de yönetime el koyan Milli Güvenlik Konseyi, 10 kasım 1981'de Devlet Mezarlığı yapılması kararı aldı. Kurtuluş Savaşı'na katılan subaylar ve cumhurbaşkanları buraya defnedilecekti.

Devlet Mezarlığı 30 ağustos 1988'de açıldı.

Hangi komutanların defnedileceğine Genelkurmay karar verdi.

DP dönemine kadar Genelkurmay başkanlığı yapmış tüm komutanların mezarları buraya nakledildi. Sadece mareşal Fevzi Çakmak'ın mezarı ailesinin istediği üzerine Eyüp Sultan'da Nakşibendi Küçük Hüseyin Efendi'nin mezarının yanında kaldı.

DP döneminin Genelkurmay başkanları Devlet Mezarlığı'na alınmadı.

Diyeceksiniz ki, onlar Kurtuluş Savaşı'na katılmamışlardır belki?

Hayır katıldılar.

Nuri Yamut 4 ocak 1920; Nurettin Baransel 1 mart 1921; Hakkı Tunaboylu 31 temmuz 1921; Rüştü Erdelhun 2 nisan 1921'de Anadolu'ya gizlice gelerek Milli Ordu'ya katılmışlardı.

DP'nin emekli ettiği Orgeneral Nafiz Gürman 8 şubat 1921'de Milli Ordu'ya katılmıştı. Diğerlerine gore Ankara'ya daha geç geldi. Ama Gürman Devlet Mezarlığı'na defnedildi.

Diğerleri niye yoktu?

Devlet Mezarlığı'na gömüleceklerle ilgili kanuna göre, bu mezarlıkta bulunacak Kurtuluş Savaşı komutanlarının savaşta asgari tümen komutanlığı yapmış olması gerekiyor. Yasa öyle diyor!

Ama Devlet Mezarlığı'na defnedilen Salih Omurtak, Nuri Yamut'la aynı dönemde Milli Ordu'ya katılmıştı. Rütbeleri aynıydı. Ama Yamut alınmadı.

DP'nin emekli ettiği Gürman ve Omurtak gibi paşaların mezarları Devlet Mezarlığı'na getirilirken, DP dönemi Genelkurmay başkanları neden nakledilmemişti?

Hani diyebilirsiniz ki, "Ama onların bazıları yargılandı, hüküm giydi?"

1943'te Van'ın Özalp ilçesinde 33 köylünün kurşuna dizilmesi emrini verdiği için Orgeneral Mustafa Muğlalı, 20 yıl hapis cezası aldı. Orgeneral Muğlalı'nın naaşı Devlet Mezarlığı'nda!

Peki Kurtuluş Savaşı'nın önde gelen subaylarından Orgeneral Asım Gündüz niye mezarlıkta yok?

1880 Kütahya doğumlu, Harp Akademisi'nde Mustafa Kemal Atatürk'ün ve Ali İhsan Sabis'in sınıf arkadaşı olan Asım Gündüz, daha önce Şehzade Ömer Faruk Efendi'yle (Halife Abdülmecid'in oğlu) gittiği İnebolu'ndan bir kere geri çevrildikten sonra, 1921'de Albay rütbesiyle Kurtuluş Savaşı'na katılmış, Atatürk'ün isteğiyle Batı Cephesi (İsmet İnönü) Kurmay başkanı olmuş, bu görevdeyken Sakarya Savaşı'nda bulunmuş, Büyük Taarruz'un planlarını hazırlamış ve yürütmüş (İnönü'nün planı yerine, kendi yaptığı değişiklik Atatürk tarafından kabul edilmiş), Büyük Taarruz sonrasında general olmuştu.

Madem yasa öyle diyor; o halde Asım Gündüz Paşa niye mezarlıkta yoktu? Yoksa yazdığı kitaplarda sürekli İsmet İnönü'yü eleştirdiği için mi? Neyse...

Sonuç: Bu işlerin unutulmuşlukla, hapislikle, rütbeyle aslında pek ilgisi yok. İşi kılıfına uydurabilirsiniz fakat amacını gizleyemezsiniz.

27 Mayıs 1960'da üstteğmen, yüzbaşı rütbesinde olan askerler, 1988'de Genelkurmay'ın üst tepesindeydi.

DP dönemini yakından yaşamışlardı. Yani...

Yanisi şu: "Asker unutmaz"!

Unutmamışlardı...

12. bölüm

"Magazin haberleri"

Herkes magazin haberlerini eleştiriyor.

Eleştiri zamanla magazin düşmanlığına dönüştü.

Bu "televole kültürü"nden kitlelerin nefretinin haklı sebepleri de yok değil hani.

Örneğin:Manken oyuncu Eylem Şenkal, şair Hasan Hüseyin Korkmazgil'in kızı mıydı?

Mankenin, büyük şairin kaçamak aşkından çocuğu olduğu iddia edildi! Günlerce bu saçma soru tartışıldı.

Korkmazgil ailesinin özel yaşamı darmadağın yerlere saçıldı. Büyük ozan ve ailesi, sansasyonel haberlere "malzeme" yapıldı.

Haksızlık değil mi bu? Haksızlık değil mi, aslında onların romanlara, filmlere konu olacak aşkına?

Gelin size, şair Hasan Hüseyin ile öğretmen Azime'nin tertemiz aşk hikâyesini anlatayım. Bu aşka leke sürmeye çalışanlar utansın.

Tarih 3 haziran 1963.

Yer: Uşak.

Akşam saatleri...

30 yaşındaki Azime Karabulut, Uşak Lisesi'nde edebiyat öğretmeniydi.

Evliydi. Eşi Hulusi ilköğretim müfettişiydi, bir aydır evinden uzaktı. Eşme'deki okulları denetliyordu.

İki çocukları vardı, oğulları dört yaşındaki Ufuk ve kızları iki yaşındaki Barış.

Çocukların karnını doyurup uyuttuktan sonra bahçeye çıktı Azime. Türlü türlü kuşlarla bezeli yörük kilimine bağdaş kurup oturdu. İçi sıkkındı. Neden olduğunu bilmiyordu. Kalktı, kuyudan su çekip çiçeklerini suladı.

Saatler gece yarısını gösteriyordu. Hâlâ uykusu yoktu. Evin salonundaki radyoyu açtı, sürekli kanalları değiştirdi.

Birden...

Kanallardan birinde bir haber: Büyük Türk şairi Nâzım Hikmet öldü...

Donup kaldı.

Kendine gelince bahçeye zor attı kendini. Çocukluğundan beri şiirlerini her yerde arayıp okuduğu büyük şair ölmüştü işte. Sessizce ağlamaya başladı. Öksüz kaldığını hissetti.

O anda aklına, son dönemlerde sık sık okuduğu, korkusuzluğunu Nâzım Hikmet'e benzettiği bir şairin adı geldi: Hasan Hüseyin.

Hasan Hüseyin adını ilk, 1959 yılında *Dost* dergisinin şubat sayısında yer alan "Ağustos Şiiri"nde görmüştü.

Azime Öğretmen, o gece, ayın ve yıldızların altında Hasan Hüseyin ve Nâzım'dan şiirler okudu.

Şafak sökmeye başlayınca korktu; ya Nâzım Hikmet gibi, Hasan Hüseyin'i de yok ederlerse, ya sustururlarsa?

Kızı Barış'ın sesiyle kendine geldi. Sabah olmuştu.

Çocuklarıyla kahvaltı yaptı.

O gün okulda ders yılı sonu sınavları vardı. Okula gitti. Acısını konuşacak kimsesi yoktu.

Eve dönerken kararını verdi, Ankara'ya gidecekti, Hasan Hüseyin'i görecekti. Hiç tanımadığı, yüzünü görmediği, kim olduğunu bilmediği bir şairin elini tutacak, ona yalnız olmadığını söyleyecekti.

Bir de merakı vardı, kanını tutuşturan sıcaklığı yaratan bu şiirlerin arkasındaki adam kimdi?

Hemen o akşam gidecekti, gitmeliydi, yarın geç olabilirdi...

Barış'ı omzuna aldı, Ufuk'un elinden tutup tren istasyonunun yolunu tuttu. Kanatlanmış gibiydi.

5 haziran sabahı Ankara'daydı. Ankara kocaman bir kent. Hasan Hüseyin'i nasıl bulacaktı?

Solcu şairi kim bilirdi; olsa olsa Türkiye İşçi Partililer.

Polise sordu, "TİP Genel Merkezi neredeydi?" Polis tarif etti.

Parti binasından içeri girerken heyecanlandı; saçlarının dibi, burnunu ucu terledi.

Barış kucağında, Ufuk yanındaydı. Partililer bu manzara karşısında şaşırdı. Şairin nerede olduğunu bilemediklerini söylediler.

Tam çıkacakken, adını sonradan öğreneceği şairin yakın arkadaşı Kemal Çiftler'le karşılaşması hayatının yönünü değiştirecekti. Hasan Hüseyin'in iki hafta önce Ankara'dan gitmişti. Ne zaman geleceği belli değildi.

Azime, tren istasyonunun yolunu tuttu, Uşak'a döndü.

Temmuz ayının sonu, 27 temmuz.

Hasan Hüseyin'den mektup vardı.

Azime Karabulut merhaba!

Mektup beş sayfaydı.

Sana ve senin gibi duyup düşünenlere binlerce selam. Sizlere layık olamamak korkusuyla titrediğimi duyuyorum. Ah, ne iyisiniz ne yiğitsiniz sizler...

Azime şaşkındı. Hem mektuba hem de coşkun bir sel gibi akan mektuptaki dizelere.

Heyecandan ağladı.

Hemen oturup yanıt yazdı. Bir de oğlu ve kızıyla çekilmiş fotoğrafı koydu zarfa.

Yanıt gecikmedi. Üstelik o da bir fotoğraf göndermişti. Azime, Hasan Hüseyin'i o fotoğrafta gördü ilk; gür beyaz saçları, basık izlenimi veren burnu...

Heyecandan titriyordu. Yanıtını beklemeden ardı ardına mektuplar yazdı.

Hasan Hüseyin de ilgisiz değildi.

Şairin ikinci mektubu *"Sevgili Azime"* diye başlıyordu.

Üçüncü mektubunun tarihi 7 ağustos 1963'tü. Şair mektubunu saat 03.00'te kaleme almıştı.

Ve mektup, *"Benim Azimem!"* diye başlıyordu...

Seni sevdim, seviyorum. Seni anlayarak seviyorum. Bunu bugün söylüyorum sanma. Ben sevmem böylesi laflar etmeyi. Hele, hiç sevmem mektup yazmayı. Seni seviyorum diyorum, anlıyorsun değil mi? Bu benim için zor bir itiraf...

Sen biraz yarınımsın benim. Biraz değil yarınımsın Azime. Sana Azimem diyorum anlasana! Seni anlayarak seviyorum Azime. Düşün ki yüzünü görmedim daha. Kimseden de sormadım seni. Seni kendi sözlerinle tanıyorum, bir de yolladığın resimden...

Geç mi kaldık? Yoo... Bu da bizim gerçeğimiz.

Şairin son mektubundan sonra Azime bir yol ayırımına geldi. Kaçışı yoktu, koşa koşa polis karakoluna gitti. Telefon sadece karakolda vardı. Sesini duymak istiyordu sevdiği adamın.

Akis dergisini aradı; Hasan Hüseyin dergide redaktör olarak çalışıyordu. 20 dakika bekledi, telefonun bağlanmasını.

Sonunda bağlandı.

Kendini su içinde hissetti; terden sırılsıklamdı. Korkuyordu "ya sesim çıkmazsa?"

Toparlandı hemen:

"Sonunda konuşuyor muyuz, senin sesin mi bu?"

"Evet, benim, ben Hasan Hüseyin Korkmazgil."

"Bu kadar sıcak mıydı sesin?"

Ufak bir kahkaha sesi. O sıcak gülüş aklını başından aldı Azime'nin. Ama yine de kontrolü kaybetmek istemiyordu; şiirini, yazdıklarını yıllarca izlemek başka, giderek sevmek de başkaydı, ama...

Evliydi, iki küçük çocuğu vardı ve 30 yaşındaydı.

Şair, "Atla gel, çocuklarını yanına al gel, yeni bir hayat kuralım" diye ısrar ediyordu.

Fısıltıyla "düşüneceğim" diye telefonu kapattı Azime. Ter içindeydi. Bitkindi. Eve dönerken, gömlek cebindeki şairin fotoğrafını çıkarıp baktı. Ağladı. Hasan Hüseyin'i sevmekle, şimdiye dek sahip olduğu sevgileri yitirecek miydi?

Birkaç gün Azime ne mektup yazdı ne telefon etti. Şair Hasan Hüseyin ise mektup yazmayı sürdürdü. "Gel" diyordu hep. "Gel birlikte düşünelim."

Azime çocuklarını düşünüyordu. Kocasını düşünüyordu. Anlayabilecek miydiler bu aşkı. Kocası, onuruna yedirip de "Haydi git" diyebilecek miydi? Ya babalar, anneler, akrabalar... Göze almak kolay mıydı, çekip gitmeyi?

Günler boyu kendini kırlara attı. Deliler gibi dolaştı akarsu kıyılarında, pınar başlarında.

Ürpererek uyandığı rüyalar gördü.

Artık dayanamıyordu. Kararını önce ailesine açmaya karar verdi.

Kardeşleri ilkokul öğretmenleri Necati, Ömer, Mustafa ne olursa olsun yanında olduklarını söylediler. Babası pek sesini çıkarmadı. Annesi, "İnsanın başına kar da yağar, boran da savrulur" dedi. Yüreklendi.

Hemen koşup telgraf çekti sevdiğine: "Geliyoruz!"

17 ağustos 1963.

Yer:Ankara Tren İstasyonu.

Azime'nin kalbi duracak gibi. Annelerinin içindeki yangından habersiz çocuklar sevinçliydi, yine Ankara'ya geldikleri için.

Tren istasyona girdi.

Azime'nin yüreği kıpır kıpır; şiirle başlayıp mektupla devam eden bir sevdanın peşinden koşup Ankara'ya geldiğine inanamıyordu. Üstelik daha yüzünü bile görmemişti sevdiceğinin...

İşte gördü onu Azime; gri kabarık saçları, genç enerjik yüzlü, ince bedenli bir adam telaşla tren vagonlarına bakıyor.

Emindi, "kesin bu o" dedi içinden.

El sallarken, utanarak seyretti aşkını; ince dal gibi boylu poslu bir adamdı şair.

Azime telaşlıydı, bu kez iki elini de sallamaya başladı. Hah o da gördü işte.

Göz göze geldiler...

Tren istasyonunun lokantasına oturdular.

Çocuklar kendi aralarında oynuyordu.

Sessizliği Azime bozdu:

"Yalnız mısın?"

Hasan Hüseyin güldü; "Ara sıra Hollandalı bir kızla..."

Azime'nin yüzü düştü. Şair ekledi, "Hiç canım... Çilli bir kız işte!"

Gün boyu Ankara'yı gezerek sohbet ettiler.

Azime çocuklarla Ulus'taki Buhara Otel'e yerleşti.

Sohbetleri sabaha kadar otel lobisinde de sürdü.

Ertesi gün yine buluştular. Birbirlerini tanımaya çalışıyorlardı. Azime henüz eşinden ayrılmadığı için, o ilk ziyarette Hasan Hüseyin'in elini bile tutmadı.

Birkaç gün sonra Uşak'a döndü. Okuldaki görevini sürdürdü. Bu arada zor bir süreç sonunda eşinden boşandı.

Sadece evinde değil, Uşak'ta da sorunlar çıktı. Edebiyat öğretmeninin bir solcu şaire âşık olması halk arasında yer yer öfkeli çıkışlara neden oldu.

O, aşkının arkasında dimdik durdu.

Uşak'ta sorunlarla boğuşurken, 10 haziran 1964 günü hayatını değiştirecek teklifi aldı. Hasan Hüseyin evlilik teklif etti.

Aynı gece çocuklarla yine Ankara'nın yolunu tuttu.

11 haziranda Altındağ Evlendirme Memurluğu'nda evlendiler. Törende sadece beş arkadaşları vardı...

Azime çocuklarını alıp Ankara'ya yerleşti.

Bir yıl sonra oğulları Temmuz doğdu..

Ve Azime, eşi Hasan Hüseyin ve çocukları Ufuk, Barış ve Temmuz'la kirletilmemiş mutlu bir hayat yaşadı.

Azime Korkmazgil'in aşkı bugün hâlâ ilk günkü heyecanla sürüyor...

Şimdi soruyorum size, böylesi bir aşkı kirletmeye kimin hakkı var?

Portre: Şair Hasan Hüseyin Korkmazgil 376 gün yoğun bakımda kaldı

4 mart 1927 tarihinde Sivas Gürün'de doğdu.

Annesi Gülşan. Babası, 1898 doğumlu Nalbantoğlu Şükrü, Birinci Dünya Savaşı'nda Kafkas Cephesi'nde savaştı ve Ulusal Kurtuluş Savaşı'na katıldı. İstiklal Madalyası vardı. Kurultay İlkokulu'nda hademelik yapıyordu.

Şairin yedi kardeşi vardı.

Tek okuyan sadece o oldu. İlkokulu babasının hademelik yaptığı okulda okudu. Ortaokula gidemedi; Ziraat Bankası şubesinde getir götür işlerinde çalışmaya başladı. 20 kasım 1979'da öldürülen Dr. Necdet Bulut'un babası bankanın müdürüydü. Hasan Hüseyin'le yakından ilgilendi. Parasız yatılı okul sınavlarına girmesini sağladı.

Sınavın yapıldığı Sivas'a gitmek için, komşularından ödünç alınan ayakkabıyla 60 km yolu yürüyerek gitti.

Kazandı, Niğde Ortaokulu ve sonra Adana Erkek Lisesi'nde okudu.

Okulda dünya edebiyat klasikleriyle tanıştı. Şiir yazmaya başladı.

Gazi Eğitim Enstitüsü'nü bitirip Türkçe öğretmeni oldu.

K. Maraş Gökşin'e öğretmen olarak atandı.

Nâzım Hikmet şiirlerini okuduğu için ihbar edildi, 1951'deki TKP davasına dahil edildi. Üç yıla mahkûm oldu. Bütün kamu hakları elinden alındı. Elbistan ve Nevşehir cezaevlerinde yattı.

Cezaevinden çıktıktan sonra ekmek parası kazanmak için İstanbul'a gitti. Bu kez askere alındı; üniversite mezunu olmasına rağmen er olarak 27 ay askerlik yaptı.

Askerlik dönüşü baba ocağına döndü. Kahvelerde karakalem portre ressamlığı yaparak, tabela boyayarak ve okuryazar olmayan ailelerin asker mektuplarını yazarak geçimini sağladı.

Şiirden hiç kopmadı. İlk şiiri 1959'da *Dost* dergisinde çıktı. Ayrıca yazdığı iki oyun radyoda piyes oldu.

27 Mayıs 1960 Askeri Müdahalesi'nden sonra, "Türkiye artık değişti" diyerek Ankara'ya yerleşti. *Akis* dergisinde düzeltmen redaktör olarak çalıştı. Basın-İş Sendikası'nın genel sekreterliğini yaptı.

Doğan Avcıoğlu'nun çıkardığı *Yön* ve TİP'in yayın organı *Sosyal Adalet* dergisinde makaleler yazdı.

İlk kitabı *Kavel* 1963 yılında çıktı. Yeditepe Şiir Ödülünü kazandı.

Sadece şiir değil, mizah öyküleri de yazıyordu.

1966 yılında *Kızılırmak* kitabından dolayı yargılandı. Beraat etti.

1968'de *Forum* dergisini satın aldı. Ancak dergi uzun ömürlü olamadı.

1969 Seçimleri'nde Çorum'dan TİP milletvekili adayı oldu. Kazanamadı. Partide "güler yüzlü sosyalizmin" öncüsü Mehmet Ali Aybar'a yakındı.

1973 yılında çıkardığı *Acıyı Bal Eyledik* şiir kitabıyla daha da ünlendi.

Şiirleri Nâzım Hikmet'in yazdıklarıyla karşılaştırıldı. Nâzım'a hiç söz söylemedi ama Fazıl Hüsnü Dağlarca'yı sevmediğini açıkça söylüyordu. Ahmet Muhip Dranas'ın şiirlerini beğeniyordu.

1983 yılında evinde çalışırken beyin kanaması geçirdi. 6 ay hastanede 6 ay evde yoğun bakımda kaldı.

Yakın arkadaşı beyin cerrahı Dr. Yücel Kanpolat ilgisini arkadaşından hiç eksik etmedi.

Azime Korkmazgil bir gün bile kocasının başından ayrılmadı.

Ancak kurtarılamadı. 26 şubat 1984'te hayata gözlerini yumdu.

Mezarı, Ankara Karşıyaka Mezarlığı'ndadır...

Hasan Hüseyin gibi omurgalı aydınlarımız, üzerlerine soru işaretleri oluşturarak yok edilmek isteniyor.

Hasan Hüseyin bu içi boş tartışmalardan alnının akıyla çıkmıştır yine. Aksi söz konusu olsaydı ne olurdu sanki? Hasan Hüseyin'in şiirleri yara mı alırdı sanıyorsunuz? Saçmalık.

Ne bileyim işte, Yaşar Kemal'in aşkları onun büyük yazarlığına gölge mi düşürür sanıyorsunuz? Aksine. Onu daha da büyütür...

Neden magazin gibi hayatın renklerinden, hoşluklarından bahseden bir gazetecilik öç alma mekanizmasına dönüştürüldü.

Magazin kötü değildir, ancak içeriği giderek yozlaşmaktadır. İnsanların özel hayatlarının hoyratça kullanılması magazin değildir.

Magazin insan yaşamının süsüdür. Son dönemdeki deyimiyle "seviyeli" olursa...

Bunu birçok biyografi, anı kitabında da görebiliriz.

Yaşar Kemal'in aşkları

Gülriz Sururi'nin *Kıldan İnce Kılıçtan Keskince* kitabını okumamıştım. Doğan Kitap yeni baskısını yapınca görme fırsatı buldum. Kitabın hem içeriğinin zenginliği hem de tatlı üslubu beni hayretler içinde bıraktı.

Evet, Gülriz Hanımefendi benim nazarımda "usta yazar mertebesine" ulaşıverdi.

Arkasından, birinci kitabın devamı *Bir An Gelir*'i de bir çırpıda okudum. İkinci kitap da benzer güzellikteydi.

Her iki kitap da, özellikle tiyatro dünyasına ait bilmediğim onca, tatlı acı olayı öğrenmemi sağladı.

Gülriz Sururi yazarken hiç sakınmıyor. Ne güzel. Kitapta Yaşar Kemal'le de ilgili bir anısını kaleme almış.

Gülriz Hanım daha gencecik bir tiyatrocu.

Bir gün Taksim'den dolmuşa biniyor. Bir genç sürekli kendisine bakıyor, hatta ileri gidip biraz da sıkıştırıyor.

Gülriz Sururi telaşla dolmuştan iniyor, o genç de arkasından. Birkaç adım atıyor ki, boylu boslu genç adam arkasından, "Hişt, hişt küçükhanım tanışabilir miyiz?" diyor.

Esmer delikanlı olumsuz yanıt alınca da, öyle hemen pes etmiyor. Ancak "polis çağırırım" sözünü işitince takibe son veriyor.

Gülriz Sururi, kendi deyimiyle bu "Anadolulu çapkının" adını sonradan öğreniyor: Yaşar Kemal.

Hoş, tatlı bir anı. Keyifle okudum.

Yaşar Kemal'le ilgili benzer bir anıyı, Mualla Eyuboğlu Anhegger'in *Hitit Güneşi* (Doğan Kitap) adlı kitabında okuyunca ne yalan söyleyeyim biraz şaşırdım.

Yaşar Kemal, Sabahattin Eyuboğlu ile Bedri Rahmi Eyuboğlu'nun kızkardeşi Mualla Eyuboğlu'na âşık olmuştu. Hem de ne aşk!

> Yaşar Kemal'i, ben Hasanoğlan'dan Ankara'ya Sabahattin Ağabeyimi ziyarete gidip gelirken tanıdım. Ağabeyim tanıştırdı bizi. O zaman Göğceli derdi kendisine. Daha Yaşar Kemal olmamıştı. Tertemiz yürekli, mütevazı bir gençti. O yıllar âşık oldu bana.

Cumhuriyet gazetesinin yeni muhabiri Yaşar Kemal, aşkı Mualla Eyuboğlu'na röportajlar için gittiği Doğu ve Güneydoğu'dan mektup üstüne mektup gönderiyor o yıllar:

Seni çok seviyorum.

Konuşamayacak, yedi yaşında bir çocuk kadar utanacak kadar. Sevmek çok iyi bir şey. Dünyada bundan daha iyisi olamaz. Bana öyle geliyor. Ben sevgiden daha tatlı şey bulamadım dünyada.

Ben seni seviyorum. Bunun ömrümün sonuna kadar devam etmesini istiyorum. Buna sende yardım edersen çok iyi olur...15 mayıs 1951, Diyarbakır.

Yaşar Kemal gibi bir edebiyatçı aşkına şiirler de yazmaz mı?

Sen benim yüreğimin sıcaklığına dayanamazsın/ Yakar kavurur da kül eder sevdiğim/ Kül eder. /Ama benim derdim çaresiz/ Halim yaman/ Sevdan beni öldürür/ Sevdan beni deli eder. (4 haziran 1951.)

Sonra ne olur? Sonra, Yaşar Kemal aşkına karşılık bulamaz. Mualla Eyuboğlu Robert Anhegger'le birlikte olmaya karar verir. Yaşar Kemal son mektubunu yazar. Tabii hitap da artık değişmiştir:

Mualla, kardeşim,

Mektuplarımı hazırla bir gün aldırırım. İstersen bendekini gönderirim sana. Ne yapalım sağlık olsun. Selam kardeşim. Sana hiç gücenmedim.

Gerek mektuplar, gerekse Mualla Eyuboğlu'nun Yaşar Kemal değerlendirmesi edebiyat dünyasında hayli büyük polemiklere neden olacak gibi gözüyor:

Tilda'yı Yaşar'la evlenmesinden çok önce ortak Yahudi arkadaşlarımız vasıtasıyla tanıdım. Çok hoş bir hanımdı, çok bilgiliydi. Hakiki İstanbul burjuvazisindendi. Doktor bir kocası vardı. Afrika'da görevliydi. Tilda yalnız yaşardı İstanbul'da. Çok sık görüşürdük o sıralar. Yaşar'la evlenmelerinden sonra hiç görüşemedik maalesef. Çok zarif bir hanımdı Tilda. Benim tam zıddımdı yani. O kadar değişik tipleriz ki. Sonradan çok düşünmüşümdür, Yaşar'ın bana duydugu şey, sahiden aşk mıydı diye. Tilda'yla evlenen bir adam nasıl olur da beni beğenir diye. Belki benim memlekete hizmet idealizmiyle yanıp tutuşmamdan etkilenmiştir biraz. Belki de benimle evlenerek Sabahattin Ağabeyimden dolayı bazı çevrelere daha kolay girebilirim diye düşünmüştür. Eh, ne bileyim, İstanbul'daki belli çevrelere girmenin özlemini duyardı işte. Kolay mı canım onun için, Çukurova'dan kalkıp gelmek buralara ve bir yazar olarak tutunmaya çalışmak. Yaşar dünya çapında bir edebiyatçı olmasını Tilda'ya borçludur. Kitaplarının yabancı dillere tercüme edilmesinden, bütün o beynelmilel ilişkilerin kurulmasına kadar...

Başta da söylediğim gibi ben anı okumaya bayılıyorum...

Yaşar Kemal sonunda aşkına kavuştu: Tilda Hanım'la evlendi.
Ancak Tilda Kemal Tilda, 17 ocak 2001 tarihinde vefat etti. Yalnızlığa dayanamayan Yaşar Kemal bir yıl sonra, 1 ağustos 2002'de, Ayşe Semiha Baban'la evlendi.

Şimdi bu magazin haberi çirkin mi?
Üstelik bu, özel hayat yaşayanlar tarafından kaleme alınmış.
Madem magazin haberleri yazıyoruz; devam edelim.
Üstelik kimi zaman magazin haberleri öğretici de olabilir...
Örneğin...

Kokain tutkusunun yok ettiği ünlü karıkoca

Son dönemlerde, televizyon ünlüleri "kokain âlemi"nde yakalanıyor.
Türklerin kokainle tanışması ne zaman, nasıl oldu?
Osmanlı döneminde burundan çekilen bir tür uyuşturucu olan enfiye, serbestti. Esrar içilen kahvehaneler vardı. Ama kokain bilinmezdi.
Kokaini Türklere, Bolşevik Devrimi'nden kaçan Beyaz Ruslar'ın alıştırdığı iddia ediliyor.
İşte Beyaz Rus bir dansözün kokainle tanıştırdığı dönemin ünlü sanatçısı Ferdi Tayfur ve kendisi gibi sanatçı olan eşi Melek Kobra'nın hazin hikâyesi...

Yıl 1933.
Gülriz Sururi üç yaşındaydı.
Ve annesi Suzan'a ilişkin unutamadığı bir kare resim vardı hayatında:

Kadıköy'de, İskele ile Moda arasında dar sokaklardan birinde küçük bir ev hatırlıyorum. İlk anılarım olacak bunlar. Evde annem, sarı uzun saçları çözülmüş yatakta. Ben koynundayım. Karşısında, divanda Melek Teyzem. Annemin evde gördüğüm tek arkadaşı o. Annem ile Melek Teyzem, ayaklarını havaya kaldırıp çıplak bacaklarını seyrediyorlar. Ayaklarına bakıyor, kıkır kıkır gülüyorlar. Annem beni bir öpücüklere boğuyor, bir Melek Teyzemin kucağına top gibi atıyor. Ben de gülüyorum. Çok seviyorum annemi, beni öpen Melek Teyze'yi...

İstanbulluların, Yıldız Sineması'nın kapısında kuyruklar oluşturduğu *Ayşe Opereti*'nde, "Ayşe"yi Gülriz Sururi'nin annesi Suzan; "Neşe"yi ise Melek Teyzesi oynuyordu.

Suzan ve Melek iki arkadaş değil kardeştiler sanki.

Ancak bu mutluluk kısa sürdü.

Primadonna Suzan Lütfullah o yıl safrakesesinin patlaması sonucu hayata veda etti. Daha 23'üne yeni basmıştı...

Elinden tutup tiyatroyla, dansla ve eşi Lütfullah'la (Sururi) tanıştırdığı yakın arkadaşının ölümü Melek'i derinden etkiledi. Günlerce kendine gelemedi. Çareyi babası, devrin ünlü bestekârı Muhlis Sabahattin (Ezgi) buldu...

Muhlis Sabahattin Ezgi, o yıllarda sadece operetlere değil, Muhsin Ertuğrul'un yönettiği filmlere de müzik yapmaya başlamıştı.

Melek'i, Muhsin Ertuğrul'un yönettiği ve Nâzım Hikmet'in senaryosunu yazdığı *Söz Bir Allah Bir* filminin kadrosuna aldırdı.

Melek, oyunculuğu ve güzelliyle dikkat çekti hemen. Sinemaya parıltı getirmişti.

Zaten daha önceki yıllar güzellik yarışmalarına katılmıştı. Dereceye girememişti ama kuzeni Keriman Halis bırakın Türkiye'yi, dünya güzeli seçilmişti.

İlk filminde başarılı olan Melek'e aynı yıl yine sinema oyunculuğu teklifi geldi. Yönetmen ve senarist aynıydı: Muhlis Ertuğrul ve Nâzım Hikmet. Filmin adı *Milyon Avcıları*'ydı.

Ve bu film Melek'in hayatını değiştirdi.

Filmin kadrosunda bulunan ve Valentino'ya benzeyen Ferdi Tayfur'a âşık oldu...

Ferdi Tayfur 1904 yılında Çanakkale'de doğdu. Babası Boğazlar Komutanı Miralay Hüseyin Tayfur; annesi ise aslen Alman olup Müslümanlığı kabul etmiş Aliye Hanım'dı.

Miralay Hüseyin Tayfur, Osmanlı Ordusu'na top almak için gittiği Almanya'daki bir baloda tanışmıştı Aliye Hanım ile...

Üç çocukları oldu: Hayri, Ferdi ve Adalet (Cimcoz).

Ferdi Tayfur, Askeri Rüştüye öğrencisiyken 1916 yılında annesinin memleketine gitti. 1924 yılına kadar Berlin'de kaldı. Parasızlık nedeniyle mühendislik öğrenimi yarıda bırakıp Türkiye'ye döndü. Şark Demiryolları'nda memur olarak işe başladı.

Maceracı bir ruhu vardı. Sürekli iş değiştirdi. Varna'da bir gemide tayfalık yaptı. Sofya'da dolandırıldı! İstanbul'da sinema artisti oldu.

Ve film çekimi sırasında karşılaştığı Melek'e vuruldu...

Aynı yıl evlendiler.

Çok mutluydular. Birbirlerinden hiç kopmuyorlardı.

Ferdi Tayfur, eşinden ayrılmamak için, kayınpederi Muhlis Sabahattin'in yazdığı bir oyunla, oyuncu olarak turneye bile çıktı.

İstanbul davetlerinin vazgeçilmiş iki siması oldular. Gösterişli bir hayatları vardı. Kız kardeşi Adalet Cimcoz da onlardan bir yıl önce dönemin ünlü avukatı Mehmet Ali Cimcoz'la evlenmişti. İki çift çok eğleniyorlardı.

Ama... Bazen... Ferdi Tayfur çok enerjik oluyordu. Uyumuyordu. Yemek yemiyordu. İçki içiyor, ama sarhoş olmuyordu.

Bir süre sonra aynı durumlar Melek'te de görülmeye başladı.

Mesele anlaşıldı: Ferdi Tayfur evlenmeden önce Beyaz Rus bir dansöz kadın sayesinde kokainle tanışmıştı. Ve zamanla eşi Melek'i de bu yalancı dünyaya çekmişti.

Karıkoca kokainmandılar!

İlginçtir, bugün film ve dizi sektöründe parasını peşin alanlar sadece dublaj sanatçılarıdır. Bir gün merak ettim, sordum; "Neden dublaj sanatçıları paralarını peşin alıyorlar?"

Öğrendim: 1930'lu yıllarda, yabancı filmleri, Mahmut Moral yönetimindeki Darülbedayi (İstanbul Şehir Tiyatrosu) sanatçıları seslendiriyordu.

Zamanla sanatçıların konuşmaları doğal gelmemeye başladı. Dublaj yönetimi, o dönemde İpekçiler'in İpek Filmi ile yakın ilişkide olan Nâzım Hikmet'e görev verdi.

Türk dublaj sanatının rönesansını başlatan Nâzım Hikmet'in bir şartı vardır: Dublaj yapanlar paralarını peşin alacak!

"Nâzım Hikmet Yasası" bugün hâlâ geçerlidir!

Nâzım Hikmet çeşitli meslekten kişileri dublaj sanatçısı yaptı. Bunlardan ikisi de Ferdi Tayfur ve eşi Melek'ti. Evde hep dublajdan söz ediyorlardı.

İlginç ses tonu ve kendine özgü vurgularıyla Ferdi Tayfur kısa sürede "dublaj kralı" oldu.

Melek'in ilk dublaj yaptığı film, *Doktor Moro'nun Adası*'ydı. İkinci filmi, *King Kong*'du. "Fay Fray"i seslendirecekti. Hastalandı. Ferdi Tayfur, Toprak Mahsulleri Ofisi'nde mütercim olarak çalışan kız kardeşi Adalet Cimcoz'u önerdi.

Ve bu rastlantı, Türk sinemasının en usta dublaj sanatçılarından birinin doğmasına neden oldu...

Melek ve Ferdi Tayfur çok çalışıyorlardı. Işıksız loş odalarda, sabah dokuzda başlayıp akşam saatlerine kadar süren dublaj onları çok yoruyordu. Canlılığı ve neşeyi sadece kokainde buluyorlardı. Kokainin dozajı her geçen gün artıyordu. Bazen iş yapamaz hale geliyorlardı.

Aldatıcı ve alçaltıcı bir hayata koşar adım gidiyorlardı.

Adalet Cimcoz, bu işe el koydu. Ama ne yaparsa yapsın ikisini de kurtaramadı. Öyle ki, bazen kendine gelsin diye ağabeyini arkadaşlarıyla Tophane'ye gönderiyordu. Buradaki izbe yerlerde, bakır kaplara konmuş kokainin bir nefesi 25 kuruştu!

Sadece köhnemiş yerlerde değil, Beyoğlu'ndaki Petrograd Pastanesi'nin üst katının küçük iki odasında kokain âlemleri yapılıyordu.

Kokain İstanbul'a yayılıyordu...

Kokaine para yetmiyordu.

Âşık çiftin arasına uyuşturucu parası girdi. Ve bir de bu hayatın getirdiği yasak ilişkiler...

Melek'in Şekerci Hacı Bekir'le yakınlığı Ferdi Tayfur'u çıldırttı. Her gün kavga ediyorlardı. Boşandılar.

Ayrı evlerde ayrı odalarda uyuşturucu kullanmaya devam ettiler.

Yetenekleri körelmekteydi... Sinema teklifleri de seyrekleşmişti.

Melek, babasının *Ozan Opereti*'nde görev aldı. Sonra, Darülbedayi kadrosuna alındı. 20 mart 1937'de sahnede, "Kral Lear" İn kızı "Regan" rolünü oynarken ağzından kan geldi. Veremdi.

Uyuşturucu vücudunu yok etmişti; 6 aralık 1939'da hayata gözlerini kapattı.

"Lorel ve Hardy" tek başına özgün sesiyle seslendiren Ferdi Tayfur, zamanla eroine de bulaştı. Onun da ömrü uzun olmadı. Uyuşturucu tedavisi gördüğü Bakırköy'de, 21 mart 1958'de yaşama veda etti.

Bakırköy'de uyuşturucudan ölen tek sanatçı Ferdi Tayfur değildi...

İkinci vaka: Afife Jale-Selahattin Pınar

Eroinin bağımlılığı, Afife Jale-Selahattin Pınar evliliğini nasıl yok etti? Ünlü bestekâr Selahattin Pınar'ın, büyük aşk yaşadığı eşi, sahnelere çıkan ilk Türk sanatçı Afife Jale için bestelediği bu şarkının trajik hikâyesi...

İkisi de 1902 İstanbul doğumluydu.
İkisi de ailelerinin karşı çıkmalarına rağmen, evlerini terk edip, yaşam biçimi, kurtuluş alanı olarak gördükleri sanatı seçtiler...

Afife, İstanbul Kız Sanayi Mektebi'nde okuyordu. Osmanlılarda Türk ve Müslüman kadınların sahneye çıkması yasaktı. O, yine de 1918 yılında "Jale" adıyla Darülbedayi'ye başvurdu. Kabul edildi. Ailesi bunu duyunca sert tepki gösterdi. Babası kızına "Fahişe mi olacaksın" diye bağırınca evi terk etti.
Afife Jale, Darülbedayi'de stajyer oyuncu kadrosuna alındı.
Yeniden doğmuştu; anne babası, kulis ve sahneydi.
1919'da Hüseyin Suat'ın *Yamalar* adlı oyununda, "Emel" rolünü oynayacak Eliza Binemeciyan'ın Paris'e gitmesiyle şans ona güldü.
Böylelikle Afife Jale, Kadıköy'deki Apollon Sineması'nda sahneye çıkan ilk Müslüman Türk kadını oldu.
Ancak bir Türk kızının sahneye çıkması ortalığı ayağa kaldırdı. Afife Jale hep direndi. Ama Darülbedayi yöneticileri onu tiyatronun kadrosundan çıkarmak zorunda kaldı.

Tiyatrosuz kalması Afife Jale'yi sarstı. Kaçışı haplarda ve uyuşturucuda aramaya başladı.
Hap, esrar, zamanla yerini eroine bıraktı. Bu arada sahneye çıkmak için elinden gelen çabayı gösterdi.
Adını değiştirdi. Çeşitli kumpanyalarla Anadolu'ya gitti. Karşısına zorluklar çıkarıldı. Kurtuluşu hep uyuşturucuda aradı.
1923'ten sonra Türk kadınları Atatürk'ün emriyle sahneye çıkmaya başladı. Afife Jale mutluydu. Artık kötü günlerin geride kaldığını düşünüyordu.
Ama o uyuşturucuyu bırakmak istiyor, bu kez uyuşturucu onu bırakmıyordu! Sağlığı bozuldu. Sahnede ayakta duramıyordu. Tiyatroya veda etmek zorunda kaldı.
İşte o zor günlerinde Kuşdili Çayırı'nda, Hafız Burhan'ın kon-

serinde sanatçıya tamburuyla eşlik eden Selahattin Pınar'la karşılaştı.

Selahattin, babası Denizli milletvekili Sadık Bey'in iyi bir öğrenim görmesi için gönderdiği İtalyan Ticaret Okulu'nu yarıda bırakmıştı. 12 yaşında ut, 17 yaşında tambur çalmayı öğrenmişti.

Babasının sürekli "benim oğlum çalgıcı olacak" şeklindeki "aşağılamalarına" dayanamayıp bir gün, "hayır sanatkâr olacak" deyince evde kavga çıkmış ve babasının üzerine yürümesi sonucu evi terk etmişti.

Yeni evi, daha sonra "Üsküdar Musiki Cemiyeti" adını alacak olan "Darü'l-Feyz-i Mûsıki"ydi. Annesi babası artık musikiydi. Musiki üstatlarından dersler aldı. Bestekâr oldu. Ünlü sanatçıların kadrolarında yer almaya başladı.

Afife Jale, "Türk müziğinin aristokratı" Selahattin Pınar'ın naifliğinden, kibarlığından, temiz giyiminden, güzel ve esprili konuşmasından etkilendi. Duyguları karşılıksız değildi.

Evlendiler.

Fatih Camii'nin karşısındaki bir apartman dairesine yerleştiler. 27 yaşındaydılar ama çocuk gibiydiler. Evde saklambaç oynuyorlardı. Ut, tambur tınısı; şarkılar, şiirler evlerinden hiç eksik olmuyordu.

Fakat, mutluluk kısa sürdü.

Çünkü... Afife Jale bazen odasına kapanıyor, saatlerce çıkmıyordu.

Selahattin Pınar, bir gün kapının anahtar deliğinden içeriye baktı.

Afife Jale koluna eroin şırınga ediyordu!

Uyuşturucu bulmak için bir eczacıyla da ilişki kurmuştu!

Selahattin Pınar karısına âşıktı. Her tutkulu insan gibi kendini aldattı. Afife Jale'yi kurtarmak isterken uyuşturucu bataklığına saplandı.

Afife Jale, eşinin daha kötü bir hale gelmemesi için ona yalvardı, "Ne olur boşa beni, terk et beni."

Selahattin Pınar hiç yanaşmadı ayrılığa. Afife Jale hep zorladı.

Ve 1935'te boşandılar.

Selahattin Pınar aşkını hiç unutamadı. Karşılıksız aşkı ve ayrılık acısını anlatan unutulmaz bestelerini bu dönemde yaptı: "Nereden sevdim o zalim kadını"; "Anladım sevmeyeceksin beni sen nazlı çiçek"...

Korkusuz kadın Afife Jale, sokaklarda beş parasız intihar etmek ister gibi yaşadı.

Darülbedayi'deki dostlarının yardımıyla, Bakırköy Akıl Hastanesi'ne yatırıldı. 1941 yılının 24 temmuz günü öldü.

Cenazesinde dört kişi vardı, onlar da tabutu taşımak için gelmişlerdi.

Zamanla mezar yeri bile kayboldu.

Ama o silinmedi. Efsane oldu. Artık biliniyor ki: O, Türk kadının sahneye çıkması için kendi hayatını feda etmişti...

Selahattin Pınar, Afife Jale'nin ölümüyle yıkıldı. Daha da içine kapandı. Ardı ardına besteler yaptı.

"Gecenin matemini aşkıma örtüp sarayım"...

6 şubat 1960'ta Todori'nin Meyhanesi'nde ölene kadar Afife Jale'yi unutamadı...

Sanatçı özel insandır.

Ve ancak sanatsal üretimiyle değerlendirilmelidir.

Özel hayatlarında hangi sanatçı bizden farklı olabilir ki...

Eşlerinin gözünden ünlü edebiyatçıların ev halleri

Sermet Sami Uysal, 1954 yılında Cumhuriyet Gazetesi için ünlü edebiyatçıların tek tek kapılarını çaldı ve onların eşleriyle anket yaptı. Eşleri tanınmış edebiyatçıları bakın nasıl anlatıyor.

Hadiye Güntekin (Reşat Nuri Güntekin'in eşi)
"Kocam öğretmenimdi"

Reşat Nuri Bey'i evlenmeden önce mi tanıyordunuz?
Evet, Erenköy Kız Lisesi'nde hocamdı.
İlk gördüğünüzde üzerinizde tesiri ne oldu?
Kendisini, zeki, zarif bir insan buldum.
Bu izdivaçta aşk mı anlaşma mı başrolü oynadı?
Herhalde his.
Eşiniz ne zaman yazar?
Gece 12'den sonra başlar. Bazen dörde beşe kadar sürer.
Çalışırken bir şey içer mi?
Evet sigara ve kahve.
Batıl itikatları var mıdır?
Zerre kadar.
Bilhassa hoşlandığı şey?
Sükûnet.
En beğendiniz tarafı?

O kadar çok ki. Bir defa karakterine hayranım. Sonra zeki ve insan.

Beğenmediğiniz tarafı var mı?

Eğlenmekten hoşlanmayışı.

Eşiniz çok duygusal mıdır?

Evet.

Evde elinden ne iş gelir?

Eve ait ufak tefek marangozluk işleri, elektrik tamiri filan gibi şeylere eli yatkındır. Canı istediği zaman çok güzel spesiyal yemekler yapar.

Azize Çamlıbel (Faruk Nafiz Çamlıbel'in eşi)

"Vapur seyahatini çok sever"

Ne zaman evlendiniz?

1931'de. İkimizde Ankara Lisesi'nde öğretmendik.

Eşiniz ne zaman yazar?

Kahvaltı etmeden sabahtan öğleye kadar çalışır.

Çalışırken alışkanlıkları?

Çok sigara içer. Konuşmak istemez. Bir şey sorulursa kızar.

Ne gibi hususiyetleri vardır?

Gezmeyi, bilhassa vapur seyahatini sever. Kır kahvelerinden de hoşlanır. Ve iyi yapılmış yemeği sever.

Gece eğlenceleri?

Hayır mecbur olmadıkça öyle yerlere gitmeyiz.

Ev işlerinde size yardım eder mi?

Daha şu gaz sobasını bile yakmayı bilmez.

Kızdığınız tarafı?

Sigara içmesi.

Leman Ataç (Nurullah Ataç'ın eşi)

"Kumar oynamasına kızarım"

Nurullah Ataç: Siz sormadan ben söyleyeyim, evde içki içmeme kızarlar.

Leman Ataç: Kumar oynamana da kızarız. Ayrıca sık sık "Sıhhatimle bu kadar alakadar olmayın bıktım usandım sizden" diye bağırır.

Ne zaman evlendiniz Leman Hanım?

28 sene oluyor (1926).

Nurullah Ataç köşesinden bağırır:

Leman, yengemin ablasının kızıdır.

Leman Hanım eşiniz en çok neyi sever?

Kavgayı.

Nurullah Ataç gülerek söze karışır:

Ben aksi kanaatteyim, asıl bizim hanım sever kavgayı.

Leman Hanım eşinizin batıl inançları var mıdır?

Ah sadece gâvurum der gezer!

Nurullah Ataç:

Gâvur değil dinsizim.

Leman Hanım eşinizin hoşlandığı şeyler?

Sofrasının çok kalabalık olmasını ister.

Hoşlanmadığı şey?

Temizlik.

Nurullah Ataç: Doğru, evlenmeden önce hiç yıkanmazdım, şimdi altı ayda bir yıkanıyorum.

Eşiniz ev işlerinde size yardım eder mi?

Ne gezer.

Çalışırken ne yapar?

Bol kahve içer.

Çalışırken en sevdiği şey?

Yatakta makine ile yazı yazmak.

Nuriye Öğütçü (Orhan Kemal'in eşi)
"Eşimin kadınlara fazla bakmasını sevmem"

Ne zaman evlendiniz?

1937. İkimizde iplik fabrikasında çalışıyorduk.

Eşinizin yazarken hususiyetleri nedir?

Daldığı zaman dünya yıkılsa umurunda olmaz. Çok sinirli olur. Zaman zaman gece ikide kalkıp çalışır. Bazen sabahtan akşama yazı yazdığı olur.

Çalışırken bir şeyler içer mi?

Çayı kahveyi çok sever. Çalışırken yarım saat arayla kahve pişirip getiririm. Sonra yanında sigara bol olacak.

Eşiniz nelere sinirlenir?

Bütün bayağılıklara, olduğundan fazla görünmeye, aşırı derecede boyanmaya, gece eve geç gelince kızılmaya, nereye gidip geldiğinin sorulmasına, radyoda alaturka şarkının lüzumundan fazla çalınmasına.

En beğendiğiniz tarafı?

Ailece çok sıkıntı çektik, fakat bizim ekmeğimizden kesip hiçbir zaman içkiye para vermedi. Yazdığından mutlu olunca neşeli olunca top oynar, beni de kaleye diker, fakat ne cam kalır ne çerçeve, ama ben bu halinden çok memnun olurum.

Hoşunuza gitmeyen tarafı?

Birdenbire kızması, eve geç dönmesi, kadınlara fazla bakması.

Eşinizin elinden başka iş gelir mi?

Hayır, gelmez.

Orhan Kemal:

Niye iyi salata yaparım.

Nuriye Hanım:

Aman aman bir salata yapacağım diye mutfakta ne temiz tabak ne de bıçak bırakır...

Sabiha Rıfat (Oktay Rıfat'ın eşi)

"Evin koltuk sandalyelerini eşim yaptı"

Eşinizle nasıl tanıştınız?

Ankara'da Karadeniz yüzme havuzunda tanıştık.

Evlendikten sonra değişen huyları oldu mu?

Ufak tefek, mesela eskiden çayı sevmezdi; çaya alıştı.

Değişmeyen huyları:

Rakı, rakıdan kesemedim.

Batıl itikatları var mı?

Hayır.

Oktay Rıfat:

Elhamdülillah dindar değilim. Allah'a inanmam.

Sabiha Hanım eşiniz en çok neyi sever?

Şimdi en çok içkiyi seviyor. Akşam ufak bir tepsi içinde meze hazırlatıp, iki üç kadeh içmeye bayılır. Dostları sohbete sever. Sinemaya filan gitmez.

Evde size yardım eder mi?

Hayli marifetlidir. Evvela iyi marangozdur. Misafir odasındaki masa, koltuk ve sandalyeleri eşim yapmıştır. Sonra birinci derecedeki aşçı kadar mükemmel yemek pişirir. Musluk tamir eder, soba kurar...

General Aziz Zorlutuna (Halide Nusret Zorlutuna'nın eşi)

"Namaz kılar"

Eşinizle hayatınızı ne zaman birleştirdiniz Paşam?

1926'da. Birbirimize görmeden, Allah'ın emri Peygamberin kavliyle evlendik.

Paşam eşiniz ne zaman yazı yazar?

Her zaman. Bazen benimle konuşur, sizinle konuşur, bir taraftan da şiir yazar. Yemek yaparken bile şiir yazdığı olur.

Halide Nusret:

Yaa. Yemek yakarken yazdıklarım? Bazen öyle dalarım ki hiçbir şeyin farkına varmam.

Eşinizin yazı yazarken özelliği Paşam?

Yanında daima sekiz on tane yontulmuş kurşunkalem olacak.

Paşam, evde eşinizin elinden ne iş gelir?

Güzel yemek yapar. Sonra beş vakit namaz kılar.

Münire Dranas (Ahmet Muhip Dranas'ın eşi)
"Çıplak ayakla dolaşır"

Eşinizle ne zaman evlendiniz?

1940 yılında, Çocuk Esirgeme Kurumu'nda teyzemle birlikte çalışıyorlardı.

Ne zaman yazı yazar?

Ekseriya gece çalışır. Bazen zamanı unutup sabaha kadar yazdığı olur.

Çalışırken neler içer?

Çok sigara içer ve biraz da kahve.

Alkol?

Çalışırken alkol kullanmaz.

Eşiniz kolay şiir yazar mı?

Önce şiirlerini kolaylıkla yazar ama sonra uzun müddet üstünde uğraşır.

Batıl itikatları var mıdır?

Benim gibi elimden makas almaz. Sonra pazartesiyi uğurlu sayar.

Nelerden hoşlanır?

Sükûneti sever. Çok sinirlidir. Sonra alaturka şarkı okunurken radyonun fazla açılmasına sinirlenir.

Evde marifetleri var mı?

Yemek yapar, son zamanlarda başladı. Ama yaptığı yemekler bildiğimiz cinsten değil, kendi icatları.

Başka hususiyetleri?

Kediyi çok sever. Sonra evde çıplak ayakla dolaşmaktan zevk alır.

Gençler Nasıl Evlenmelidir: Görücülük mü? Görüşücülük mü?

Kadın dergisi *Süs*, üçüncü sayısında (30 haziran 1923) dönemin ünlülerine şu soruyu yöneltiyor; gençler eski usulde görücü usulüyle mi, yoksa ailelerinin izniyle tanışarak mı evlenmelidirler?

Sakın karıştırmayın, "görüşücülük" bugün anladığımız anlamda flört değildi.

Yakup Kadri (Karaosmanoğlu): Tabii görüşmeyle... Fakat resmi sathi değil, tam, uzun ve samimi bir görüşmeyle...

Reşat Nuri (Gültekin): Parklarda, mesirelerde, fazla tenha mahallerde olmamak ve ahbaplığı ileri götürmemek şartıyla görüşücülüğe taraftarım.

Hüseyin Cahit (Yalçın): Neticesi evlenmeye çıkacak olduktan sonra hepsi bir. Hangi tarikle evlenirsek evlenelim, emin olunuz ki ceryan-ı vakıa değişmeyecektir.

Falih Rıfkı (Atay): Zannederim ki bu suali sormak için tam on beş sene geciktiniz. Görücülük harem efsanelerine karıştı.

Fazıl Ahmet (Aykaç): Hiçbir suretine taraftar değilim azizim.

Hamdullah Suphi (Tanrıöver): Evleneceklerin kendi gözleri mütemmiz güzelliği, farkı, şekli diğer gözlerden daha iyi fark eder.

Mahmut Esat (Bozkurt): Görücülükle de olsa görüşücülükle de olsa işin sonu mutlak hır gür olmayacak mı? Benden paso.

Hüseyin Rahmi (Gürpınar): Görüşe görüşe olduğu halde tam on sene dayak yedim. Ya görücülükle olsaydı acaba şimdi ne yapardım ve kim bilir neredeydim.

Şükufe Nihal: İptidai terbiyemiz kat'i bir vahdet ve inzibat altına alınmadıkça, ne görücülük ne de görüşücülükle!

Ünlü yazarların bilinmeyen yönleri

Bu anket, edebiyatımızın beş önemli ismiyle, Halit Ziya Uşaklıgil, Tevfik Fikret, Mehmet Rauf, Hüseyin Cahit Yalçın ve Hüseyin Siret'le, Osmanlı döneminin en önemli edebiyat dergisi *Servet-i Fünun*'da 5 aralık 1899'da yapılmıştır.

	Halit Ziya	Hüseyin Cahit	Mehmet Rauf	Hüseyin Siret	Tevfik Fikret
Bir erkekte tercih ettiğiniz meziyet	insaf	sebat	doğruluk (sağlam kalp)	metanet-i kalp	aşk-ı aile
Bir kadında tercih ettiğiniz meziyet	rikkat (incelik)	muhabbet-i aile	valideminkiler	sükunet	mihribanlık (şefkatli)
Başlıca kusurunuz	kusurlarımı görmemek	teseyyüp (üşengeç)	bulamadım	düşünmeden söylemek	kimseyi beğenmemek
Tercih ettiğiniz meşgale	bacakları uzatıp sigara içmek	tahayyül (hayal)	okumak-düşünmek	mütalaa (okumak)	hülya kurmak
Yaşamak istediğiniz yer	Kudüs	Ayastefanos (Yeşilköy)	sevîştiklerimin yanında	Büyükada	Burası değil
Sevdiğiniz şairler	İsmail Sefa değil	anladıklarım	bulsam	hissedip yazamayanlar	şairler hiç şiirler hep
Sevdiğiniz ressamlar	anlamam	bilmem	daha tercih etmedim	bilmediğim şey	tabiat
Sevdiğiniz bestekârlar	Verdi	bilmem	keza	bu dahi	bülbül
Tercih ettiğiniz yiyecek içecek	iyi su	Çamlıca su	ızgara et tatarböreği	su-i hazma (hazımsızlığa) sebep olanlar	şu an yediklerim
Sevdiğiniz kahramanlar	Muhammed	Brütüs	kendim	Nemide (Halit Ziya'nın roman kahramanı)	benim gibiler
En çok nefret ettiğiniz	yalan	saygısız adamlar	riya (ikiyüzlülük)	hıyanet	bayağılık
Nasıl ölmek istersiniz?	Rüya görürken	füc'eten (ansızın)	severken	bu hastalıktan değil	resim yaparken

Sizce milli şair kimdir?

Açıkgöz gazetesi yazarlarından Nusret Safa Çoşkun, 1938 yılında dönemin ünlü edebiyatçılarına, "Milli bir edebiyat yaratabilir miyiz?" başlıklı anketinde sekiz soru yöneltiyor. Bunlardan biri de "Sizce milli şair kimdir?" sorusudur...

Yakup Kadri Karaosmanoğlu:
Mehmed Âkif ve Nâzım Hikmet'tir.

İsmail Hakkı Baltacıoğlu:
Şiirden hoşlanmam, durup dururken bazı insanların çarpık konuşmasına şaşar kalırım.

Halit Ziya Uşaklıgil:
Cevap yok.

Kâzım Mami:
En eskilerden tutunuz da en yenilere kadar bütün Türk şairler ne olursa olsun milli şairdirler; fakat mesela yenilerden Mehmed Âkif ve Nâzım Hikmet Türk şairleri olduğu halde milli değillerdir.

Ercüment Ekrem Talu:
Benim dilimle bana munis gelen duyguları terennüm etmiş olan şairdir. Mevcutlarının içerisinde bir müze parçası gibi duran Abdulhak Hamit'i ayıracak olursak bana bu hazzı verebilen Yahya Kemal, Mehmed Âkif, Faruk Nafiz Çamlıbel, ve Orhan Seyfi Orhon'dur.

Selami İzzet Sedes:
Mehmet Emin Yurdakul'dur.

Mehmet Emin Yurdakul:
Cevap yok.

Necip Fazıl Kısakürek:
Her iyi şair milli şairdir.

Peyami Safa:
Cevap yok.

Vâlâ Nurettin:
Maksim Gorki'nin romanları ve tiyatroları sosyalist temayüllü

olmakla beraber nasıl mükemmel bir Rus edebiyatı ise, komünist Barbüs nasıl Fransızca, bizde milli edebiyatın dışına atılmak istenen Nâzım Hikmet de birçok eserinde o derece mükemmel milli edebiyat numuneleri vermiştir sanıyorum.

Savaş ne zaman bitecek?

Gazeteci Reşat Mahmut 1942 yılında, Babıâli'nin önde gelen isimlerine, İkinci Dünya Savaşı'nın ne zaman, nerede ve nasıl biteceğini sordu. Sonra aldığı yanıtları, *Harp Ne Zaman Bitecek?* adlı kitabında toparladı.

İşte dünün başyazarları, fikir adamları vb ankete verdikleri yanıtlar:

Nadir Nadi:

Harp karada yapılır ve bu harp de –eğer günün birinde biterse– ancak karada bitebilir.

M. Zekeriya Sertel:

Ya 1943'te bitecek, ya 1948'e kadar sürecek.

Hüseyin Cahit Yalçın:

Savaş Almanya üzerinde, havada bitecek.

Peyami Safa:

Cihan harbinin içinde bulunduğumuz safhası ne bazılarımızın ümit ettikleri gibi pek kısa, ne de bazılarımızın korktuğu gibi pek uzun sürebilir. Kısa süremez; çünkü, hiç değilse, önümüzdeki kışın ve onu takip edecek yazın harp içinde geçeceğini gösteren mutlak işaretler önündeyiz. Uzun süremez; çünkü buna ne Mühverin, ne de zaferi sürüncemede aradığı zannedilen demokrasilerin tahammülü vardır. Askeri sebeplerden çok evvel her iki tarafı da kıvrandıran iktisadi sebeblerin harbi felce uğratacağına şüphe etmem. Kaldı ki, askeri bakımdan da cihan harbi kat'ı safhasına girmiş bulunuyor.

Necmettin Sadak:

Harp ne zaman bitecek? Bunu bilmek için peygamber olmak lazımdır. Ben bilmediğim gibi, Almanya'da bile bu meseleyi birçok defalar birçok selahiyetli kimselere sordum; kimse bilmiyordu.

Burhan Felek:

Savaş evvela Avrupa'da bitecek. Avrupa'da bittikten sonra Aksayı Şark (Uzak Doğu) meselesi halolacaktır.

Necip Fazıl Kısakürek:

Bence harp son safhasına erişmiştir. Bu harbin üç büyük safhası vardır. Birincisi Mihverin başlangıçta demokrasiyaları üst üste devirdiği ve İngiltere karşısında durakladığı devre. İkincisi İngiltere'yi yenemeyen Mihverin Sovyet Rusya üzerine yöneldiği ve hem Sovyet Rusya'yı tam manasıyla çökertemediği, hem de demokrasiyaları yenebilmek imkânını kaybettiği devre. Üçüncüsü ise, Sovyet Rusya hedefinde körleştirilmiş Mihver kılıcının demokrasiyalar tarafından kırılacağı devre olacaktır. Bu görüş manzumesine nazaran harbin 1943 içinde mes'ut bir sona ermesi, hesap, mantık indinde kuvvetli bir ihtimal temsil eder.

Sadri Ertem:

Savaş Avrupa'da biter.

Yunus Nadi:

Savaş Akdeniz Ortaşark'ta biter.

Nizamettin Nazif Tepedelenli:

Bu harp bu gidişle daha uzun surer. Eğer Rusya ve Almanya bu harbe, geçen umumi harpteki millet kadrolarıyla, yani sınıfları tasfiye edilmemiş başı bozuk milletler halinde girmiş olsalardı, geçen harpte oldugu gibi Kronştat'ta Rus neferleri ve Kiel limanındaki Alman filosu isyan eder, dahilde bunlara istikamet verecek politikacılar bulunur ve bir sulh başarılabilirdi. Fakat şimdi bir ihtilal ve bozgunluk, ne Almanya'dan ve ne de Rusya'dan beklenmemelidir. Her iki hasım hayret verici bir soğukkanlılıkla çarpışmaktadır ve bugün iki tarafta da en ufak bir bezginlik alameti yoktur. Bir bezen varsa seyircilerdir.

Ömer Rıza Doğrul:

Bu harp çok uzun sürecektir, diyorum.

Cemal Nadir Güler:

Bütün cephelerde harp biter. Yalnız, yeryüzünde barışın teessüs etmeyeceği bir yer varsa, bizim Babıâli caddesidir. Çünkü, nasıl olsa, laakal senede bir edebi münakaşa çıkacaktır!

Sonuç:

Ne başyazarlar, ne de fikir adamları, sadece karikatürist Cemal Nadir Güler haklı çıktı!...

Bizler hep göz önünde olan sanatçıların, siyasilerin özel yaşamlarını aslında pek bilmeyiz.
Tabii özel yaşam deyince gazete ve televizyonlardaki magazin proğramları aklınıza gelmesin hemen.
Halbuki bu özel hayatları bildiğiniz zaman o kişinin tarih içindeki rolünü bile daha iyi anlıyorsunuz.
Örneğin İsmet İnönü'nün devrimci kişiliğinin oluşmasında Klasik Batı Müziği'nin ne derece katkısı vardı?

Klasik Batı müziğine tutkulu bir devlet adamı

Tarih: 28 şubat 1911
İstanbul'dan hareket eden Hamidiye Kruvazörü'nün rotası, "Kafir Köpekler" dediği Türkler'e karşı "cihat" ilan eden Zeydi İmamı Yahya Hamideddin ile Muhammed İdris'in ayaklandığı Yemen'di.
Geminin yolcuları isyanı bastırmakla görevli 40 tabur piyade, 10 dağ bataryası, 1 hafif obüs bataryası, 10 bölük makineli tüfek ile seçkin bir kurmay heyetten oluşan Osmanlı Ordusu'ydu.
Ahmed İzzed Paşa'nın emrindeki subaylar arasında, Türkiye'nin gelecekti Genelkurmay başkanlığını yapacak Salih Omurtak, başbakanlık görevinde bulunacak Rauf Orbay, Milli Savunma, Milli Eğitim bakanlıkları yapacak Saffet Arıkan ve Türkiye Cumhuriyeti'nin kurucusu, "İkinci Adam" İsmet İnönü gibi seçkin subaylar vardı.
Kısa zamanda isyan bastırıldı.
Ancak Osmanlı'nın başındaki tek bela Yemen'deki gerici ayaklanma değildi.
İtalyanlar Trablusgarp'a saldırdı. Yemen'deki Cibana Limanı'nı topa tuttular. Bu saldırı sonucunda, San'a-Huveyde Demiryolu inşaatını yapan Fransızlar işlerini yarıda bırakıp, eşyalarını satarak ülkelerine döndü.
Sattıkları eşyalar arasında bir gramofon ile plaklar vardı. Bu gramofon ve plaklar aralarında İsmet İnönü'nde bulunduğu genç Osmanlı subaylarının müzik hayatlarını derinden etkileyecekti...

Gramofonon yaşamında nasıl bir değişime yol açtığını İsmet İnönü *Hatıralar*'ında şöyle anlatmaktadır:

> Yemen'de müzik ihtiyacına derin hasretler içindeydik. Gramofon bize bulunmaz bir nimet geldi. Akşam üzeri karargâhtan yattığımız

eve geldiğimiz vakit hep beraber gramofon başına koşardık. Plakları tecrübe ederdik. Senfoni, arkasından opera parçası, serenat...

İşitmediğimiz, bilmediğimiz parçaların gürültüsüne dayanamayarak makineyi bırakırdık. Ertesi akşam aynı tecrübe devam ederdi. Bu zorla ağır plakları dinlemeye tahammül çok uzun günler sürmüştür. Yavaş yavaş alışkanlık hasıl oldu. Benim hayatıma Batı musikisinin terbiyesi böylece Yemen'de girmiştir.

İçimizde en istidatlımız Saffet Arıkan'dı. Bizden çok evvel anlamaya başlar görününce, 'Erzincan'da öğrenmiştir' diye yapmadığımız şaka kalmazdı.

Alay edilerek, kahkaha atılarak dinlenen klasik müzik zamanla İsmet İnönü ve arkadaşlarının vazgeçemeyecekleri tutku haline geldi.

İsmet İnönü'nün ilk klasik müzik dinleme dönemi 1913 mart ayında sona erdi; İstanbul'a döndü.

Kulaklarındaki rahatsızlık Yemen'de artmıştı. Hem tedavi hem de bilgi ve kültürünü geliştirmek için Avrupa'ya gitmek istedi. Genelkurmay İstihbarat Daire Başkan Yardımcısı arkadaşı Kâzım Karabekir'lbirlikte Genelkurmay'dan bir ay izin aldılar.

Operayla bu Avrupa gezisi sırasında Berlin'de tanıştı.

Berlin Büyükelçiliği Ataşemiliteri Hasan Cemil Çambel, İsmet İnönü ve Kâzım Karabekir'i operaya götürdü.

Klasik Batı müziğini ilk kez kendi çağdaş mekânı olan konser salonunda dinleyecekti.

İsmet İnönü *Hatıralar*'ında operayla tanışmasını şöyle anlatmaktadır:

En ehemmiyetli işimiz operaya gitmek oldu. O ne dikkatli, ne telaşlı bir şeydi operaya gitmek. Saat 8'den evvel orada bulunduk. Wagner'in bir operası oynanıyordu. Müzik başlayınca bizim Yemen mektebinin musiki terbiyesi hafızamda canlandı. Arkadaşlarıma, 'Biz bunları Yemen'den biliriz' diye övünüyordum.

Bununla birlikte ilk görüşümde oyunun uzun sahnelerinden yorulmuştum. Nihayet son sahne geldi, kapıdan giren sanatkâr müzikle söylemeye başladı ve tahmine göre, yürüyüp oda nihayetine varınca oyun bitecekti. Sanatkâr yüksek sesle rolünü yaparak odanın ortasına kadar geldi ve perde kapandı. Yalnız kapıdan, odanın ortasına gelinceye kadar yarım saatten fazla zaman geçmişti. Canımızı zor dışarı attık!

İsmet İnönü anlamıştı ki, klasik Batı müziği ancak çok dinlenerek sevilebiliyordu. Yıllar sonra yakın çevresine şöyle diyecekti: "İnatla dinlemezseniz sevemezsiniz. Bir kere sevdiğiniz zaman da vazgeçemezsiniz."

Modern insan, yeniliklere ve değişime açık biri olmalıydı. Müzik konusunda kendini geliştirmek istiyordu. Bu nedenle hiç pes etmedi.

Aslında İnönü ve arkadaşlarının klasik Batı müziğinde ısrar etmelerinin sebebini o dönemin siyasal koşullarında aramak gerekiyor.

II. Meşrutiyet evresi Osmanlı'nın kültür hayatında bir "Rönesans" etkisi yarattı.

İsmet İnönü gibi modernleşme taraftarı Osmanlı genç subaylarının yüzü bu nedenle Batı'ya dönüktü.

Medeniyetin, çağdaşlığın göstergesi, evrensel çoksesli müzik doğal olarak genç subayların tercihi oldu.

13 nisan 1916. İstanbul.

İsmet İnönü evlerinin karşısındaki komşularının kızı Mevhibe Hanım'la evlendi.

Görevli olduğu 2. Ordu'nun Trakya'dan Diyarbakır'a sefer emri çıkarıldı.

Genç evliler 21 gün beraber olabildi. İsmet İnönü yeni görevine gitmeden önce eşine bir hediye aldı.

Hediye, 30 altın verilerek alınan bir duvar piyanosuydu! Klasik Batı müziği sevgisini eşine de aşılamak istiyordu.

Hemen müzik öğretmeni bir Rum madam tutuldu.

İsmet İnönü, Birinci Dünya Savaşı'nda Kafkas ve Suriye cephelerinde savaşırken, eşinin piyano dersiyle hep meşgul oldu. Mektuplarında derslerin nasıl gittiğini hep sordu:

28 nisan tarihli mektup:

> İsmet'in Meleği, Mevhibesi,
>
> Piyano dersi hesapça iki oluyor. Kim bilir ne güzel çalıyorsun. Fildişleri üzerinde ince parmakların benim kalbimin senin cazibene kapılmış hayranlığımı teganni (şarkı söylüyor) ediyor ki; yoksa iftirak (ayrılma) eleminin feryatlarını mı işitiyorsun? İkisi de var Mevhibe, inan.

9 mayıs tarihli mektubunda, "Piyanoda terakki ettin (ilerledin) mi?" diye soruyordu. 4 haziran tarihli mektubunda ise yine ben-

zer soru vardı: "Piyanodan memmun musun?"

Mevhibe Hanım ne yazık ki piyano çalmayı pek beceremiyordu. Kulağı alaturkaya eğimliydi.

4 temmuz tarihli mektubunda İsmet İnönü tavsiyede bulundu:

> Yalnız piyanoyu alaturkaya çevirdiniz Mevhibeciğim. Halbuki ben notaya bakılarak her türlü alafranga havanın çalınabilmesini pek arzu ederim. Piyanonun sebeb-i icadı budur. Bidayette gürültülü ve sıkıntılı gelecek alafranga havalara alıştıktan sonra musikinin yalnız orada bulunduğunu sen de anlayacaksın, ruhum. Yazdıklarından alaturka ve alafrangayı beraber ilerletmek istediğinizi anlıyor isem de herhalde notadan ve her havayı çalabilmek işine az ehemmiyet verdiğinizi görüyorum. Bunu tecviz etmenizi rica ederim. Yeni mualliminiz nota ile her şeyi çalabiliyor mu? Alafranga musikiye aşina mıdır? Lütfen emek çektiğine ve zahmet ettiğine göre tam olsun iki gözüm.

2 eylül tarihli mektubunda, Mevhibe Hanım piyanoyu bırakmasın diye alaturka çalmasına razı olduğunu yazdı:

> Piyano dersleri alaturka ve alafranga diye üzülüp duruyorsun. Nasıl kolayına geliyorsa öyle öğren. Fakat sık sık değiştirme ki vakit beyhude geçmesin. Ben alafranga öğrenesin fikrindeyim. Artık nasıl ediyorsa öyle kalsın. İnşallah hepsini öğrenirsin.

Mevhibe Hanım'ın müzik sevgisi çocukluğunda evde dinlediği geleneksel çalgı ve şarkılarla başlamıştı. Kulağı bu müziğe yatkındı.

Ama o da zamanla eşi gibi klasik Batı müziğine alışacak ve çok sevecekti.

İnönü çifti, Ankara'da her cuma akşamı Cumhurbaşkanlığı Senfoni Orkestrası'nı dinleyecekti.

Ankara Talat Paşa Bulvarı'ndaki konser salonunun birinci sıra sol bloktaki iki koltuk üzerinde "İsmet İnönü" ve "Mevhibe İnönü" yazmaktadır...

Viyolonsel dersi alan bir başbakan

İsmet İnönü yıllarca inat etmiş ve sonunda klasik Batı müziği hayranı olmuştu.

Parmaklarının katılaştığı ve çalmanın zorlaştığı bir yaşta; 50 yaşında viyolonsel çalmak istedi. "Bir erkeğin ağlayışıdır" denen ve insan sesine en yakın sesleri veren viyolonsele karşı özel bir ilgisi vardı. Öyle ki, Türkiye'ye dünyaca ünlü bir viyolonselist geldiğinde bütün işini gücünü erteleyip konserine gidiyordu. Tutkunu olduğu viyolonseli daha yakından tanımak istiyordu.

İlk dersi Cumhurbaşkanlığı Senfoni Orkestrası'nın (CSO) viyolonsel sanatçılarından Edip Tezer'den aldı.

İkinci öğretmeni ise Hitler Almanya'sından kaçan ve Türkiye'de viyolonsel ekolünün temelini atan David Zirkin'di.

Ankara'da Pembe Köşk'ün giriş katında yaverlerin yanındaki ikinci odada çalışıyorlardı.

Kulakları ağır işittiği için viyolonseli biraz özeldi; tahta akort kulakları sökülüp yerine metal vidalı kontrabas kulakları takılıydı. Bu değişikliğin nedeni, müzik aleti bir kez akort edildikten sonra kaymaları önlemekti.

İsmet İnönü'nün viyolonsel kursları bir yılı aşkın sürdü.

Öğrenmiş miydi? Hayır. Ama öğrenemeyeceğini zaten kendisi de biliyordu.

50 yaşından sonra bir müzik enstrümanı çalınamayacağını söyleyenlere şöyle diyordu: "Ben de biliyorum bu yaştan sonra çalgı öğrenemeyeceğimi. Ama parmaklarımın tellere teması, tellerin titreşimini hissetmek, bu şekilde ses tonlarının çıkışını anlamak beni çok mutlu ediyor."

Öğretmeni David Zikrin de merak edenlere, "İsmet Paşa viyolonseli göğsünde hissetmekten büyük zevk alıyor" diyecekti.

İsmet İnönü'nün bu viyolonseli Pembe Köşk Müzesi'nde sergilenmektedir.

İsmet İnönü çocuklarına klasik Batı müziği sevgisini onlara konserlere götürerek verdi.

Eşi Mevhibe Hanımın piyano çalmasını çok istemişti. Ama olmamıştı. Şimdi aynı isteği kızı Özden için duyuyordu.

1938 yılında kızına Steinway bir duvar piyanosu aldı.

Müzik öğretmeni tuttu. Özden Hanım'ın ilk müzik öğretmeni, Cumhuriyet kuşağı sanatçılarından Ferhunde Erkin'di.

Dersler İnönü ailesinin yeni taşındığı Çankaya Köşkü'nde verildi. Küçük Özden piyanoyu çalabiliyordu ama istenilen düzeyde değildi.

İsmet İnönü bu derslere bazen gelip izlerdi. Genelde pek memnun değildi. Ama yine de yüreklendirici konuşmalar yaptı. Özden'e sürekli moral verdi. Ama olmadı. Özden Hanım da istenilen düzeyde piyano çalmayı başaramadı.

Ama o da annesi ve babası gibi klasik Batı müziğine hayranlık duydu. CSO konserlerine kaçırmamaya çalıştı.

İsmet İnönü için Türkiye'nin her evladı kendi çocuğu gibiydi. Bu nedenle, "Harika Çocuklar Yasası"nı çıkardı. İdil Biret'leri, Suna Kan'ları ülkemize kazandırdı.

Harika Çocuklar Yasası'nın çıkmasına ilginç bir olay neden olacaktı...

Yıl 1945.

O yıllar Ankara'nın en popüler ikilisi piyanist Nâzım Fenmen ile kemancı Orhan Borar'dı.

İsmet İnönü, Fenmen-Borar resitalini dinlemeye gitti.

Konserden sonra Nâzım Fenmen tekrar sahneye çıktı. "Sizlere bir süprizim var" diyerek sahneye 3-4 yaşlarında küçük bir kızı çıkardı.

Küçük kız piyanonun başına geçti; Bach ve Beethoven'den birer parça çaldı. Başta İsmet Paşa olmak üzere herkes bu küçük kıza hayran oldu.

Bu ayakları piyanonun pedallarına bile yetişmeyen kızın adı, ünlü sanatçımız İdil Biret'ti.

Mozart gibi özel bir kulağa sahip olan bu yetenekli küçük kızı Paris'e göndermek gerekiyordu.

İşte İsmet İnönü, yetenekli Türk çocuklarının Avrupa'da eğitim alması için çıkardığı yasanın ilk kıvılcımı, Ankara'da bu olay sonunda çakıldı.

Peki aradan bunca yıl geçtikten sonra biz ne yapıyoruz; Türkiye'yi dünyada temsil eden Fazıl Say gibi sanatçılarımızı hor görmeye çalışıyoruz.

Evrensel değerler üzerine "mahalle baskısı" kurulmasına ses çıkaramıyoruz.

Bilmiyoruz ki, Fazıl Say'ın Türkiye'den gitmesi geleneksel toplumdan modern topluma doğru evrilmenin sona ermesidir...

Bilmiyoruz ki, klasik Batı müziği uyutmaz, uyandırır!

Bizim kültürel tarihimizde kilise müziği olarak bilinen Klasik Batı Müziği'nin pek yeri yoktu.

Muasır medeniyetler seviyesine ulaşmanın önemli ayaklarından biri de klasik müzikti. Geçiş hayli sıkıntılı oldu.

Öyle ki İstiklal Marşı'mızın söylenişinde de hayli sıkıntılar yaşadık ve hâlâ da yaşıyoruz...

Hatalı plak kaydı yüzünden İstiklal Marşı'nı yıllardır yanlış söylüyoruz!

Türkiye tarihinin sözleri herkes tarafından büyük çoşkuyla okunan, ama bestesi hep eleştirilen başka bir eseri var mı acaba?..

Besteci Osman Zeki Üngör'e göre tartışmalar, İstiklal Marşı'nın ilk plak kaydını yapan, Sahibinin Sesi adlı müzik şirketinin yanlış kaydından kaynaklanıyor. Nasıl mı?...

Tarih: 10 e ylül 1922.

İstanbul, Şişli'de Uğurlu Apartmanı'nın 4 numaralı dairesinin kapısı hızlı hızlı vuruldu.

Kapıyı yumruklayan ilkokul öğretmeni İhsan Bey, telaşlıydı.

Ev sahibi; Muzika-i Hümayun şefi, öğretmeni Osman Zeki (Üngör) Bey ile misafiri Talim Terbiye Heyeti Üyesi Haydar Bey merakla kapıya koştular.

İhsan Bey müjdeyi kapıda verdi: "Türk Süvarileri İzmir'e girmiş." Üçü de gözyaşlarına hâkim olamadı...

Osman Zeki Bey çoşkuyla salondaki piyanosunun başına geçti. Sevinçten elleri titriyordu. Tuşlara dokunmaya başladı...

İki arkadaşı piyanodan yükselen melodiyi şaşkınlıkla dinliyordu...

Yeni bir marş doğuyordu...

Osman Zeki Bey Şişli'deki evinde iki gün daha çalıştı, bestesini bitirdi. Hemen arkadaşlarına koştu. Hepsi çok beğendi.

Mesleki "onayı" almak için, bestesini Viyana Konservatuvarı'na gönderdi. On gün sonra yanıt geldi; eser orijinaldi...

Osman Zeki Bey notalarını çantasına koyup Ankara'nın yolunu tuttu...

2 ekim 1922. Ankara.

Büyük Kurtarıcı Mustafa Kemal'in İzmir'den dönüşü büyük bir törenle kutlanıyor.

Osman Zeki Bey, o gece yarısı Ankara'da Mustafa Kemal'in huzurunda çaldı.

Mustafa Kemal marşı çok beğendi. Osman Zeki Bey'i ekibiyle birlikte Ankara'ya davet etti.

Osman Zeki Bey, "Memmuniyetle Paşam!" dedi ama içine de bir korku düştü. Sultan Vahideddin hâlâ padişahtı ve İstanbul'daydı. Ya arkadaşları korkup gelmezse?

İstanbul'a gitti, Ankara davetini orkestra arkadaşlarına çekinerek söyledi. Korktuğu gibi olmadı, hepsi kabul etti...

Milli Marş Ankara'da artık orkestra eşliğinde çalınıyordu. Ama bu sadece Ankara çevresiyle kısıtlıydı! Çünkü ortada bir karışıklık vardı.

Her bölgenin Milli Marş'ı söyleyiş biçimi değişikti!.. Bu karışıklığın sebebi savaş koşullarından kaynaklanıyordu.

İstiklal Marşı Meclis tarafından 12 Mart 1921'de kabul edildi. Sıra marşın bestelenmesine gelmişti.

Yarışmaya 24 besteci davet edildi. 24 besteci Mehmed Âkif'in şiirini farklı farklı besteledi.

Söz jürideydi.

Ancak savaşın her geçen gün kızışması üzerine yarışma sonuçlandırılamadı. Ve bir karmaşa doğdu.

Örneğin 24 besteciden biri olan Ahmet Yekda Bey, bestesini Trakya bölgesine söyletmeye başladı!

Bir diğer yarışması İsmail Zühdü Bey ise bestesini Ege bölgesine yaydı.

Ali Rıfat Bey'inki ise Trabzon ve havalisinde söylenmeye başlandı.

İstanbul, Trabzon ve Doğu Anadolu'da Ali Rıfat (Çağatay) Bey'in Acemaşiran makamında söylüyordu Milli Marş'ı...

Bu karışıklık üç yıl sürdü.

Yıl 1924.

Ankara'da, Milli Eğitim Bakanlığı'nda bir kurul oluşturdu.

Ali Rıfat (Çağatay) Bey'in bestesi beğenildi.

Beste pek marşa benzemiyordu, Türk müziği etkisindeydi, acemaşiran makamındaydı!

Neden Ali Rıfat (Çağatay) Bey'in bestesi seçilmişti?

Ali Rıfat Bey, Mısırlı Abbas Halim Paşa'nın kızkardeşi Prenses Zehra Hanım'la evliydi.

Mısırlı Abbas Halim Paşa, Mehmed Âkif'in yakın dostu ve hamisiydi; bir etki söz konusu muydu?

Öyle ya Mehmed Âkif'in yazdığı "Köse İmam" adlı şiiri de Ali Rıfat Bey bir perdelik operet yapmıştı. İyi ilişkileri vardı yani.

Neyse konumuz bu değil, dağıtmayalım...

Alaturka tarzda icra edilen Ali Rıfat Bey'in bestesi, 1924'den 1930 yılına kadar çalınıp söylendi.

1930 yılında milli marşın bestesi değiştirildi. Alaturka üslubun yerini modern Batı müziği aldı.

O yıllarda Ankara'da Cumhurbaşkanlığı Senfoni Orkestrası'nın şefliğini yürüten Osman Zeki Üngör'ün, yıllar önce Şişli'deki evinde bestelediği marş kabul edildi.

Türkiye'de, 1930 yılından günümüze; 77 yıldır Osman Zeki Üngör'ün bu bestesi söylenmektedir.

Ama 77 yıldır da bir tartışma sürüp gitmektedir....

"Marş cenaze marşı gibi, temposu çok ağır."

Besteye yapılan eleştirilerin odağında buna benzer cümleler vardı. Osman Zeki Üngör de bu eleştirilere katılıyordu.

Ama haklı bir gerekçesi vardı.

Şöyle ki: Sahibinin Sesi, İstanbul'da ünlü bir müzik şirketinin adıydı. Şirketin üç ortağından Kayseri kökenli Vahram Gesaryan, İstiklal Marşı'nı plağa kaydetmek istedi. Bu nedenle besteci Üngör'le bir anlaşma imzaladı.

İngiltere'den getirilen ses teknisyenlerinin kontrolünde, besteci Üngör orkestra eşliğinde Milli Marş'ı stüdyoda icra etti.

Fakat aksilik oldu; marş plağın aynı yüzünün yarısını doldurabildi.

Şirket yöneticileri devreye girdi; plağın dolması için bir marş daha çalınmasını istediler.

Besteci Üngör yanaşmadı. Ortam gerilince bir teklifte bulundu:

"Marşı biraz ağır çalalım, böylece plak dolar. Sonra çalınırken gramofon biraz hızlıya ayarlanır, olur biter!"

Besteci Üngör kendi edip kendi bulmuştu; marş çalınırken, gramofonun hızıyla ayarlama yapılacağını kim düşünebilirdi ki?

Doğal olarak, Milli Marş plağa okunan bu ağır temposuyla Türkiye'ye yayıldı. Radyolar bile aynı yavaşlıkta çalmaya başladı.

Besteci Üngör sağa sola koştu derdini anlatmaya çalıştı: "Ben, Şişli'deki dairemde besteyi yaparken gözümünün önünde İzmir'e dörtnala giden süvariler vardı; ama bu marş çok yavaş çaldırılıyor, yanlıştır, yazıktır, yapmayın!"

Ama iş işten geçmişti. Orkestralar bile artık plaktaki tempoyla çalıyordu...

İşin garibi, Osman Zeki Bey sadece plak şirketini kabahatli bulmadı. İsim vermeden sitem ettiği bir kişi daha vardı; İstiklal Marşı'nı orkestraya uyarlayan Ermeni besteci Edgar Manas!..

Üngör, 1958'de öldü ama tartışma hâlâ sürüyor.

Bestedeki en büyük hatanın prozodiye (sözler, heceler ve müziğin uyumu) olduğu iddia edilmektedir.

Örneğin:

Korkma, sönmez bu şafak/larda yüzen al sancak/; (Hatalı - kelime bölünüyor)

Sönmeden yurdumun üstünde/ tüten en son ocak. (Doğru - kelime bölünüyor)

O benim/ milletimin/ yıldızıdır parlayacak; (Doğru)

O benim/dir, o benim milletimindir/ ancak. (Hatalı - kelime bölünüyor)

Beethoven'in *9. Senfonisi*'nin son bölümünün ilk üç kıtasına bakıldığında hiçbir bölünme olmadığı görülüyordu.

O Freunde, nicht diese Tone!
Sondern laßt unsangenehmere
anstimmen und freundenvollere!
Freude, schoner Gotterfunken,
Tochter als Elysium
Wir betreten Feuertrunken
Himmlische, dein Heiligtum
Deine Zauber binden weider
Was die Mode streng geteilt
Alle Menschen werden Bruder
Wo dein sanfter Flugel weilt.
Wem der große Wurf gelungen,
Eines Freundes Freund zu sein,
Wer ein holdes Weib errungen,
Mische seinen Jubel ein!
Ja, wer auch nur eine Seele
Sein nennt auf dem Erdenrund!
Und wer's nie gekonnt, der stehle
Weinend sich aus diesem Bund

Evet, müziğin en temel kuramlarından biri sözler ile müziğin kelimeyi ikiye bölmemesiydi.

Konservatuvarda daha birinci sınıfta öğretilen prozodiye göre bu çok büyük bir hataydı.

Bugün bunu bu şekilde besteleyen konservatuvar öğrencisi sınıfını geçemeyeceği de bir gerçekti. Zeki Üngör, dönemin Cumhurbaşkanlığı Senfoni Orkestrası'nın şefiydi; böyle büyük bir müzisyen bunu nasıl göremezdi?

Tartışmalara inat İstiklal Marşı, ulusal direnişin ve bağımsızlık ülküsünün simgesi olmayı bugün de sürdürüyor...

Evet, işte bu yazdıklarım magazin haberleridir.

Kim bu haberlerden şikâyetçi olabilir.

Magazin haberleri insan haklarına aykırı olmamalıdır. Yaşamın "sosu" olmalıdır; ama kimseyi incitmeden, üzmeden...

13. bölüm

Osmanlı'nın ünlü resim koleksiyonerleri

Osmanlı devlet adamı Halil Şerif Paşa adını hiç duydunuz mu?

Pek sanmam.

Betül Mardin'in dedesi!

Ama biz Halil Şerif Paşa'yı bu akrabalık ilişkisi nedeniyle gündeminize getirmeyeceğiz...

Halil Şerif, 1832 yılında Kahire'de doğdu.

Babası, bu Osmanlı kentinin hükümdarı Kavalalı Mehmed Ali Paşa'nın sağ kolu Mehmed Şerif Paşa'ydı.

Kavalalı Mehmed Ali Paşa, Osmanlı'nın en ilerici devlet adamlarından biriydi; Fransa'dan getirdiği uzmanlar sayesinde birçok yeniliğe imza attı.

Halil Şerif ilköğrenimini bu modern atılımlarının etkisiyle Fransız okullarında yaptı. Batı düşüncesiyle burada tanıştı; sanata merak sardı.

Kısa aralıklarla gittiği Paris'ten tablolar almaya başladı. Ancak bunlar pek önemli eserler değildi.

Zamanla resim piyasasını ve sanat çevrelerini yakından öğrendi. Öyle ki, 1855'te Paris'teki Exposition Universelle'deki Mısır Sergisi'nin sorumluluğunu yaptı.

23 yaşında gözünün hastalığı nedeniyle gittiği Paris'te yaşamını değiştirdi.

O tarihlerde Paris'te olan devrin Sadrazamı Ali Paşa'ya acilen bir metnin çevirisi gerekiyordu. Sefarettekiler kısa sürede çeviriyi yapacak eğitimden yoksundular; tercüman arandı ve Halil Şerif bulundu.

Halil Şerif çeviriyi hemen yaptı.

Sadrazam, Halil Şerif'in Fransızcasını çok beğendi. "Gel seni sefir yapalım" dedi.

Halil Şerif, nisan 1856 ile mart 1861 yılları arasında Atina Elçiliği'nde kâtip oldu. Bu arada Kırım Savaşı sonrasında yapılan Paris Kongresi Antlaşması'nda görev yaptı. Bu görevleri sırasında resim almayı hep sürdürdü.

Eylül 1861-ocak 1864'te Petersburg'da "orta elçi" olarak görev yaptı. Çar II. Aleksander'le dostluğuna rağmen, Paris'i çok özlediği için görevinden ayrıldı.

Paris'e gitti. Zengin mahallelerinden (şimdiki Opera Binası yakınındaki) Rue Taitbout'daki malikâneyi Lord Hertford'dan kiraladı.

Halil Şerif Paşa giderek ünlendi ve Paris sosyetesine dahil oldu. Bu renkli hayat Osmanlılar arasında Halil Şerif Paşa'ya, "Süslü Şerif" adının verilmesine yol açtı. Paris gazetelerinin köşe yazarları ise onu "Osmanlı dandy'si" diye sıfatlandırıyordu.

Çok bonkördü; örneğin *Figaro* gazetesine para yardımı yaptı. Kumara ve kadınlara karşı zaafı vardı.

"Grand Monde'daki en soğukkanlı kumarbaz" unvanına sahipti.

Cömertliği sayesinde kadınları baştan çıkarıyordu.

Provence'ta küçük rollere çıkan ve oyun yazarı Marc Fournier'in sevgilisi Jeanne de Tourbey'e âşık oldu. Evlendiler.

Halil Şerif Paşa, Jeanne de Tourbey sayesinde Gustave Flaubert, Saint Beuve, Ernest Renan, Emile Olivier gibi ünlü yazarlarla tanıştı.

Saint Beuve sayesinde, resimde realizmin öncüsü Gustave Courbet'nin atölyesine gidip gelmeye başladı.

Bırakın bir Müslüman olarak resim almasının Parislileri şaşırtmasını; Halil Şerif Paşa aynı zamanda tartışmalar yaratan Courbet'nin çıplak kadın resimlerini bile almaktan hiç çekinmiyordu. Örneğin bunlardan biri de kadının cinsel organını gösteren ve bugün Türkiye'deki hiçbir yayın organının basmaya cesaret edemeyeceği *Dünyanın Kaynağı* adlı tabloydu!

Sanatsal değeri olan her tabloyu alıyordu. Koleksiyonu giderek zenginleşiyordu. Örneğin, dünyanın en ünlü ressamlarından E. Delacroix'in altı tablosuna sahipti. Bunların içinde en değerlisi, 40 000 franga aldığı *Liege Başpiskoposunun Katli* adlı tabloydu. Sanatsal değerleri tartışılmaz bu tabloların bugünkü toplam değeri yaklaşık bir milyar dolardır!

Halil Şerif Paşa genellikle, Delacroix gibi Doğu'nun yaşamını konu edinen, Jean Auguste Dominique Inges'in *Türk Hamamı*, Theodore Chasseriau'nun *Arap Süvarilerinin Dövüşü*, Prosper Marilhat'ın *Kahire'de Bir Sokak Resmi* gibi oryantal resimleri topluyordu.

Backhuysen, Boucher, Huysum, Watteau gibi "eski"lerden; Corot, Courbet, Decamps, Delacroix, Diaz, Inges, Isabey, Rousseau, Troyon gibi çağdaşlardan topladığı tabloları Fransa'nın önde gelen resim tüccarı Paul Durand Ruel'in galerisinde topluyordu. Eserlerin tümü Fransız resim antolojisine giren tablolardı.

1867 yılında Paris'e gelen Sultan Abdülaziz'in ilk ziyaret yerlerinden biri de Halil Şerif Paşa'nın tablolarının sergilendiği Exposition Universelle'di.

Gösterişli davetler, lüks hayat ve özellikle kumar zamanla Halil Şerif Paşa'yı ekonomik olarak zora soktu. İstanbul'dan tekrar görev istedi, büyükelçi olmak istiyordu. 1867'de görev istemek için gittiği İstanbul'da görüştüğü devlet adamlarının hepsinin bir şartı vardı: "O çıplak resimleri İstanbul'a getirme!"

Dünya resim sanatında "ilk Müslüman koleksiyoncu" unvanına sahip Halil Şerif Paşa'nın, 1868 ocak ayında tablolarını satışa çıkardığı haberi *L'Artiste* dergisinde çıktı.

Fransızların ünlü edebiyatçısı Theophile Gautier satış kataloğuna şunları yazdı: "Her resim dikkatle seçilmiş. Aralarında bir tane bile kötü resim, tek bir sahte inci yok. Her sanatçının en saf elmaslarından biri burada."

Tüm tablolar müzayedede satıldı. Halil Şerif Paşa, bugün değeri milyar dolar edecek 109 tabloyu sadece 638 000 franga sattı!

Halil Şerif Paşa satış sonrası müzayedeciye şu sözleri söyleyecekti: "Hayat ne garip; kadınlar beni aldattı, kumar yıktı ve resimlerim ise büyük paralar getirdi."

Tablolar satılınca Halil Şerif Paşa'ya Viyana Büyükelçiliği verildi.

Eşi Jeanne de Tourbey ve iki yaşında kızı Leyla Şerife'yle yeni görev yerine gitmek istedi. Eşi kabul etmedi. İddiaya göre ya Cezayirli zengin bir Arap'la ya da aşırı milliyetçi bir Fransız kontuyla kaçtı.

Halil Şerif Paşa, kızı Leyla Şerife'yle Viyana'ya gitti.

Eylül 1872'ye kadar Viyana büyükelçiliği yaptı.

Daha sonra 5 ay, eylül 1872-mart 1873 tarihleri arasında Hariciye nazırlığı (Dışişleri bakanlığı) görevinde bulundu.

Meşrutiyet taraftarıydı. Namık Kemal gibi Jön Türkler'e maddi yardımlarda bulundu.

1876 yılında da beş ay Adliye nazırlığı (Adalet bakanlığı) yaptı. Bir yıl sonra bu kez Paris'e "büyükelçi" unvanıyla gitti.

Ancak Paris'teki görevi uzun sürmedi. Eylül 1877'de görevden alındı.

İki yıl sonra da, Sultan II. Abdülhamid'in cülus alayında at üzerindeyken güneş çarpması sonucu vefat etti.

Aradan yıllar geçti.

Halil Şerif Paşa'nın kızı Leyla Şerife, Kahire'de yaşıyordu. Babasının İstanbul'daki malları için dava açtı. Davaya bakan hukukçu Muhammed Arif Mardin'di. Hukuk sohbetleri evlilikle sonuçlandı.

Torun Betül Mardin, büyükannesini hiç unutamadı ve kızına Leyla Şerife adını verdi. Bir de aile geleneğini sürdürmek istercesine, yıllardır Türk ressamların tablolarını topluyor.

Halil Paşa'nın eserleri bugün dünyanın hangi müzelerinde

– Halil Şerif Paşa'nın Fransız eşi Jeanne de Tourbey'in portesini ressam Amaury Duval yaptı. Bu tablo Paris d'Orsay Müzesi'ndedir.

– Jean Auguste Dominique Inges'in *Türk Hamamı*, Paris Louvre Müzesi'ndedir.

– Gustave Courbet'in *Yıkanan Kadın* adlı tablosu, New York Metropolitan Sanat Müzesi'nde, *Dünyanın Kaynağı*, Paris Orsay Müzesi'nde ve *Uyuyan Kadınlar* ise Paris'te Petit-Palais'dedir.

– Gerard Terboch'un *Mektup Yazdıran Subay* tablosu Londra Ulusal Galeri'dedir.

– Eugene Delacroix'in; *Liege Başpiskoposunun Katli* tablosu ile *Cezayirli Kadınlar* tablosu Paris Louvre Müzesi'nde, *Tasso Aya Anna Ferrora Akıl Hastanesi'nde* tablosu ise bugün Zürih'teki özel Bührle Koleksiyonu'nda, *Tom O'Shanter'i Cadılar Kovalarken* adlı tablosu Nottingham Castle Müzesi'nde, ve *Savaş Talimi Yapan Arap Süvariler* ise Montpellier Fabre Müzesi'ndedir.

– Theodore Chasseriau'nun *Arap Süvarilerinin Dövüşü* tablosu Cambridge, Massachusetts Fogg Art Müzesi'ndedir.

Dünyanın ünlü müzelerinde sadece Halil Paşa'nın sahip olduğu tablolar yok.

Paris'te adlarına müze bulunan Osmanlı tüccarları Camondo Ailesi'nin tabloları bakın bugün nerelerde?

Önce bu eserlerden birkaç örnek vereyim:

14 adet Monet

11 adet Degas

8 adet Sisley

7 adet Manet

5 adet Cezanne

3 adet Renoir

2 adet Pissarro.

Sadece bunlar değildi. Toplam bağışladığı sanat eseri adedi 804'tü.

Bırakalım hepsini sadece yukarıda yazdığım tabloların ederinin kaç lira olduğunu tahmin edersiniz?

Fazla zorlamayın kendinizi ben söyleyeyim; bu tablolara sahip olsaydınız Türkiye'nin en zengin kişisi olurdunuz!

Bu dünyanın en pahalı eserlerini Paris müzelerine bağışlayan kişi bir Osmanlı ailesiydi: Camondolar!..

Camondolar 1492'de İspanya'dan kovulan Yahudi Sefarad ailesiydi.

Önce Venedik'e yerleştiler.

Fakat baskılardan bunalıp İstanbul'a geldiler. Ailenin zenginleşmesinde büyük paya sahip olan Abraham Salomon Camondo, 1795'te İstanbul'da doğdu.

Kardeşi Isaac'le birlikte banka kuran, bankerlik yapan, devlete borç para veren Abraham Camondo, zamanla Osmanlı'nın en zengin kişisi oldu. Reformcu bir kimliği vardı. Yahudi cemaati içinde laik ve liberal bir çizgiyi benimsiyordu. Bu nedenle modern okullar açılmasına önayak oldu.

Ancak bu reformcu çizgileri nedeniyle başta Hahambaşı Avigdor olmak üzere dindaşlarıyla ayrı düştü.

Osmanlı iktidarının modern eğitim konusunda kendilerine pek destek vermemesi üzerine kızıp 1870 yılında Paris'e göçtü.

Ne var ki, Abraham Camondo, Paris hayatını pek sevemedi. Ölünce kendisinin İstanbul'a gömülmesini vasiyet etti. 1889'da ölünce vasiyeti yerine getirildi. Sultan II. Abdülhamid'in katıldığı bir törenle İstanbul'da toprağa verildi. Ne yazık ki Hasköy'deki mezarı bugün harabe halindedir!

Geride yetişkin üç evlat bıraktı: Behor, Nesim ve Rebecca.

Gelelim resim meselesine:

XIX. yüzyıl sonu Paris sosyetesinin önemli isimlerinden Kont Isaac de Camondo, Nesim Camondo'nun oğluydu. İstanbul doğumluydu.

Ailesinden miras olarak; bankalar, bankerlik kuruluşları, Paris'teki şirketler, büyük bir servet ve asalet unvanı (kontluk) yanında çok büyük de bir sanat eserleri koleksiyonu kalmıştı.

Birçok şirketin başında olan ve serveti dillere destan olan Isaac Camondo, aynı zamanda 1891'den beri İstanbul Başkonsolosu'ydu.

Yıllardan beri Louvre Müzesi'nde sergilenmek üzere tablolar alıp müzeye bağışlar yapan Isaac Camondo, 1907 yılında koleksiyonunun 804 parçadan oluşan büyük bir kısmını Louvre'a bağışlamaya karar verdi.

Manet, Degas, Monet, Cezanne, Sisley, Van Gogh, Corot gibi ressamların eserlerinin de bulunduğu 130 kadar resim ile 400 kadar Japon baskı koleksiyonunu şartlı bağışlıyordu.

El yazısı vasiyetnamesinde belirttiği koşul, Louvre'un bütün eserleri eksiksiz sergilemesi ve koleksiyonun elli yıl onun adını taşıyan özel bir salonda sergilenmesiydi. Bu koşulu önce tuhaf karşılayan Fransa Milli Sanatlar Kurulu, vasiyetin altında yatan gerçeği sonradan fark etti.

O güne kadar, herhangi bir ressamın eserinin Louvre'da sergilenebilmesi ancak ölümünden on yıl sonra gerçekleşebiliyordu. Isaac Camondo müze yönetimi tarafından kabul edilen bu koşuluyla, o zamanlar ünlü olmayan ve çok eleştirilen empresyonist ressamların tablolarını daha yaşarlarken Louvre'da sergilenmelerini sağlamıştı.

Isaac'ın vasiyeti ölümünden sonra kuzeni Moise tarafından gerçekleştirildi. Louvre Müzesi'nde "Camondo Salonu" adını alan özel bölüm, dokuz yıllık bir inşaattan sonra 1920 yılında resmen açıldı. Eserlerin bir bölümü zamanla sergilenmek üzere Orsay gibi müzelere de verildi.

Bugün Paris'te Monceau Parkı'nın kenarında, bu zengin Yahudi ailenin yaşadığı eski bir konak "Camondo Müzesi" haline getirildi.

Bir gün yolunuz düşerse mutlaka uğrayınız. Çıkış kapısının kenarında duvara monte edilmiş madeni levhayı okuyunuz. Levhada Camondo ailesinin 1942 yılında Auschwitz Kampı'nda yok edildiği yazılıdır!

Camondo adını bugün yaşatan servetleri değil, sanatın gücü olmuştur!

Paris'ün ünlü müzelerini gezerken "bizden giden" tabloları bir başka gözle bakınız lütfen!..

Bu kadar resim konuşupta bizden birinden bahsetmek olmaz: Fransa'da düşkünler evinde son bulan sıra dışı bir hayattan...

Sıradışı bir hayat: Fikret Mualla

Tarih: 19 temmuz 1967.
Yer: Fransa Nice, Mane Düşkünlerevi.

Yaşamı boyunca –sarhoş değil ve aklı yerindeyse– her sabah yaptığı gibi erkenden kalktı.

Odayı üç kişi paylaşıyordu. Mecbur kalmadıkça, iki Fransız'la pek konuşmuyordu. Yüzlerce yaşlı hastanın bulunduğu bu eski ve karanlık binada yapayalnızdı Fikret Mualla.

Annesi öldükten sonra hayatı boyunca hep yalnızdı zaten, tek başınalığı kendi tercihiydi kuşkusuz.

Annesi Emine Nevser Hanımı kaybettiğinde 15 yaşındaydı. Bu ansızın gelen ölümden hep kendini sorumlu tuttu.

Birinci Dünya Savaşı'nın son yılında tüm Avrupa'yı etkileyen İspanyol gribine, evde ilk kendisi yakalanmıştı çünkü.

Annesine kendisinin geçirdiğine inandı hayatı boyunca.

Annesi yaşamının en güçlü figürüydü...

Daha doğmadan koymuştu annesi adını: Mualla.

Kız ismiydi; çünkü annesi bebeği kız bekliyordu. Erkek doğunca çok şaşırdı, ama ismini değiştirmedi; fakat bir ad daha ekledi: Fikret Mualla.

Annesi, kız bebeği gibi büyüttü onu; hep kız elbiseleri giydirdi, saçını uzattı. Fikret Mualla belki de bu yetiştirilme tarzı nedeniyle, hayatı boyunca hiçbir kadınla birlikte olmadı. Olamadı. Ama eşcinsel de değildi. Ya da öyle diyordu.

Platonik aşkı, uzaktan akrabası soprano Semiha Berksoy'du. Semiha Berksoy'un Nâzım Hikmet'e olan aşkını hep kıskandı; ama hiç sorun çıkarmadı.

Üçü, dostluk ilişkisi yürüttüler yıllarca.

Düşkünlerevinin C blok 4 numaralı odasında kalıyordu.

Uyandığında odanın ortasında bulunan masaya gitmek istedi. Resim yapmak istiyordu. Sıkıntılarından onu içki ve resim kurtarıyordu. Düşkünlerevinde içki yasaktı. Tek çaresi, resimdi...

Yataktan doğruldu, kalkmak istedi. Beceremedi. Sol ayağı uyuşmuş gibiydi...

Fenerbahçe futbol takımının sol açığı Hikmet (Topuzer) dayısıydı; ona hayrandı. Onun gibi futbol oynamak istiyordu.

Ve bir gün futbol aşkı topal kalmasına neden oldu. Mahalle maçında ayağını kırdı. Kaynatabilmek için alçıya aldılar. Yıl 1915'ti; daha henüz 12 yaşında, Saint Joseph'te öğrenciydi.

Ayağı alçıdan topal olarak çıktı. Artık futbol oynayamıyordu. Seyirciydi. Boş zamanlarında soluğu evlerinin biraz ötesindeki Fenerbahçe'nin maç yaptığı Kuşdili Çayırı'nda alıyordu.

Fenerbahce aşkı hiç bitmedi.

Yıllar sonra Paris'teyken, aralık 1959'da Fenerbahçe'nin Nice takımıyla maç yapmak üzere Fransa'ya geldiğini öğrenince, hemen kâğıdı kalemi eline aldı; Nice takımının oyun taktiğini, önemli oyuncularının neler yapabileceğini ve bunlara karşı nasıl taktik geliştirilmesi gerektiğini yazıp Fenerbahçe'ye gönderdi.

Fenerbahçe Kulübü'nden, "İlginize çok teşekkür ederiz Bayan Mualla" mektubu gelince çocuklar gibi sevindi.

Yazar Orhan Koloğlu'na göre, açtığı sergiler bile onu bu kadar mutlu etmemişti....

Hastabakıcının bacağına masaj yapmasıyla rahatlayan Fikret Mualla, odanın ortasındaki masaya geçti.

Resim yapmaktan vazgeçti. Mektup yazmaya başladı. Kendisini bu düşkünlerevinden kurtaracak umut ışığı arıyordu.

Günlerdir, tanıdığı herkese mektup yazıyordu. Bu sessiz çığlıkları duyan insan sayısı yok denecek kadar azdı.

Üç gün önce, Fikret Mualla'nın yaşadığı Reillanne köyündeki kapı komşusu Bayan Vewehl Michel ziyaretine gelmişti.

Dünyalar onun olmuştu; kendisini düşkünlerevinden kurtarması için yalvarmıştı ona. Madam Angles'ın kendini affetmesi için aracı olmasını istemişti. Dostlarına yazdığı mektuplarda da hep aynı isteği tekrarlıyordu. Kimdi bu Madam Angles?

Madam Fernande Angles ve eşi eski milletvekili Raoul Angles, Fikret Mualla'yı yıllar önce, 1959'da Paris/ Quartier Latin'deki bir kahvede tanımış, resimlerini almışlardı.

Angeles çifti, Fikret Mualla'nın resimlerine tutku derecesinde bağlanmışlardı. Zamanla Fikret Mualla koleksiyonu yapmaya başladılar. Gerçi resimleri çok ucuza alıyorlardı ama ressamın başı ne zaman derde girse imdadına yetişiyorlardı.

Paris'te Fikret Mualla için sergi bile açtılar. Daha sağlıklı ortamda yaşayıp, resimler yapması için daire kiraladılar.

Ama içki Fikret Mualla'yı hiç bırakmadı. Kazandığı tüm parayı sürekli içkiye yatırıyordu. Parayı elinde bir saatten fazla tutmuyordu!

Hayatının iki vazgeçilmezi vardı: içki ve resim.

1962 eylül ayının son gününde sarhoş bir halde Montmartre'de dolaşırken birden sokağın ortasına yığılıp kaldı; sol tarafına felç gelmişti.

Bu olay Paris'le yollarını tamamen ayırdı. Angles çifti Fikret Mualla'yla bir anlaşma yaptı:

Paris ona iyi gelmiyordu. Alp Dağları'nın güneyinde Akdeniz'e 80 km uzaklıktaki Reillanne köyünde yaşayacaktı.

Fikret Mualla, yaşamının beş yılını geçirdiği, 600 kişilik bu köyde sürekli resim yaptı. Yaptığı resimleri Angles çiftine gönderiyor, karşılığında para alıyordu.

Köylülere göre o, "Van Gogh'un oğlu"ydu!

Arkadaşı Abidin Dino'ya mektubunda şöyle diyordu:

> Sevgili Abidin, üç odalı tek katlı ve tam konforlu kulübemdeyim. Yalnızım, sobam mükemmel. Her üç oda da sıcak. Banyom da var. Hatta iki yatak da var, yani arzu edersen derhal teşrif edersiniz. Mutfak da var. Her sabah komşu ihtiyar bir kadın da gelip işime bakıyor, temizlik yapıyor ve bakkala gidip öteberi alıyor, yani dört başı mamur ve bir eksikliğim yok. (...) Bu mektubu yazarken saat akşamın 10'u veya 11'i. Hakkteala cesaret verirse yarın sabah çalışmak lazım ve resimleri Paris'e bizim büyük hatun (Madam Angles) için postalamak lazım. Mangiz meselesi. Az da olsa, amenna...
>
> 25 kasım 1962. Reillanne/Basses-Alpes

Bu arada Fikret Mualla adı artık Türkiye'de de tanınır olmuştu. 1963'te Türkiye'de adına sergi açılmasını reddetti. Aynı yıl büyük Fransız ressamlarıyla birlikte bir karma sergiye katılmayı da kabul etmedi. Ona göre bu sergiler tüccarların işiydi.

Kendisi istemese de Bruno Bassano Galerisi, 1964'te sergisini açtı. Bu, Paris'teki dokuzuncu sergisiydi.

Sergiden haberi bile olmadı Fikret Mualla'nın.

O artık resim tacirlerinin elindeydi.

Reillane köyündeki lokantada bir akşam Madam Angles'dan para istemiş; "Ne kadar resim o kadar para" yanıtını alınca yine meşhur küfürlerini ardı ardına sıralamıştı. Olay üzerine Angles çifti köyü terk edince Fikret Mualla sokağa atılacağı endişesine kapılmıştı.

İşte bu nedenle herkesten rica ediyordu, Madam Angles'ın kendisini affetmesi için aracı olmalarını.

Yaşamı boyunca kaybetme korkusuyla yaşadı.

Annesini ve ardından iki ay sonra babaannesini kaybetmişti. Babası Duyunu Umumiye ikinci müdürü Mehmet Ekrem'in, eve üvey annesi getirmesi üzerine, "Babamı da kaybedeceğim" korkusuyla çıldırıp, kadını dövmüştü. Kadının kaçması sonucu babası, –oğlu tepki göstermez diye– bu kez akrabadan Behice Hanım'la evlenmiş, ancak Fikret Mualla benzer tepkiyi yine göstermişti.

Bu olaylar üzerine, babası onu önce teyzesine sonra da okuması için Zürih'e göndermişti.

Evinden atıldığı düşüncesine kapılan Fikret Mualla kaybetme duygusundan hiç kurtulamayacaktı.

Yaşamı boyunca hep terk edileceğini düşünerek yaşayacak ve bu nedenle ilişkilerinde hep acımasız olacaktı...

Fikret Mualla, iki ay önce gelmişti Nice'teki düşkünlerevine... Yaz başında Reillanne köyündeki evinde rahatsızlanmış, Manosque Hastanesi'ne kaldırılmıştı. İyileştikten sonra, kendi başına kalamayacağına karar verilmiş ve düşkünlerevine getirilmişti.

Üzerinde yıllardır giydiği balıkçı kazağı ve kadife lacivert pantolonu vardı. Karyolasına oturmuş karşıda yabanasmasıyla kaplı taşra kahvesini seyrediyordu.

Resimlerinin özüydü bu izlenimcilik. Sokaktaki, barlardaki, kahvelerdeki insanları; manavları, dansözleri, fahişeleri, müzisyenleri, ellerinde balonla yürüyen çocukları izlemiş ve onları tuvallere geçirmişti.

Düşüncelerle meşgulken birden titremeye başladı; sinirlenmişti. Çünkü aklına evde bıraktığı guvaş tüpleri gelmişti, hemen eve gitmeliydi yoksa guvaş tüpleri kuruyabilirdi...

Guvaş tüpleriyle ilk kez Zürih'i terk edip geldiği Berlin'de tanışmıştı. Babası mühendis olsun diye Zürih'e göndermiş, o ressam olmak için Berlin Güzel Sanatlar Enstitüsü'nü tercih etmişti.

Alkolle Almanya'da tanıştı. Alkolik oldu.

Akıl hastanesine de ilk bu şehirde, Berlin'de yatırıldı. Yıl 1928'di.

Sonra Paris'e geçti. Parasızlık canına tak edince Türkiye'ye döndü. Ayvalık Ortaokulu'na, resim öğretmeni olarak atandı. Gitmedi. Yaşamı kendisine çok benzeyen (delilik-alkol-sefil yaşam-sanatçılık) yazar-şair "Schiller"in kitabını yazdı.

1934'te İstanbul'da ilk kişisel sergisini açtı. Umduğu ilgiyi göremedi. Sinirleri bozuldu.

İki yıl sonra Bakırköy Akıl Hastanesi'ne yatırıldı, oda komşusu Neyzen Tevfik'ti.

1937 sonunda, polisler tarafından elleri bağlanmış halde kendisine kefil olan Salah Cimcoz'un evine götürülüp teslim edildi.

Bu olayı aklından hiç çıkaramadı ve yaşamı boyunca "bir gün polislerin gelip akıl hastanesine götürüleceği" korkusuyla yaşadı.

Salah Cimcoz'un evinde üç hafta kaldı, çocuklarına resim çalıştırdı. Bu çocuklardan biri ileride Cumhurbaşkanı Fahri Korutürk'ün eşi olacak Emel Hanım'dı.

1938'te babasının ölümü Fikret Mualla'nın hayatını değiştirdi. Kendisine kalan beş bin lira mirasla Paris'in yolunu tuttu. Yıl 1939'du. Ve bir daha Türkiye'ye dönemeyecekti...

Paris'te miras parasını çabuk tüketti. Kimi zaman küçük bir dairede, kimi zaman pis otel odalarında ve kimi zaman kaldırımlardaki banklarda yaşadı.

Karakollar, hastaneler ve tımarhaneler de cabası...

Para kazandığı günler de oldu, sokaktan izmarit toplayıp içtiği zamanlar da.

Her iki durumda da içkiyi ve resmi hiç bırakmadı.

Parasızlık anlarında, geceleri duvardan söktüğü afişlerin arkasına resimler yapıp sattı. Bu resimler genellikle guvaş-suluboyaydı.

Yaşamak için resim yapmak zorundaydı. Ayrıca resim yapmak ona iyi geliyordu, sanrılarından kurtuluyordu.

Picasso'nun, "Fikret Mualla'ya" ithaf ettiği –bugün değeri milyon dolarları bulan– kadın figürünü bir şişe fiyatına satmakta hiç tereddüt göstermedi. O Picasso ise, kendisi de Fikret Mualla'ydı.

O, Picasso'dan çok Toulouse Lautrec (1864-1901) resimlerini beğeniyordu. Bu hayranlık biraz da aynı kaderi paylaşmaktan ileri geliyordu.

Lautrec, Güney Fransa'da aristokrat bir ailenin çocuğuydu. 14 yaşında çocuk felci olmuş ve vücut gelişimi durmuştu. Topaldı.

İçkiye düşkündü. Barlarda kavga çıkarıyordu sık sık. Diğer yandan sürekli gözlemlediği sosyal hayatı resmediyordu. Figürleri çoğu zaman kadınlar; dansçılar, fahişeler olmuştu.

Kuşkusuz Fikret Mualla, empresyonist (izlenimci) Toulouse Lautrec'in etkisinde kalmıştı; öyle ki Nurullah Berk'e göre tiplerinin elbiseleri bile Lautrec döneminin giysileriydi!

Bu eleştiride, biraz kıskançlık da yok değil. Çünkü yıllar önce İstanbul'da genç Fikret Mualla'yı ressamdan saymayıp, D Grubu'na almayan da yine Nurullah Berk'ti!

Fikret Mualla resim için yaratılmıştı. Renk, çizgi ve desen ustasıydı. Resimlerinde yapmacılık yoktu.

Ancak bugün Fikret Mualla sanatı üzerine tartışmalar sürmektedir. Derinlemesine yapıtlar vermemekle eleştirilmektedir.

Fikret Mualla sadece sanatıyla değil, yaptıklarıyla da hep tartışma konusu oldu.

Örneğin Paris'te İkinci Dünya Savaşı günlerinde bildiği Almanca sayesinde Alman askerleriyle sohbeti savaş sonrasında başına dert oldu; "Nazi işbirlikçisi" damgası yedi.

Trajik bir durumdu bu. Çünkü Fikret Mualla, saplantılı bir hayat yaşıyordu ve ona göre herkes polis ve casustu zaten!

Bir de, babasından kalan miras konusunda herkesin işbirliği yapıp parasını çaldığına inanıyordu!

> Sevgili Madam Greta Bolin,
>
> (...) Burada Paris'te istediğim her şey var. Benim için ıstırap, başkaları için yani dostlarım için saadet: Irak petrolünün yüzde 95'i üstümde kaldı. İki üç yılda Irak'ın bütünüyle değilse bile kısmen üstümde kalacağımı hissediyorum. Böyle.
>
> Petrolün yüzde 95'i benim olunca, bütün dünya benzinsiz kalacak. Irak bende, öteki ihtikârcıların elinde ve onların sanatla manatla alakaları yok, ne de resimle. Yalnız casus maliyeci olur onlar. Şimdiden bir ajanları var: mirasımı iç etmek istiyorlar. Acıyorum bu rezillere. Üstelik para mara ödemiyorlar; onların âdetidir bu. Her halde niyetleri karşısında don gömlek kalmamaya çalışıyorum.

Yani dahilik ile delilik arasında gidip geliyordu...

Fikret Mualla'nın yaşamöyküsü dünyanın tanınmış ressamları Toulouse Lautrec, Amedeo Modigliani, Van Gogh'tan farklı değildi. Bu bohem sanatçılarının hepsi dahilik ile delilik arasında gidip gelmişlerdir.

1953 ve 1956'da iki kez Paris Sainte Anne Akıl Hastanesi'ne yatırıldı...

İlginçtir aynı dönemde, 1954 ve 1955'te Dina Vierny Galerisi'nde iki sergisi yapıldı.

1957 yılı yaşamının en hareketli dönemi oldu. Felç geçirdi. Gırtlak ameliyatı oldu.

Aynı yıl Marcel Bernheim Galerisi ve Louis L'Hermine Galerisi Fikret Mualla Sergisi düzenledi...

Öğleden sonra gizlice düşkünlerevinden kaçmış, karşı kahvede bira içmişti. Üstelik bir de sigara almıştı kahve sahibinden. Keyfi yerine gelmişti. Kapalı odalarda oturamıyordu. Özgürlüğe düşkündü. İstanbul burnunda tütüyordu, Moda, Kalamış, Kadıköy... Uçup gitmek istiyordu...

Uzaklaşacak parası olmadığı için, hava kararmaya yakın düşkünlerevine tekrar döndü.

Akşam yemeğinden sonra biraz televizyon izledi diğer yaşlılarla birlikte. "Sous les Ponts de Paris" (Paris köprüleri altında) şarkısını mırıldanarak odasına gitti. Sigara içmek yasaktı; gizlice sakladığı sigarayı çıkarıp içmeye başladı. İki nefes almıştı ki hasta bakıcıya yakalandı. Türkçe bir küfür savurdu.

Ardından yatağına uzandı, gözlerini yumdu, uykuya daldı.

Sabah uyanmayınca, oda arkadaşları hasta bakıcılara haber verdi. Hasta bakıcılar geldi. Baktılar. Nefes almıyordu.

Fikret Mualla o gece sessizce ölmüştü...

Tarih 20 temmuz 1967'ydi.

Koruyucusu Madam Fernande Angles yolculuk yapıyordu; hastane yetkilileri ona ulaşamadı.

Kimsesizler mezarlığına defnedilecekti ki, Reillanne köyünden ziyaretine gelen Madam Viwehl Michel'i telefonla aramayı akıl ettiler.

Cenazesi son beş yılını yaşadığı Reillanne köyüne getirildi.

Mezarı başında, köydeki evde yemeklerini yapan Bayan Lauthier, köydeki dostları Michel çifti, onların yardımcıları Maria ve Roger Devink ile düşkünler evi yöneticisi vardı.

Ve yedi yıl sonra... Fikret Mualla'nın vasiyeti gereği mezarı Türkiye'ye getirilip Karacaahmet Mezarlığı'na defnedildi.

Mezarın Türkiye'ye getirilmesinde bir kişinin büyük çabası oldu; o kişi yıllar önce Fikret Mualla'dan resim dersi alan, dönemin Cumhurbaşkanı Fahri Korutürk'ün eşi Emel Korutürk'tü...

Fikret Mualla ve o dönemdeki aydınların kişisel tarihlerine baktığınızda hep bir gerçekle karşılaşırsınız: Polis korkusu!

Demokrat aydın hatta liberal aydınlar bile o dönemde "komünist olmakla" itham edildi.

"İtham edildiler" deyimi aslında meseleyi çok hafifleştiriyor; komünist şüphesi taşımak demek, işkence, hapis, işsizlik ve toplumdan tecrit anlamına geliyordu.

Bugün Türkiye'de, solcuların bugün neden güçlü bir muhalif hareketi organize edemediği tartışılıyor.

Bunun nedenlerini dünün tarihsel koşullarında aramak gerekiyor.

14. bölüm

Gazetecinin ölümü

Tarih: 10 eylül 1956
Yer: Elazığ Devlet Hastanesi.
Dilşat ve Muhlis Güldemir çiftinin bebeği dünya geldi.
Adını "Ufuk" koydular...

Bir yıl önce...

Elazığ'ın iki bıçkın delikanlısı Muhlis Güldemir ve (Türkiye'nin gelecekte "Jaguarcı" olarak tanıyacağı) Zeki Küçükberber motosikletlerini bir ağacın gölgesini dayamış sohbet ediyorlardı.

Sohbet konusu bir aşk hikâyesiydi.

Ağabeyiyle birlikte Malatya'dan Elazığ'a göçüp, manifatura dükkânı açan Muhlis, mağazaya işlediği nakışları getiren Dilşat Okaygün'e âşık olmuştu.

Gelecekte Jaguar otomobillerinin Türkiye temsilcisi olacak Zeki Küçükberber, Elazığ'ın önde gelen eşraflarından İzoğlu Aşireti reisi Aziz Ağa'yı yakından tanıyordu. Bu evliliğe yardımcı olacağını söyledi.

Muhlis iki nedenle Dilşat'la evlenmesine izin verilmeyeceğini düşünüyordu: Bir, Elazığ'ın yabancısıydı ve küçük bir manifatura dükkânları vardı. Dilşat'ın ailesi zengindi.

İki, Okaygün ailesi Alevi'ydi!

Engellere rağmen evlilik gerçekleşti. Çünkü Dilşat da, motosikletle günde on kez evlerinin önünden geçen 25 yaşındaki Muhlis'e vurulmuştu...

Ankara'ya göç

Yıl 1959.

Ufuk Güldemir üç yaşındaydı ve hiperaktifti. Babası gibi yerinde duramıyordu...

Muhlis Güldemir'e artık Elazığ'daki "Gül Manifatura" yetmiyordu. Ankara'ya taşınmaya karar verdi. Oğlu ve eşinin yanında, baldızı Rabia da onlarla gelecekti. Dilşat gibi ablası Rabia da çok iyi dikiş dikiyor, nakış işliyordu.

Ankara Ulus Toygar Çarşısı'nda ilk mağazalarını açtılar: "Gül Manifatura."

Cebeci semtinde Tellikaya sokakta oturuyorlardı. O yıl, Güldemir ailesinin ikinci çocuğu dünyaya geldi. Adını, ağabeyiyle kafiyeli olsun diye "Şafak" koydular.

O tarihlerde Ankara hareketli günler yaşıyordu: DP'ye karşı öğrenci protestoları, 27 Mayıs 1960 Askeri Müdahalesi, Kurucu Meclis, Anayasa oylaması ve 15 ekim 1961'de yapılacak genel seçim...

Babasını kaybediyor

Muhlis Güldemir seçimlerden bir hafta önce, İstanbul'a kumaş almaya gitti. İşlerini çabucak bitirdi. Çünkü oğullarından ayrı kalmaya dayanamıyordu.

10 Ekim 1961.

Jet Otobüs Firması'ndan güçlükle bir bilet bulabildi. Kumaşları otobüsün bagajına verdi. Elindeki valizde ise oğlu Ufuk'a aldığı oyuncak tabanca vardı.

Muhlis Güldemir, otobüsün en arkasına oturdu. Şoför, radyodan partilerin seçim konuşmalarını dinliyordu.

Muhlis Güldemir, Cumhuriyetçi Köylü Millet Partisi Genel Başkanı Osman Bölükbaşı'nın sözlerini daha iyi duymak için otobüsün önüne gitti.

Şansızlık tam o sırada otobüs kaza yaptı, Muhlis Güldemir'in ayağı kırıldı. Hemen Ankara Üniversitesi Tıp Fakültesi Hastanesi'ne kaldırıldı, ayağına çivi çakıldı.

15 gün sonra rahatsızlandı, hastaneye gitti. Çivinin takılması esnasında bir hata yapıldığı ortaya çıktı. Tekrar ameliyata alındı...

Kan verildi...

Ama... Verilen kanın grubu hatalıydı...

Muhlis Güldemir, 31 yaşında ölüme gitti.

Ufuk Güldemir, 5 yaşında öksüz kaldı...

Bu acı hayatı boyunca yüreğinden hiç çıkmayacak, kaybetmemek için pek kimseye bağlanamayacaktı.

Dilşat Güldemir, iki oğlu ve ablasıyla büyük bir şehrin ortasında sahipsiz kalakalmıştı.

Ne yapacaktı? Elazığ'a dönmesi istendi. Reddetti. Çünkü çocuklarını iyi okullarda okutmak istiyordu. Mağazanın başına geçti.

Çevresinin beklentilerinin aksine işleri büyüttü. Ayrıca ablası Rabia Okaygün'e gelinlik dikimevi mağazası açtı.

Gün geldi, Dilşat Güldemir Ankara Ticaret Odası Meslek Komiteleri Müdürlüğü'nde, Manifaturacılar Komitesi başkanlığını yaptı...

Dilşat Hanım, çocuklarını kaliteli okullarda okutmak istiyordu. Bu nedenle oğlu Ufuk'u evlerinin bulunduğu Cebeci semtindeki okullara değil, Ankara'nın o tarihlerde en kaliteli eğitimi veren Sıhhiye Necatibey Caddesi'ndeki Sarar İlkokulu'na yazdırdı.

"Kalburüstü aile" çocuklarının gittiği bu ilkokulda, Ufuk afacanlıklarıyla ünlendi!

Bir de cakasıyla; o dönemde arabaları ve özel şoförleri olan nadir ailelerden biriydi Güldemirler. Ufuk ve daha sonra da Şafak, okula özel şoförle götürülüp getiriliyordu.

Bu arada Ufuk ve Şafak, artık her yaz halasının yaşadığı Malatya'ya tatile gönderiliyordu.

Ufuk, Malatya'ya gitmeyi çok seviyordu. Çünkü eniştesi Bayram Kayalar onu ava götürüyordu.

Ufuk Güldemir'in avcılık merakı bu Malatya tatilleriyle başladı. Tabii, ilkokul günlerinde, bir sopanın ucunu bağladığı iğneyle sinek avlamasını saymazsak...

Yıl 1967.

Ufuk Güldemir İlkokulu bitirdi.

İki kız kardeş Dilşat ve Rabia, yaramazlıklarıyla mahallenin canına okumuş Ufuk'u yatılı bir okula vermeye karar verdiler. İstekleri, Robert Kolej'di.

Dilşat Hanım iki oğlunu da yanına alıp, özel otomobiliyle İstanbul'un yolunu tuttu.

Robert Kolej sınavında Ufuk başarısız oldu.

Dilşat Hanım oğlunu iyi okulda okutmaya kararlıydı. Diğer özel okulların sınavlarını da tek tek sokuldu Ufuk Güldemir.

Sonuç aynıydı, Ufuk sınavı geçemiyordu.

Umutsuzca Ankara'ya dönerlerken, TED Kayseri Koleji'nin açıldığını öğrendiler. Bu kez istikamet Kayseri'ydi.

Bu kez Ufuk Güldemir tam sınava girecekken, annesi onu bir

kenara çekti ve sert ses tonuyla şöyle dedi: "Ne yaparsan yap, bu okulda okuyacaksın."

Dilşat Hanım, oğlunun diğer tüm sınavlarda boş kâğıt verdiğini öğrenmişti! Çünkü, Ufuk annesinden, teyzesinden ve canı kardeşi Şafak'tan ayrılmak istemiyordu. Ağlayarak sınava girdi.

Bu kez sınav kâğıdını doldurmuştu. Kazandı. Ve TED Kayseri Koleji'nde yatılı günleri başladı.

11 yaşındaydı ikinci büyük ayrılığı yaşadığında...

Afacanlığı ve girişkenliğiyle kısa zamanda kendisine bir çevre yarattı. Derslerle pek ilgisi yoktu. Ama sınıfları da hep geçti. Sadece bir yıl edebiyat dersinden bütünlemeye kaldı. Müzikle çok ilgiliydi. Gitar ve bateri çalmayı öğrendi. *SES* dergisinin liselerarası müzik yarışmasında en iyi bateri çalan öğrenci seçildi.

Müziği hayatı boyunca hiç bırakmadı; bugün evinin salonunda hâlâ bir bateri vardır.

1968 kuşağının "yeni bir dünya" istedikleri günler başlamıştı.

Rüzgâr, TED Kayseri Koleji'nden de etkisini gösterecekti zamanla.

Siyasete ilgi duyanların arasında Ufuk Güldemir de vardı. Türkiye İşçi Partisi sempatizanıydı.

Koleji bitirip, Ankara Üniversitesi Dil Tarih Coğrafya Fakültesi İngiliz Dili ve Edebiyatı Bölümü'nde okuduğu dönemde TİP'e üye oldu.

1970'li yıllarda üniversitelerde öğrenci olayları çıkmaya başlamıştı.

Süleyman Demirel'in "mavi boncuğum" dediği Dilşat Hanım, AP'liydi. Oğlunun siyasetle ilgilenmesini, olaylara karışmasını hiç istemiyordu.

Bu durum bir gazetecinin doğmasına neden olacaktı...

Yıl 1974.

Dilşat Hanım, *Yenigün* ve *Günaydın* gibi gazetelerde çalışmış yeğeni Başkurt Okaygün'e telefon açtı. "Ufuk'u siyasetten uzaklaştırmak için ne gerekiyorsa yapın."

Ufuk Güldemir o yıllarda fotoğraf çekmeye merak sarmıştı.

Başkurt Okaygün, *Hür Anadolu'da Başkent* adlı gazetede çalışan arkadaşı foto muhabiri Sungar Taylaner'e telefon etti.

Ve Ufuk Güldemir foto muhabiri olarak mesleğe ilk adımı attı.

Daha henüz 18 yaşındaydı...

Tahmin ediyorum hiçbir genel yayın müdürü (kendisine genel yayın yönetmeni denmesine kızardı, "ben yönetmen değil, müdürüm" derdi), foto muhabirleri ve kameramanlarla bu kadar uğraşmamıştır. Kötü fotoğrafa ve görüntüye tahammül edemezdi.

Hep iftihar ederdi: "Ben mesleğe foto muhabiri olarak başladım."

Ailede de gazeteci çoktu: Kuzen Başkurt Okaygün'den başka, dayısı Bahri Turgut Okaygün 1950'li yıllarda Elazığ-Tunceli bölgesi *Cumhuriyet* temsilcisiydi. Dayısı bir ara, 1954–1957 yılları arasında DP Tunceli milletvekilliği de yaptı. Bir diğer dayısı Teoman Okaygün de *Cumhuriyet* ve *Milliyet* gazetelerinde çalıştı.

1970'li yılların başında Ankara'da foto muhabirlerin elinde Zenith marka fotoğraf makinesi vardı. Ufuk Güldemir ise annesinin hediye ettiği, dönemin en gelişmiş fotoğraf makinesi Nikon'a sahipti.

Haber şefleri, Nikon fotoğraf makinesi yüzünden her habere onu yolluyorlardı.

Şefleri, bekliyorlar ki, bir gün "yoruldum" desin. Hayır, sabahtan akşama kadar koşuşturuyordu. Sadece *Başkent*'e değil, yine Mustafa Özkan'ın sahibi olduğu *Son Havadis*'e de haber yapıyordu.

İlk acemilik günlerinde Çingene kadınların sabıka kayıtları için fotoğraf çekimlerinde, yanlarına yaklaşıp fotoğraf çekmek isteyince, hayatının ilk tokadını bir bohçacı Çingene kadından yedi. Ama kısa zamanda bu işi de öğrenecekti. Ünal İnanç, Bekir Coşkun gibi mesleğin kıdemlilerinin yanında "pişecekti."

Çok iyi İngilizce konuştuğu için kısa sürede, polis-adliye muhabirliğinden diplomasi muhabirliğine terfi etti.

Avcılık merakı, diplomasi muhabirliğinde çok işine yaracaktı.

ABD Ankara Büyükelçisi William Macomber de ava meraklıydı. Birlikte Konya Cihanbey'e kaz avına gidiyor, av sırasındaki sohbetlerinden özel haberlerle dönüyordu.

Avcılık nedeniyle başlayan Amerikalı diplomatlarla ilişkiler yıllar içinde, Ronald L. Spiers ve gerek Türkiye'de gerekse Amerika'da haber anlamında büyük yardımlarını gördüğü Prof. Strausz Hupe'le sürüp gitti...

Başkent ve *Son Havadis* artık ona yetmiyordu. Beyhan Cenkçi'nin genel yayın yönetmenliğini yaptığı *Dünya* gazetesine transfer oldu. Yeni görevi Parlamento muhabirliğiydi.

21 yaşında, Ankara gazeteciliğinin "en üst derecesi" Parlamento muhabirliğine ulaşmıştı. Ama sadece habercilik zekâsıyla –yani gazetecilik deyimiyle "fırlamalıkla"– mesleğin yürütülemeye-

ceğini anladığı o yıllarda "kitap kurdu" oldu. Biliyordu ki, bilmeyen soramazdı!

Türkiye siyasal tarihine ilişkin kitapları büyük merakla okudu. Böyle başlamıştı, bugün büyük bir kütüphaneye sahip olmaya. Tek tek alınan kitapların sayısı zamanla 20 000'e yaklaştı. –Sahaflarda bile bulamadığım kitapları onun kütüphanesinde bulurdum. İstediğimde, "Nasıl olsa yürüteceksin, en iyisi mi ben vereyim" diye espri yaparak, bir çok kitabı hediye etmiştir.

Bekârlığa ve çoğu sabah, farklı evlerden işe gitmeye son vermek istiyordu.

Annesi Yargıtay'da savcı, babası Ticaret Bakanlığı'nda müsteşar yardımcısı olan –bugün Boğaziçi Üniversitesi'nde öğretim görevlisi olarak çalışan– Cumhur Etkin'le 1978 yılında evlendi. Artık düzenli bir hayatı vardı.

Özel otomobili olan Ankara'da tek gazeteci oydu. Yeni çıkan Murat 124 otomobili vardı. TBMM'ye onunla gidip geliyordu.

Meslekte rakip olarak gördüğü nadir gazetecilerden biri olan Zafer Mutlu'yla *Dünya* gazetesinde anlaşamadı.

1979 yılında Türk Haberler Ajansı Ankara temsilcisi oldu. 23 yaşında "makam sahibi" olmuştu ama hayatından pek memnun değildi. Ajans haberciliğine pek ısınamadı. Çünkü yaratıcılık yoktu, sıradandı, tek yapılan rutini haberleştirmekti.

Bu nedenle *Cumhuriyet* gazetesi Ankara temsilcisi Hasan Cemal'in teklifine "hayır" diyemedi. *Cumhuriyet* gibi prestijli bir gazetede çalışıyor olmaktan çok mutluydu.

"63 TIR Dosyası" olarak bilinen silah kaçakçılığı haberiyle Bülent Dikmener Haber Ödülü'nü kazandı.

Uğur Mumcu'yla birlikte Ankara'da ilk bilgisayarı kullanan gazeteci oldu.

Türkiye 12 Eylül 1980 Askeri Darbesi'yle yeni bir döneme geçerken, Ufuk Güldemir'in de yaşamında büyük değişimler oldu.

21 haziran 1982'de kızı Su dünya geldi.

Aynı dönemde Türk siyasetinde yeni bir lider doğdu: Turgut Özal.

Ufuk Güldemir, Özal'dan çok etkilendi. Ona göre: "Özal aslında solcuydu!"

O günlerde *Cumhuriyet* gazetesi Ankara Bürosu'nda da değişiklikler oldu. Hasan Cemal genel yayın yönetmenliğine, Yalçın

Doğan Ankara temsilciliğine getirildi.

Gazeteci Yalçın Doğan "Prusya ekolü"ndendi. Yani gazetecilikte kolektif çalışmaya önem veriyordu ve yapılan haberlerin altına kolay kolay muhabir imzası koymuyordu. Ufuk Güldemir kızıyordu. "Bu durum çalışan ile tembel farkını ortadan kaldırıyor" diyordu. Yalçın Doğan'a muziplik olsun diye, isim benzerliği olan batık banker Yalçın Doğan'ın sık sık haberini yapıyordu!

İmza meselesi 1985 yılında ilk kitabı *Kanat Operasyonu*'nun yazılmasına neden oldu. Kitap, Yunanistan'ın NATO Askeri Kanadı'na dönüşüne olanak sağlayan Türk vetosunun kaldırılış öyküsünü anlatıyordu.

Ufuk Güldemir imzasını artık bir kitaba koymuştu...

Ankara büroda canı sıkılmaya başladığı o günlerde, Hasan Cemal'ın teklifiyle artık İstanbul'da yaşamaya karar verdi. Eşi Cumhur ve kızı Su'yu alarak Ankara'ya veda etti.

Gazetede "özel haberler birimi" kuruldu ve başına da Ufuk Güldemir getirildi. Bu yeni görevi ikinci kitabının doğmasına neden oldu: *Çevik Kuvvetin Gölgesinde Türkiye.* Bu kitabında Amerikalıların gözünden, "Kürt sorunu" ve "irtica tehlikesi"ni yazdı.

Meslekte rakibi olarak görmekten gurur duyduğu yakın arkadaşı Sedat Ergin'in *Cumhuriyet*'ten ayrılıp, *Hürriyet*'in Washington temsilcisi olması onun da önünü açtı.

Hasan Cemal "varsın orda tepişsinler" diye Ufuk Güldemir'i *Cumhuriyet* gazetesinin Washington temsilcisi yaptı.

1987'nin son günlerinde eşi Cumhur ve kızı Su'yla birlikte bu kez Washington'a gittiler.

Amerika, yaşamını değil ama siyasal görüşlerini değiştirdi. Artık keskin bir liberaldi. Siyasi tabuların, putların yıkılması gerekiyordu! Bunu yapacak olan sistem de serbest piyasaydı!

Amerika'da bulunduğu beş yıl boyunca yeni bir kitaba çalıştı. *Texas-Malatya* adlı kitabında Turgut Özal-Amerika ilişkilerini mercek altına aldı. "Beyaz Türkler" kavramını ilk kez bu kitabında kullandı.

Amerika'da sadece gazetecilik yapmadı; avcılık artık merak olmaktan çıkmış profesyonel bir uğraş haline gelmişti. Hafta sonları ava gidiyordu. Bu arada Türkiye'den gelen gazeteci arkadaşlarını da ava götürüyor, kalamar diye timsah eti yediriyordu!

Washington'da *Cumhuriyet* gazetesinin maaşıyla geçinmesi

zordu. Üstelik mortgage sistemiyle iki katlı, bahçe içinde ev almıştı. Her zaman olduğu gibi imdadına annesi Dilşat Hanım yetişiyordu.

Dilşat Hanım zaman içinde Ankara'da işleri büyütmüş, mağaza sayısını ikiye çıkarmıştı. Ayrıca, kendi adını verdiği bir de düğün salonu açmıştı. Oğlu Ufuk'a daha çok maddi yardımda bulunmak istiyordu, ama Ufuk reddediyordu.

Ve Amerika'da bir gün kızını diş doktoruna götürecek para bulamayınca çok sevdiği gitarını sattı. O gün kararını verdi: Gazetecilik yaparak zengin olunacağını herkese gösterecekti!

1992 yılında *Cumhuriyet* gazetesi Genel Yayın Yönetmeni Hasan Cemal ve bazı arkadaşları istifa edince, o da Washington temsilciliğinden ayrıldı. Evini satıp Türkiye'ye döndü.

Türkiye'de özel televizyonlar dönemini Star TV başlatmıştı. Star TV Murahhas Azası Özcan Ertuna aracılığıyla Cem Uzan'la tanıştı. Star Haber Müdürü oldu. Cem Uzan ve Özcan Ertuna'nın ondan istedikleri şuydu: "Bizim ekipte hep TRT kökenliler var ve onlar da protokol haberciliğini aşamıyorlar. Bu anlayışı yıkmanı istiyoruz."

Star TV o tarihlerde Sultanahmet Divanyolu Caddesi adresindeydi. Binanın üçüncü katı televizyona ayrılmıştı.

Özcan Ertuna, Ufuk Güldemir'i Star Haber Koordinatörü Orhan Duru'yla tanıştırdı. "Özden Akbal'la birlikte Ufuk Bey de sizin yardımcınız olacak" dedi.

Orhan Duru bu "patronaj"değişikliğinden pek hoşlanmamıştı ama bir şey de diyemedi. Özcan Ertuna çıkınca, Ufuk Güldemir'e genellikle kapının yanında müstahdemlerin oturduğu masayı gösterdi.

Ufuk Güldemir masasına geçti. Bir yanda haber merkezini izliyor, diğer yanda telefonla Ulus'ta kiralık ev arıyordu. Sonra birden kalktı, kimseye bir şey demeden çekip gitti.

Ertesi gün haber merkezinin oturma dizilişinde değişiklik yapıldı.

Ufuk Güldemir, "protokol haberciliğine" karşıydı ama hayatı boyunca protokole önem verdi. Nasıl konuştuğunuz, nasıl hitap ettiğiniz, ne giydiğiniz, neler yediğiniz onun için önemliydi. Aynı şekilde, gerek haber merkezinde gerekse yazı işleri toplantılarında kimin nerede oturacağını kendisi tek tek belirlerdi. "Sen" diye hitap edilmesine çok kızardı.

Meslek yaşamı boyunca hep taraf tuttu; gazetecileri, muhabirleri korudu. Bu nedenle onun gözünde haberi hazırlayanlar haberi ekranda okuyanlardan önemliydi.

Bu nedenle, Star'ın spikerleri Kaan Yakuphanoğulları ve Gülgün Feyman haber merkezinin en iyi masalarından kalktı, Ufuk Güldemir ve Özden Akbal oraya geçti.

Ufuk Güldemir haber müdürlüğüyle yetinecek biri değildi.

İstanbul'un "crème de la crème" yani en elit kesime girmek istiyordu. Bu "sınıf" tarafından "onaylanmadan" yükselmenin mümkün olmayacağına düşünüyordu!

Bu arada Star TV, Güneşli'de eski bir bisküvi fabrikasından dönüştürülen yeni stüdyosuna taşındı. Amerika ABC Televizyonu'ndan danışmanlar gelmiş, çalışanlara montaj, ışık, kamera kullanımı vb hakkında bilgiler veriyordu.

Koordinatör Orhan Duru artık pasifize olmuştu; haber merkezini Ufuk Güldemir tek başına yönetiyordu. TRT'nin getirdiği televizyon haber kalıplarını değiştirmişti. Uzun yazıya, uzun konuşmaya tahammülü yoktu. Haberlerin süresini 1 dakikayla sınırlamıştı. Rutin haberden sıkılıyordu, özel haberciydi.

Haber merkezine kök söktürüyordu: "Konuşmuyor", "bulamadık", "olmadı" "yetişemedik" gibi sözcükler lügatında yoktu; bunları duymak istemiyordu. İş yaşamında sertti. Acımazdı.

Eski Babıâli geleneğinden geliyordu; usta-çırak ilişkisine inanıyordu. İşini yapamayanı azarlamaktan hiç çekinmedi.

Gergindi hep.

Ve o dönem gece hayatıyla rahatlıyordu ancak.

Yazılı basından gelen Ufuk Güldemir'in renkli televizyon dünyasında yıldızı giderek parlıyordu...

Yıl 1993.

Özel televizyonların sayısı giderek artıyordu. Erol Aksoy, Show TV'yi kurduğunda haber merkezi oluşturmayı pek düşünmemişti. Ancak insanların TRT dışında farklı haberleri görmek istediğini kavrayınca, Mehmet Ali Birand'a teklif götürdü. Birand kabul etmedi. Ama bir öneride bulundu: Star Haber Müdürü Ufuk Güldemir bu işi iyi yapar.

Onun *Cumhuriyet* kökenli olması, Amerika'da beş yıl bulunması ve bir yıldır da televizyon haberciliği yapması Erol Aksoy'u etkiledi.

Mehmet Ali Birand tarafları buluşturdu. Anlaştılar.

Ve Ufuk Güldemir Show Haber'in genel yayın müdürü oldu!

Artık kendi ekibiyle çalışacaktı...

Patronuyla aynı görüşteydi; burjuva ailelerinin iyi okullarda okumuş en az iki dil bilen çocuklarından gazeteci yaratmak istiyorlardı.

Erol Aksoy'un ayrıca sert kuralları vardı, çalışanları arasında sakallı birini görmek istemiyordu; bir de kahverengi giyilmesinden hoşlanmıyordu! O günlerde bu tür kurallarla alay ediliyordu, ancak zamanla herkes kahverenginin ekranda iyi durmadığını anlayacaktı.

İstanbul Osmanbey'deki Aksoy Apartmanı'nda haber merkezi kuruldu.

Ufuk Güldemir haberin artık tek patronuydu.

Haberde zekâyı severdi. Ayrıntı arardı. Satır aralarına bakılmasını isterdi. Bilgiye saygı duyardı. Cesurdu. Vasata tahammülü yoktu.

Haberci ile TV programcısının farklı olduğunun sürekli altını çiziyordu.

Deli gibi sevdiği gazetecilik mesleğinin televizyon ekranında yok olmasını istemiyordu.

"Yıldız haberci" yaratmayı seviyordu.

Peki Ufuk Güldemir gazeteci yetiştirmiş midir?

Pek değil! Çünkü onun gazeteci yetiştirecek zamanı ve sabrı yoktu.

Asıl hüneri, ışık gördüğü gazetecileri bulup almaktı. Gazeteci yetiştirmedi ama haber anlayışı konusunda gazetecileri dönüştürdüğü bir gerçekti.

Star'da olduğu gibi Show'da da, enerjisiyle herkesi kendine hayran bırakıyordu. İşe en erken gelen oydu, en geç giden de!

İş ve özel yaşamındaki enerjisiyle kimse baş edemiyordu...

Adrenalini hiç düşmüyordu...

1993 yılı siyasette Tansu Çiller'in yıldızının parladığı dönemdi: "Yeni beyaz bir sayfa açılmıştı!"

Ufuk Güldemir, Çiller'e güveniyordu, Özal'ın "devrimlerini" onun devam ettireceğine inanıyordu!

O günlerde Mehmet Barlas da, Ufuk Güldemir'e inanıyordu. Bu nedenle Umur Talu'dan boşalan *Milliyet* genel yayın müdürlüğüne Ufuk Güldemir'i önerdi.

Ufuk Güldemir iki yıl sonra tekrar yazılı basına döndü. Gururluydu, "Abdi İpekçi'nin koltuğunda oturuyorum, bu az bir şey değil" diyordu.

Bu "transfer" sonucunda Levent'te oturduğu evi aldı.

Televizyonda yaptıklarını gazetede de yapmak istedi. Yerleşmiş kalıpları kırmak istiyordu.

İlginçtir, televizyonda yaptığında kimse bir şey dememişti, oysa yazılı basında durum farklıydı. Her yaptığı tepki gördü.

Görsel ile yazılı basın arasında büyük farklar olduğunu anladığında geç kalmıştı. Özel televizyonlar yeniydi, ama gazeteler yüzyıldır vardı. Gazetenin "putlarını" devirmek kolay değildi. Ahmet Altan'ın "Atakürt" yazısı ipleri kopardı.

Ufuk Güldemir özel televizyona döndü.

1996'da Cem Uzan'la el sıkıştığında, bu kez Star Haber'in genel yayın müdürüydü.

Ufuk Güldemir'in televizyon hayatında en uzun süre çalıştığı dönem bu oldu. Üç yıl görev yaptı. Ve yaşamının en yıpratıcı dönemi de bu yıllar oldu.

Özel televizyonlarda artık reyting dönemi başladı. İlk 100 program arasında haber bültenleri ilk sıraları paylaşıyordu. Kanalların haber merkezleri ilk sırayı kapmak için kıyasıya rekabet halindeydiler.

Yetmezmiş gibi, medyaya yeni giren özel TV sahipleri de ellerindeki televizyon gücüyle siyasi iktidar üzerinde nüfuz sahibi olmak istiyorlardı!

Haber merkezleri ile patron arasındaki ilişkiler hep gergindi.

Ufuk Güldemir zekâsına yakışan bir kurnazlıkla, haber bültenlerinden siyaseti yavaş yavaş çıkardı.

Yıllarca diplomasi muhabirliğini yapmış, Washington temsilciliğinde bulunmuş, bu konuda kitaplar yazmış Ufuk Güldemir, televizyonda dış haberlerin ayrıntılı verilmesine de karşıydı. "Diplomasiyle bir avuç kesim ilgilenir, halbuki televizyon geniş kitlelere hitap eder ve bu geniş kitlelerin gündeminde dış politika yoktur" derdi.

Bu arada, Uzan Ailesi medyada büyümek istiyordu. Önce, televizyonun tüm teknik altyapısını değiştirildi. Sonra, gazete çıkarmak için kollar sıvandı.

Tüm medya biriminin başına Ufuk Güldemir getirildi. Ancak *Star* gazetesinin kurulma aşamasında kendisinden habersiz bazı gazetecilerin alınmasına karşı çıkan Ufuk Güldemir "medya müdürlüğü"nden ayrıldı.

Gazeteyle artık ilgilenmeyecekti. Ancak bu ayrılık Cem Uzan'la arasının açılmasına neden oldu. Taraflar artık "aynı dilden" konuşmuyordu.

Star TV haber bültenlerinde gazeteye yeteri kadar zaman verilmediğini düşünen Cem Uzan, Ufuk Güldemir'in gazeteyi "baltaladığını" kafasında kurmaya başladı. Star ekranında görülmesi "yasaklılar listesindeki" Sakıp Sabancı ekrana çıkarılınca ipler tamamen koptu.

Aynı dönemde Ufuk Güldemir bir ayrılık daha yaşadı: Eşi Cumhur'la boşandı.

Dinç Bilgin, *Sabah* gazetesinin eski dinamizmini kaybettiğini düşünüyordu. Gazeteyi ilk çıkaran kuşak yorulmuş, yıpranmıştı. Onların yerine geçen genç kesimde ise beklediği ışıltıyı pek görememişti. Dinç Bilgin *Sabah*'ı eski günlerine döndürecek dinamik birini arıyordu.

Yıllar geçmiş ve artık gazeteciliği bırakıp İstanbul'da dev bir matbaa sahibi olmuş kuzen Başkurt Okaygün, Dinç Bilgin'in yakın arkadaşıydı. *Sabah*'ın ilk kuruluşunda da katkıları olmuştu. Metro Grup'ta Ufuk Güldemir'in kardeşi Şafak'la birlikte çalışıyorlardı.

Başkurt Okaygün, Dinç Bilgin ile Ufuk Güldemir'i buluşturdu. Ancak anlaşma olmadı. Sorun parasal değildi. Ufuk Güldemir, Dinç Bilgin'den başka, kimseye karşı sorumlu olmak istemiyordu.

Zamanla orta yol bulundu. Ufuk Güldemir *Sabah*'ın genel yayın müdürü oldu.

Fakat *Sabah* "serüveni" sadece yedi ay sürdü.

Sabah'ı kuran kadronun yıllar içinde kökleşmiş arkadaşlık ilişkileri vardı. Kafasına esen yazı işlerine girip sayfalara müdahale ediyordu.

Genel yayın müdürünün odasında toplanıp kebap partisi veriyorlardı. Tavla oynuyorlardı. Tüm bunları yıllarca yaptıkları için onlara normal geliyordu. Ama Ufuk Güldemir içten içe köpürüyordu. Ona göre bunlar "gazetecilik diplomasisine" uygun davranışlar değildi!

Ancak ne bu davranışlar ne de gazetenin mizanpajında yapmaya başladığı değişiklikler *Sabah*'la yollarını ayırmasına neden oldu.

Siyasal iktidarın ANAP kanadı Ufuk Güldemir'in haberciliğinden rahatsız oldu. Bir de Ufuk Güldemir'in kısa sürede başarılı olması, gazete içindeki eski ekibi rahatsız etti. "Gazete elimizden gidiyor" korkusuyla Ufuk Güldemir'in "ayağını kaydırdılar."

Medyada dedikodu kazanları kaynamaya başladı: Ufuk Güldemir artık medyada yer alamazdı!

Gazeteciler bu dedikoduları yaparken Ufuk Güldemir üç arkadaşıyla birlikte, kardeşi Şafak'ın sahibi olduğu Güneşli'deki Matbaacılar Sitesi 199 numarada toplantılar yapıyordu.

Artık kendi işinin patronu olmak istiyordu. Öncelikle internet gazeteciliği yapacak, arkasından gazete ve televizyon kanalı kuracaktı.

Ve hepsini de tek tek yaptı: Habertürk.com, Habertürk TV, *Yarın* gazetesi, Habertürk Radyo, Yaban TV...

İstanbul'da medya dünyasında herkesin en az beş projesi vardır. Hiçbiri hayata geçmez.

Ufuk Güldemir de hayal kurardı, farklı projeler geliştirirdi. Ama onun farkı, o hayallerini hayata geçiren, yani "yapan adam"dı.

Yaptıklarıyla gurur duyuyordu. Sedat Simavi, Ahmet Emin Yalman, Zekeriya Sertel gibi muhabirlikten medya patronluğuna ulaştığını her söylediğimde gözleri parıldıyordu. "Daha da büyüyeceğiz" diyordu. Hayali büyük bir gazete çıkarmaktı. Gazeteye kimleri alacağını bile düşünmüştü...

2000'li yıllar Ufuk Güldemir'in yaşamında büyük değişikliklere yol açtı. Hayatını yeniden kurmaya başladı: 2005 yılında gazeteci Gaya Sarrafgil'le evlendi.

Sigarayı, içkiyi bıraktı. Artık gece hayatı yoktu. Her gün spor yapıyordu.

Ve 2006 yılının bir mayıs günü... İlhan Selçuk'la randevusu olduğu gün kanser olduğunu öğrendi. Yaşamı boyunca *Cumhuriyet* gazetesine bağlılığını hiç koparmamıştı. Randevusuna gitti. Kimseye bir şey söylemedi. *Cumhuriyet*'in duayenlerinin gözünde o yine şen şakrak Ufuk Güldemir'di.

Kansere karşı bir yıl mücadele verdi.

Bu zor günlerde aksilik hiç peşini bırakmadı. Annesi Dilşat Hanım Alzheimer olmuştu. Rabia Teyzesini, Teoman Dayısını kaybetti.

Hiç yılmadı, bir gün bile pes etmedi.

Amerika'daki doktorlar şaşırıyordu. Dağlarda av peşinde koşuşturduğuna inanamıyorlardı. Hatta geçtiğimiz mayıs ayında kendisini Amerika'ya çağırdılar; "siz pankreas kanseri olamazsınız" diye.

Umutlanmıştı. Acaba teşhiste hata mı yapılmıştı. Amerika'ya kuş gibi uçtu.

Ama... Hayır... Teşhis doğruydu.

Artık direnecek gücü kalmamıştı.

8 haziran gecesi, evin alt katında onun için oluşturulmuş yatağından, "Burada yatmak istemiyorum" diye kalkıp, kimseye haber vermeden merdivenleri çıkarak üst kata, kendi yatağına gitti. Az sonra Habertürk Genel Yayın Müdürü Melih Meriç, o gece Ufuk Güldemir'in yeni kurduğu Yaban TV'nin aldığı ödülü getirdi. Çok sevindi. Konuşamadı.

Zor nefes alıyordu...

Saat 01.10'da hayata gözlerini yumdu...

Gazeteci Ufuk Güldemir tüm bu yaşamı 51 yıla sığdırdı...

Her yaptığı olay oldu, ölümü bile...

Kendisi gibi gazeteci kökenli olan Frank Sinatra'nın "My Way" şarkısında söylediği gibi, Ufuk Güldemir kendi yolunu kendi çizdi...

Şövalye ruhluydu.

Ancak...

Düello yaptığı rakibi çok güçlüydü, çünkü kendisiydi...

Sonsöz yerine

"Mektup"

Ağlasun, 30 kasım 2007

Sevgili Soner Yalçın;

Kızılırmak başlıklı uzun şiirinin bir yerinde Ozan Hasan Hüseyin, şöyle diyor:

....
bir oğlum olacak adı temmuz
öfkede benden fırtına
                    sevgide deniz
ne samanyollarının ulu kervanları susuzluğumun
ne kutupşafaklarında tanrılaşması ilkelliğimin
temmuz gibi sıcak ve bereketli
                    temmuz gibi uçsuz bucaksız
bir oğlum olacak adı temmuz
dilinde en güzel sesi türkçemin
                    kulağı en yiğit şarkılarla delik
korkak bir merakla değil yıldızlı karanlığı
                    vivaldi'yi dinler gibi okuyup anlayacak
ve belki de sütdişleri sürerken balaban bir bursa şeftalisine
                    ay'dan kendi sesini dinleyecek
                    vahşi bir çiçek gibi açılmış gözleriyle
....

Şiirin 77. sayfasında, yukardaki gibi sesleniyor Ozan.

O yapıtın pek çok bölümcesini, yeri geldikçe, bellekten ve çok severek okurum; soluk soluğa geçmiş 1965 yılını anarım içimden: Genel Seçimler önümüzdeki sonbahardaydı. Ozan, TİP Ankara mv. adayıydı; dolaşıyordu dağda taşta, delicesine bir adanmışlıkla. Gerçi henüz sıcak propaganda evresi başlamamıştı; ama olsundu, o çok heyecanlıydı, sabırsızdı! Bu şimdi başımıza gelenler, memleketin ve rejimin geldiği nokta, daha o günlerden belliydi; ve o, insanlarımızı ve kurumlarımızı bir parça olsun uyarabilmek ve uyandırabilmek için, ve de ayılmaya katkı olsun diye, kimbilir hangi derelerden su getirmeye çabalıyordu mahallelerde beldelerde varoşlarda. Akşamları eve geldi mi, Kalaba'nın tepesindeki o yoksul evimize; gün boyu aç susuz dolaştığı yerlerde, cebindeki küçük küçük kâğıt parçalarına aldığı şiir notlarını önce daktiloya geçiriyor, akşam çorbamızı içerken de, bölüm bölüm tümlemeye çalıştığı yeni bir şiiri, orasından burasından seslendiriyordu...

Ufuk'la Barış'la, Ağlasun'daki yaz dinlencemizden yeni dönmüştüm. Bedenimde temmuzla, dopdoluydum. Akşama sabaha bekliyordum doğumu. Kendimi herhalde yuvalacık duyumsuyordum. Bir yandan, kulak veriyordum Hasan Hüseyin'e; kimbilir, diye düşündüğüm oluyordu, kimbilir bu heyecan doruğunun kaynağında nasıl bir kaygı, ve yarış duygusu var: Belki ben daha doğurmadan; O, destanının son dizesini yerleştirecek?

Ve çok merak ediyordum; karnımda tepinişleriyle beni bayıltacak gibi olan bebek, Ozan'ın hayal ettiği gibi mi bakacaktı acaba az sonra yüzlerimize; ... vahşi bir çiçek gibi açılmış gözleriyle?..

7 ekim 2007 pazar. Burdur'dan İzmir'e giden otobüsteyim. Elimde, o günkü *Hürriyet* gazetesinin o sayfası, yarı açılmış duruyor. Baktım, yanımdaki yolcu, uyukluyor; kâğıt hışırtısını işittirmemeye dikkat ederek okumaya çalışacağım. Olmayacak. Şimdi okuyamam; araba pek hızlı gidiyor. Yalnızca, sayfanın ortasındaki Soner Yalçın adına ve o küçük resminize bakıyorum. İçimden, boylu boyunca bir dize akıyor ben bakarken; ...

Vahşi bir çiçek gibi açılmış gözleriyle....
– Ne güzeldir benim yurdumun çocukları!

Derdi sık sık, Hasan Hüseyin.

Düne kadar bilmediğim; zahmet edip kitaplarını ve yazmakta olduğu ne varsa arayıp bulup okumadığım; ama nedense adını pek çok kez duyup, sanki çekim merkezlerimden biriymiş gibi kendisine belli belirsiz –evet, ayrımında bilincinde olmadan!–, bir sempati geliştirdiğim bu genç adamın resmi, fiziği, böyle miymiş demek? Evet, böyle olmasaydı; ben ayrımında olmadan bile o yakınlık duygusu gelişmemiş olsaydı; şu geçtiğimiz can sıkıcı hafta içinde tek tatlı olay olarak o sabah, telefonda, ben Soner Yalçın diye seslendiği an, kendisine, Sevgili Soner Yalçın! diye, öyle hazırlıksız, öyle ansızın, tepki verir miydim?

Beni, hiç kesmeden, sabırla, o uzun uzun söylettiğiniz sabahta, dediniz ki bana:

– Pazar günü bütün bunları, sayfamda derleyip toparlayacağım!

Evet...

Buna benzer bir tümceydi.

Bense; konuşabilmiş, dinletebilmiş olmaktan hoşnut; ama son derece yorgundum!

Gazetelerde hafta boyu, gerçi iyi niyetli yansıtmalar da olmuştu; Ankara'dan Barış'la Temmuz, Fethiye'den Ufuk, beni üzmemeye çalışarak usul usul, çocuklarım; yazılanları söylenenleri, hele TV kanallarındaki değinmeleri ya da bilgisayar gevezeliğine geçmiş ayrıksı tepkileri aktarıyorlardı ev telefonuma. Eş dost da, eksik olmasınlar; sen şimdi, doğana aykırı bir yoğun ilgilerle perişan olmuşsundur... diye diye, kendi acabalı yorumlarını sıralıyorlardı, telefonu boş yakaladıkça!

Kırgındım; Ahmet Hakan ve Yalçın Doğan, düpedüz düşmanca bir tavır estirip geçmişlerdi. Niçindi acaba; bu isimleri nerden biliyordum üstelik? Bir de, İclal Aydın'ı ne münasebetle önemsemiştim; yaklaşımınız ruhsuzdu diyemediğime yanıyordum. Hele Cengiz Semercioğlu'na da, sorumsuz davrandınız! demek isterdim doğrusu!

Bıkkındım; ne işim vardı benim o tür yayınlar dünyasında?

Bir de, televizyonumu hemen 'uydu'ya bağlatmalıyım, bizim belediyenin kaprislerine mahkûm kalmamalıyım! düşüncesi geçti sizinle konuşurken usumdan; öyle ya, CNN-Türk'te olduğunuzu da öğrenmiştim söz arasında...

Evet, yaşlanmıştım; bir şeylere, hızlıca yetişemiyordum artık! Bir tür yalnızlığa çekildiğim bu yayla köyünde; dünyanın şu denetimsiz magazin gidişinden epeyce uzaktım!

Yine de, Hasan Hüseyin gideli, evimin kapısı ve telefonlarım, elbet ilke olarak hep açık olduğundan; şu kaç gündür kameralardan ses kayıt aygıtlarından fotoğraf makinelerinden, apansız yakalanmalardan koruyamamıştım işte kendimi; kimbilir ne sözler çıkmıştır ağzımdan; ben ki, sıradan mektuplarımda bile kılı kırk yararım... Neden ayakaltı olmuştu evim? Çünkü, Hasan Hüseyin Müzesi olarak, 23 yıldır oluşturmaya çabaladığım kitaplığım, herkes içeri girsin diye düzenlenmişti! Resmi bir yanı yoktu, yine de, yıllar var ki, gençler çocuklar, kadın erkek herkes, kimin yolu düşmüşse, buraya, kendi evlerine girer gibi girme alışkanlığı gelişmiştir. Ben, yan odada uyuyor olabilirim, yatağımda kitap okuyorum ya da; bir biçimde meşgulümdür yani, anahtar kapıdaki posta heybesinde ve de komşudadır, gezintiye hatta yolculuğa çıkmış da olabilirim, hiç fark etmez: Gelen izinsiz girer. Duvarlardan fotoğraf çeken, kitap alan, masada okuyan, mutfağa girip çay demleyen olur; raflarda gezinenler, ne bileyim dergi karıştıranlar, belki kâğıt üstünde ödev yapanlar... yalnızca erinç verirler bana. Bir, kendi kendini seçmiş azınlıktır onlar. Ben uygun olayım olmayayım, kapım hep açıktır yani. Bu köydeki, Hasan Hüseyin'den sonraki yaşantımın biçimidir bu. Sözümona aydınlar değil elbet. Halk, neredeyse bir çeyrek yüzyılda öğrendi bunu. Yalnızlık içinde çoğul yaşamanın ve kalabalıklara karşın özgür kalabilmenin biçimi zamanla böyle gelişti. Tek koşul vardı, onu da öğrenmişlerdir: Aldıklarını, işleri bitince yerine koyarlar.

O günlerde de; hiçbirini küçümsemedim ama; evime –yani kitaplığıma–, o destursuz giren sansasyoncuları, öteki kuraldışı girip çıkanlardan ayıramadım başlangıçta. Kırık topuk tümceler, havada yakalanmış sözler... bu yüzden savruldu medyada: Kameraya pijamalıyken bile yakalanmış, aldırmamış; acemi biri; hep sevecen, önyargısız; insanları, bağrına basarak yaşamış, sureta olanlara bile hoşgörüyle bakmış, eski bir öğretmen; altmış yıllık *Cumhuriyet* okuru ama, medyanın öteki yüzünü bilmiyor!

İşte, sizin 7 ekime öyle geldim.

Öyle umutsuzdum ki; Soner Yalçın adındaki, bu kadar genç olduğunu o sabah o telefonla öğrendiğim yazarın; böyle olağanüstü bir sahiplenişle, bunca güzel bir sayfa yapabilip; üstelik yorum bile katmadan, kamuya böyle ustalıkla sunabileceğine, demek olasılık vermemişim: Herhalde pazar günleri yazıyor *Hürriyet*'te Soner Yalçın; herhalde bizim yakışıksız vakaya da lütfen değinecek, diye düşünmüş olmayım...

Bekle, demiştiniz, bekledim elbet; ama sıradan bir bekleyişti, meraksız. Öfkeliydim. Hem, bu nedenceyle öğrenmiştim ki; ben, kimi sövgülü şiirlerine karşı çıkardım Hasan Hüseyin'in, ne kadar haklıymış ("yargısız infaz" denirdi de somutlayamazdım; demek tatsız şeyler, kişiyi bir anda gelip bulabiliyordu! Üstelik, unutturmayı iş edinenler, adını anmak bile istemeyenler; tepeden tırnağa saydam, ayrıca hep haklı yaşamış bir ozanı, meğer unutmamışlarmış!)!

Bizim bir derneğimiz vardır, Burdur'da. Fakir Bayburt, beklenmedik günde öldüğü zaman, kurmuştuk: Fakir-Der. Derneği onun anısına, bir "enstitü" gibi çalıştırıp geliştirecektik, geçmişteki ve gelecekteki köy enstitülerinin bir aşaması gibi. Kim bilir, belki bir gün, O'nun aziz adının çağcıl kuruluşlara verileceği günler de gelirdi yurdumuzda yöremizde...

Ekim aylarının her 11'i geldiğinde; o günün önü sonu deyip, anarız Fakir'i. Bu yıl şeker bayramına denk geldiği için anma günlerini 5,6,7 ekime aldık. Ağlasun'a arabalı dönüşler en son saat 18'de oluyor. Bizim "Günler"imizse, hep geceye taşar. Öyle olunca, akşam eve dönmeyip, üç gün kalırım Burdur'da. Bu kez; 6/7 ekim gecesi, çalışmalarımızın sunu vb faslı bitmiş, müzik benzeri etkinlikleri de sabaha doğru kapatmıştık. Gece kaldığım yer, Burdur Gölü kıyısında bir kır evi. 7 ekim sabahı, Fakir-Der'in bu kezki kongresi vardı. Ev koşullarına da uyarak, genel kurul saatine ucu ucuna yetiştirildim. Divan başkanıydım; ara verdiğimiz ufak bir anda bir arkadaş, 7 ekim günlü *Hürriyet*'te sizin sayfanızı önüme sürdü! Bir anda kızardığımı duyumsadım. Sayfayı ivediyle katlayıp çantama koydum. Zaten çalışma da başlamıştı. (Seçim sonuçlarını imzalayınca, biri beni otogara ulaştırdı: Gece İzmir'de yaşayan kardeşim emekli öğretmen Lâle'nin üç aydır ölümcül hasta olan eşinin ağırlaştığını öğrenmiş, yolculuk biletini kongre sonrasına ayırtmıştım.)

Evet; Burdur-İzmir otobüsündeyim. İki saattir çantamda duran gazeteyi açtım. Dediğim gibi; koltuk sıkışıklığından, ne yazdığınızı okuyamazdım: Sayfanın başucunda Ozanın yaşamöyküsü özetlenmiş; iyi. Hasan Hüseyin'in ve benim –onunki 26.2.1984'te noktalandı!– gençlik ve güncel resimlerimiz, dünyaya ilan edilmiş. Belli ki kitaplarımdan kimi şeylere değinmişsiniz. Yüreğim çarpıntıda, ama der yerdeyim... Yeniden, sizin resminize odaklandım: Hayır; böyle bir telefon söyleşisinden sonra, ve bu resimdeki bakışların sahibi, Hasan Hüseyin hakkında yanlış yazmaya gönül indirmezdi. O anda baştan sona okuyup değerlendiremesem de; öylesine kısa zamanda derlenip kotarılmış, bu kadar güzel görünümlü bir sayfada beni incitecek hiçbir şey ve hiçbir satırarası olamazdı. Ve hele; böyle sağlıklı görünüşlü bir fiziğin topaç gibi duruşunda, çok yerinde bir içerik dışında bir edim çıkmazdı! Dünyaya böyle bakan bir insan, kesinlikle dürüsttür! Nitekim; o günlerin yorgunluğunda, o ağır acılı kalabalık içindeki konumum nedeniyle, ancak bir gün sonra okuyabildiğim yazınızın bende bıraktığı çok boyutlu izlenim, ilk bakışımdan değişik olmadı. O ara telefonum, ardı ardına eşten dosttan gelen yoğun beğeni iletileriyle dolmuştu; sonradan karşılaşabildiğim pek çok kişice de çarpıcı, doyurucu, rahatlatıcı, pek çok şeyi de kesip atıcı bulundu yazınız...

Resimdeki bakışınız bana; Kızılırmak'taki, yukarda alıntıladığım o bölümceyi anımsattı ama; aynı yapıttan bir dize daha geldi dilimin ucuna; başka bir yerde de, diyordu ki Hasan Hüseyin:... hiç yalan söylemedi bu ozan...

O kadar kısa zaman onca işin arasında mutlaka iki arada bir derede, böylesine derli toplu, tüm maksatları çizip geçen, ne eksik ne fazla bir yaklaşımla ama "derhal" bir devinimle; benim en bunaltıldığım noktada; beni de tanımaz etmezken, duruma, kendi iç sesiniz ve içten inisyatifinizle el koymuş oldunuz!

El koymak... başka ne diyebilirim!

Bir şeye bir olaya bir duruma sahip çıkmak, belki çirkinleşme eğiliminde bir duruma "dur!" demek, yani kişisel istenç, bundan başka bir şey miydi? Hasan Hüseyin olsa, gelir alnınızdan öperdi.

Sizin ansızın, fakat "mükemmel" çıkışınızdan sonradır ki (bir anlamda meydan okumaydı, belki neşter vuruşuydu eyleminiz!) birileri, hele köylülerim, sindikleri pusudan, birer birer çıktılar, kapımı yeniden çalar oldular:

– Hay Allah, bu ne iştir Bizimgız?!

Gidiş ve dönüş. Yorgun ve neredeyse hastaydım. Lâle de zordaydı.

Yazınızdan sonra, ben nasıldım? Öyküleyemem!

Tek sözcükle "iyi" oldum, güçlendim! O kadar da yalnız değilmişiz...

İzmir'de "ölüm" sürecine girilmişti: Birçok kez gittim geldim.

Bir ara, yeni bir yolculuk öngününde bu kez Isparta'da, o sizi arayan genç kuaföre uğradım: O bizim ailece üzüldüğümüz haftada, çok candan ilgilenenlerden biriydi. Bir "güzellik salonu" işletiyor. Aynı zamanda müzikle uğraşan, akordeon çalan, uluslararası dostluk dernekleriyle ilintisi olan, çoluk çocuk sahibi bir aile babası o; bir emekçi, uyanık bir yurttaş. İyi niyetliydi. N'oldu, ne var, son durum nedir? dediği zaman; şu sıra çok özel ve acılı sorunlarımız var, ama Sayın Yazar Soner Yalçın'ın olağanüstü tutumu, rahatlattı bizi. Karşılığında ne yapabilirim bilmiyorum! En azından bir teşekkür mektubuyla kendisini kucaklamalıyım. Telefonunu vermişti; evdeki karışıklıkta bir bulabilsem, ondan mektup adresi rica edeceğim.. gibisinden yanıt verdim.

Onun, hemen atılıp, ben bulurum adresi, size iletirim! dediğini anımsıyorum. Sizde kuşku uyandırdıysa özür dilerim.

Öykünün o bölümü öyle. Kendisini bir daha arayamadım. Küçük yerlerde ufacık bir dalgalanma önem taşıyor...

26 ekimde Lâle'nin eşini toprağa verdik.

Başka güncel sıkıntılarla birlikte, haftalar akıp gitti.

Ama size dostça bir sesleniş, hep gündemimde kaldı.

Derken... Siz ikinci kez aradınız! Acaba, kestirebilir miydiniz; sizin, beklemediğimiz davranışınızın, beni, nasıl yaşamsal değerde etkilediğini? Ve ayrıca; sizin, Korkmazgiller için yaptığınız o görkemli sayfanın; benim ömrümün sonunda nasıl bir "ödül" olduğunu anlatabilir miydim size?

O gün 10 kasım mıydı; otu çöpü bahane ederek kaymakamlığını (!) dayatan biri ile, çelenk koyma-koydurmama konusunda sabah sabah bir tatsızlık yaşanmıştı. Yaşım ve sağlığım öyle bir yerde ki; çok dengeli, usul usul olmalı adımlarım. Yapım, usul usulluğa uygun değil; yolculuklar yapıyorum, olaylara karışıyorum, toplumsal olup bitenlere anında tepki veriyorum. Her şey ilgilendiriyor beni! Ne zamana kadar?

Sizin o saatteki sesiniz, seslenişiniz, incelikle ilginiz, sabırlı dinleyişiniz... şu olağan kasaba-köy yalnızlığında elbette çok iyi geldi. O moralle, hemen yazacağım! dedim.

Hiç bu kadar uzun, özel bir mektup almış mıydınız birinden?

Özel mektupların artık, çağdışılık sayıldığı bir çağda!

Nasıl bir cüretse, şu gösterdiğim; lütfen bağışlayın ve boş bir zamanınızda okumuş olun. Bir insanın boş zamanı olabiliyorsa...

Ayrıca; ne yapacağımı bilemedim, teşekkür yetmez, iyi bir okur da olmam gerekiyor. Siz elbette, kendi halinde bir aileye karşı gösterilebilecek bir yazar, bir aydın duyarlılığının ötesinde; Ozan Hasan Hüseyin Korkmazgil'e, onun lekesiz adına, haklı ve saygıdeğer anısına... kanat gerdiniz. Hangi teşekkür bunu karşılayabilir ki!

O gün bugün, susup kaldım işte.

Sağ olun! diyebiliyorum.

Yeniden, Ağlasun;
10 aralık 2007

Bana da bir ders verdiniz. Örneğin, bu ülkede siz de varmışsınız; neden görmedim ki?

Şimdilik hoşça kalın.

Sevgi saygı selam. Gözlerinizden öpüyorum.

Azime Korkmazgil
Emekli öğretmen
15800 Ağlasun
Burdur

Dizin

D

E

F

G

H

İ

K

Soner Yalçın'ın kaleminden bu kez Osmanlı'dan günümüze, Türkiye'nin yaşamında önemli rol oynayan tarikatların şeyhlerinin ve müritlerinin siyasi ve ekonomik alandaki güç lobisi gözler önüne seriliyor.

Bir ailenin hikâyesi bu. Ama ardında bir ülke gizli bu hikâyenin...
Efendi'yi okurken Türkiye'nin farklı bir yüzüne tanık olacak, gizli kalmış gerçekleriyle yüzleşeceksiniz. Yalçın'ın araştırması, tarihin derinliklerine inmek, gündemde olan konulara bir de tarihin gözünden bakmak için kaçırılmaz bir fırsat.

Soner Yalçın'dan öldürülecek 67 Kürt işadamının yer aldığı listenin ilk sırasındaki Behçet Cantürk'ün hayatına tanıklık edebileceğiniz bir çalışma. Gerilim dolu bir roman gibi de okuyabileceğiniz bu araştırma kitabında sadece ilginç bir kişiliğin hayatını değil Türkiye'nin gerçeklerini de bulacaksınız.

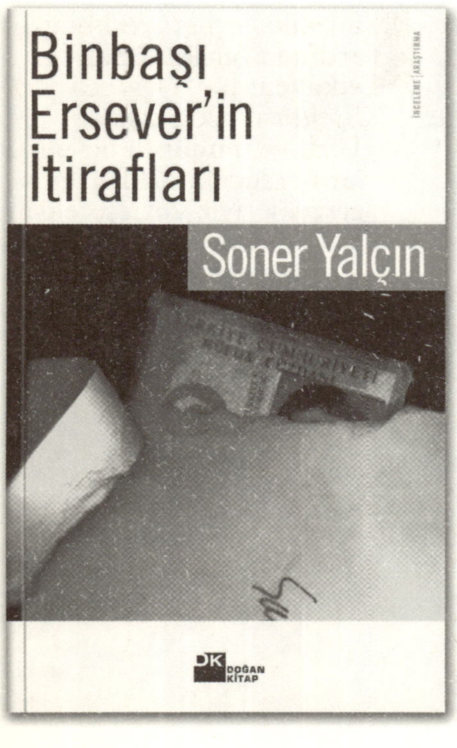

1993 yılının 3 kasım günü Soner Yalçın'a gelen zarftan önemli bir belge çıkar: Ahmet Cem Ersever'in nüfus cüzdanı. Ertesi gün de Ersever'in cesedi kafasına ik kurşun sıkılmış olarak bulunur. Ve Soner Yalçın, Binbaşı Ersever'le yaptığı gizl görüşmeleri kitaplaştırma kararı alır.

Reis, Türkiye'nin 90'lı yıllarda yaşadığı en önemli olaylardan biri olan Susurluk Kazası'nda hayatını kaybeden Abdullah Çatlı'nın yaşamöyküsü. Doğan Yurdakul ve Soner Yalçın'ın kaleminden çıkan bu çalışma, belgesel bir nitelik taşıyor. Çatlı ve arkadaşlarının 70'li yıllardan başlayıp 90'lara uzanan maceralarında Türkiye'nin yakın tarihine dair önemli bilgiler edineceksiniz.

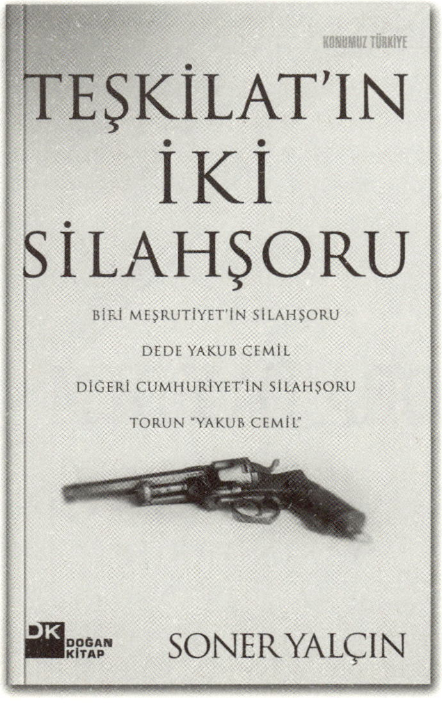

Sistemler, rejimler değişti, teşkilat hep aynı kaldı. Fedaileri; dün Meşrutiyet'in silahşoru Dede Yakub Cemil'di, bugün Cumhuriyet'in silahşoru torun "Yakub Cemil"...